(Vltava)
Jüdisches Viertel
JOSEFOV
Altstadt
STARÉ MĚSTO
Neustadt
NOVÉ MĚSTO
0 Meter
500
SEITEN -93
Kartenteil
Karten 3–4
SEITEN 60–79
Kartenteil
Karten 3–4
SEITEN 142–157
Kartenteil
Karten 3–6

VIS à VIS

PRAG

Barockfassaden am östlichen Ende des Altstädter Rings

WIE BENUTZE ICH DIESES BUCH?

Dieser Reiseführer soll Ihren Pragbesuch zu einem Erlebnis machen, das durch keinerlei praktische Probleme getrübt wird. Der Einleitungsabschnitt *Prag stellt sich vor* beschreibt die geographische Lage, stellt das moderne Prag in einen historischen Zusammenhang und nennt Ihnen die Höhepunkte des Prager Veranstaltungsjahres. *Prag im Überblick* faßt alles Sehens- und Erlebenswerte thematisch zusammen. Der *Führer durch die Stadtteile* begleitet Sie zu den interessantesten Sehenswürdigkeiten. Diese werden anhand von Karten, Fotografien und anschaulichen Illustrationen erläutert. *Vier Spaziergänge* führen durch entlegenere Gegenden Prags.

Der Abschnitt *Zu Gast in Prag* enthält alles über Einkaufen, Essen, Ausgehen und Übernachten. Die Grundinformationen am Ende des Buches helfen Ihnen beim ersten Zurechtfinden.

Planung einer Tagestour durch Prag

WIE SIE SICH IM BESICHTIGUNGSTEIL ZURECHTFINDEN

Jeder der fünf Stadtteile ist mit einem Farbcode versehen, der Ihnen das Wiederfinden erleichtert. Jedes Kapitel beginnt mit einer Einführung, welche die Geschichte des Viertels beschreibt, gefolgt von einer Detailkarte, die das Zentrum des Viertels zeigt. Die Nummern im schwarzen Kreis erleichtern Ihnen das Wiederfinden der Sehenswürdigkeiten. Die wichtigsten Sehenswürdigkeiten werden detailliert beschrieben.

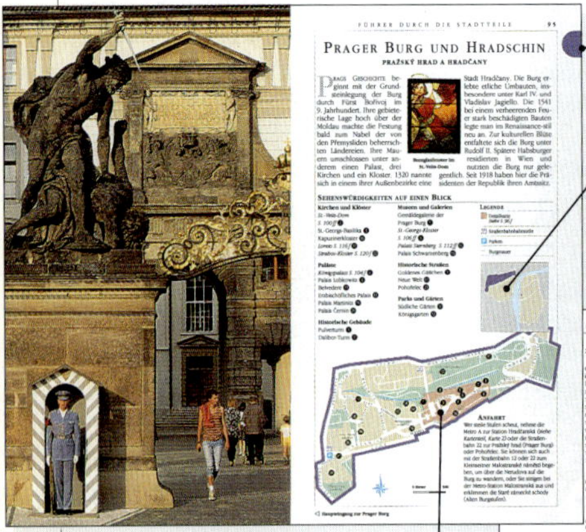

Die **Farbkodierung** erleichtert das Auffinden von Stadtteilen.

Eine **Orientierungskarte** zeigt die Lage des Stadtteils, in dem Sie sich befinden.

Orientierungskarte

Die **Routenempfehlung** schlägt eine Strecke vor, die durch die interessantesten Straßen eines Stadtteils führt.

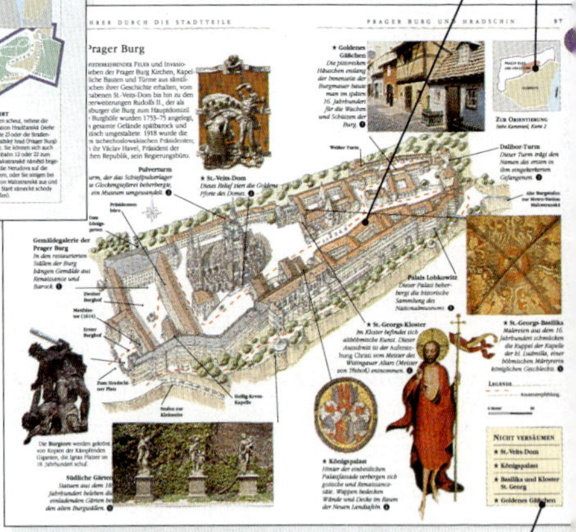

1 Die Stadtteilkarte
Zum leichteren Wiederfinden sind die Sehenswürdigkeiten numeriert. Die Karte zeigt Ihnen auch Metro- und Straßenbahnhaltestellen, Bootsanlegestellen und Parkmöglichkeiten. Die Hauptsehenswürdigkeiten sind nach Kategorien aufgelistet: Kirchen; Museen und Galerien; historische Straßen und Plätze; Palais; Parks und Gärten.

Die **Straßenzüge,** die auf der *Detailkarte* dargestellt werden, sind rot eingefärbt.

2 Detailkarte
Auf der Detailkarte ist der farblich hervorgehobene Kern der Stadtteilkarte aus der Vogelperspektive zu sehen. Die Sehenswürdigkeiten sind zur raschen Orienterung kurz erläutert.

Sterne markieren Sehenswürdigkeiten, die man nicht auslassen sollte.

FÜHRER DURCH DIE STADTTEILE

DIE FARBIGEN BEREICHE auf dieser Karte *(siehe Umschlagseite vorne)* markieren die fünf wichtigsten Stadtteile – alle werden im Kapitel *Führer durch die Stadtteile (S. 58ff)* vorgestellt. Im Kapitel *Prag auf einen Blick (S. 36ff)* finden Sie alle Hauptsehenswürdigkeiten. Die Farben erleichtern Ihnen das Auffinden von Restaurants im Kapitel *Zu Gast in Prag (S. 192f)* und helfen Ihnen in den Kapiteln *Prag per Schiff (S.54)* und *Vier Spaziergänge (S. 170)*.

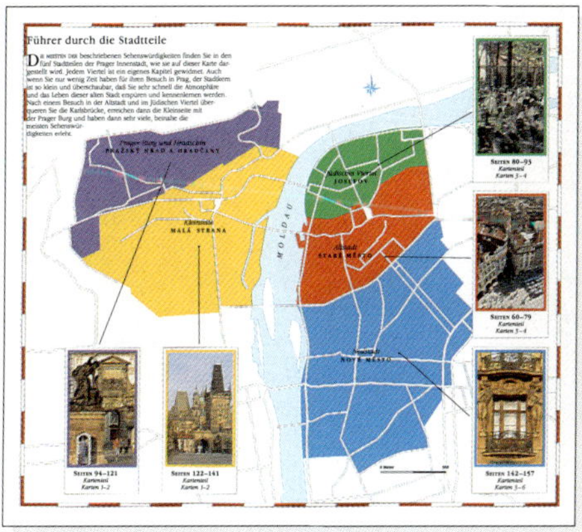

Die **Zahlen** beziehen sich auf die Position der Sehenswürdigkeit auf der Stadtteil- undDetailkarte.

Praktische Informationen zeigen Ihnen alles Wissenswerte über eine Sehenswürdigkeit, samt Verweis auf das *Kartenregister (S. 244ff)*.

Fassaden bedeutender Gebäude werden gezeigt, um Ihnen das Wiedererkennen zu vereinfachen.

Die **Infobox** enthält die praktischen Hinweise, die für einen Besuch hilfreich sind.

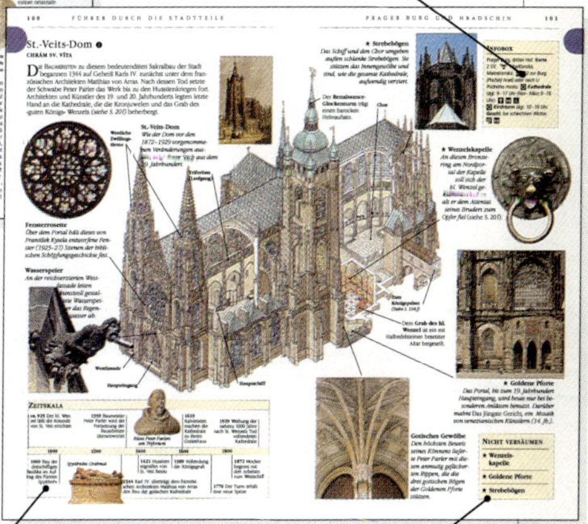

3 Detaillierte Informationen über jede Sehenswürdigkeit

Alle wichtigen Sehenswürdigkeiten Prags werden einzeln beschrieben. Sie sind fortlaufend numeriert, die Nummern entsprechen denen auf den Karten. Alle nötigen Informationen erschließen sich auf einen Blick. Die Zeichenerklärung der verwendeten Symbole finden Sie auf der hinteren Umschlagklappe.

Die **Zeitskala** hebt wichtige Ereignisse der Geschichte einer Sehenswürdigkeit hervor.

4 Prags Hauptsehenswürdigkeiten

Das Innere von historischen Gebäuden wird anschaulich gezeigt; die schönsten Ausstellungsgegenstände in Museen und Galerien werden in Kurzführern vorgestellt.

Sterne verweisen auf die bedeutendsten Kunstwerke.

Prag stellt sich vor

Prag auf der Karte

Gut eine Million Einwohner zählt die Hauptstadt der jungen Tschechischen Republik und des Bezirks Böhmen. Ihre Außengrenzen umschließen 500 Quadratkilometer. Seine Lage im geographischen Herzen Europas macht Prag zu einem günstigen Ausgangspunkt für Ausflüge in das ländliche Böhmen und Großstädte wie Nürnberg, Wien, Bratislava oder Budapest.

Blick nach Südwesten über die Moldau (Vltava)

Europa
Die Tschechische Republik liegt im Herzen Kontinentaleuropas. Ihre Hauptstadt Prag besitzt einen Flughafen sowie gute Straßen- und Bahnverbindungen in die Nachbarländer.

Prag und Umgebung

Die meisten Sehenswürdigkeiten in Prags historischem Stadtkern werden auf den Seiten 58–157 vorgestellt. Tagesausflüge und Ziele außerhalb des Zentrums beschreiben die Seiten 158–169. Über Straßen- und Bahnverbindungen informieren die Seiten 230f.

Der Großraum Prag aus der Vogelperspektive

Großraum Prag

Die Stadt Prag besteht aus fünf alten Städten *(siehe S. 54–169)*. Durch ihre Mitte bahnt sich die Moldau (Vltava), Nebenfluß der Elbe. 1922 entstand unter Angliederung von 37 Gemeinden und Vororten Mittelböhmens der städtische Großraum Prag, den öffentliche Verkehrsmittel ausgezeichnet bedienen.

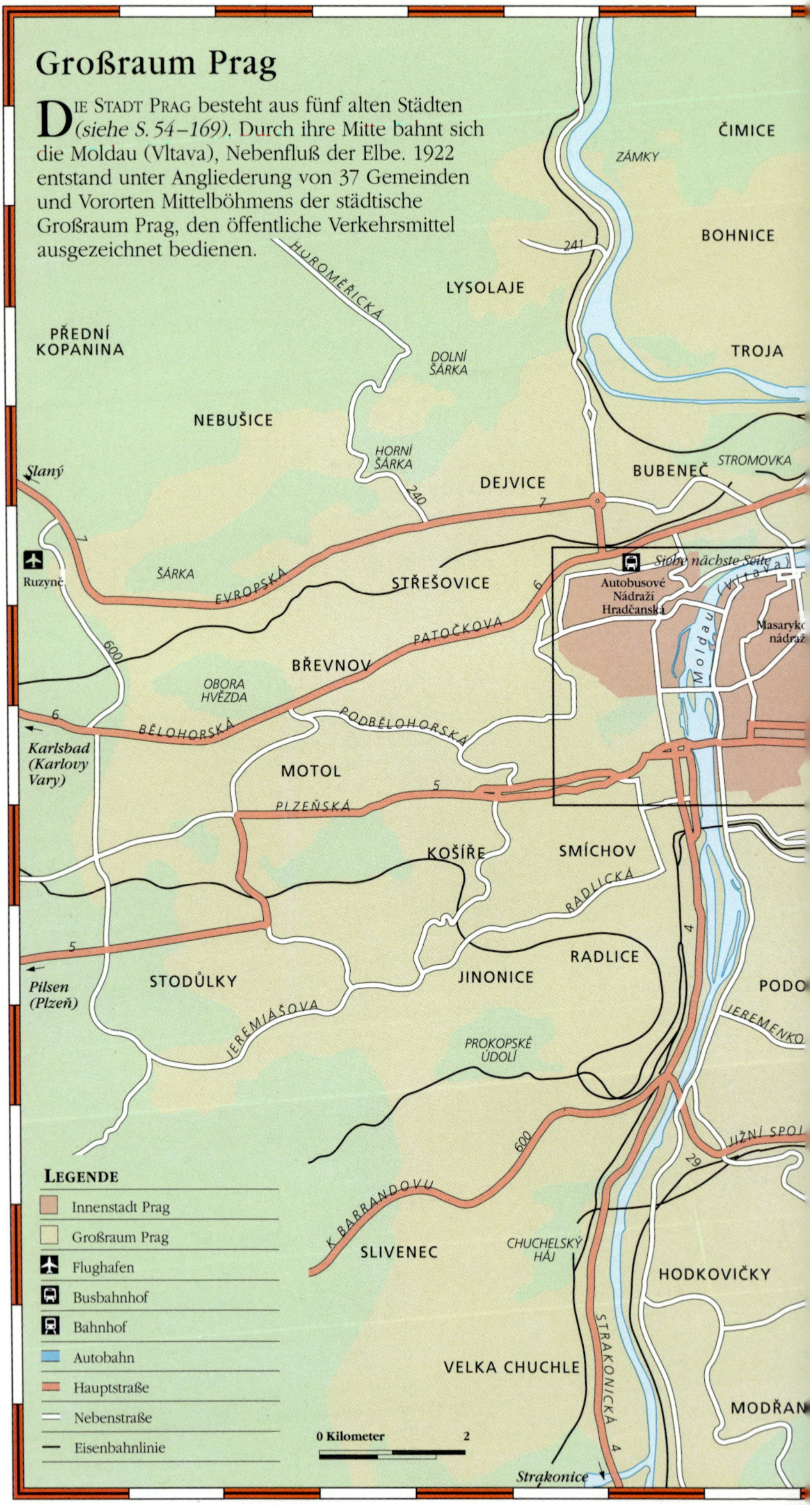

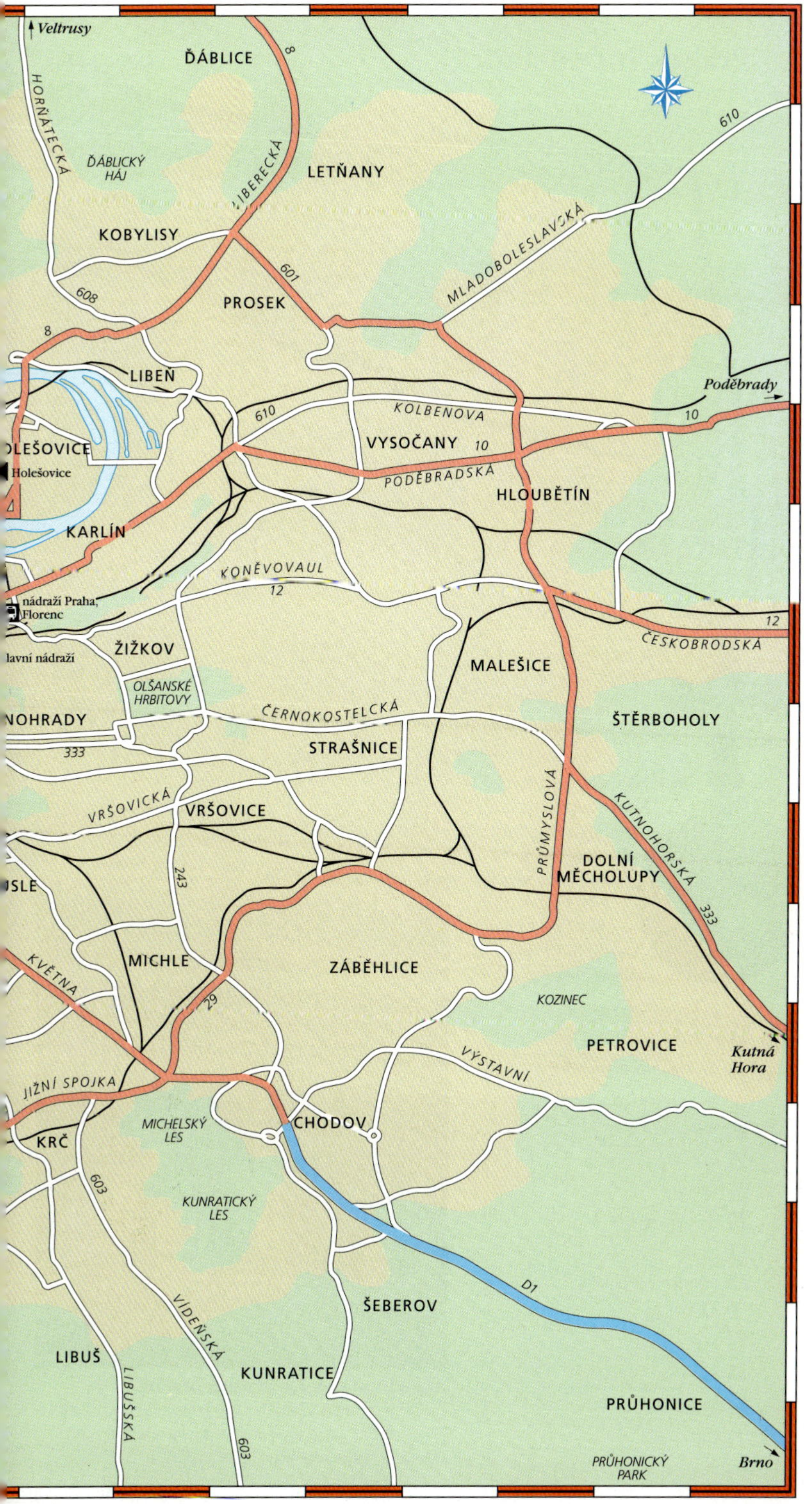
Veltrusy
ĎÁBLICE
HORŇÁTECKÁ
ĎÁBLICKÝ HÁJ
LIBERECKÁ
LETŇANY
KOBYLISY
MLADOBOLESLAVSKÁ
610
601
608
PROSEK
8
LIBEŇ
Poděbrady
KOLBENOVA
610
10
HOLEŠOVICE
Holešovice
VYSOČANY
10
PODĚBRADSKÁ
HLOUBĚTÍN
KARLÍN
KONĚVOVA UL
12
nádraží Praha, Florenc
12
ČESKOBRODSKÁ
ŽIŽKOV
Hlavní nádraží
MALEŠICE
OLŠANSKÉ HRBITOVY
ČERNOKOSTELCKÁ
VINOHRADY
ŠTĚRBOHOLY
333
STRAŠNICE
VRŠOVICKÁ
VRŠOVICE
KUTNOHORSKÁ
PRŮMYSLOVÁ
DOLNÍ MĚCHOLUPY
333
NUSLE
243
MICHLE
ZÁBĚHLICE
KVĚTNÁ
KOZINEC
29
PETROVICE
VÝSTAVNÍ
Kutná Hora
JIŽNÍ SPOJKA
MICHELSKÝ LES
CHODOV
KRČ
603
KUNRATICKÝ LES
D1
ŠEBEROV
VÍDEŇSKÁ
LIBUŠ
KUNRATICE
LIBUŠSKÁ
PRŮHONICE
603
PRŮHONICKÝ PARK
Brno

Prager Innenstadt

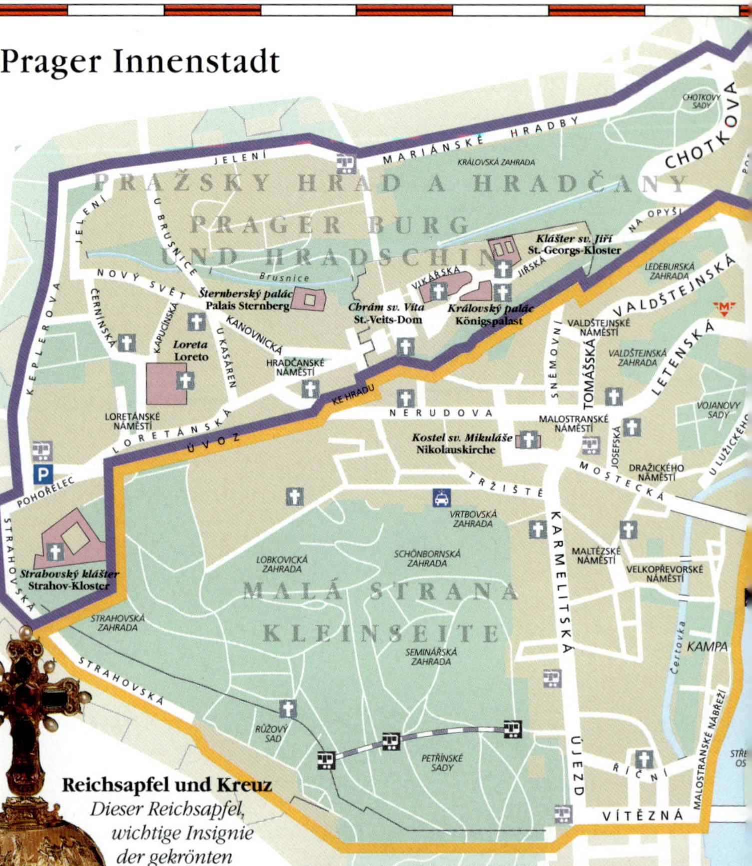

Reichsapfel und Kreuz
Dieser Reichsapfel, wichtige Insignie der gekrönten Könige, wird im Königspalast in der Prager Burg (siehe S. 104 f) *aufbewahrt.*

Legende

- Wichtige Sehenswürdigkeit
- Metro-Station
- Busbahnhof
- Staßenbahnhaltestelle
- Seilbahn
- Bootsanlegestelle
- Parken
- Fremdenverkehrsbüro
- Krankenhaus
- Polizeirevier
- Kirche
- Synagoge
- Stadtmauer

Ansicht der St.-Laurentius-Kirche
Petřín (Laurenziberg), eine friedvolle Kleinseitner Oase, bietet eindrucksvolle Blicke über die Stadt (siehe S. 141 *und* Vier Spaziergänge, S. 174 f).

Fassadenmalerei
An den vielen gotischen und barocken Häusern der Altstadt fallen mitunter bunte Wandmalereien wie diese am Altstädter Ring ins Auge (siehe S. 66 ff).

Jugendstilstatue
Zahlreiche Jugendstilarbeiten schmücken die Architektur der Neustadt (siehe S. 148 f).

DIE GESCHICHTE DER STADT

Prager Wappen

PRAGS LAGE AN einem strategischen Knotenpunkt Europas hat von jeher, noch bevor die Stadtgeschichte aufgezeichnet wurde, Händler anderer Nationen wie ein Magnet angezogen. Im frühen 10. Jahrhundert besaß die blühende Stadt einen weiten Marktplatz (den Altstädter Ring) und zwei Zitadellen (Prager Burg und Vyšehrad), von denen aus ihre ersten Herrscher, die Přemysliden, ihre Familienfehden ausfochten. Diese endeten oft blutig: Einem Attentat seines Bruders Boleslav fiel 935 Fürst Wenzel zum Opfer, der als heiliger Wenzel zu Böhmens meistverehrtem Schutzpatron aufstieg.

Das Mittelalter bescherte Prag goldene Zeiten, insbesondere unter Karl IV. Unter dem Schutz dieses klugen, gebildeten Kaisers des Heiligen Römischen Reiches gedieh Prag zu einer prachtvollen Stadt, größer als seinerzeit Paris oder London. Ihm verdankt es viele Gründungen und Bauten, darunter Mitteleuropas älteste Universität. Als ihr erster tschechischer Rektor amtierte Jan Hus, jener als Ketzer verurteilte Kirchenreformer, dessen Hinrichtung 1415 zu den Hussitenkriegen führte. Der radikale Hussitenflügel, die Taboriten, unterlag 1434 in der Schlacht bei Lipany. Schwache Könige lösten einander ab, bis im 16. Jahrhundert die Habsburger die Macht ergriffen und nahezu 400 Jahre innehatten. Mit dem aufgeklärten Habsburger Kaiser Rudolf II., der den Künsten und Wissenschaften zugetan war, kam der Geist der Renaissance nach Prag. Wenige Jahre nach seinem Tod war Prag Schauplatz jenes protestantischen Aufstands, der 1618 den Dreißigjährigen Krieg einleitete. Dieser löschte den Glücksstern der Stadt aus, der erst im 18. Jahrhundert erneut aufgehen und Prag meisterhafte Barockpaläste und -kirchen schenken sollte.

Im 19. Jahrhundert erwachte das nationale und bürgerliche Selbstbewußtsein, dem öffentliche Großbauten – Nationalmuseum, Nationaltheater, Rudolfinum – Zeichen setzten. Noch aber regierte eine fremde Macht die Stadt – erst 1918 wurde Prag Hauptstadt einer unabhängigen Republik. Der deutschen Besetzung im Zweiten Weltkrieg folgten vier Jahrzehnte eines kommunistischen Regimes. Erst die »Samtene Revolution« von 1989 trug Prag an die Schwelle eines neuen Zeitalters.

Prager Burg und Kleinseite, Ansicht aus dem Jahre 1493

◁ ***St. Wenzel und St. Veit* von Bartholomäus Spranger (um 1600)**

Die Herrscher der Stadt

Mythische Figur: Prinzessin Libuše

DREI DYNASTIEN FORMTEN Prags Geschichte: die Přemysliden, die Luxemburger und die Habsburger. Nach slawischer Überlieferung gilt Prinzessin Libuše als Urahnin der Přemysliden *(siehe S. 21)*. Aus diesem Geschlecht ragten St. Wenzel und Přemysl Ottokar II. hervor, dessen Tod in der Schlacht auf dem Marchfeld den Luxemburgern den Weg ebnete. Aus dieser Familie ging einer der bedeutendsten Herrscher Prags hervor, Karl IV., König von Böhmen und Kaiser des Heiligen Römischen Reiches *(siehe S. 24f)*. 1526 geriet die Stadt unter 400jährige Habsburger Oberhoheit. Sie endete am 28. Oktober 1918 mit der Unabhängigkeit der Tschechoslowakei. Seither leiten Präsidenten die Geschicke von Stadt und Land.

1346–78 Karl IV.

1453–5 Ladislau Postumu

1310–46 Johann von Luxemburg

1140–72 Vladislav I.

935–72 Boleslav I.

1305–06 Wenzel III.

1230–53 Wenzel I.

1278–1305 Wenzel II.

1034–55 Břetislav I.

900	1000	1100	1200	1300	1400
PŘEMYSLIDEN				**LUXEMBURGER**	
900	1000	1100	1200	1300	1400

967–99 Boleslav II.

1061–92 Vratislav II.

921–35 St. Wenzel

1173–79 Soběslav II.

1197–1230 Přemysl Ottokar I.

1253–78 Přemysl Ottokar II.

1378–1419 Wenzel IV.

1419–37 Sigismund

1935–38 und **1945–48** Edvard Beneš

1740–80 Maria Theresia

1948–53 Klement Gottwald

1790–92 Leopold II.

1526–64 Ferdinand I.

1953–57 Antonín Zápotocký

1564–76 Maximilian II.

1918–35 Tomáš Garrigue Masaryk

1957–68 Antonín Novotný

1458–71 Georg von Poděbrady

1657–1705 Leopold I.

1792–1835 Franz II.

1637–57 Ferdinand III.

1711–40 Karl VI.

1968–75 Ludvík Svoboda

1835–48 Ferdinand V.

1500 **1600** **1700** **1800** **1900**

JAGELLONEN **HABSBURGER** **PRÄSIDENTEN**

1500 **1600** **1700** **1800** **1900**

1619–37 Ferdinand II.

1516–26 Ludwig II.

1705–11 Joseph I.

1916–18 Karl I.

1471–1516 Vladislav Jagiello

1848–1916 Franz Joseph I.

1611–19 Matthias

1975–90 Gustav Husák

1576–1611 Rudolf II.

1780–90 Joseph II.

1990 Václav Havel

Prag unter den Přemysliden

Ohrring (9. Jh.)

FRÜHE KELTISCHE STÄMME siedelten ab 500 v. Chr. als erste im Tal der Moldau. Sie zogen allmählich davon, als 9–6 v. Chr. germanische Markomannen eintrafen. Die ersten slawischen Stämme gelangten um 500 n. Chr. nach Böhmen. Aus den Machtkämpfen ging um 800 n. Chr. die Herrscherdynastie der Přemysliden hervor. Sie legte zwei befestigte Siedlungen an: die erste bei der Prager Burg *(siehe S. 94ff)*, die zweite beim Vyšehrad auf einem Felsen am rechten Ufer der Moldau *(siehe S. 178f)*. Sie waren über Jahrhunderte Residenz tschechischer Fürsten, unter ihnen der fromme Wenzel, der entscheidend zum Entstehen des tschechischen Staates beitrug. Ein bedeutendes Erbe seiner kurzen Regierungszeit ist die St.-Veits-Rotunde *(siehe S. 102)*.

AUSDEHNUNG DER STADT

1000 v. Chr. *Heute*

St. Kyrill und St. Methodios
Das Brüderpaar aus dem griechischen Saloniki brachte um 863 das Christentum nach Mähren. Es taufte den frühen Přemysliden Bořivoj und seine Gemahlin Ludmilla, St. Wenzels Großmutter.

Boleslavs Helfershelfer holt zum tödlichen Schwerthieb aus.

Der **Gehilfe des Meuchelmörders** ringt mit dem Begleiter des Fürsten.

Alte Münze
Silbermünzen wie dieser Dinar wurden unter Boleslav II. (Regierungszeit 967–999) in der Königlichen Münze des Vyšehrad geprägt.

Wildschweinfigurine
Keltische Stämme fertigten kleine Talismane der wilden Tiere, die sie in den Wäldern um Prag jagten.

ZEITSKALA

Bronzekopf einer keltischen Göttin

623–658 Böhmen ist Teil des Reiches von Samo, einem fränkischen Kaufmann und Slawenfürsten

600 n. Chr. — **700**

500 v. Chr. Kelten in Böhmen. Im 1. Jh. n. Chr. folgen germanische Markomannen

6. Jahrhundert Neben germanischen Stämmen besiedeln Slawen Böhmen

8. Jahrhundert Tschechen siedeln in Mittelböhmen

Vyšehrad – erste Burg und Siedlung der Tschechen am rechten Ufer der Moldau

Schwert und Helm
St. Wenzel wurde in der südlichen Apsis der Rotunde von St. Veit beigesetzt. Sein Schwert und sein Helm werden als Reliquien im Domschatz aufbewahrt.

Prinzessin Libuše

Als legendäre Ahnherrin der Přemysliden gilt Prinzessin Libuše, Führerin eines westslawischen Stammes. Um die Männer ihres Klans zu besänftigen, die der weiblichen Herrschaftsfolge überdrüssig waren, wählte sie einen armen Pflüger *(Přemysl)* zum Gatten und Regenten und begründete eine 400jährige Dynastie.

Eine Vision ließ Prinzessin Libuše Prags Glanz erahnen.

Wenzel sucht Schutz.

Ein **Mönch** öffnet Wenzel die Tür.

Ermordung von Fürst Wenzel

935 fiel Wenzel einem von seinem Bruder Boleslav eingefädelten Attentat zum Opfer. Auf dieser Illustration eines Manuskriptes (1006) holen die mordlustigen Häscher den Fürsten ein, der zur Frühmesse die Kirche betreten will.

Rotunde von St. Veit
Wenzel legte im frühen 10. Jahrhundert den Grundstein zu dieser Rundkirche, die nach seinem Tod 935 Wallfahrtsstätte wurde. Sie erhob sich an der Stelle der heutigen Wenzelskapelle.

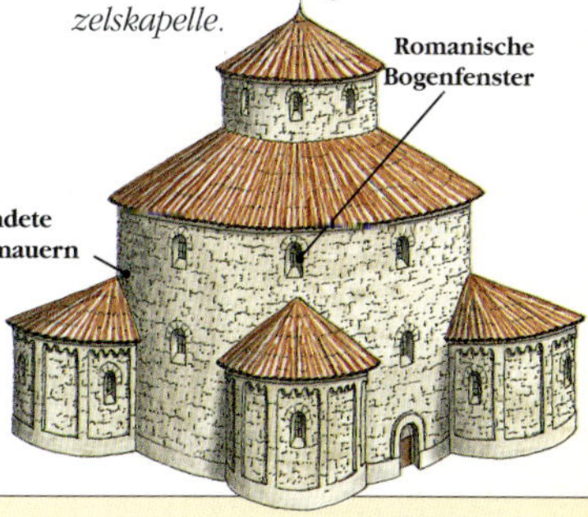

Romanische Bogenfenster

Gerundete Steinmauern

ndung
ͤemysli-
ynastie

Altes christliches Brustkreuz

870 Bau der Prager Burg

921 Wenzel wird Prinz von Böhmen

993 Bischof Adalbert gründet in Břevnov bei Prag ein Kloster

900

1000

863 St. Kyrill und St. Methodios bringen das Christentum nach Mähren

935 Wenzel stirbt

920 Errichtung der St.-Georgs-Basilika in der Prager Burg

Bischof Adalberts juwelenbesetzter Handschuh

Prag im frühen Mittelalter

Der Anfangsbuchstabe D des Vyšehrad-Kodex

Mit Beginn des 12. Jahrhunderts gewann die Prager Burg zunehmend an Bedeutung. Steinbauten ersetzten allmählich die feuergefährdeten Holzgebäude. Mit der Zeit entstand eine wuchtige romanische Festung mit Palast und Sakralbauten. Außerhalb ihrer Außenmauer ließen sich, ermuntert von Vladislav II. und später Přemysl Ottokar II., geschickte Handwerker und deutsche Händler nieder. Dieses Viertel wurde später als »Kleinseite« bekannt und erhielt 1257 Stadtrecht. Die Judithbrücke verband es mit der Altstadt.

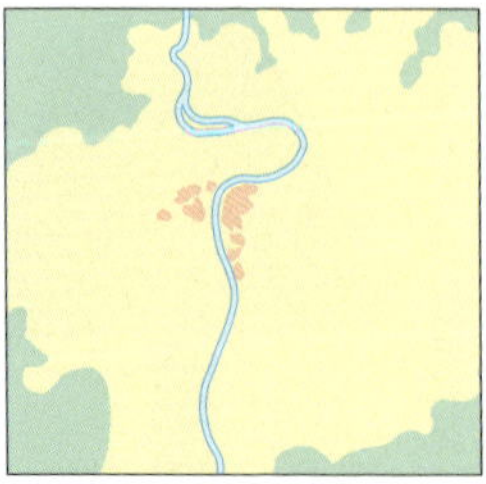

Ausdehnung der Stadt

1230 *Heute*

Schmuckkamm
Dieser verzierte, feinzahnige Knochenkamm zählt zu den Reliquien des heiligen Adalbert.

Die Prager Burg anno 1230

Die auf einem hohen Felsrücken gelegene romanische Festung schützten steinerne Mauern und leicht zu bewachende Tore.

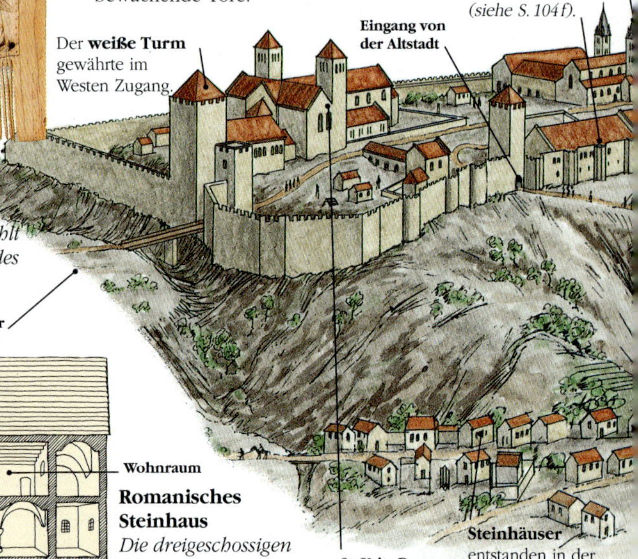

Kloster und Basilika St. Georg *(siehe S. 106 ff und S. 98)*

Der **Fürstenpalast** entwickelte sich zum Königspalast *(siehe S. 104 f).*

Eingang von der Altstadt

Der **weiße Turm** gewährte im Westen Zugang.

Hier liegt heute der Hradschiner Platz

St.-Veits-Dom und Domkapitel *(siehe S. 100 ff)*

Steinhäuser entstanden in der heutigen Kleinseitner Nerudagasse *(siehe S. 130).*

Romanisches Steinhaus
Die dreigeschossigen Häuser erhoben sich über einem einfachen Grundriß.

Zeitskala

St. Adalbert mit Märtyrerpalmenwedel

1040 St. Adalberts sterbliche Überreste werden nach Prag überführt

1050

1070 Der Vyšehrad wird zeitweilig Residenz tschechischer Fürsten

1085 Vratislav I. wird erster König Böhmens

1091 Reisende erwähnen erstmals den Altstädter Marktplatz

1091 Großbrand in der Prager Burg

1092–1110 Regierungszeit Bretislavs II.

1100

1110 Deutsche gründen in Prag eine kleine Siedlung

1110–20 Regierungszeit Bořivojs II.

1135 Tschechische Fürsten verlegen ihren Sitz vom Vyšehrad zur Prager Burg

1140 Gründung des Strahov-Klosters

Romanischer Steinkopf am Turm der Judithbrücke

St. Agnes
Die fromme Schwester Wenzels I. errichtete ein Kloster für den franziskanischen Schwesternorden der Klarissen (siehe S. 92f). *Erst 1989 wurde Agnes heiliggesprochen.*

Vratislav II.
Der Vyšehrad-Kodex, eine illuminierte ausgewählte Evangelienausgabe, erschien 1061 anläßlich Vratislavs Krönung.

Der **schwarze Turm** bewachte den Ausgang nach Kutná Hora, Böhmens zweitwichtigste Stadt *(siehe S. 168).*

Kleinseitner Wappen
Diese Miniaturmalerei aus dem 12. Jahrhundert läßt das Porträt Vladislavs II. erkennen.

Wegweiser zum romanischen Prag

Überreste sind in der Krypta des Veitdoms *(S. 100ff)*, den Kellern des Palastes der Herren von Kunštát *(S. 78f)* und im Königspalast *(S. 104f)* zu bewundern.

St.-Georgs-Basilika
Das Gewölbe der Krypta stammt aus dem 12. Jahrhundert (S. 98).

St.-Martins-Rotunda
Der guterhaltene Bau steht auf dem Vyšehrad (S. 179).

Přemysl Ottokar II.
Der letzte große Přemysliden-König, Erbauer eines mächtigen Reiches, fiel in der Schlacht.

1233 Gründung des St.-Agnes-Klosters

1182 Vollendung der romanischen Bauten der Prager Burg

1257 Die Kleinseite erhält Stadtrecht

1258–68 Wiederaufbau des abgebrannten Strahov-Klosters in gotischem Stil

1200 | 1250 | 1290

1212 Přemysl Ottokar I. empfängt die Goldene Sizilianische Bulle, die den böhmischen Königen Landeshoheit gewährt

Goldene Sizilianische Bulle

1278 Přemysl Ottokar II. fällt auf dem Marchfeld

1158 Bau der Judithbrücke *(siehe S. 136ff)*

Prags Goldenes Zeitalter

Geschenk (1368) Papst Urbans V.

Im späten Mittelalter erklomm Prag den Gipfel seines Ruhmes. Karl IV., Kaiser des Heiligen Römischen Reiches, erkor Prag zur Residenz und verwandelte es in Europas glanzvollste Stadt. Er veranlaßte den Bau einer Universität (Karolinum), zahlreicher gotischer Kirchen und Klöster sowie umfangreiche städtebauliche Veränderungen: Die Prager Burg wurde wiederauf- und ausgebaut, die Judithbrücke durch eine Steinbrücke ersetzt und die Neustadt gegründet. Als gottesfürchtiger Katholik hatte er einen Reliquienschatz zusammengetragen, der mit den Kronjuwelen in der Burg Karlstein gehütet wurde *(siehe S. 166f)*.

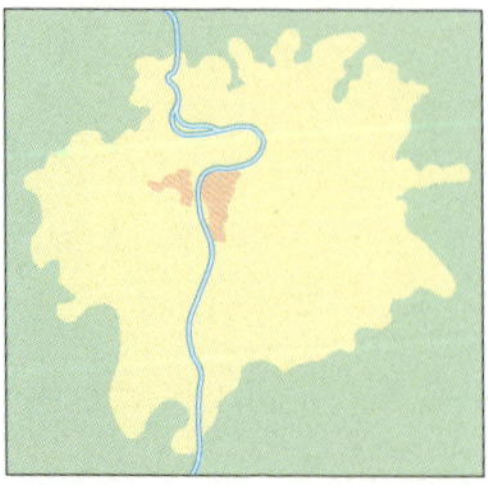

Ausdehnung der Stadt

1350 *Heute*

Wenzelskapelle
Den Stolz auf seine direkte Přemysliden-Abstammung belegte Karl durch den Bau der Wenzelskapelle im Veitsdom (siehe S. 100ff).

Karl IV. trägt die mit Saphiren, Rubinen und Perlen besetzte Kaiserkrone.

Der **Kaiser** legt das Kreuz in den Reliquienschrein.

St.-Wenzels-Krone
Die böhmische Krone – Karl trug sie bei seiner Krönung 1347 – zieren Insignien der frühen Přemysliden.

Zeitskala

1280 Abschluß der gotischen Bauten der Altneusynagoge

Portal der Altneusynagoge

1305

1306 Untergang der Přemysliden

Altstädter Rathaus

1310 Johann von Luxemburg nimmt Prag ein

1320

1333 Karl IV. wählt Prag zur Residenz

1335

1338 Johann von Luxemburg bewilligt den Bau des Altstädter Rathauses

1344 Das Bistum Prag erhält den Rang eines Erzbistums

Votivtafel, Karl, den Erzbischof Jan Očko und Böhmens Schutzheilige darstellend

Meister Theoderichs *Hl. Veit*
Mit Heiligenbildern wie diesem (um 1365) malte der große böhmische Künstler die Kreuzkapelle der Burg Karlstein aus.

Universitätssiegel, 1348
Auf dem Siegel überreicht der Kaiser St. Wenzel die Stiftungsurkunde.

Ein **juwelenbesetztes Kreuz** diente als Schrein für die neue Reliquie.

Bau der Neustadt
Dieses Dokument berichtet über den Bau der Neustadt unter Karl IV. im 14. Jahrhundert.

Die Reliquien Karls IV.

Karl trug aus allen Reichsgebieten Reliquien zusammen. Um 1357 übergab ihm der französische Thronfolger einen Teil des Heiligen Kreuzes. Eine getreue Abbildung des Kaisers zeigt dieses Wandgemälde.

Wegweiser zum gotischen Prag

Drei der berühmtesten Sehenswürdigkeiten Prags bezeugen das reiche gotische Erbe: der Veitsdom *(S. 100ff)*, die Karlsbrücke *(S. 136ff)* und die Altneusynagoge *(S. 88f)*. Auch das Karolinum *(S. 65)* zählt zu den bedeutenden Hinterlassenschaften Karls IV. Einige Kirchen, so jene der Jungfrau Maria vor dem Týn *(S. 70)*, bewahrten weitgehend ihren gotischen Charakter.

Karolinum
Dieser anmutige Erker ziert die Karlsuniversität (S. 65).

Altstädter Brückenturm
Dieses Skulpturendekor gestaltete Peter Parler (S. 139).

348 Karl IV. gründet die Karlsuniversität

1357 Bau der Karlsbrücke

Peter Parlers Skulptur von Wenzel IV. im Veitsdom

1378 Wenzel IV. übernimmt die Regierung

1391 Grundsteinlegung der Bethlehemskapelle

1350 | 1365 | 1380 | 1395

1361 Geburt von Wenzel IV., Karls ältestem Sohn

1378 Karl stirbt

348 Karl der IV. gründet die Prager Neustadt

Bethlehemskapelle

Das hussitische Prag

Georg von Poděbrady

IM FRÜHEN 15. JAHRHUNDERT ging in Europa die Furcht vor den kriegerischen Anhängern des Kirchenreformers Jan Hus um. Die Hussiten errangen vielbeachtete militärische Siege über die kaiserlichen katholischen Kreuzritter. Religiöser Eifer und die Disziplin ihres Heerführers Jan Žižka, der die mobile Artillerie ersann, machten ihre mangelhafte Bewaffnung wett. Die Hussiten spalteten sich in die gemäßigten Utraquisten *(siehe S. 75)* und die radikalen Taboriten, deren Niederlage in der Schlacht bei Lipany 1434 den Weg für den gemäßigten Hussitenkönig Georg von Poděbrady ebnete.

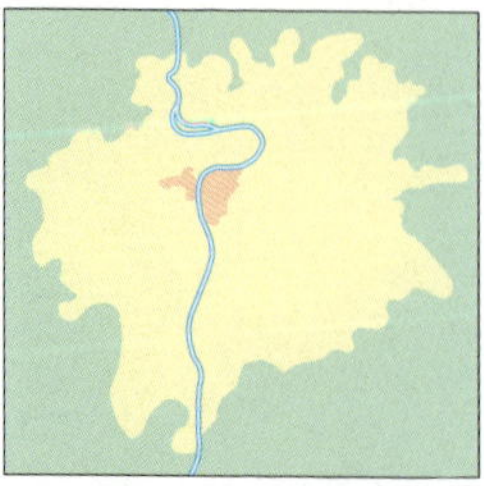

AUSDEHNUNG DER STADT

1500 *Heute*

Protestbrief der Adeligen

Mehrere hundert Siegel des böhmischen Adels verliehen einem Brief, der gegen Jan Hus' Hinrichtung Einspruch einlegte, Nachdruck.

KRIEGER GOTTES

Der Kodex von Jena aus dem frühen 16. Jahrhundert schildert die Hussitenerfolge. Geführt vom blinden Jan Žižka, singen hier Anhänger, denen sich Handwerker und Barone anschlossen, die Hymne der Hussiten.

Jan Žižka

Der **Priester** trägt eine vergoldete Monstranz.

Kriegsgeräte

Zusammengebundene Bauernkarren gewährten wirksamen Schutz. Zum bizarr-bedrohlichen Waffenarsenal zählten Armbruste, Dreschflegel und Vorläufer der Haubitze.

ZEITSKALA

Der predigende Jan Hus

1402–13 Jan Hus predigt in der Bethlehemskapelle *(siehe S. 75)*

1410 Jan Hus wird exkommuniziert. Bau der Uhr des Altstädter Rathauses

1415 Jan Hus besteigt in Konstanz den Scheiterhaufen

Der Laienkelch, Symbol der Utraquisten

1419 Erster Prager Fenstersturz: Ratsherren werden aus dem Neustädter Rathaus geworfen

1420 Hussiten siegen unter Jan Žižka auf dem Veitsberg und dem Vyšehrad

1424 Jan Žižka stirbt

1434 Schlacht bei Lipany

Taboriten verwandelten einfache landwirtschaftliche Werkzeuge in tödliche Waffen

1448 Georg von Poděbradys Truppen erobern Prag

1400 | 1420 | 1440

Satan im Priestergewand
Plakate, deren schaurige Karikaturen den korrupten Klerus anprangerten, wurden durch die Straßen getragen.

Auf dem Banner prangte der Hussitenkelch.

Landwirtschaftliche Geräte zweckentfremdeten die Bauern als Waffen.

Die **Bauernarmee** marschierte hinter Jan Žižka.

Hussitenschild
Holzschilde – diesen schmückt Prags Stadtwappen – füllten Lücken in den dicht an dicht formierten Wagenburgen.

Der Reformator Jan Hus

Als Sohn armer Eltern in Böhmen geboren, stieg Jan Hus zu einem der bedeutendsten Kirchengelehrten seiner Zeit auf. Seine Kritik an Korruption, Verschwendungssucht und materiellem Besitz des katholischen Klerus fand bei vielen Tschechen Gehör. Seine reformerischen Predigten in Prags Bethlehemskapelle trugen ihm eine gewaltige Gefolgschaft ein – und die Exkommunikation durch den römischen Papst. 1412 verwies Wenzel IV. Hus aus der Stadt. Im Oktober 1414 beschloß Hus, sich vor dem Konstanzer Konzil zu verteidigen. Trotz kaiserlichen Geleits wurde er verhaftet und im Jahr darauf wegen Ketzerei zum Tode verurteilt.

Auf dem Scheiterhaufen
Nach seiner Hinrichtung durch die Kirche (6. Juli 1415) wurde Jan Hus zu einem Märtyrer des tschechischen Volkes.

1458 *Krönung Georg von Poděbradys* (siehe S. 172)

1460

An der Fassade der Týnkirche erinnert ein Kelch an die Hussiten

1480

1483 Hussitenaufstand in Prag

1485 König Vladislav Jagiello veranlaßt den Umbau des Königspalastes der Prager Burg

1487 Erster Buchdruck in Prag

1492–1502 Bau des Vladislav-Saales

1500

Vladislav Jagiello

Die Renaissance und Rudolf II.

Renaissance-krug

Mit den Habsburgern erreichte die Renaissance Prag. Kunst und Architektur trugen die Handschrift italienischer Künstler, die, besonders unter Rudolf II., kaiserliche Gunst genossen. In seiner Leidenschaft für Kunst und Wissenschaften vernachlässigte der exzentrische Rudolf oftmals die Politik. Während sein Hof zum Sammelbecken von Künstlern, Astrologen, Astronomen und Alchimisten wurde, bewirkte seine ziellose Regierungsführung Aufstände und einen Entmachtungsversuch seines Bruders Matthias. Im Dreißigjährigen Krieg *(siehe S. 30f)* wurde Rudolfs reiche Kunstsammlung geplündert.

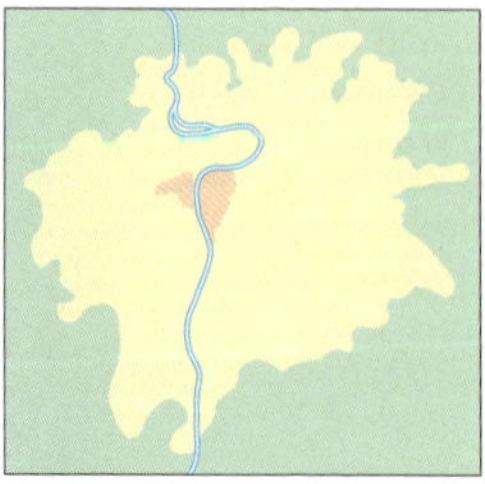

Ausdehnung der Stadt

1550 *Heute*

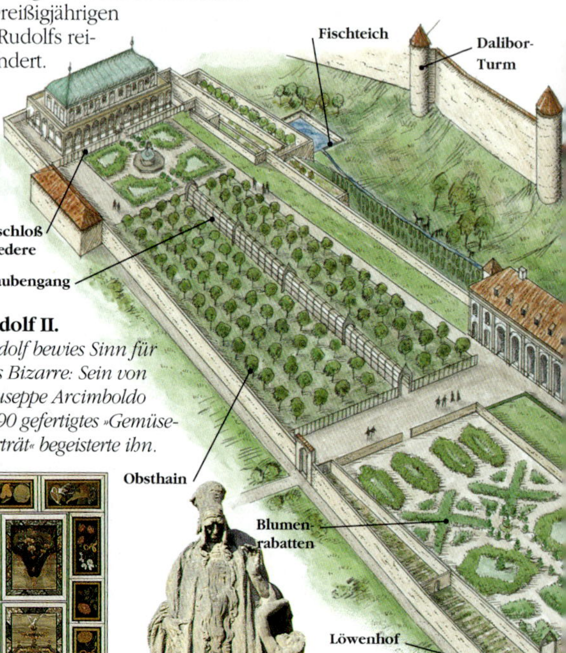

Rudolf II.
Rudolf bewies Sinn für das Bizarre: Sein von Giuseppe Arcimboldo 1590 gefertigtes »Gemüseporträt« begeisterte ihn.

Tischplattenmosaik
Am Hof stellte man mit florentinischen Brunnen- und Gartenmotiven und Halbedelsteinen verzierte Renaissancetischplatten her.

Rabbi Löw
Dieser legendenumrankte jüdische Gelehrte soll den Golem geschaffen haben (siehe S. 88f).

Zeitskala

1502 Bau des Vladislav-Saales

Vladislav-Saal

1520

1526 Mit Ferdinand I. beginnt die Herrschaft der Habsburger

Ferdinand I.

1538–63 Belvedere wird errichtet

1540

1541 Großbrand in der Kleinseite, der Prager Burg und dem Hradschin

1547 Ein Aufstand der Prager Städte gegen Ferdinand I. scheitert

1556 Ferdinand I. lädt Jesuiten nach Prag ein

1560

Freibrief für Mangler und Färber

Bildersprache
Jan Bruegels Gemälde versinnbildlicht die Vielfalt – Globen, Bilder, Juwelen, wissenschaftliche Instrumente – der riesigen Sammlung Rudolfs II.

Tycho Brahe
Der dänische Astronom verbrachte seine letzten Jahre in Prag.

KÖNIGSGARTEN

Einst mittelalterliche Festung, diente die Prager Burg mit ihrem Garten nun der Zerstreuung des Königs. Hier erfreute sich Rudolf an Ballspielen, exotischen Pflanzen und seiner Menagerie.

WEGWEISER ZUM PRAG DER RENAISSANCE

Der Geist der Renaissance weht noch durch den Königsgarten *(S. 111)*. Bilder und andere Schätze aus Rudolfs Sammlung zeigen das Palais Sternberg *(S. 112ff)*, die Gemäldegalerie der Prager Burg *(S. 98)* und das Kunstgewerbemuseum *(S. 84)*.

Zu den zwei goldenen Bären
Das symmetrische, feinverzierte Portal dieses 1590 erbauten Hauses gilt als eines der elegantesten Prags (S. 71).

Belvedere
Steinreliefs des italienischen Architekten Paolo della Stella zieren das Lustschloß (S. 110f).

Ballhaus
Bezaubernde Renaissancesgraffitos verzieren die Fassade dieses grundlegend restaurierten Gebäudes (S. 111).

1580 · 1600 · 1620

1583 Prag wird Kaiserresidenz Rudolfs II. Aufbau einer reichen Kunstsammlung

Eine Zehn-Dukaten-Münze (1603)

1609 Der Majestätsbrief Rudolfs II. gewährt Religionsfreiheit

1612 Rudolph II. stirbt

1614 Bau des Matthiastors der Prager Burg

1618 Fenstersturz zweier kaiserlicher Statthalter aus dem Königspalast *(siehe S. 105)*

Das barocke Prag

Der tschechische Adel setzte 1619 den Habsburger Kaiser Ferdinand II. ab und wählte statt dessen Kurfürst Friedrich von der Pfalz zum König. Diese Herausforderung wurde ein Jahr später in der Schlacht am Weißen Berg bitter vergolten. Sie heizte den 1618 ausgebrochenen Dreißigjährigen Krieg an, der die Verfolgung aller Nichtkatholiken und systematische Germanisierung der Landesinstitutionen nach sich zog. Den Kampf gegen die Protestanten führten die Jesuiten an. Als wirksamste Waffe erwies sich die Restaurierung Prager Kirchen im barocken Stil, begleitet von klerikalen Neubauten.

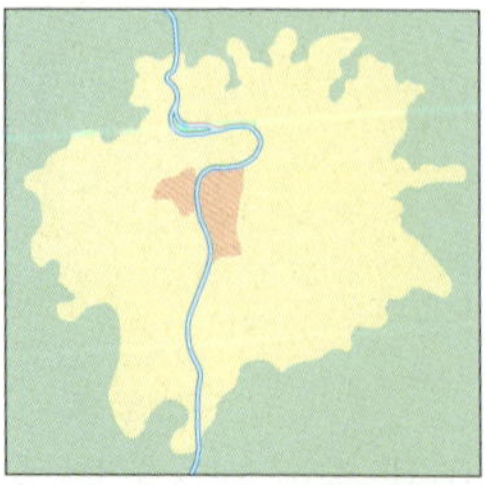

Ausdehnung der Stadt

1750 | Heute

Nikolauskirche
Mit dieser Kleinseitner Kirche gelang den Baumeistern Dientzenhofer ein hochbarockes Meisterwerk (siehe S. 128f).

Vermessen der Erde
Manche Klöster waren Bildungsstätten. Die Bibliotheken des Strahov-Klosters (siehe S. 120f) *schmücken Barockmalereien, wie dieser Freskenausschnitt im Philosophischen Saal.*

Zeitskala

1620 Schlacht am Weißen Berg

1627 Durchgreifen der Gegenreformation in Prag

Altstädter Wappen – geschmückt mit Kaiseradler und 12 Flaggen zum Dank für die Verteidigung der Stadt gegen die Schweden

1706–14 Ausschmückung der Karlsbrücke mit Statuen

1625 | 1645 | 1665 | 1685 | 170

1621 Hinrichtung von 27 protestantischen Aufständischen

1631 Sachsen besetzen Prag

1634 Irische Söldner ermorden Wallenstein

1648 Schweden nehmen die Prager Burg ein. Der Westfälische Friede beendet den Dreißigjährigen Krieg

1676–78 Befestigung des Vyšehrad mit neuen Bastionen

1704–53 Bau der Kleinseitner Nikolauskirche

Schlacht am Weißen Berg
1620 schlugen Habsburger Truppen die tschechische Armee am Weißen Berg (Bílá Hora), einem Hügel nordwestlich Prags (siehe S. 163). *In der Folge wurde Böhmen als österreichische Provinz regiert.*

Sternwartenturm

St.-Klemens-Kirche war Namensgeberin für den ganzen Komplex.

Welsche Kapelle

Monstranz
Monstranzen – zur sichtbaren Darbietung der geweihten Hostie – zeigten sich im Barock zunehmend prunkvoll (siehe S. 116 f).

KLEMENTINUM

Die im Bildungswesen einflußreichen Jesuiten bauten zwischen 1653 und 1723 dieses Kolleg. Der nach der Prager Burg größte Gebäudekomplex vereinte unter anderem drei Kirchen, kleinere Kapellen, Bibliotheken, Hörsäle und eine Sternwarte.

WEGWEISER ZUM BAROCKEN PRAG

Der Barock begleitet Sie in der gesamten Stadt. Fast alle Kirchen wurden im Barockstil erbaut oder umgewandelt, allen voran die meisterliche Nikolauskirche *(S. 128 f)*. Auch die großen Paläste und kleineren Häuser der Kleinseite *(S. 122 ff)*, die Fassaden der Altstadt *(S. 60 ff)*, Statuen an Kirchen, Straßenecken und den Brüstungen der Karlsbrücke sind barock.

Nerudagasse
Das Haus Nr. 16, Zum goldenen Kelch, hat ein typisches Barockhauszeichen bewahrt (S. 130).

Karlsbrücke
Ferdinand Brokoff fügte 1710 diese Statue des heiligen Franz von Borgia hinzu (S. 136 ff).

1740 Kaiserin Maria Theresia besteigt den Thron

Maria Theresia

1748 Böhmische Fürsten verlieren die letzten Bastionen ihrer Macht

1773 Verbot des Jesuitenordens

1784 Zusammenschluß der vier Prager Städte

1725	1745	1765	1785

1757 Die Preußen belagern Prag

1782 Schließung von Klöstern

1787 Der in Bertramka weilende Mozart bereitet die Premiere von *Don Giovanni* im Ständetheater vor *(siehe S. 65)*.

Mozart in Bertramka (S. 160)

Prags nationale Wiedergeburt

Kaiser Franz Joseph

IM 19. JAHRHUNDERT erlebte Prag eine seiner ruhmreichsten Phasen. Da Österreich die Zügel lockerte, konnte sich die tschechische Nation auf ihre Geschichte und Kultur besinnen. Die tschechische Sprache, lange zum Schweigen verdammt, fand wieder offizielle Anerkennung. Bürgerstolz äußerte sich in Prachtbauten wie dem Nationaltheater, die das Können tschechischer Architekten und Künstler bewiesen. Das jüdische Viertel und die Neustadt wurden grundlegend saniert, und die Einführung öffentlicher Verkehrsmittel ließ Prag über seine bisherigen Grenzen hinauswachsen.

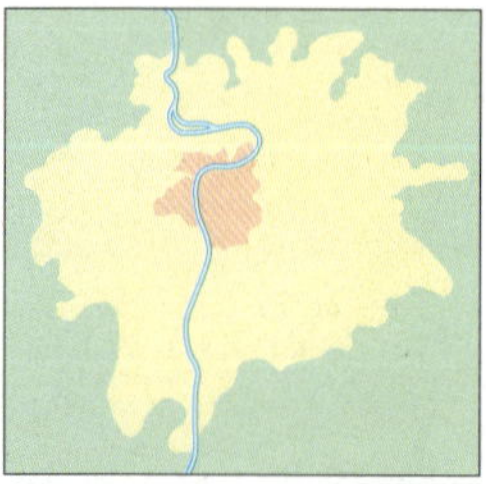

AUSDEHNUNG DER STADT

1890 *Heute*

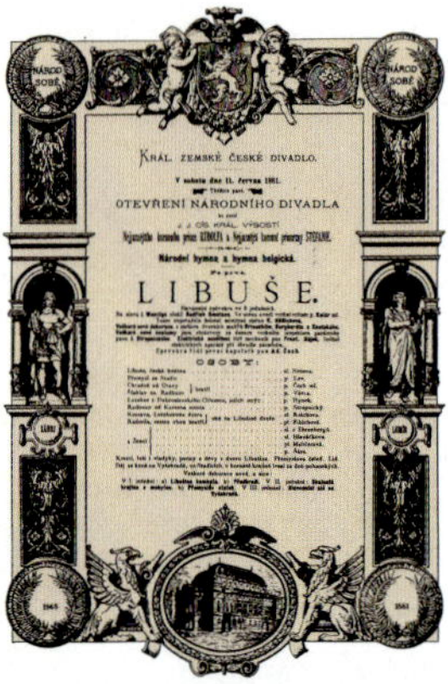

Smetanas Libussa
Smetanas Oper, komponiert für die geplante Eröffnung des Nationaltheaters 1881, griff frühe tschechische Legenden auf (siehe S. 20f).

Rudolfinum
Das reiche Dekor dieses Konzerthauses am Moldauufer zeigt an, daß dieser Bau der Musik gewidmet ist (siehe S. 84).

KALENDER AM ALTSTÄDTER RATHAUSTURM
1866 ersetzte der namhafte Künstler Josef Mánes die Drehscheibe der Turmuhr, Prags wohl dauerhaftestem Wahrzeichen, durch dieses Monatsblatt. In die Monatsbilder flossen seine Beobachtungen des böhmischen Landlebens ein.

ZEITSKALA

1805 Napoleon schlägt in der Schlacht von Austerlitz (Slavkov) Tschechen, Österreicher und Russen

1833 Edward Thomas nimmt die Produktion von Dampfmaschinen auf

1818 Gründung des Nationalmuseums

Restaurierte Uhr auf der Ostseite des Rathausturms

1848 Aufstand der Prager gegen österreichische Truppen

1800 | 1820 | 1840

Die Schlacht von Austerlitz

1815 Erste öffentliche Vorführung eines dampfmaschinenbetriebenen Fahrzeugs

1838–45 Umbau des Altstädter Rathauses

1845 Die erste Eisenbahn trifft in Prag ein

Ausstellungsplakat 1895
Vojtěch Hynais entwarf dieses Jugendstilposter, das die neue Wertschätzung regionaler Traditionen widerspiegelt, für die Volkskultur-Ausstellung 1895.

Gemeindehaus
Im Jugendstilinterieur setzte Alfons Mucha bürgerliche Tugenden ins Bild.

Jüdisches Viertel
Ab 1897 ersetzten neue Wohnblocks die engen Behausungen des Gettos.

Wegweiser zum nationalbewussten Prag

Viele Prunkbauten Prags, so das Nationalmuseum, entstanden zur Zeit des aufkommenden Nationalbewußtseins. Als gelungenes Jugendstilwerk gilt das Gemeindehaus *(S. 64)* mit Wandmalereien Muchas im Bürgermeistersaal. An die prachtvollen Innenräume des Rudolfinums *(S. 84)* und des Nationaltheaters *(S. 156f)* legten große zeitgenössische Künstler Hand an. Das Prager Museum zeigt etliche Werke des späten 19. und frühen 20. Jahrhunderts, auch das Original von Mánes' Kalenderblatt am Altstädter Rathausturm.

Nationalmuseum
Die Neurenaissancefassade prägt seine Silhouette (S. 147).

Nationaltheater
Die Wandmalereien (S. 156f) *schufen tschechische Künstler.*

1868 Grundsteinlegung des Nationaltheaters

…1 Ein Feuer vernichtet das …de eröffnete Nationalthea… das wiederaufgebaut wird

1883 Eröffnung des Nationaltheaters

1891 Jubiläumsausstellung

1880

1884–91 Bau des Nationalmuseums

1883 Erste elektrische Straßenbeleuchtung

1896 Elektrische Straßenbahnen nehmen den Dienst auf

1912 Einweihung des Gemeindehauses

1900

1897–1917 Sanierung des jüdischen Gettos

Frühe elektrische Straßenbahn

1914 Ausbruch des Ersten Weltkrieges

1916 Kaiser Franz Joseph stirbt

Der satirische Roman Die Abenteuer des braven Soldaten Švejk (siehe S. 154) *nimmt die Sinnlosigkeit des Krieges aufs Korn.*

Prag nach der Unabhängigkeit

Metronom im Letná-Park

Nur 20 Jahre nach ihrer Ausrufung wurde die Tschechoslowakei Opfer der politischen Manöver, die den Siegeszug der Nationalsozialisten in Europa einleiteten. Aus dem Zweiten Weltkrieg ging Prag, von Bomben nahezu unversehrt und vom Joch des Deutschen Reiches befreit, als Hauptstadt einer sozialistischen, jeglichen Widerstand unterdrückenden Republik hervor. Der Ruf der Intellektuellen nach Wahrung der Menschenrechte erscholl immer lauter. Die Unnachgiebigkeit der Regierung ebnete den Dissidenten und zuletzt der »Samtenen Revolution« den Weg. Der Schriftsteller und Bürgerrechtler Václav Havel führte das Land schließlich in die Demokratie.

1945 Nach viertägigem Aufstand empfangen die Prager begeistert die sowjetische Rote Armee am 9. Mai. Im Oktober beruft Beneš eine provisorische Nationalversammlung

1920 Linke Avantgardekünstler gründen im Prager Café Union die Devětsil-Gruppe

Eduard Beneš

1935 Eduard Beneš wird Präsident Masaryks Nachfolger. Die von Nazis gegründete Sudetendeutsche Partei erzielt unter Konrad Henlein Wahlerfolge

1938 Das Münchner Abkommen spricht Hitler Landesteile zu. Beneš geht ins Exil

1952 In Gottwalds berüchtigstem Schauprozeß werdenSlásnský und zehn hohe Funktionäre wegen verräterischer trotzkistischer und zionistischer Umtriebe zum Tode verurteilt

1918	1930	1940	1950

1918	1930	1940	1950

1924 Franz Kafka stirbt

1932 Traditionelles Turnertreffen *(slet)* im Strahov-Stadion

1942 Ein Attentat der tschechischen Widerstandsbewegung beendet das achtmonatige skrupellose Regiment des Reichsprotektors Reinhard Heydrich

1955 Im Letná-Park wird, die Stadt überblickend, die weltweit größte Stalin-Statue enthüllt

1958 Premiere des neuen Akzente setzenden Trickfilms *Die Erfindung der Vernichtung* von Karel Zeman

1948 Die Kommunistische Partei gelangt unter Klement Gottwald an die Macht; bei den Maiwahlen vermeldet sie 89% der Stimmen

1918 Ausrufung der Tschechoslowakischen Republik. Als erster demokratisch gewählter Präsident amtiert Tomáš Masaryk

1939 Deutsche Truppen marschieren in Prag ein, das Hauptstadt des dem Deutschen Reich eingegliederten Protektorats Böhmen und Mähren wird

Willkommensplakat für den am 21. Dezember 1918 aus dem Exil heimkehrenden Präsidenten

1966 Jiří Menzels *Liebe nach Fahrplan,* ausgezeichnet mit dem Oscar für den besten ausländischen Film, lenkt die Augen der Welt auf das tschechoslowakische Kino

1968 Wahl Alexander Dubčeks zum Ersten Parteisekretär

1962 Abriß der Stalin-Statue im Letná-Park (an ihre Stelle tritt 1991 ein riesiges Metronom)

1989 Jahr der »Samtenen Revolution«: Bürgerunmut macht sich in Demonstrationen und Streiks Luft. Havel eint die Oppositionsgruppen im Bürgerforum. Die Übergangsregierung der Nationalen Verständigung verspricht freie Wahlen; Václav Havel wird auf Wunsch des Volkes Nachfolger des zurückgetretenen Staatspräsidenten Husák

1979 Der Schriftsteller Václav Havel ruft das Komitee zur Verteidigung der unrechtmäßig Verfolgten ins Leben und wird verhaftet

1990 Im Juni finden erstmals seit 60 Jahren demokratische Wahlen statt. Bei 99% Wahlbeteiligung entfallen 60% der Stimmen auf das Bündnis von Bürgerforum und Öffentlichkeit gegen Gewalt

1992 15 Jahre nach ihrem Verbot, das die Charta 77 auslöste, tritt die Band »Plastic People« bei einem Konzert auf

60	1970	1980	1990
60	1970	1980	1990

60 Ausrufung der :hechoslowakischen zialistischen publik (ČSSR)

57 Antonín Novotný, Erster Parteisekretär und Staatspräsident, läßt regimekritische chriftsteller verhaften

1969 Selbstverbrennung Jan Palachs aus Protest gegen die sowjetische Besatzung

1977 Gründung der Bürgerrechtsgruppe Charta 77 nach der Verhaftung der Band »Plastic People«

1968 Der gemäßigte Alexander Dubček führt das liberale Reformprogramm des »Prager Frühlings« ein. Am 21. August besetzen Truppen des Warschauer Paktes die Tschechoslowakei; ihr Einmarsch in Prag kostet über 100 Demonstranten das Leben

1984 Jaroslav Seifert, Unterzeichner der Charta 77, erhält den Literatur-Nobelpreis, ohne ihn persönlich entgegennehmen zu können.

1989 Anläßlich Agnes' Heiligsprechung *(siehe S. 92f)* am 4. November fertigt der gebürtige Prager Dissident Gustav Makarius Tauc im Auftrag des Vatikans ein Gemälde an. Die tschechische Legende, die für Agnes' Heiligsprechung wunderbare Ereignisse vorhersagte, wird am 17. November mit der »Samtenen Revolution« wahr

1993 Prag wird Hauptstadt der Tschechischen Republik

Das Wappen der Tschechischen Republik enthält die Inschrift »Wahrheit siegt« sowie die Wappen Böhmens (links oben, rechts unten), *Mährens* (rechts oben) *und Schlesiens* (links unten)

PRAG IM ÜBERBLICK

NAHEZU 150 Sehenswürdigkeiten stellt Ihnen unser Führer durch die Stadtteile vor. Diese Palette reicht vom alten Königspalast, dem Schauplatz des Fenstersturzes von 1618 *(siehe S. 105)*, zu den Bauten der 20er Jahre im jüdischen Viertel *(siehe S. 91)*, vom beschaulichen Petřín-Park *(siehe S. 141)* zum quirligen Wenzelsplatz *(siehe S. 144f)*. Um Ihnen die Planung Ihres Aufenthalts zu erleichtern, führt Sie auf den folgenden zwölf Seiten ein Wegweiser zu den Höhepunkten der Stadt. Thematisch nach Museen und Galerien, Kirchen und Synagogen, Palästen und Gärten untergliedert, verweist er auf die Haupteinträge der genannten Sehenswürdigkeiten. Unten erkennen Sie auf einen Blick die Attraktionen, die keiner versäumen sollte.

DIE ZEHN HIGHLIGHTS DER STADT

Altstädter Ring
Siehe S. 66ff

Nationaltheater
Siehe S. 156f

Nikolauskirche
Siehe S. 128f

Karlsbrücke
Siehe S. 136ff

Altstädter Rathaus
Siehe S. 72ff

Palais Waldstein und Garten *Siehe S. 126*

Alter jüdischer Friedhof
Siehe S. 86f

St.-Veits-Dom
Siehe S. 100ff

Prager Burg
Siehe S. 96f

St.-Georgs-Kloster
Siehe S. 106ff

◁ **Muchas Verkörperung der Wachsamkeit im Bürgermeistersaal des Gemeindehauses *(siehe S. 64)***

Prags Highlights: Museen und Galerien

PRAGS ÜBER 20 MUSEEN sowie nahezu 100 Galerien und Ausstellungsräume überraschen mit seltenen Kunstgenüssen. Religiöse Kostbarkeiten des Mittelalters wetteifern mit den Schätzen des Jugendstils und Meisterwerken moderner Kunst. Nach 1989 eröffnete Galerien erweitern das Ausstellungsangebot zeitgenössischer Kunst. Auch der Geschichte von Stadt, Land und Leuten widmen sich Museen, oftmals in kunsthistorisch bedeutenden Gebäuden. Dieser Lageplan zeigt Ihnen einige der berühmtesten Museen, ergänzt von ausführlicheren Informationen auf den beiden folgenden Seiten.

St.-Georgs-Kloster
Meister Theoderichs Hl. Hieronymus *setzt der alten böhmischen Kunst ein Zeichen.*

Palais Sternberg
In dieser herausragenden Sammlung europäischer Kunst ist die Moderne eindrucksvoll vertreten mit Werken wie Klimts Jungfrau *(1912/13).*

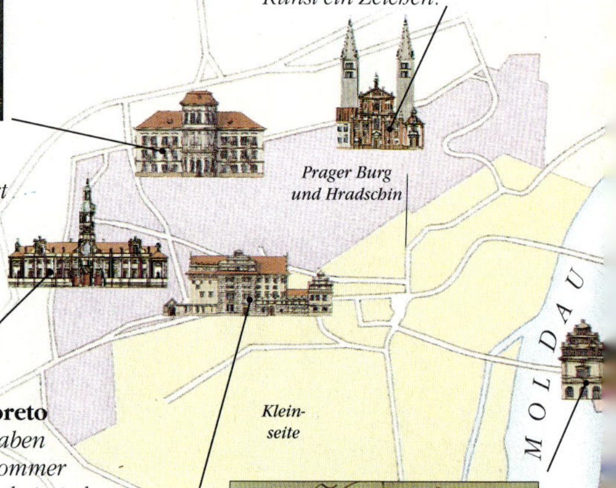

Loreto
Gaben frommer einheimischer Adliger bilden den Grundstock dieser Sammlung dekorativer religiöser Kunst. Diese juwelenbesetzte baumförmige Monstranz schenkte 1721 die Gräfin von Wallenstein der Schatzkammer.

Smetana-Museum
Dem Leben und Werk des tschechischen Komponisten gedenkt das Museum am Ufer jenes Flusses, der Smetana zu seinem berühmtesten Stück inspirierte – der Moldau.

Palais Schwarzenberg
Vor der eleganten Kulisse dieses Renaissancepalastes versammeln sich die Waffen und Memorabilien des Militärgeschichtlichen Museums.

Kunstgewerbemuseum
Hier beeindruckt Kunsthandwerk aus fünf Jahrhunderten, darunter erlesene böhmische Glas-, Grafik- und Möbelarbeiten wie diese beschnitzte und bemalte Truhe aus dem Jahre 1612.

St.-Agnes-Kloster
Impressionistische Ansichten Prags von Schikaneder, hier Staub auf den Burgwällen, *bereichern diese Sammlung des 19. Jahrhunderts.*

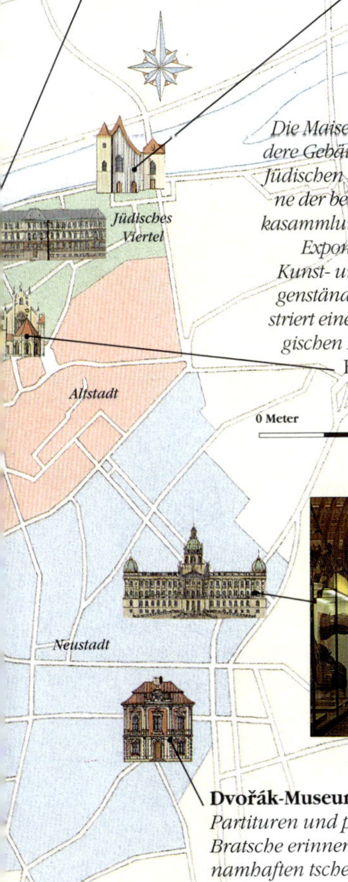

Maiselsynagoge
Die Maiselsynagoge und andere Gebäude des Staatlichen Jüdischen Museums hüten eine der bedeutendsten Judaikasammlungen mit religiösen Exponaten wie Büchern, Kunst- und Einrichtungsgegenständen. Diese Seite illustriert eine Ausgabe der liturgischen Erzählung Pessach Haggada *von 1728.*

Nationalmuseum
Ein riesiges Walskelett bildet den Blickfang eines der sieben zoologischen Säle dieses Museums, das unter anderem eine ausgezeichnete mineralogische Abteilung besitzt.

Dvořák-Museum
Partituren und persönliche Hinterlassenschaften wie diese Bratsche erinnern im anmutigen Palais Michna an diesen namhaften tschechischen Komponisten des 19. Jahrhunderts.

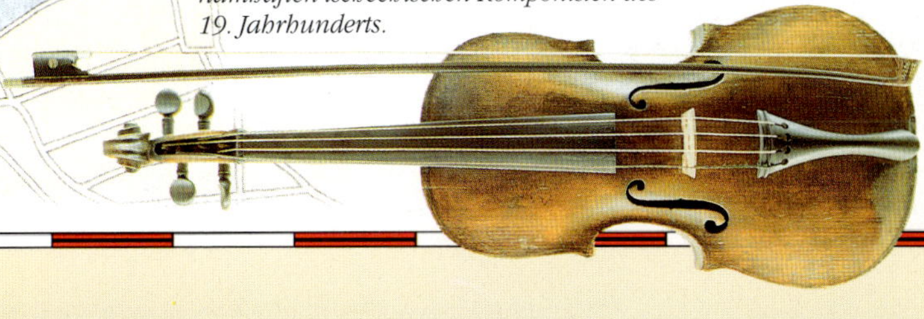

Überblick: Museen und Galerien

Skulptur an der Fassade des Kunstgewerbemuseums

Prags Museen gewähren einen faszinierenden Einblick in die Geschichte der heterogenen Stadtbevölkerung. Fesselnden Aufschluß über die Landeskultur geben Kunstwerke aus Gotik und Barock sowie der Zeit der nationalen Wiedergeburt im 19. Jahrhundert. Die großen Museen und Galerien leiden unter Platzmangel, doch weitere Ausstellungsflächen sind geplant.

Tschechische Malerei und Bildhauerei

Die Nationalgalerie zeigt Prags bedeutendste Sammlung tschechischer Künstler an drei Orten: Arbeiten des 12. bis 18. Jahrhunderts im **St.-Georgs-Kloster**, des 19. Jahrhunderts im **St.-Agnes-Kloster**, Skulpturen des 19. und 20. Jahrhunderts im Zbraslav-Kloster.

Die **Gemäldegalerie der Prager Burg** hütet die Überreste der Sammlung Kaiser Rudolfs II. Ihren Glanz lassen Bilder und andere Dokumente ahnen.

Der Handel von Otto Gutfreund (1923), Zbraslav-Kloster

Meisterwerke böhmischer Kunst – Tafelmalereien Meister Theoderichs für Karl IV., barocke Arbeiten von Karel Škréta und Petr Brandl – bestücken die Gotik- und Barocksammlung des St.-Georgs-Klosters in der Prager Burg. Dort fehlt dem Domschatz von St. Veit derzeit leider der Platz, um seine sakrale Sammlung, darunter eine Madonna der böhmischen Malerschule um Meister Theoderich, auszustellen.

Dem Lapidarium auf dem **Ausstellungsgelände** wurden Skulpturen aus mehreren Jahrhunderten zugeführt, unter ihnen Statuen der Karlsbrücke und die Mariensäule des Altstädter Rings.

Die Sammlung des **St.-Agnes-Klosters** umfaßt Arbeiten von Josef Mánes, dem führenden tschechischen Maler und glühenden Patrioten des 19. Jahrhunderts. Werke Prager Künstler des 19. und 20. Jahrhunderts zeigt die Prager Galerie. Einer ihrer Ableger, das barocke **Schloß Troja**, stellt einen malerischen Hintergrund für die Ausstellungen dar, die auf die 3000 Gemälde, 1000 Statuen und 4000 Drucke der Galerie zurückgreifen. Das Zbraslav-Kloster präsentiert Romantik wie Jugendstil und auch das Schaffen Otto Gutfreunds, dessen figürliche Plastiken der 20er Jahre besonders ansprechen. Die vielversprechendste Sammlung moderner tschechischer Kunst wird im ehemaligen Handelsmessepavillon ausgestellt; in ihr sind fast alle Künstler des 20. Jahrhunderts, unter ihnen Václav Špála und Jan Zrzavý, zu sehen.

Madonna Aracoeli (14. Jh.), Domschatz von St. Veit, Prager Burg

Europäische Malerei und Bildhauerei

Auch Werke europäischer Meister, alter wie moderner, können Sie in Prag bewundern, so im **Palais Sternberg**.

Zu den Kostbarkeiten dieser außergewöhnlich breiten Sammlung zählen Albrecht Dürers *Rosenkranzfest* und die *Heuernte* von Pieter Bruegel dem Älteren, aber auch die vielen Arbeiten niederländischer Meister des 17. Jahrhunderts wie Rubens und Rembrandt, Rodins Bronzen, die hervorragende Picasso-Sammlung und Beispiele der nahezu ausnahmslos vertretenen Impressionisten, Postimpressionisten und Fauvisten. Hier hängen Selbstporträts von Paul Gauguin (*Bonjour Monsieur Gauguin,* 1889), Henri Rousseau (1890) und Pablo Picasso (1907). Letzteres entstammt der Sammlung des namhaften Kunsthistorikers Vincenc Kramář, eines frühen Verfechters des Kubismus. Moderne deutsche und österreichische Maler, Gustav Klimt oder Egon Schiele, fehlen nicht. Die Künstler der tschechischen Avantgarde inspirierte der *Tanz des Lebens* des Norwegers Edvard Munch.

Auch die **Gemäldegalerie der Prager Burg** widmet sich europäischer Malerei, mit dem Schwerpunkt auf dem 16. bis 18. Jahrhundert. Neben Tizians *Toilette einer jungen Dame* begeistern Werke von Rubens und Tintoretto.

Musik

Drei grosse Musiker, zwei tschechische Komponisten und den beliebten Besucher Mozart, ehrt Prag mit Museen. An sie erinnern persönliche Hinterlassenschaften, Partituren und Briefe im **Smetana-Museum**, **Dvořák-Museum** und **Mozart-Museum**, auf dessen Terrasse im Sommer Konzerte erklingen.

Eine neue Bleibe sucht das Museum für Musikinstrumente. Besuchen Sie es, wenn Sie Zeit haben: Seltene, historische Instrumente und Partituren von Komponisten wie Joseph Haydn lohnen den Besuch.

Geschichte

Die historischen Sammlungen des **Nationalmuseums** sind im Hauptgebäude am Wenzelsplatz und der Prager Burg untergebracht. Am Wenzelsplatz verdient die Ausstellung zur Entwicklung des tschechischen Theaters Aufmerksamkeit. Die Objekte im **Palais Lobkowitz** beleuchten die Kultur der Tschechen.

Kelchglas des böhmischen Barock (1730), Kunstgewerbemuseum

Die Geschichte der Stadt wird in den Räumen des **Prager Museums** lebendig, so anhand historischer Drucke und eines Modells der Stadt aus dem 19. Jahrhundert, gefertigt aus Papier und Holz vom Lithographen Antonín Langweil.

Eine Museumsniederlassung erläutert in Výtoň am Moldauufer die Lebensweise einer früheren Siedlung, eine weitere im Vyšehrad die Geschichte dieser Königsresidenz.

Der Renaissancebau des **Palais Schwarzenberg** nimmt den Kriegskarten, Waffen, Uniformen und Abzeichen des Militärgeschichtlichen Museums ihren Schrecken.

Das Staatliche Jüdische Museum verteilt sich im jüdischen Viertel auf die **Hohe Synagoge**, **Maiselsynagoge**, den **alten jüdischen Friedhof** und weitere Stätten. Zynischerweise waren es die Nazis, die für ein Museum »einer ausgestorbenen Rasse« Kultgegenstände aus jüdischen Gemeinden nach Prag brachten. Besonders ergreifend sind die Bilder von Kindern aus dem Konzentrationslager Terezín (Theresienstadt).

Kunstgewerbe

Glaskunst vom Mittelalter bis zur Moderne, Möbel, Textilien, Bücher, Plakate, Porzellan- und Zinnwaren machen das **Kunstgewerbemuseum** im jüdischen Viertel zu einer der reichsten Schatzkammern Prags. Doch nur ein kleiner Ausschnitt ist zu sehen. Halten Sie Ausschau nach Wanderausstellungen, die in den Museumsräumen oder an anderen Orten der Stadt Schwerpunktthemen illustrieren.

Kunsthandwerk entdecken Sie in vielen weiteren Museen, prachtvolle Monstranzen, eine davon mit 6222 Diamanten besetzt, in der **Loreto-Schatzkammer** oder Alltagsmöbel im Prager Museum. Und im **Náprstek-Museum** fasziniert unter anderem eine Sammlung präkolumbischer Kunst aus Mittelamerika.

Astrolabium (16. Jh.) im Technischen Nationalmuseum

Wissenschaft und Technik

Fahrzeuge füllen eine weite Halle des **Technischen Nationalmuseums**: Oldtimer – Autos, Motorräder und Dampflokomotiven – stehen Spalier, über ihnen schweben Modelle aus der Geschichte der Luftfahrt. Andere Abteilungen erläutern Entwicklungen moderner Techniken. Besucher können eine nachgebaute Kohlengrube oder die Astronomieausstellung erkunden – schließlich haben hier Tycho Brahe und Johannes Kepler die Sterne beobachtet.

Wegweiser zu Museen und Galerien

Alter jüdischer Friedhof *S. 86 f*
Ausstellungsgelände *S. 162*
Dvořák-Museum *S. 154*
Gemäldegalerie der Prager Burg *S. 98*
Hohe Synagoge *S. 85*
Kunstgewerbemuseum *S. 84*
Loreto-Schatzkammer *S. 116 f*
Maiselsynagoge *S. 90*
Mozart-Museum *S. 160*
Náprstek-Museum *S. 75*
Nationalmuseum *S. 147*
Palais Lobkowitz *S. 99*
Palais Schwarzenberg *S. 118*
Palais Sternberg *S. 112 ff*
Prager Museum *S. 161*
Schloß Troja *S. 164 f*
Smetana-Museum *S. 79*
St.-Agnes-Kloster *S. 92 f*
St.-Georgs-Kloster *S. 106 ff*
Technisches Nationalmuseum *S. 162*
Zbraslav-Kloster *S. 163*

Highlights: Kirchen und Synagogen

Die religiösen Bauten zeugen vom Wandel der Architektur, aber auch von Zeiten religiösen und politischen Zwistes, dem Leben der Prager, den Rückschlägen und Blütezeiten der Stadt. Viele hüten sakrale Kunstschätze. Dieser Lageplan greift die architektonischen Höhepunkte heraus. Eine breitere Einführung geben die beiden folgenden Seiten.

St.-Georgs-Basilika
Auf diesem spätgotischen Relief über dem Torbogen des im Stil der Frührenaissance gehaltenen Südportals zückt der heilige Georg sein Schwert, um den Drachen zu töten.

St.-Veits-Dom
Das Juwel der Kathedrale ist die Wenzelskapelle. Halbedelsteine, Blattgold und Fresken zieren ihre Wände. Das Fresko über dem gotischen Altar zeigt Elisabeth von Pommern, die vierte und letzte Gemahlin Karls IV., beim Gebet.

Loreto
Seit 1626 wallfahren Gläubige zu dieser der Jungfrau Maria geweihten Stätte. Stündlich spielen die 27 Glocken des barocken Uhrenturms ein Kirchenlied.

St.-Thomas-Kirche
Das Skelett des heiligen Justin ruht in einem Glassarg unter Antonín Stevens' Kreuzigung, einem der glanzvollen religiösen Kunstwerke dieser Kirche.

Nikolauskirche
Im Herzen der Kleinseite erhebt sich Prags schönstes Beispiel des Hochbarock. Die Kuppel schwingt sich so hoch hinauf, daß frühe Gläubige ihren Einsturz befürchteten.

ltneusynagoge
rags älteste Synagoge ·ammt aus dem 13. Jahr- undert. In ihr gotisches ·auptportal ist ein Reb- ·ock geschnitzt, dessen wölf Traubenbüschel die ·ämme Israels symbo- sieren.

Kirche der Jungfrau Maria vor dem Týn
Hinter einer Zeile arkadenüberspannter Bauten überragen die vielspitzigen Zwillingstürme der Kirche die Ostseite des Altstädter Rings. Im Inneren setzen Gotik, Renaissance und Barock kontrastreiche Akzente.

St.-Jakobs-Kirche
Der 1374 eingeweihten Kirche verlieh man nach einem Feuer im Jahre 1689 barocke Grandezza, wie dieses Grabmal des Kanzlers Jan Vratislav von Mitrovice (18. Jh.) zeigt. Wegen ihrer hervorragenden Akustik und ihrer Orgel ist die Kirche auch ein vielbesuchter Konzertsaal.

Slawisches Kloster
Wertvolle Fresken dreier gotischer Meister mit Szenen aus dem Alten und Neuen Testament schmücken die Kreuzgänge.

St. Peter und Paul
Die seit dem 11. Jahrhundert oft umgestaltete Kirche zeigt heute ein neugotisches Gewand aus den 90er Jahren des 19. Jahrhunderts. Am Haupteingang mahnt dieses Relief an das Jüngste Gericht.

Überblick: Kirchen und Synagogen

Die sakrale Baukunst setzte in Prag im 9. Jahrhundert ein und erreichte ihren Höhepunkt unter Karl IV. *(siehe S. 24 f).* Es wurden Überreste einer Synagoge des 11. Jahrhunderts geborgen; drei Synagogen vernichtete im 19. Jahrhundert die Sanierung des jüdischen Gettos. Viele Kirchen wurden während der Hussitenaufstände *(siehe S. 26 f)* zerstört. Auch die politischen Geschehnisse des 20. Jahrhunderts forderten ihren Tribut. Inzwischen werden die Kirchen und Synagogen – viele sind geöffnet – allmählich restauriert.

Altar, Kapuzinerkloster

Hohe gotische Fenster an der Ostseite des St.-Veits-Domes

Romanik

Drei romanische Rundbauten des 11. und 12. Jahrhunderts sind bis heute recht gut erhalten: die – älteste – **St.-Martins-Rotunde** sowie die Rundkapellen Heilig Kreuz und St. Longinus, allesamt winzige Bauten mit nur sechs Meter Durchmesser.

Zur **St.-Georgs-Basilika**, der weitaus besterhaltenen und bedeutendsten romanischen Kirche, legte Fürst Vratislav I. im Jahr 920 den Grundstein. Trotz umfangreichen Umbaus nach einem Feuer 1142 zeigt sich die Kanzel mit ihren erlesenen Gewölbefresken immer noch als spätromanische Kostbarkeit.

Das von Fürst Vladislav II. *(siehe S. 22 f)* 1142 gegründete **Strahov-Kloster** hat seinen romanischen Kern gegen Brände, Kriege und gründliche Renovierung behauptet.

Romanische St.-Martins-Rotunde (11. Jh.) im Vyšehrad

Gotik

Die gotische Bauweise mit ihren Rippengewölben, luftigem Strebewerk und Spitzbögen gelangte um 1230 nach Böhmen und eroberte rasch die religiöse Architektur.

Das **St.-Agnes-Kloster**, 1233 von Wenzels I. Schwester Agnes gestiftet, legte als erster Sakralbau gotisches Gewand an. Die Frühgotik veranschaulicht, wenngleich vom vertrauten Kirchenstil abweichend, meisterhaft die **Altneusynagoge**.

Das feine Maßwerk und hochstrebende Kirchenschiff des **St.-Veits-Domes** geben ein Schau- und Lehrstück der Prager Gotik ab, die auch die Kirchen **Jungfrau Maria vor dem Týn** und **Maria Schnee** prägt.

Historische Bedeutung kommt der wiederaufgebauten gotischen **Bethlehemskapelle** zu, in der Jan Hus *(siehe S. 27)* zehn Jahre predigte.

Restauriert wurden die im Zweiten Weltkrieg stark beschädigten erlesenen gotischen Fresken des **Slawischen Klosters**.

Renaissance

In Prag lebende italienische Künstler initiierten hier die Renaissance, die indes die säkulare Architektur stärker beeinflußte als die Sakralbauten. Aus der Zeit Rudolfs II. (1576–1611), der Spätrenaissance, blieben die schönsten Beispiele bewahrt.

Kuppeln und Turmspitzen

Gleich von welchem Aussichtspunkt aus betrachtet, prägen das Panorama der Stadt die vielen Spitzen, Türme und Kuppeln der Prager Kirchen: Gotik und Neugotik ließen sie himmelwärts streben, der Barock setzte oft Rundkuppeln und Zwiebeltürme auf. Aus dem Rahmen fällt das modernistische Dach des Slawischen Klosters aus dem 14. Jahrhundert; es wurde hinzugefügt, nachdem im Zweiten Weltkrieg ein Luftangriff das Anwesen getroffen hatte. Die geschwungenen, sich überschneidenden Zwillingstürme bereichern als kühne Neuinterpretation gotischer Luftigkeit apart die Skyline.

Gotik

Jungfrau Maria vor dem Týn (1350–1511)

Barock

Kleinseitner Nikolauskirche (1761)

Typische Stilelemente prägen die 1586 angelegte Fassade der **Hohen Synagoge** sowie die umgestaltete, ursprünglich gotische **Pinkassynagoge**.

Den »Manierismus« der Spätrenaissance belegt anschaulich die St.-Rochus-Kirche des **Strahov-Klosters**.

Von der Renaissance inspiriertes Gewölbe, Pinkassynagoge (1535)

Barock

Die Gegenreformation *(siehe S. 30 f)* gab den Anstoß zu einem prunkvollen, 150 Jahre währenden Neu- und Umbau von Kirchen.

Prags älteste Barockkirche ist **St. Maria de Victoria**, 1611–13 errichtet. Nahezu 60 Jahre baute man an der Kleinseitner **Nikolauskirche**. Ihr Innendekor und Freskengewölbe machen sie zu Prags herausragendster Barockkirche, gefolgt vom **Loretoheiligtum** (1626–1750), Nachbar des **Kapuzinerklosters**. Beide Bauten, ebenso die Kirchen **St. Johannes von Nepomuk am Felsen** und **St. Nikolaus** (Altstadt), sind Werke des Vater-Sohn-Gespannes Christoph und Kilian Ignaz Dientzenhofer.

Für die Geschichte der Stadt bedeutsam war die Jesuitenhochschule **Klementinum** mit **St. Salvator**. Hier, wo Dientzenhofer ausgebildet wurde, gingen Barock und jesuitische Lehre eine enge Verbindung ein.

Die **Klausensynagoge** (heute Teil des Staatlichen Jüdischen Museums) wurde 1689 mit Stuck verziert.

Viele frühe Gebäude erhielten ein barockes »Outfit«, so das gotische Schiff von **St. Thomas**. Barockisiert wurde 1689 auch **St. Jakob**.

Decke des Kirchenschiffs der Nikolauskirche (Kleinseite)

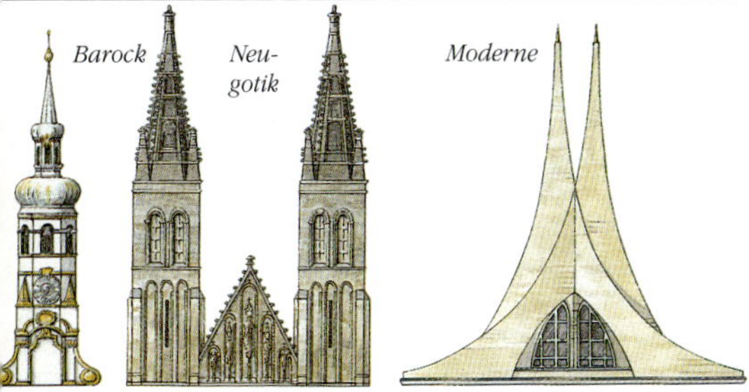

Loreto (1661) **St. Peter und Paul (1903)** **Slawisches Kloster (1967)**

Neugotisches Kirchenportal von St. Peter und Paul (19. Jh.)

Neugotik

Auf dem Gipfel der nationalen Wiedergeburt im 19. Jahrhundert *(siehe S. 32 f)* wurde der **St.-Veits-Dom** in Anlehnung an den ursprünglichen Bauplan vollendet. Die Arbeit von Josef Mocker, dem Architekten der Neugotik, fand kaum Beifall, seine Kirche **St. Peter und Paul** hat aber als Vyšehrad-Wahrzeichen die Herzen erobert. Auch die Basilika **St. Ludmilla** in Náměstí Míru ist ihm zu verdanken.

Wegweiser zu Kirchen und Synagogen

Highlights: Paläste und Gärten

Zu Prags historisch und architektonisch bedeutendsten Anlagen zählen seine Paläste und Gärten. Viele Palais beherbergen Museen oder Galerien *(siehe S. 38 ff)*, manche sind Schauplatz von Konzerten. Gärten laden hinter Mauern als streng gegliederte, von Brunnen und Statuen aufgelockerte Oasen ein oder als offene Grünflächen abseits des Zentrums. Die schönsten Anwesen erkennen Sie auf diesem Plan, ergänzt von weiteren Informationen auf den beiden folgenden Seiten.

Königsgarten
Obzwar im 19. Jahrhundert umgestaltet, hat der Garten seinen Renaissancecharakter weitgehend bewahrt. Unter den kunstvollen Statuen findet sich auch ein barockes Löwenpaar (1730) als Torhüter.

Belvedere
Vor dem geschmackvollen Renaissancesommerschloß plätschert der Singende Brunnen (1568).

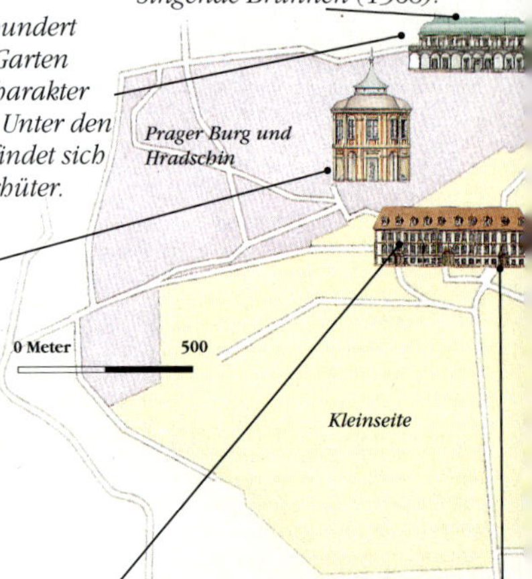

Südliche Gärten
Diese Gärten gewähren einen herrlichen Blick über Prag. Einst Teil der Burgbastionen, wurden sie 1891 in einen Park verwandelt, dem Josip Plečnik 40 Jahre später sein heutiges Aussehen verlieh.

Palais Waldstein
Die weitläufige Barockresidenz, für Graf Albrecht von Waldstein (Wallenstein) 1624–30 erbaut, sollte die Prager Burg in den Schatten stellen. Über 20 Häuser und ein Stadttor mußten Palais und Garten weichen. Dieser Venusbrunnen (1599) sprudelt vor den Arkaden der Sala terrena.

Waldstein-Garten
Kopien ersetzen Bronzestatuen des 17. Jahrhunderts, die die Schweden 1648 raubten.

Kolowrat-Černín-Garten
Im Barock legte man am Hang unterhalb der Burg eindrucksvolle Palastgärten mit Terrassen an.

Palais Golz-Kinský
Das Wappen der Kinskýs ziert die rosa-weiße Stuckfassade, ein Entwurf Kilian Ignaz Dientzenhofers. Das Rokokopalais ist heute Teil der Nationalgalerie.

Palais Clam-Gallas
Vier gigantische Statuen (ca. 1715) von Matthias Bernard Braun zeigen Herkules, der die schweren barocken Frontportale des Palais zu stützen versucht.

Palais Michna
Kilian Ignaz Dientzenhofer gestaltete 1712 dieses bezaubernde Schlößchen, in dem heute das Dvořák-Museum untergebracht ist. Die Gartenskulpturen stammen von Antonín Braun.

Halbinsel Kampa
Durch das Niederreißen von Gartenmauern schuf man 1941 einen friedvollen Inselpark.

Überblick: Paläste und Gärten

Statue auf der Kampa-Insel

Die Vielzahl von Palästen und Gärten, entstanden im Laufe von Jahrhunderten, läßt einen staunen. Nur wenige Palais fielen Kriegen zum Opfer; die Mehrzahl ging aus Restaurierungen und Vergrößerungen um so stattlicher hervor. Palastgärten gerieten im 17. Jahrhundert in Mode. Ihnen bot unter anderem der Hang der Prager Burg Platz. Die meisten erfuhren mehrfache landschaftliche Umgestaltungen. Im 19. Jahrhundert öffnete man viele größere Parks dem Publikum; dies geschieht auch seit 1989 wieder.

Mittelalterliche Paläste

Gegen 1135 begannen die Arbeiten am romanischen Erdgeschoß des **Königspalastes** der Prager Burg, dem ältesten Stadtpalais. Er wurde oft umgebaut, vor allem zwischen dem 14. und 16. Jahrhundert. Der spätgotische Vladislav-Saal stammt aus den 90er Jahren des 15. Jahrhunderts. Im weniger bekannten **Palast der Herren von Kunštát** (13. Jh.) wurde das überwölbte Erdgeschoß Grundlage der späteren gotischen Konstruktion.

Renaissancepaläste

Das **Palais Schwarzenberg**, einen der schönsten Renaissancebauten Prags, entwarfen im 16. Jahrhundert italienische Architekten. Geometrische, zweifarbige Sgraffitos zieren seine Fassade. Auch an **Belvedere** legten Italiener Hand an. Grazile Arkaden und Säulen, reich geschmückt mit Reliefs, machen es zu einem der elegantesten Renaissanceschlösser nördlich der Alpen. Den ersten Beleg der Spätrenaissance in Prag lieferte 1563 das **Palais Martinitz**. Ihm folgte alsbald das **Palais Lobkowitz**, dessen mit Terrakottareliefs verzierte Fenster und Gipssgraffitos Barockisierungen überlebt haben. Der Renaissancebau des mächtigen **Erzbischöflichen Palais** erhielt später eine Rokokofassade.

Bronzeplastik des Singenden Brunnens im Königsgarten

Schloß Troja und sein strenger Garten, Südansicht

Barockpaläste

Zahlreiche Paläste Prags spiegeln alle Phasen des Barock. Vom Frühbarock zeugt großspurig, doch ansehnlich das **Palais Wald-**

Schmuckportale und -tore

Die kunstvollen Portale und Tore der Prager Paläste gehören zu den eindrucksvollsten architektonischen Meisterwerken der Stadt. Aus Gotik und Renaissance sind viele Portale erhalten, selbst wenn die dazugehörigen Gebäude zerstört oder in späteren Stilen renoviert worden sind. Typische Portale des Barock, der fruchtbarsten Bauphase, rahmen viele Eingänge großer Bauwerke ein. Die Torbögen werden oft von Statuen getragen: Riesen, Helden und mythologischen Figuren. Diese dienen als wesentlicher Bestandteil des Stützwerks und nicht allein der Zierde.

Tor zum Ehrenhof der Prager Burg (1768)

stein. Seinem Prunk steht das **Palais Černín** kaum nach. Der Hochbarock verschaffte zwei Stilkomponenten Ausdruck, die eine verspielter und italienisch, die andere klassizistischer und französisch-wienerisch beeinflußt. Im italienischen Villenstil sind **Schloß Troja** und **Sommerschloß Michna**, wienerischer wirkt das **Palais Sternberg** am Hradčanské náměstí. Troja (1679) ist ein Werk von Jean-Baptiste Mathey, wie die Dientzenhofers *(siehe S. 129)* ein Meister des Barock. An den Portalen des **Palais Clam-Gallas** und des **Palais Morzin** in der Nerudagasse fallen Atlantenpaare, ein beliebtes Barockmotiv, ins Auge. Den hervorragenden Rokokobau des **Palais Golz-Kinský** schuf Kilian Ignaz Dientzenhofer.

Gärten

Die Kleinseite beherbergt Prags schönste Palästgärten, so den **Waldstein-Garten**, der, anders als sein frühbarocker Palast, die geometrische Strenge der Renaissance einhält. Diese behauptet sich auch im **Königsgarten** hinter der Prager Burg. Umgestaltet wurden in den 20er Jahren dieses Jahrhunderts die **Südlichen Gärten** an den alten Burgwällen.

Zahlreiche Gärten kamen im 17. und 18. Jahrhundert hinzu, als Adelsfamilien bei der Anlage von Kleinseitner Winterresidenzen zu Füßen der Burg einander auszustechen versuchten. Viele gehören heute zu Botschaftssitzen, andere sind öffentlich zugänglich. **Dem Ledebour-Garten** wurden zwei Nachbargärten eingegliedert. An einem steilen Hang spielt der **Kolowrat-Černín-Garten** raffiniert mit Pavillons, Stufen und Terrassen, die reizvolle Blicke über die Stadt erlauben. Eine ähnliche barocke Schöpfung zeigt, mit Statuen und beeindruckenden Aussichten, der **Vrtba-Garten** auf dem Gelände eines ehemaligen Weinguts. Aus Palastgärten entstand auch der Park der **Halbinsel Kampa**.

Am Laurenziberg verwandelte man alte Gärten und Obsthaine in den weiten öffentlichen **Petřín-Park**. Auf einen Obstgarten geht auch der **Vojan-Park** zurück, angelegt von Karmelitern im 13. Jahrhundert. Zu den wenigen öffentlichen Grünflächen der Neustadt zählt der **Botanische Garten**.

Die größeren Parks liegen zumeist außerhalb des Zentrums. Als königlicher Hirschpark diente **Stromovka**, während der **Letná-Park** 1858 auf dem freien Gelände der Letná-Ebene entstand.

Alter Baumbestand im Stromovka

Frühlingsblumen im Königsgarten der Prager Burg

Schloß Troja (um 1703)

Palais Clam-Gallas (um 1714)

Wegweiser zu den Palästen und Gärten

DAS JAHR IN PRAG

IM FRÜHLING, wenn die Gärten erblühen, erstrahlt Prag in allen Farben der Natur. Das Musikfestival »Prager Frühling« läutet die Festsaison ein. Im Sommer unterhalten Straßenkünstler, und die Gärten zeigen sich von ihrer schönsten Seite. Wenn die Tage kühler werden, heizt das Internationale Jazzfestival ein. Zum Jahresende bedeckt oft Schnee die Straßen. Die Ballsaison eröffnet der Dezember. Jetzt, in den kältesten Monaten, finden Veranstaltungen in vielen schönen Räumen statt. Rund um das Jahr pilgern Besucher zur mittäglichen Wachablösung vor der Prager Burg. Veranstaltungen kündigen die Programmzeitschriften *(siehe S. 219)* und der Prager Informationsdienst *(siehe S. 218)* an.

Bemaltes Osterei

Konzert auf dem Altstädter Ring beim Musikfestival »Prager Frühling«

FRÜHLING

DIE ERSTEN STRAHLEN der Frühlingssonne kitzeln Prag aus dem Winterschlaf. Im Frühjahr, der anregendsten Reisezeit, feiern Farben, Blumen und Kultur Feste. Die ergrünenden Parks und Gärten öffnen nach der Winterpause wieder ihre Pforten. Wenn im April das Barometer steigt, gibt das Musikfestival »Prager Frühling« den Auftakt zu einem vollen Unterhaltungsprogramm.

OSTERN

Ostermontag ist ein öffentlicher Feiertag. Ein skurriles Ritual aus alten Zeiten begleitet das Osterfest: Männer schlagen mit Weidenruten ihre Frauen – Prügel zum Erhalt der weiblichen Fruchtbarkeit. Doch die Opfer rächen sich, indem sie ihre Peiniger mit Wasser überschütten. Waffenstillstand tritt erst ein, wenn die Frauen den Männern ein bemaltes Ei überreichen. Gottesdienste finden an allen Osterfeiertagen statt *(siehe S. 227)*.

MÄRZ

Beim **Prag-Prčice-Marsch** *(dritter Samstag im März)* wandern Tausende vom Stadtzentrum zum südwestlich gelegenen Prčice, um den Frühling zu feiern.

APRIL

Bootsausflüge *(1. April)*. Die Bootsausflugsaison auf der Moldau beginnt.
Hexenverbrennung *(30. April)* auf dem Ausstellungsgelände *(siehe S. 176)*. Konzerte untermalen das 500jährige Ritual, bei dem man alte Besen verbrennt, um die Natur von bösen Geister zu befreien.

MAI

Tag der Arbeit *(1. Mai)*. Zahlreiche Veranstaltungen finden an diesem Feiertag statt. **Eröffnung der Prager Gärten** *(1. Mai)*. Viele Parks und Gärten laden regelmäßig zu Sommerkonzerten ein. **Jahrestag des Prager Aufstands** *(5. Mai)*. Mittags heulen eine Minute lang Sirenen. Die Gedenktafeln der Opfer *(siehe S. 34)* werden mit Blumen bedacht. **Tag der Befreiung vom Faschismus** *(8. Mai)*. Als Tag des Sieges im Zweiten Weltkrieg öffentlicher Feiertag. Kranzniederlegung bei den Soldatengräbern des Olšany-Friedhofs. **Prager Internationale Buchmesse** *(zweite Maiwoche)* im Kulturpalast *(siehe S. 178)*. Vorstellung namhafter Autoren.

MUSIKFESTIVAL »PRAGER FRÜHLING«

Das internationale Festival (12. Mai – 1. Juni) lockt mit abwechslungsreichem Konzert-, Ballett- und Opernprogramm, dargeboten von den besten Interpreten der Welt, und ist ein Genuß nicht nur für Musikliebhaber. Hauptschauplatz ist das Rudolfinum *(siehe S. 84)*, aber auch Kirchen und Paläste öffnen – manche nur zu diesem Anlaß – dem Publikum ihre Pforten. Das Festival beginnt am Todestag Bedřich Smetanas *(siehe S. 79)*. An seinem Grab auf dem Vyšehrad *(siehe S. 178f)* findet ein Gottesdienst statt, abends ein Konzert im Gemeindehaus *(siehe S. 64)*, bei dem seine berühmteste Komposition, *Má vlast* (Mein Vaterland), aufgeführt wird. Dort schließt auch Beethovens *9. Sinfonie* das Festival ab.

Bedřich Smetana

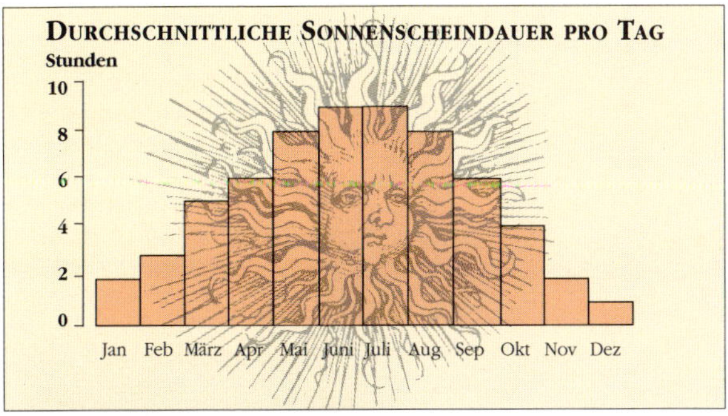

Sonnenscheindauer
Prag erlebt seine längsten, heißesten Tage zwischen Mai und August. Auf dem Höhepunkt des Sommers wird es um fünf Uhr hell. Reizvoll wirkt die Stadt an sonnigen Wintertagen. Doch kann dichter Smog (siehe S. 53) *die Sonnentage trüben.*

Einheimische und Touristen genießen einen Sonnennachmittag im Vyšehrad-Park

SOMMER

DER SOMMER BEDEUTET hohe Temperaturen, häufige, oft heftige Schauer und Besucherströme – eine schöne, wenngleich umtriebige Reisezeit. Die Tschechen flüchten am Wochenende aufs Land, um in den Hügeln der Umgebung zu wandern oder einer »Datscha« auszuruhen. Wer daheim bleibt, versucht in den Bädern und Seen *(siehe S. 213)* vor den Toren der Stadt die Hitze zu lindern. Jetzt, wo die Kultur ins Freie zieht, sorgen allerorten, auf Plätzen, in Straßen und Gärten, Schauspieler, Musikanten und klassische Orchester für Kurzweil. Cafés rücken Tische hinaus, so daß Sie dem Treiben zusehen können, ohne zu verdursten.

JUNI

Bürgermeister-Bootsrennen *(erstes Juniwochenende).* Ruderer liefern sich auf der Moldau zu Füßen des Vyšehrad Wettrennen. **Sommerkonzerte** *(den ganzen Sommer).* Prags Gärten *(siehe S. 46ff)* dienen als bezaubernde Bühne für Gratiskonzerte klassischer Orchester und Blaskapellen. Auf dem Ausstellungsgelände *(siehe S. 176)* findet beim Křižík-Brunnen eines der beliebtesten, faszinierendsten klassischen Freiluftkonzerte statt. Farbige Licht- und Wasserspiele begleiten, von Computern auf die Musik abgestimmt, Orchester mit großer Besetzung. **Jahrestag der Ermordung der Attentäter Reinhard Heydrichs** *(18. Juni).* In der Kirche St. Kyrill und Methodios *(siehe S. 152)* gedenkt eine Messe der Verstorbenen. **Goldenes Prag** *(erste Juniwoche)*, Palais Kaiserstein. Internationales Festival preisgekrönter Fernsehproduktionen. **Aufführungen historischer Schlachten** *(den gesamten Sommer)* in Palästen und Gärten. **Mozarts Prag** *(Mitte Juni – erste Juliwoche).* Internationale Orchester spielen Werke Mozarts in Bertramka *(siehe S. 160)* und dem Palais Lichtenstein. **Tanzendes Prag** *(letzte Juniwoche).* Internationales zeitgenössisches Tanzfestival im Nationaltheater *(siehe S. 156).*

JULI

Tag der slawischen Glaubensboten *(5. Juli).* Öffentlicher Feiertag zu Ehren von St. Kyrill und St. Methodios *(siehe S. 152).* **Todestag des Jan Hus** *(6. Juli).* Das Hus-Denkmal *(siehe S. 26f)* wird an diesem öffentlichen Feiertag mit Blumen geschmückt.

AUGUST

Theaterinsel *(gesamter August).* Schauspiel- und Puppentheater auf der Střelecký-Insel.

Wachablösung bei der Prager Burg

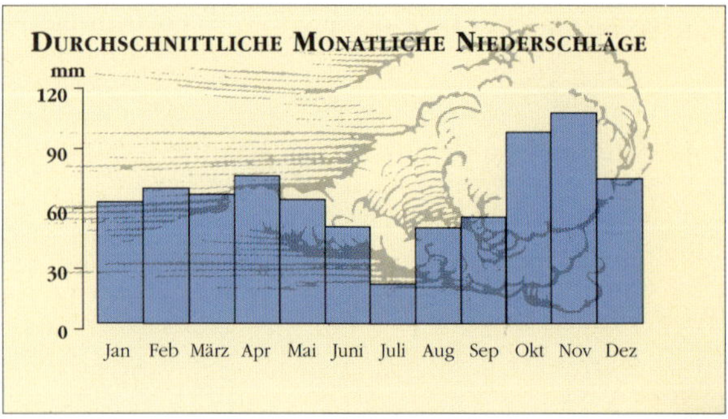

Niederschläge
Das gesamte Jahr beschert Prag reichlich Regen, besonders im Oktober und November. Auch in den Sommermonaten gehen häufig leichte Schauer nieder. Der Winter kann dichte, selten aber sehr schwere Schneefälle bringen.

HERBST

WENN SICH DAS Laub in den Gärten unter der Prager Burg rotgold verfärbt und die Besucherströme langsam versiegen, bereitet sich die Stadt auf die kalten Wintermonate vor. Mitunter begegnen Sie nun vielen Pilzsammlern mit Körben frischer Pilze. Die Marktstände quellen über von Obst und Gemüse. Die baumgesäumten Hänge über der Moldau schimmern in den herrlichsten Herbstfarben. Im September und Oktober wärmen noch so manche Sonnentage, im November fällt oft schon der erste Schnee. Fußballfans pilgern in die Stadien. Das Ereignis für Reitsportfreunde ist das alljährliche große Hindernisrennen von Pardubice.

SEPTEMBER

Prager Herbst *(Anfang September)* im Rudolfinum *(siehe S. 84)*. Internationales klassisches Musikfestival. **Herbstmesse** *(wechselnde Termine)* im Ausstellungsgelände *(siehe S. 176)*. Jahrmarkt, Buden, Imbiß und Getränke, Theater, Puppenspiel und vielerlei Musikvorführungen. **Drachenwettbewerbe** *(dritter Sonntag im September)* in der Letná-Ebene vor dem Sparta-Stadion. Beliebt bei Kindern, jeder kann seinen Drachen steigen lassen. **Böhmische Meisterschaft** *(letzter Sonntag im September)*. Seit 1887 führt dieser Straßenlauf über zehn Kilometer vom Prager Vorort Běchovice nach Žižkov. Jeder, gleich wie alt und trainiert, kann teilnehmen.

Jazzmusiker beim Internationalen Jazzfestival

OKTOBER

Großer Pardubicer Steeplechase *(zweiter Sonntag im Oktober)*. Seit 1874 findet in Pardubice östlich von Prag Europas schwierigstes Hindernis-Pferderennen statt. **Velká Kunratická** *(zweiter Sonntag im Oktober)*. Jeder kann an dem beliebten, haarsträubenden Querfeldeinrennen im Wald von Kunratice teilnehmen. **Schließen der Moldau** *(Anfang Oktober)*. Ende der Wassersportsaison, bei dem die Moldau bis zum Eintreffen des Frühlings symbolisch mit einem Schlüssel abgeriegelt wird. **Internationales Jazzfestival** *(wechselnde Daten)*, Palais Lucerna. Das berühmte Jazzfestival stellt seit 1964 Musiker aus aller Welt vor. **Tag der Republik** *(28. Oktober)*. Auch nach Aufsplittern der Tschechoslowakei in zwei Republiken gedenkt ein öffentlicher Feiertag der Gründung der Republik 1918.

Herbstlaub vor dem St.-Veits-Dom

NOVEMBER

Feier der »Samtenen Revolution« *(17. November)*. Beim Wenzelsplatz *(siehe S. 144f)* finden friedliche Demonstrationen statt.

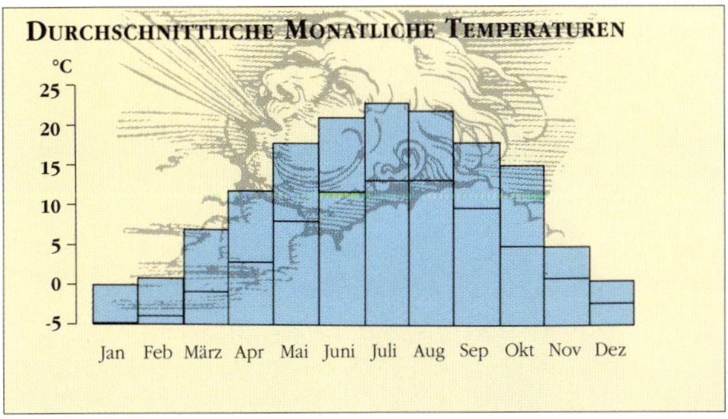

Temperaturen
Die Tabelle zeigt Prags durchschnittliche monatliche Tiefst- und Höchsttemperaturen. Im Sommer bleibt es meist angenehm warm, im Winter dagegen kann es bitterkalt werden und fallen die Temperaturen oft unter den Gefrierpunkt.

WINTER

VIELLEICHT ERWACHEN SIE in Prag an einem jener hinreißenden Morgen, an denen die neuschneebedeckte Stadt sich glitzernd in der Sonne präsentiert. Der Blick über die reinweiß bemäntelten Dächer der Kleinseite ist zauberhaft. Leider enthüllt Prag im Winter nur selten solche Schönheit. Das Wetter zeigt Launen. An trüben Tagen können die Temperaturen jäh auf –5° C sinken. Wegen der Luftverschmutzung und der Lage im Moldaubecken lasten oft Smogglocken über der Stadt.

Das mißmutige Winterwetter hellt die Theatersaison auf, die mit Premieren ihren Höhepunkt feiert. Bälle und Tanzveranstaltungen halten in den kalten Monaten warm. Kurz vor Weihnachten erblicken Sie in den Straßen Fässer mit lebenden Karpfen, dem traditionellen Weihnachtsschmaus. Christbäume schmücken die Stadt, Weihnachtslieder erklingen an Straßenecken. Christmetten finden in fast allen Kirchen statt. Und Silvester feiert man seit eh und je in der gesamten Stadt.

Karpfen, traditionelles Weihnachtsfestessen, warten auf Käufer.

Blick über die schneebedeckten Dächer der Kleinseite

DEZEMBER

Weihnachtsmärkte *(gesamter Dezember)*, Metro-Station Můstek, 28. října, Na příkopě, Altstädter Ring. Hier werden in Buden unter anderem Weihnachtsschmuck, Geschenke, Glühwein, Punsch und Karpfen feilgeboten *(siehe S. 207)*. **Heiliger Abend**, **erster und zweiter Weihnachtsfeiertag** *(24., 25., 26. Dezember)* werden als öffentliche Feiertage in allen Prager Kirchen mit Messen begangen. **Schwimmwettbewerbe in der Moldau** *(26. Dezember)*. Hunderte von abgehärteten Schwimmern wetteifern in der 3° C kalten Moldau.
Silvesterfeiern *(31. Dezember)*. Tausende erwarten und begrüßen am Wenzelsplatz das neue Jahr.

JANUAR

Neujahr
(1. Januar). Feiertag.

FEBRUAR

Tänze und Bälle
(Anfang Februar)
Matthäus-Messe *(Ende Februar bis Anfang April)*, Ausstellungsgelände *(siehe S. 176)*. Rummelplatz, Buden und vielerlei Vergnügungen.

FEIERTAGE

Neujahr (1. Januar); **Ostermontag**; **Tag der Arbeit** (1. Mai); **Tag der Befreiung vom Faschismus** (8. Mai); **Tag der slawischen Glaubensboten** (5. Juli); **Todestag des Jan Hus** (6. Juli); **Tag der Republik** (28. Oktober); **Heiliger Abend, 1. und 2. Weihnachtsfeiertag** (24.–26. Dezember).

Prag per Schiff

Die Moldau (Vltava) spielte eine bedeutsame Rolle in der Geschichte der Stadt *(siehe S. 20f)* und hat bildende Künstler, Dichter und Musiker aller Jahrhunderte inspiriert.

Statuen an der schmiedeeisernen Čechův-Brücke

Bis zum 19. Jahrhundert waren Teile der Stadt heftigen Überschwemmungen ausgesetzt. Um die Fluten zu bannen, hat man die Flußdeiche stetig verstärkt und erhöht (heute ruhen sie auf Stein- oder Betonfundamenten). Nach jährlich wiederkehrenden, verheerenden Überflutungen schüttete man im Mittelalter die heimgesuchten Gebiete mit einer zwei Meter dicken Erdschicht zu, um den Schaden zu mindern. Diese Maßnahme schuf jedoch nur teilweise Abhilfe, bewahrte indes die Erdgeschosse zahlreicher, heute zu besichtigender romanischer und gotischer Bauwerke *(siehe S. 78f)*. Aber die Moldau war nicht nur Zerstörerin. Sie dient der Stadt seit langem als lebenswichtiger Verkehrsarm und als Einkommensquelle. Verbesserte Technologien steigerten ihren Nutzen; Wehre, Wassermühlen und -türme entstanden. Ein Wasserkraftwerk auf der Insel Štvanice liefert seit 1912 fast ein Drittel des Prager Strombedarfs. Für die Schiffahrt baute man acht Dämme, einen großen Kanal und Wehre entlang der Strecke Slapy-Prag-Mělník bis zur Mündung der Moldau in die Elbe. Ausflüge mit Booten, darunter Raddampfer und sogar eine chinesische Dschunke, verheißen aufregende Erlebnisse. Flußfahrten werden im Sommer täglich angeboten, auch nach Troja *(siehe S. 164f)* oder bis hin zum Slapy-Stausee. Die Boote legen von den vielen Pieren Prags ab und bieten eine der schönsten Möglichkeiten zur Erkundung der Stadt und ihrer wunderschönen ländlichen Umgebung.

Ansicht der Dampferlandungsbrücke (přístaviště parníků) an der Rašínovo nábřeží

Die **Prager Burg** beherrscht bei Flußfahrten das Panorama. Hier ein Blick vom Kai bei der Na Františku am rechten Moldauufer.

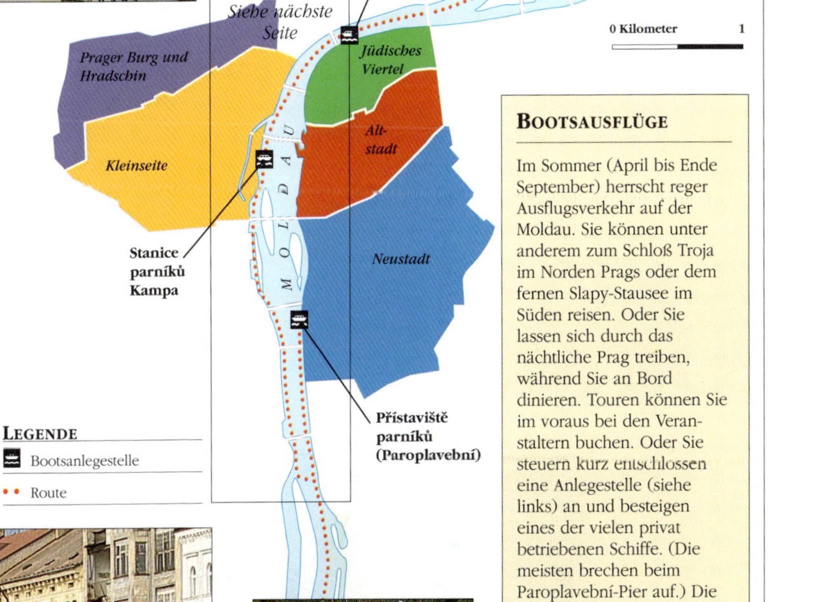

Das ehemalige Stadtbad bei der Čechův most an der Nábřeží Edvarda Beneše ist Anlegestelle der chinesischen Dschunke »Excess«.

BOOTSAUSFLÜGE

Im Sommer (April bis Ende September) herrscht reger Ausflugsverkehr auf der Moldau. Sie können unter anderem zum Schloß Troja im Norden Prags oder dem fernen Slapy-Stausee im Süden reisen. Oder Sie lassen sich durch das nächtliche Prag treiben, während Sie an Bord dinieren. Touren können Sie im voraus bei den Veranstaltern buchen. Oder Sie steuern kurz entschlossen eine Anlegestelle (siehe links) an und besteigen eines der vielen privat betriebenen Schiffe. (Die meisten brechen beim Paroplavební-Pier auf.) Die Preise richten sich nach Schiffstyp und Fahrtdauer, doch finden sich Flußpartien für jeden Geldbeutel.

Pragotur
U Obecního domu 2. **Karte** 4 D3.
☎ *24 81 09 77.*

Excess Klub
U Plovárny 8. **Karte** 3 A2.
☎ *53 62 61.*
Veranstaltet Rundfahrten auf der chinesischen Dschunke »Excess«.

Thomas Cook
Václavské náměstí 47.
Karte 4 D5. ☎ *26 31 06.*

Paroplavební spol. (Pier)
Rašínovo nábřeží přístaviště.
Karte 5 A2.
☎ *29 38 03.*

Prag per Schiff

EINE MOLDAUFAHRT ERÖFFNET einzigartige Blicke auf Prags Baudenkmäler. Die erste slawische Siedlung befand sich am linken Ufer, doch es war das von Kaufleuten dichtbewohnte rechte Ufer, das zu einem geschäftigen Wirtschaftszentrum erblühte. Dies blieb bis heute unverändert. Weite Teile des weniger entwickelten linken Ufers zeigen sich immer noch als grüne Oasen. Schwäne haben den Fluß zu ihrer Heimat erkoren, als wollten sie seiner stolzen Schönheit ein Zeichen setzen.

Hanau-Pavillon
Ein verspielter, gußeiserner Treppenaufgang führt zu diesem Pavillon, den Zdeněk Fiala zur Jubiläumsausstellung 1891 erbaute.

Kleinseitner Brückentürme
Der niedrigere, 1158 errichtete Turm sollte den Zugang zur Judithbrücke bewachen, während der höhere 1464 einen romanischen Vorgänger ersetzte (siehe S. 136).

Moldauwehr
Mit Wehren wie diesem, das von den dichtbewaldeten Hängen des Laurenzibergs überragt wird, versuchte man im 19. Jahrhundert diesen Moldauabschnitt schiffbar zu machen.

Vor der **Moldaustatue** am nördlichen Zipfel der Kinderinsel werden alljährlich Kränze zum Gedenken an die Ertrunkenen niedergelegt.

Kleinseitner Wasserturm
Der Turm aus dem Jahre 1560 speiste 57 Kleinseitner Brunnen.

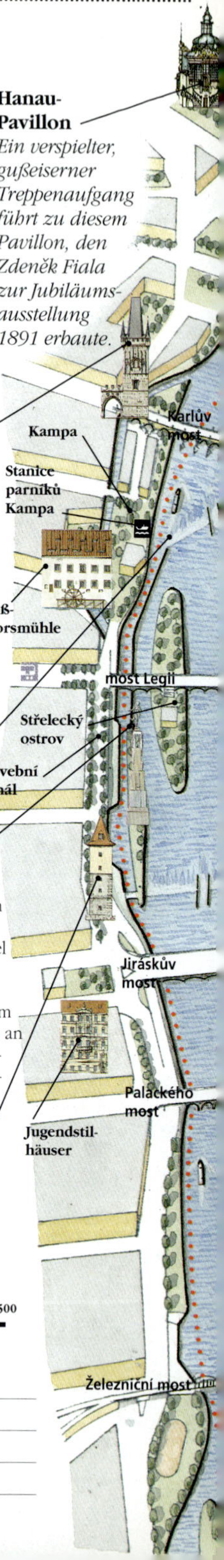

0 Meter 500

LEGENDE

- Straßenbahn
- Bootsanlegestelle
- Ausflugsroute

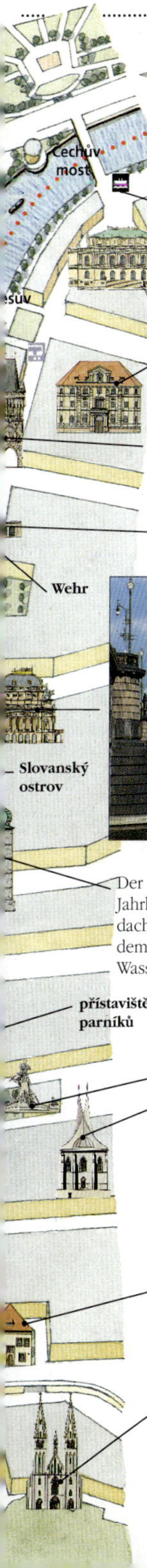

Rudolfinum
Am eindrucksvollen Eingang dieser im Stil der Neurenaissance gehaltenen Konzerthalle verkörpern zwei Statuen, darunter diese von Antonín Wagner, die Musik (siehe S. 84).

Das **Klementinum**, ehemals ein Jesuitenkolleg, zählt zu den größten Bauten der Stadt *(siehe S. 79).*

Der **Altstädter Brückenturm** entstand im 14. Jahrhundert als Teil der Stadtbefestigungen *(siehe S. 139).*

Smetana-Museum
Hier hatten im 19. Jahrhundert ursprünglich die städtischen Wasserwerke ihren Hauptsitz (siehe S. 79).

Nationaltheater
Am rechten Ufer leuchtet das verzierte Dach dieses Wahrzeichens der nationalen Wiedergeburt (siehe S. 156f).

Der **Šítka-Turm**, im späten 18. Jahrhundert mit einem Barockdach versehen, stammt aus dem Jahr 1495. Er pumpte Wasser in die Neustadt.

Das **Denkmal für František Palacký** ehrt seit 1905 diesen herausragenden tschechischen Historiker des 19. Jahrhunderts.

Výtoň-Zollamt
Das Neustädter Wappen von 1671 ziert das Amt aus dem 16. Jahrhundert, in dem die von Holzflößern eingetriebenen Zölle gesammelt wurden.

Das **Emmauskloster**, 1347 unter Karl IV. gegründet, besitzt zwei moderne Spitztürme, die einen markanten Akzent setzen.

Kirche St. Peter und Paul
Der oft umgebauten Kirche setzte man 1903 zwei neugotische Türme, ein Entwurf František Mikeš', auf. Sie sind Erkennungsmale des Vyšehrad-Felsens (siehe S. 178f).

Führer durch die Stadtteile

ALTSTADT

STARÉ MĚSTO

Die Altstadt und ihr Marktplatz bilden das Herz der Stadt. Im 11. Jahrhundert wucherten die Siedlungen um die Burg zum rechten Moldauufer hin. Ein Marktplatz, der heutige Altstädter Ring (Staroměstské náměstí), wurde erstmals 1091 erwähnt. Um ihn herum schossen bald Häuser und Kirchen aus dem Boden, ein willkürliches Netz von Straßen knüpfend, von denen viele bis heute überlebt haben. Das Viertel erhielt im 13. Jahrhundert Stadtrecht und 1338 ein Rathaus. Dieses und Prachtbauten wie das Palais Clam-Gallas oder das Gemeindehaus spiegeln die Bedeutung der Altstadt wider.

Der Arzt Jan Marek (1595–1667)

Sehenswürdigkeiten auf einen Blick

Kirchen
St. Jakob 4
Jungfrau Maria vor dem Týn 8
St. Nikolaus 11
St. Gallus 14
St. Martin in der Mauer 15
St. Julius 17
Bethlehemskapelle 18

Museen und Galerien
Náprstek-Museum 16
Smetana-Museum 24

Historische Straßen und Plätze
Zeltnergasse 3
Altstädter Ring S. 66ff 7
Marienplatz 20
Karlsgasse 21
Kreuzherrenplatz 25

Historische Denkmäler und Gebäude
Pulverturm 1
Gemeindehaus 2
Karolinum 6
Jan-Hus-Denkmal 10
Altstädter Rathaus S. 72ff 12
Haus Zu den zwei goldenen Bären 13
Klementinum 23

Theater
Ständetheater 5

Palais
Palais Golz-Kinský 9
Palais Clam-Gallas 19
Palast der Herren von Kunštát 22

Anfahrt

Metro-Stationen Můstek (Linien A und B) sowie Staroměstská (Linie A). Straßenbahnen kreuzen nicht den Altstädter Ring, doch man erreicht ihn und andere Sehenswürdigkeiten von der Karlsbrükke oder dem Náměstí Republiky aus nach nur kurzem Fußweg.

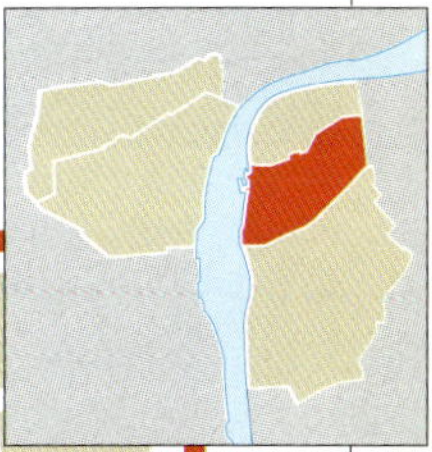

Legende

Detailkarte *Siehe S. 62f*

Detailkarte *Siehe S. 76f*

Straßenbahnhaltestelle

P Parken

◁ **Kaffeehaustische und Spaziergänger auf dem Altstädter Ring**

Im Detail: Altstadt (Osten)

Der von historischen Bauten gesäumte Altstädter Ring (Staroměstské náměstí) zählt zu den schönsten Plätzen der Welt. Den Motorverkehr hat man verbannt, statt dessen rollen Pferdekutschen vorbei. Auch Straßen wie die Celetná und Ovocný trh sind Fußgängern vorbehalten. Im Sommer stehen Kaffeehaustische auf dem Pflaster. Obwohl Touristen zu Tausenden herbeiströmen, hat das Viertel seine Atmosphäre bewahrt.

Palais Golz-Kinský
Dieser prächtige Rokokopalast beherbergt heute eine Kunstgalerie. ❾

★ Altstädter Ring
Václav Jansas Aquarell aus dem späten 19. Jahrhundert beweist, daß sich der Platz in hundert Jahren kaum verändert hat. ❼

Nikolauskirche
An einem Eck des Altstädter Rings prangt die stattliche Fassade dieser Barockkirche. ⓫

Jan-Hus-Denkmal
Dieses Ehrenmal erinnert an den Kirchenreformer Hus, Symbol der Standhaftigkeit, und die Blüte- und Welkezeiten des tschechischen Volkes. ❿

Haus Zu den zwei goldenen Bären
Sein kunstvoll behauenes Renaissanceportal ist in Prag ohnegleichen. ⓭

★ Altstädter Rathaus
Vor der Astronomischen Uhr versammeln sich zur vollen Stunde Scharen von Touristen. ⓬

U Rotta, ein Eisenwarengeschäft am Malé náměstí (Kleinen Ring), verzierte im 19. Jahrhundert der berühmte tschechische Künstler Mikoláš Aleš mit Fassadengemälden.

Am **Štorch-Haus** zeigen Fassadenmalereien, gefertigt nach Vorlagen von Mikoláš Aleš, den heiligen Wenzel zu Pferde.

0 Meter 100

Legende

Routenempfehlung

Jungfrau Maria vor dem Týn
Die gotischen Türme der Kirche zählen zu den auffallendsten Erkennungszeichen der Altstadt. 8

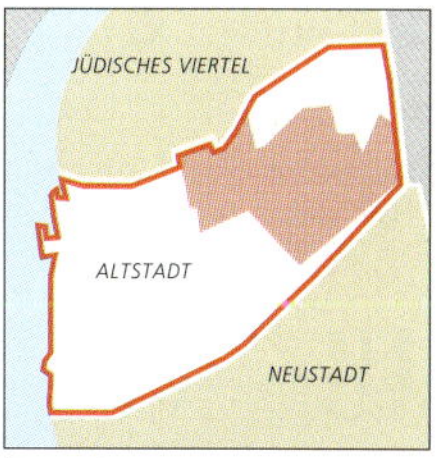

Zur Orientierung
Siehe Kartenteil, Karten 3, 4

St.-Jakobs-Kirche
Auf dem Hauptaltar rührt diese hölzerne Pietà aus dem 15. Jahrhundert. 4

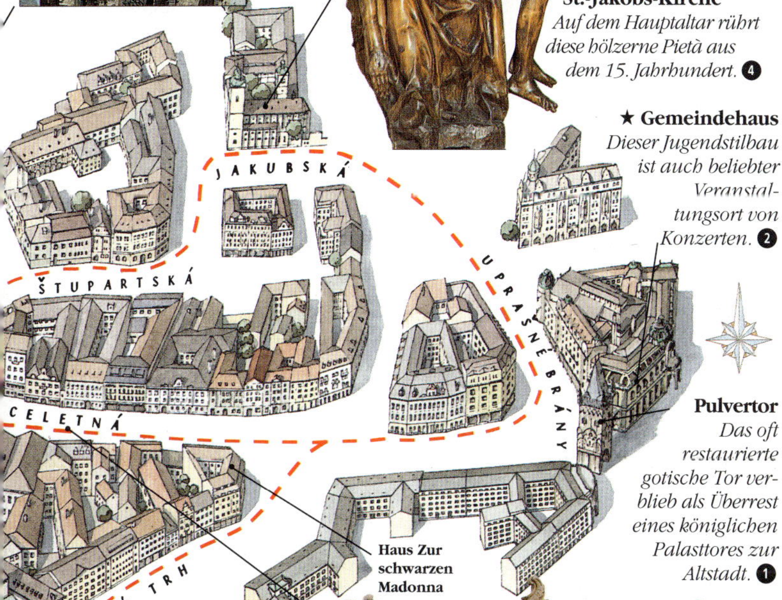

★ Gemeindehaus
Dieser Jugendstilbau ist auch beliebter Veranstaltungsort von Konzerten. 2

Pulvertor
Das oft restaurierte gotische Tor verblieb als Überrest eines königlichen Palasttores zur Altstadt. 1

Haus Zur schwarzen Madonna

Am **Ovocný trh** fand Prags Obstmarkt statt.

Ständetheater
Miloš Forman drehte Szenen seines Films Amadeus *in diesem Theater aus dem 18. Jahrhundert.* 5

Zeltnergasse
Die Ziertafel macht auf das Haus Zur schwarzen Sonne aufmerksam. 3

Karolinum
Ein herrlich verziertes Erkerfenster springt beim ältesten erhaltenen Teil dieser Universität ins Auge, die Karl IV. im 14. Jahrhundert ins Leben rief. 6

Nicht versäumen

- ★ **Altstädter Ring**
- ★ **Altstädter Rathaus**
- ★ **Gemeindehaus**

Pulvertor ❶

PRAŠNÁ BRÁNA

Náměstí Republiky. **Karte** 4 D3. *Náměstí Republiky.* *5, 14, 26.* *tägl. 9–19 Uhr.*

HIER BEWACHTE AB dem 11. Jahrhundert eines von damals 13 Toren die Altstadt. 1475 legte König Vladislav II. den Grundstein zum sogenannten Neuen Turm, einem Krönungsgeschenk des Stadtrats. Gestaltet in Anlehnung an den Altstädter Brückenturm, den Peter Parler ein Jahrhundert zuvor entworfen hatte, diente er weniger zur Verteidigung. Vielmehr sollte er mit üppigem plastischem Dekor die Würde des benachbarten königlichen Hofes erhöhen. Die Bauarbeiten stockten acht Jahre später, als der König vor Aufständen aus der Stadt floh. Nach seiner Rückkehr 1485 machte er die sicherere Burg zu seiner Residenz. In den ehemaligen Palast ist seither kein König zurückgekehrt.

Das Tor erhielt seinen heutigen Namen im 17. Jahrhundert, als man hier Schießpulver lagerte. Seinen während der preußischen Besetzung 1757 arg zerstörten, dann weitgehend abgetragenen Fassadenschmuck brachte man 1876 bei Renovierungen wieder an.

Blick auf das Pulvertor in Richtung Altstadt

Karel Špillars Mosaik *Huldigung an Prag* an der Gemeindehausfassade

Gemeindehaus ❷

OBECNÍ DŮM

Náměstí Republiky 5. **Karte** 4 D3. *231 83 15/231 50 29.* *Náměstí Republiky.* *5, 14, 26.* *nur zu Konzerten und für die Cafés und Restaurants.* *Siehe* ***Restaurants, Cafés und Kneipen*** *S. 190 ff.*

PRAGS BERÜHMTESTER Jugendstilbau erhebt sich auf dem Gelände des ehemaligen Königshofes, Residenz der Könige zwischen 1383 und 1485. Für Jahrhunderte verlassen, beherbergten dessen Überreste später ein Priesterseminar, danach eine Militärakademie. Der Abriß zu Beginn dieses Jahrhunderts schuf Platz für das heutige Kulturzentrum (1905–11) mit Ausstellungssälen und großem Auditorium, einem Entwurf Antonín Balšáneks unter Mitarbeit von Osvald Polívka.

Stuck und symbolträchtige Plastiken zieren die Außenfassade. Über dem Haupteingang deckt Karel Špillars Mosaik *Huldigung an Prag* ein riesiges Halbrund ab. Innen, gekrönt von einer Glaskuppel, empfängt als Herzstück des Gebäudes Prags bekannteste Konzerthalle, der auch für Bälle genutzte Smetana-Saal. Die Innenräume haben tschechische Künstler wie Alfons Mucha *(siehe S. 149)*, die zu Beginn dieses Jahrhunderts Ruhm erlangten, ausgestaltet.

Das Gemeindehaus besitzt etliche kleinere Säle, Konferenz- und Büroräume sowie Cafés und Restaurants, geeignet zum müßigen Genießen des aufwendigen Jugendstilinterieurs. Am 28. Oktober 1918 wurde hier die Tschechoslowakische Republik ausgerufen.

Zierdetail von Alfons Mucha

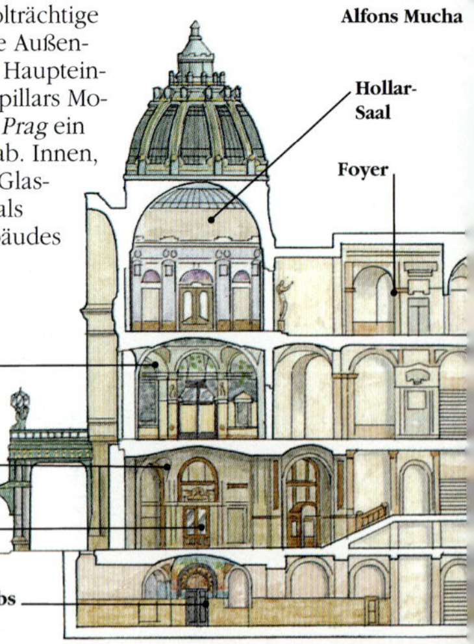

Zeltnergasse ❸

CELETNÁ ULICE

Karte 3 C3. *Náměstí Republiky, Můstek.*

Die Zeltnergasse, eine der ältesten Straßen Prags, entstand an einem von Böhmen in die Stadt führenden Handelsweg. Ihr Name geht zurück auf geflochtene Brötchen, die man hier im Mittelalter erstmals buk. Als Teil des Königsweges *(siehe S. 172)*, den die Krönungsprozessionen nahmen, gewann sie im 14. Jahrhundert Ansehen. In manchen Kellern sind Fundamente romanischer und gotischer Bauten zu sehen. Die meisten, mit pittoresken Hauszeichen versehenen Gebäude wurden jedoch barockisiert.

In finsteren Sturmnächten sollen ruhelose Geister in der Zeltnergasse spuken, so der Metzger mit dem glühenden Beil oder jene Prostituierte, deren entblößte Brüste einen Kaplan so entsetzten, daß er ihr das Kreuz auf den Kopf hieb und sie tötete.

St.-Jakobs-Kirche ❹

KOSTEL SV. JAKUBA

Malá Štupartská. **Karte** 3 C3. *Můstek, Náměstí Republiky.* *tägl. in der Saison.*

Vorläufer dieser schmucken Barockkirche war das gotische Presbyterium eines Minoritenklosters. Diesen Zweig der Franziskaner hatte Wenzel I. 1232 nach Prag geladen. Ein Feuer, angeblich von Spionen Louis' XIV. gelegt, vernichtete 1689 das Anwesen. Maler wie Jan Jiří Heinsch, Petr Brandl und Václav Vavřinec Reiner verzierten die beim barocken Wiederaufbau hinzugefügten über 20 Seitenaltäre. Graf Vratislav von Mitrovice Ruhestatt (1714–16), die der Bildhauer Ferdinand Brokoff nach einem Entwurf Johann Bernhard Fischer von Erlachs ausführte, zählt zu Böhmens schönsten Barockgrabmälern. Man munkelt, man habe den Grafen irrtümlich lebendig bestattet – seine Leiche saß später aufrecht im Grab. Rechts des Eingangs schreckt seit 400 Jahren ein mumifizierter Unterarm Diebe ab: Als seinerzeit ein Gauner nach den Juwelen der Madonna am Hochaltar griff, packte diese seinen Arm so fest, daß man ihn abhacken mußte.

In der langschiffigen Kirche mit ihrer hervorragenden Akustik und herrlichen, 1702 gebauten Orgel finden Konzerte und Liederabende statt.

Barocke Orgelempore in der St.-Jakobs-Kirche

Ständetheater ❺

STAVOVSKÉ DIVADLO

Železná 11. **Karte** 3 C4. *24 22 85 03.* *Můstek.* **Foyer** *zugänglich. Führungen möglich über PIS (Tel. 54 44 44).*

Graf Nostitz ließ im Jahre 1783 Prags elegantestes Denkmal des Neuklassizismus, Mekka der Liebhaber Mozarts *(siehe S. 212)*, erbauen. Hier begleitete Mozart am 29. Oktober 1787 am Klavier die Uraufführung seiner Oper *Don Giovanni*. Und das Lied »Kde domov můj?« (Wo ist meine Heimat?) der Musikkomödie *Fidlovačka*, die an dem Theater 1834 herauskam, wurde zur tschechischen Nationalhymne.

Karolinum ❻

Železná 9. **Karte** 3 C4. *26 42 21/ 24 22 86 00.* *Můstek.* *Der Öffentlichkeit* ***nicht zugänglich.***

Vom Karolinum, Kernstück der von Karl IV. 1348 gegründeten Universität, blieb nur ein vielbewundertes Erkerfenster im ursprünglichen Stil erhalten, doch wurde 1945 der Hof gotisch rekonstruiert. Im 15. und 16. Jahrhundert spielte die Universität eine Führungsrolle in der Kirchenreformbewegung. Nach der Schlacht am Weißen Berg *(siehe S. 30f)* wurde sie von Jesuiten übernommen.

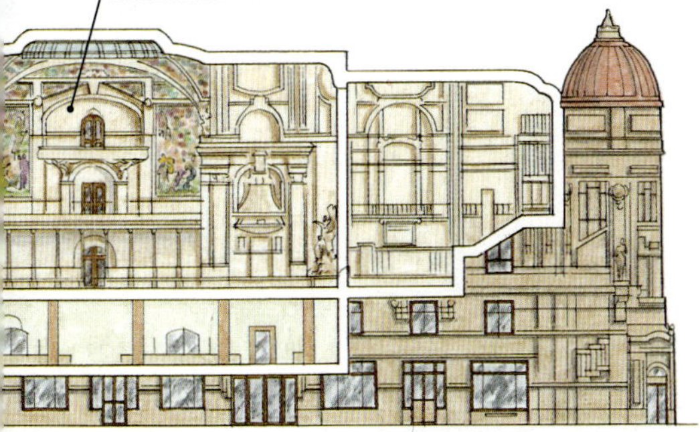

Altstädter Ring ❼

STAROMĚSTSKÉ NÁMĚSTÍ

Siehe S. 66ff.

Altstädter Ring: Nord- und Ostseite ❼

STAROMĚSTSKÉ NÁMĚSTÍ

Von Prags bewegter Geschichte erzählen die Bauwerke um den Altstädter Ring. Den Platz prägen im Norden die weiße Barockfassade der Nikolauskirche, im Osten zwei glanzvolle Vertreter der Baustile ihrer Zeit: Das Haus Zur steinernen Glocke, eine restaurierte gotische Stadtvilla und das Rokokopalais Golz-Kinský. Eine Anzahl pastellfarbener Gebäude rundet das Gesamtbild des Platzes ab.

★ Zur steinernen Glocke
Die Glocke an der Ecke ist das Erkennungszeichen dieser mittelalterlichen Stadtvilla.

Statuen von Ignaz Platzer, gefertigt 1760–65

Palais Golz-Kinský
C. G. Bossi schuf die Fassade dieses Rokokopalastes mit verspieltem Stuckwerk (siehe S. 70).

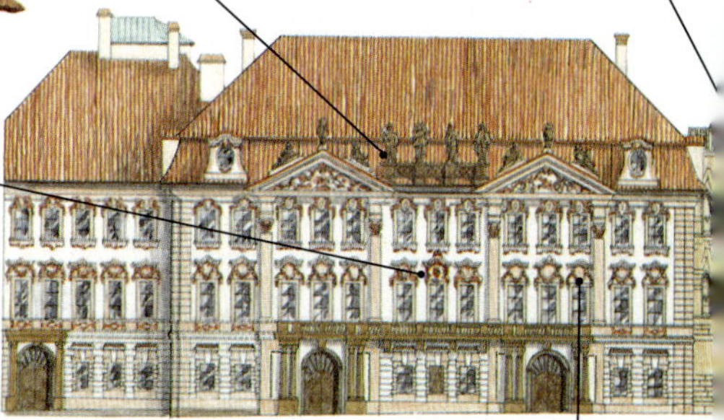

Ostseite

Rokokostuckdekor

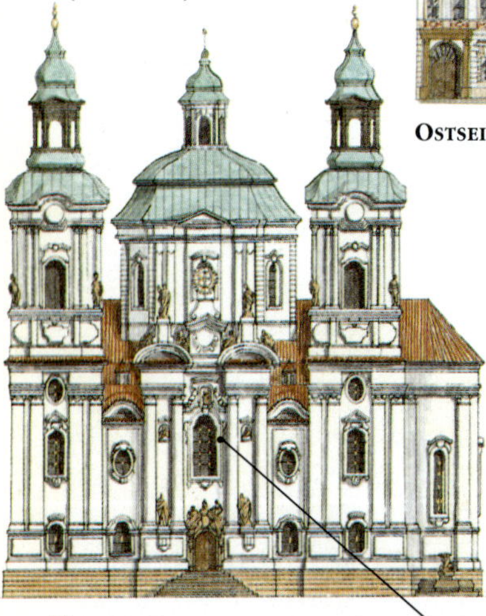

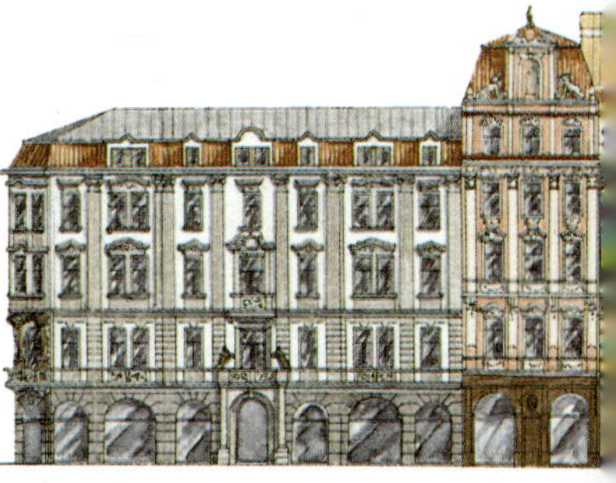

Nordseite

★ Nikolauskirche
Dieses Gotteshaus diente zunächst als Pfarrkirche, dann als Klosterkirche von Benediktinern und Militärkirche, aber auch als Konzerthalle (siehe S. 70).

Nicht versäumen

- ★ **Kirche der Jungfrau Maria vor dem Týn**
- ★ **Haus Zur steinernen Glocke**
- ★ **Nikolauskirche**

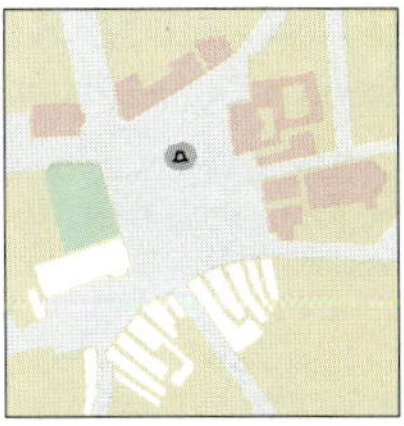

Nord- und Ostseite

Jan-Hus-Denkmal

★ Kirche der Jungfrau Maria vor dem Týn
Hier, in der Týnkirche, ruhen die Gebeine des Astronomen und Astrologen Tycho Brahe (siehe S. 70).

Týnschule
Gotische Rippengewölbe prägen den Bau, der vom 14. bis zur Mitte des 19. Jahrhunderts als Schule diente.

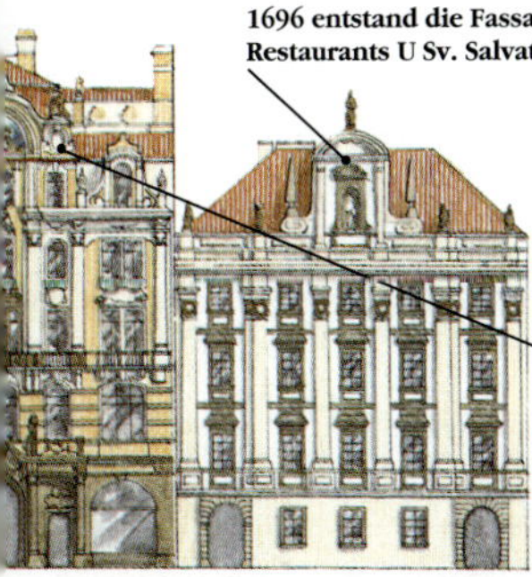

Ministerstvo Hospodářství
Feuerwehrmänner ragen über der Fassade dieses Jugendstilbaus auf, den der Architekt Osvald Polívka 1898 für die Prager Stadtversicherung entwarf und der heute das Handelsministerium beherbergt.

Staroměstské náměstí, 1793
Dieser Stich von Filip und František Heger zeigt den von Menschen und Kutschen belebten Altstädter Ring. Links erkennen Sie das Rathaus.

Altstädter Ring: Südseite ❼

STAROMĚSTSKÉ NÁMĚSTÍ

GEBÄUDE ROMANISCHEN UND gotischen Ursprungs mit ausgefallenen Hauszeichen säumen die Südseite des Altstädter Rings. Besonders geschmackvoll ist der Block zwischen den Straßen Celetná und Železná. An dem Platz, von jeher geschäftige Drehscheibe, finden Sie ein Fremdenverkehrsamt sowie zahlreiche Restaurants, Cafés, Läden und Galerien.

U lazara (Zu den armen Teufeln)
Romanische Tonnengewölbe verweisen auf die Ursprünge dieses im Renaissancestil umgebauten Hauses. Im Parterre bewirtet das Lokal Staroměstská.

FRANZ KAFKA (1883–1924)

Kafka, dessen Romane *Der Prozeß* und *Das Schloß* Aufsehen erregten, verbrachte die meiste Zeit seines Lebens in der Prager Altstadt. Von 1893 bis 1901 besuchte er die Schule im Palais Golz-Kinský *(siehe S. 70)*, in dem sein Vater später ein Geschäft eröffnete. Bei einer Versicherung angestellt, besuchte er einen Kreis deutschsprachiger Autoren im Haus Zum goldenen Einhorn. Fast alle seine Werke wurden erst nach seinem Tod veröffentlicht.

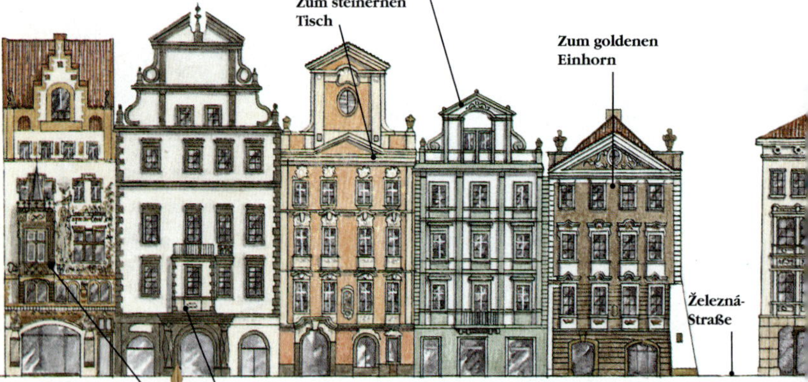

SÜDSEITE

★ Zum steinernen Widder
Ein Mädchen und ein Widder sind auf diesem Hauszeichen des frühen 16. Jahrhunderts abgebildet. Da der Widder nur ein Horn besitzt, spricht man auch vom Haus Zum Einhorn.

★ Štorch-Haus
An diesem Neurenaissancebau, auch Haus Zur steinernen Madonna genannt, fällt der berittene St. Wenzel auf, ein Werk von Mikoláš Aleš aus dem späten 19. Jahrhundert.

NICHT VERSÄUMEN

- **★ Štorch-Haus**
- **★ Zum steinernen Widder**

Melantrichova-Passage
Václav Jansas Gemälde (1898) zeigt diesen schmalen Durchgang zum Altstädter Ring.

Südseite

Jan-Hus-Denkmal

Zum roten Fuchs
Eine goldene Madonna mit dem Jesuskind blickt von der Barockfassade dieses vormaligen Renaissancegebäudes herab.

Zum Ochsen
Sein bürgerlicher Besitzer Ochs trug dem von einer Steinstatue des heiligen Antonius von Padua (frühes 18. Jh.) geschmückten Haus diesen Namen ein.

Zum blauen Stern

Zu den Störchen

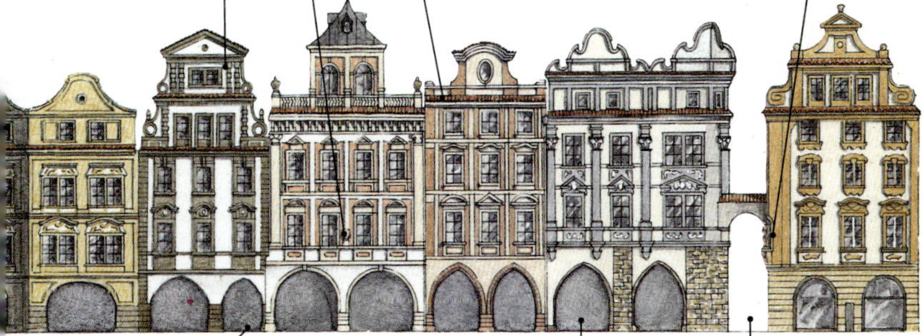

Der **Laubengang** beherbergt das Fremdenverkehrsamt und die Franz-Kafka-Galerie.

Restaurant U Bindrů

Melantrichova-Passage

Feierliche Parade Leopolds II. über den Altstädter Ring

Zeitskala

1200 Der Platz ist Knotenpunkt von Handelswegen und bedeutender Markt

1300

1338 Die Altstadt erhält eine eigene Verwaltung

1365 Bau der heutigen Týnkirche

1450

1600

1621 Hinrichtung von 27 protestantischen Aufständlern auf dem Ring (*siehe S. 31*)

1689 Ein Feuer zerstört weite Teile der Altstadt

1735 Vollendung der Nikolauskirche

1750

1784 Bündnis der Prager Städte

1900

1915 Enthüllung des Jan-Hus-Denkmals

1948 Klement Gottwald spricht vom Balkon des Palais Golz-Kinský zu einer großen Menge kommunistischer Parteimitglieder

Hus-Denkmal (Ausschnitt)

Statue der Jungfrau Maria vor dem Týn

Kirche der Jungfrau Maria vor dem Týn ❽

KOSTEL PANNY MARIE PŘED TÝNEM

Týnská, Štupartská. **Karte** 3 C3. ☎ *231 81 86.* Ⓜ *Staroměstská, Můstek.* ⓘ *nur zum Gottesdienst.* ✝ *Mo–Fr 16.30 Uhr, Sa 13 Uhr, So 11.30 und 13 Uhr.*

DEN ALTSTÄDTER RING überragen die herrlichen Spitztürme dieser historisch bedeutsamen Kirche. 1365 begannen die Bauarbeiten zur heutigen gotischen Týnkirche, die eine wichtige Rolle in der böhmischen Reformbewegung spielte. Der hussitische König Georg von Poděbrady nahm hier am Abendmahl der Utraquisten teil *(siehe Kirche St. Martin in der Mauer, S. 75)*. Er ließ an der Fassade das Utraquistensymbol anbringen, einen goldenen Laienkelch, den man nach 1621 einschmolz und für die Marienstatue verwendete, die an seinen Platz trat.

Am Nordportal (1390) wecken Szenen des Leidens Christi Bewunderung, im düsteren Inneren gotische Kreuzwegskulpturen, ein zinnerner Taufstein (1414) sowie eine gotische Kanzel aus dem 15. Jahrhundert. Der dänische Astronom Tycho Brahe (1546–1601) ruht hier in einem Marmorgrab.

Kinský-Wappen am Palais Golz-Kinský

Palais Golz-Kinský ❾

PALÁC GOLZ-KINSKÝCH

Staroměstské náměstí 12. **Karte** 3 C3. ☎ *24 81 07 58.* Ⓜ *Staroměstská.* ⓘ *Di–So 10–18 Uhr.*

KILIAN IGNAZ DIENTZENHOFER entwarf dieses liebliche Rokokopalais. Ignaz Franz Platzer verzierte die rosaweiße Stuckfassade mit Statuen der vier Elemente. 1768 verkaufte die Familie Golz das Anwesen an Štěpán Kinský, Diplomat in kaiserlichen Diensten. Vom Balkon aus informierte 1948 Ministerpräsident Klement Gottwald erregte Parteimitglieder über den gelungenen kommunistischen Staatsstreich. Heute nutzt die Nationalgalerie das Palais für Wanderausstellungen.

Jan-Hus-Denkmal ❿

POMNÍK JANA HUSA

Staroměstské náměstí. **Karte** 3 B3. Ⓜ *Staroměstská.*

AUF EINER SEITE des Altstädter Rings mahnt Ladislav Šalouns mächtiges Denkmal an Jan Hus *(siehe S. 26f)*. Das Konstanzer Konzil schickte 1415 den Kirchenreformer und tschechischen Nationalhelden als Ketzer auf den Scheiterhaufen. Das zu seinem 500. Todestag 1915 enthüllte Ehrenmal zeigt zwei Menschengruppen, die siegreichen Hussitenkrieger und die 200 Jahre später ins Exil getriebenen Protestanten. Eine junge Mutter symbolisiert die nationale Wiedergeburt, der alle überragende Jan Hus die moralische Stärke eines Mannes, der sein Leben seiner Überzeugung opferte.

Nikolauskirche ⓫

KOSTEL SV. MIKULÁŠE

Staroměstské náměstí. **Karte** 3 B3. Ⓜ *Staroměstská.* ⓘ *Di–Fr 10–12 Uhr, Mi auch 14–16 Uhr.*

DIE SEIT DEM 12. Jahrhundert an dieser Stelle bestehende Kirche diente bis zur Vollendung der Týnkirche im 14. Jahrhundert als Pfarrkirche der Altstädter. Nach der Schlacht am Weißen Berg 1620 *(siehe S. 30f)* wurde sie einem Benediktinerkloster eingegliedert. An ihre heutige Gestalt legte Kilian Ignaz Dientzenhofer 1735 letzte Hand an. Ihre weiße Fassade versah Antonín Braun mit Statuen. Als Kaiser Joseph II. im Jahre 1781 alle nicht gemeinnützigen

Trotzige Hussiten am Jan-Hus-Denkmal auf dem Altstädter Ring

Die Altstädter Nikolauskirche

Klöster schließen ließ, wurde die Kirche geplündert.

Im Ersten Weltkrieg nutzten Prager Garnisonstruppen die Kirche. Ihr Oberst ließ sie von Künstlern, die so der Frontverschickung entkamen, restaurieren. Herrliche Kuppelfresken Kosmas Damian Asams illustrieren das Leben des heiligen Nikolaus und des heiligen Benedikt. Im Kirchenschiff prangt ein kronenförmiger Lüster. Zu Kriegsende wurde St. Nikolaus der Tschechoslowakischen Kirche (seit 1971 Tschechoslowakisch-Hussitische Kirche) vermacht. Im Sommer finden hier Konzerte statt.

Altstädter Rathaus ⓬

STAROMĚSTSKÁ RADNICE

Siehe S. 72 f.

Haus Zu den zwei goldenen Bären ⓭

DŮM U DVOU ZLATÝCH MEDVĚDŮ

Kožná 1. **Karte** 3 B4. *Můstek.*
Der Öffentlichkeit ***nicht zugänglich****.*

Wenn Sie den Altstädter Ring über die schmale Melantrichova-Passage verlassen und sich nach links in den ersten Durchgang wenden, erblicken Sie das Portal des Hauses Zu den zwei goldenen Bären, das man 1567 aus zwei Anwesen zum heutigen Renaissancebau einte. Das kunstvoll mit zwei Bärenreliefs verzierte Renaissanceportal – eines der schönsten Prags – ließ der wohlhabende Kaufmann Lorenc Štork 1590 vom Hofarchitekten Bonifaz Wohlmut hinzufügen, der die Turmspitze des Veitsdomes *(siehe S. 100 ff)* entworfen hatte. Herrliche Arkaden aus dem 16. Jahrhundert sind im Innenhof erhalten geblieben. Hier erblickte auch 1885 Egon Erwin Kisch das Licht der Welt, jener jüdische »rasende Reporter«, dessen mit spitzer sozialkritischer Feder und unnachahmlicher Auffassungsgabe das Zeitgeschehen erfassende Essays gefürchtet waren.

St.-Gallus-Kirche ⓮

KOSTEL SV. HAVLA

Havelská. **Karte** 3 C4. *Můstek.*
231 81 86. *nur zum Gottesdienst.* *Mo–Fr 12.15 Uhr, So 7.30 Uhr.*

Diese Kirche wurde um 1280 als Gotteshaus der Gallus-Stadt (Havelské Město) errichtet, einer eigenständigen deutschen Gemeinde. Im 14. Jahrhundert wurde die Gemeinde jedoch der Altstadt eingegliedert. Giovanni Santini-Aichel verlieh ihr im 18. Jahrhundert eine schwungvoll-kühne Barockfassade, der Ferdinand Brokoff Heiligenstatuen hinzufügte. Zum verschwenderischen Interieur trug der Barockmaler Karel Škréta bei, der hier seine letzte Ruhestätte fand. Von Prags einst größtem unter freiem Himmel stattfindendem Markt zeugen in der Havelská-Straße noch Stände mit Blumen, Gemüse,

Eine der neun Fassadenskulpturen von St. Gallus

Renaissanceportal vor dem Haus Zu den zwei goldenen Bären

Altstädter Rathaus ⓬

STAROMĚSTSKÁ RADNICE

DAS ALTSTÄDTER RATHAUS, eines der herausragendsten Baudenkmäler Prags, entstand 1338, nachdem König Johann von Luxemburg der Altstadt einen Stadtrat bewilligt hatte. Im Laufe der Jahrhunderte erweiterte man es durch Angliedern bestehender Gebäude. So zeigt es sich heute, nach schweren Zerstörungen durch die Nazis beim Prager Aufstand 1945 sorgfältig restauriert, als aus Gotik und Renaissance gemischte Häuserzeile. Eindrucksvolle Blicke über die Stadt bietet der 69,5 Meter hohe Turm.

Alter Versammlungssaal
Dieser Stich (19. Jh.) zeigt die guterhaltene Decke aus dem 15. Jahrhundert.

Altstädter Wappen
Über der Inschrift »Prag, Hauptstadt des Königreiches« erkennt man das Altstädter Wappen, das 1784 als Prager Stadtwappen übernommen wurde.

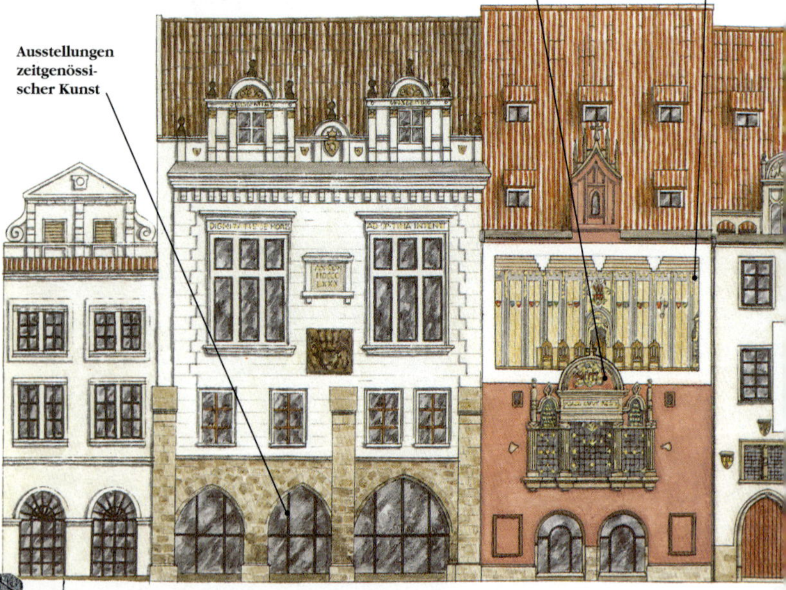

Ausstellungen zeitgenössischer Kunst

HINRICHTUNGEN AUF DEM ALTSTÄDTER RING

Eine Bronzetafel unterhalb der Altstädter Rathauskapelle nennt die Namen der 27 protestantischen Anführer, die der katholische Kaiser Ferdinand II. am 21. Juni 1621 hier hinrichten ließ. Dies geschah in den schmerzlichen Nachwehen der Schlacht am Weißen Berg *(siehe S. 30f)*. Ihre Niederlage trieb aufrechte Protestanten ins Exil, während Gegenreformation und Germanisierung sich durchsetzten.

★ Altstädter Rathausturm
Der Turm wurde 1634 dem damaligen Privathaus des Volfin von Kamen angefügt. Von seiner Galerie eröffnen sich weite Blicke über die Stadt.

INFOBOX

Staroměstské náměstí 1. **Karte** 3 C3. 24 48 11 11/24 22 84 56. *Staroměstská (Linie A), Můstek (Linien A und B).* 17. *Di–So 9–18 Uhr.* ***Geschl.*** *versch. Bereiche wegen Renovierung.* *außer Turm.*

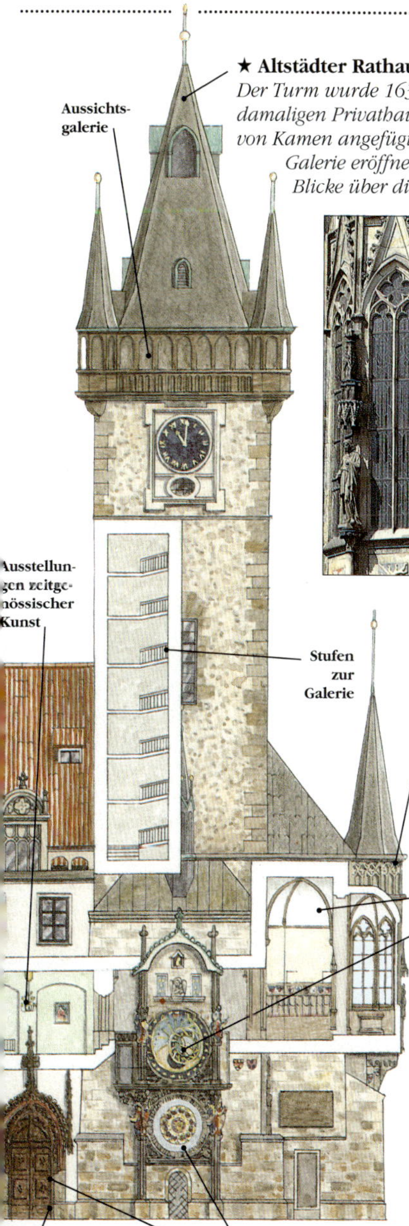

Erkerkapelle
Die Buntglasfenster der fünfseitigen Kapelle ersetzen seit 1987 die in den letzten Tagen des Zweiten Weltkrieges zerstörten Originale.

Decke der Erkerkapelle
Die kunstvoll verzierte Decke der 1381 im ersten Stock des Turmes eingerichteten Kapelle wurde kürzlich restauriert.

★ Astronomische Turmuhr
Über den Tierkreiszeichen der oberen Scheibe bewegen sich mechanisch betriebene Figuren (siehe S. 74)*; die untere Scheibe dient als Kalender.*

Gotisches Tor
Matthias Rejsek schnitzte dieses spätgotische Portal, Haupteingang zu Rathaus und Turm. Die Eingangshalle bekleiden Mosaike nach Entwürfen des tschechischen Malers Mikoláš Aleš.

NICHT VERSÄUMEN

- ★ Astronomische Uhr
- ★ Rathausturm

Rathausuhr

ORLOJ

Jan Táborský

SEINE ERSTE UHR erhielt das Rathaus zu Beginn des 15. Jahrhunderts. Nachdem der Uhrmachermeister Hanuš sie 1490 umgebaut hatte, nahmen ihm die Ratsherren, so erzählt man, das Augenlicht: Hanuš sollte keinem anderen Ort ein vergleichbares Meisterwerk schenken. Den mehrfach reparierten, heute noch tätigen Mechanismus vervollkommnete zwischen 1552 und 1572 Jan Táborský.

APOSTEL

HÖHEPUNKT DES Schauspiels, das zu jeder vollen Stunde Zuschauerscharen anzieht, ist die Parade der zwölf Apostel (genauer: elf Apostel und Paulus). Den Auftakt gibt der Tod, ein Skelett zur Rechten der Uhr. Er zieht am Seil in seiner rechten Hand, hebt das Stundenglas in seiner linken und dreht es um. Dann öffnen sich zwei Fenster, und die vom Uhrwerk betriebenen Apostel defilieren, geführt von Petrus, vorbei.

***Die Apostel* von Vojtěch Sucharda wurden nach 1945 neu geschnitzt**

Nach diesem Akt kräht ein Hahn, und die Uhr schlägt die Stunde. Unter den anderen beweglichen Figuren erkennt man einen kopfschüttelnden Türken, die sich im Spiegel bewundernde Eitelkeit und den Geiz, dargestellt als ein jüdischer Geldverleiher, wie er den mittelalterlichen Klischees entsprach.

ASTRONOMISCHE UHR

DIE ERDE, für ihn fixer Pol im Zentrum des Universums, rückte der Uhrmacher in den Mittelpunkt. Die Uhr sollte weniger die genaue Zeit messen, vielmehr die Bahnen von Sonne und Mond nachvollziehen. Die auf die Stunde weisende Hand mit der Sonne gibt drei verschiedene Zeiten an. Der äußere Ring mittelalterlicher arabischer Ziffern mißt die altböhmische Zeit, die aus dem Sonnenuntergang einen 24stündigen Tag ermittelte. Der Kreis römischer Zahlen nennt die uns vertraute Zeit. Der blaue Teil des Uhrenblatts steht für die Stunden des Tageslichts und ist in zwölf Abschnitte unterteilt. Diese Zeit teilte die Tageslichtphase in zwölf Stunden jahreszeitlich unterschiedlicher Länge.

Die Uhr zeigt auch die Bewegungen von Sonne und Mond durch den Tierkreis, dessen zwölf Sternbildern man im Prag des 16. Jahrhunderts hohe Bedeutung zumaß.

Der Tod und der Türke

Kirche St. Martin in der Mauer ⓯

KOSTEL SV. MARTINA VE ZDI

Martinská. **Karte** 3 B5. *Národní třída, Můstek.* *6, 9, 18, 22. Der Öffentlichkeit* ***nicht zugänglich****.*

Die Kirche aus dem 12. Jahrhundert erhielt diesen Namen, als sie im 13. Jahrhundert in die neue Stadtmauer der Altstadt einbezogen wurde. Hier empfing die Gemeinde erstmals neben Brot auch bislang den Priestern vorbehaltenen Wein. Diese Form des Abendmahls verfochten die gemäßigten Hussiten *(siehe S. 26f)*, die Utraquisten, deren Name sich aus dem lateinischen *sub utraque specie*, »in beiderlei Gestalt«, ableitet. 1787 in Werkstätten verwandelt, erhielt die Kirche zu Beginn dieses Jahrhunderts wieder ihr ursprüngliches Aussehen.

Náprstek-Museum ⓰

NÁPRSTKOVO MUZEUM

Betlémské náměstí 1. **Karte** 3 B4. *24 21 45 37. Národní třída. 6, 9, 18, 22. Di–So 9–17.30 Uhr.*

Der Begründer Vojta Náprstek, Kunstmäzen und Menschenfreund, widmete dieses Museum der modernen Industrie. Der Aufstand von 1848 *(siehe S. 32f)* verschlug ihn nach Amerika. 1862 kehrte er zurück und baute, vom Londoner Viktoria-Museum inspiriert, seine Sammlung auf. Er schuf aus fünf älteren Gebäuden das Tschechische Industriemuseum und richtete dabei Brauerei und Heim der Familie zugrunde – ein Haus aus dem 18. Jahrhundert namens Zu den Haláneks (U Hálanků). Später verschrieb er sich der Völkerkunde, so daß das heutige Museum Kunsthandwerk der Ureinwohner Asiens, Afrikas und Amerikas, darunter Waffen, Jagdgeräte und Ritualobjekte der Azteken, Tolteken und Maya sowie eine herausragende Statuen- und Maskensammlung enthält. Das Museum ist dem Nationalmuseum eingegliedert.

Deckenfresko von Václav Vavřinec Reiner in der St.-Julius-Kirche

St.-Julius-Kirche ⓱

KOSTEL SV. JILJÍ

Husova. **Karte** 3 B4. *24 22 02 35. Národní třída. 6, 9, 18, 22. nur für Gottesdienste. Mo–Fr 7, 18.30 Uhr, Sa 18.30 Uhr, So 8.30, 10.30, 12, 18.30 Uhr.*

Hinter dem herrlichen gotischen Südportal überrascht das ganz und gar barocke Innere der Kirche. 1371 über einer romanischen Vorgängerin erbaut, wurde sie 1420 zur Pfarrkirche der Hussiten. Nach der Niederlage der Protestanten 1620 *(siehe S. 30f)* übergab Ferdinand II. sie den Dominikanern, die an der Südseite ein mächtiges Kloster errichteten. Nachdem der Kommunismus religiöse Orden verboten hatte, ist die Kirche nun wieder in Besitz der Dominikaner.

Die Gewölbe malte Václav Vavřinec Reiner – er liegt im Schiff vor dem St.-Vinzenz-Altar begraben – mit Fresken aus. Dem Ruhm der Dominikaner dient ein Fresko, auf dem der heilige Dominikus und seine Anhänger dem Papst im Kampf gegen Ketzer beistehen.

Bethlehemskapelle ⓲

BETLÉMSKÁ KAPLE

Betlémské náměstí. **Karte** 3 B4. *Národní třída. 6, 9, 18, 22. tägl. 9–18 Uhr.*

Die heutige »Kapelle« ist die getreue Nachbildung einer Halle, die Anhänger des radikalen Reformers Jan Milíč z Kroměříže 1391–94 erbauten, um hier seinen tschechischen Predigten zu lauschen. Zwischen 1402 und 1413 strömten Scharen zu Jan Hus' Predigten *(siehe S. 26f)* hierher. Vom englischen Kirchenreformer John Wycliffe stark beeinflußt, wetterte Hus gegen die Korruption des Klerus, die Bibel als einzige Quelle der christlichen Lehre verfechtend. Als nach der Schlacht am Weißen Berg *(siehe S. 30f)* protestantische Gottesdienste verboten wurden, verliehen ihre neuen Besitzer, Jesuiten, der Kapelle mit sechs Schiffen eine völlig andere Gestalt. 1786 nahezu vollständig zerstört, trat an ihre Stelle ein Wohnhaus. Nach dem Zweiten Weltkrieg baute man sie anhand alter Zeichnungen wieder auf.

Predigt des Jan Hus in der Bethlehemskapelle (Illustration aus dem 16. Jh.)

Im Detail: Altstadt (West)

Die schmalen Gassen nahe der Karlsbrücke folgen dem mittelalterlichem Wegenetz. Über Jahrhunderte bildete die Karlsgasse (Karlova) die Hauptverkehrsader der Altstadt, gesäumt von malerischen Geschäften und Wohnhäusern mit Renaissance- und Barockfassaden. Im 17. Jahrhundert erstanden Jesuiten ein weitläufiges Gelände auf ihrer Nordseite und errichteten dort ihre Hochschule, das Klementinum.

★ Klementinum
Diese Tafel kündet von der Gründung einer staatlichen Bildungsstätte, die 1783 die jesuitische Akademie ablöste. 23

Kreuzherrenplatz
Geschwärzte Statuen blicken von der Fassade der St.-Salvator-Kirche über diesen kleinen Platz. 25

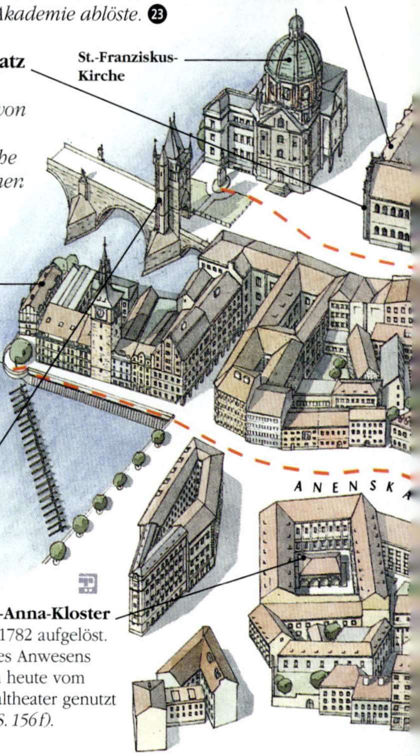

★ Smetana-Museum
Das Leben und Werk des Komponisten Bedřich Smetana gewidmete Museum befindet sich am Moldauufer in diesem Neurenaissancebau, der einst die Wasserwerke beherbergte. 24

Am **Altstädter Brückenturm,** 1380 erbaut, entdeckt man an der Ostfassade diese gotische Arbeit Peter Parlers. Den Eisvogel bevorzugte Wenzel IV. (Sohn Karls IV.), unter dem der Turm vollendet wurde, als privates Wappentier *(siehe S. 139).*

Das **St.-Anna-Kloster** wurde 1782 aufgelöst. Teile des Anwesens werden heute vom Nationaltheater genutzt *(siehe S. 156f).*

Karlsgasse
Halten Sie beim Bummeln über die von reichverzierten Häusern gesäumte Gasse bei der Nr. 22/24 inne, um diese rosenumrankte Jugenstilstatue der sagenhaften Prinzessin Libuše (siehe S. 21) *zu bewundern.* 21

Marienplatz

Häufige Überflutungen trugen diesem Platz den Beinamen »Pfütze« ein. Die Jugendstilstatuen am Balkon des hier 1911 errichteten Neuen Rathauses schuf Stanislav Sucharda.

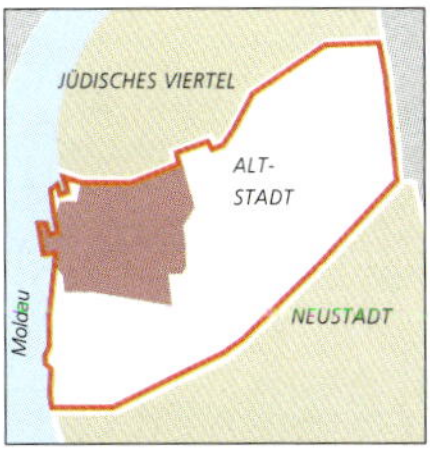

Zur Orientierung

Siehe Kartenteil, Karte 3

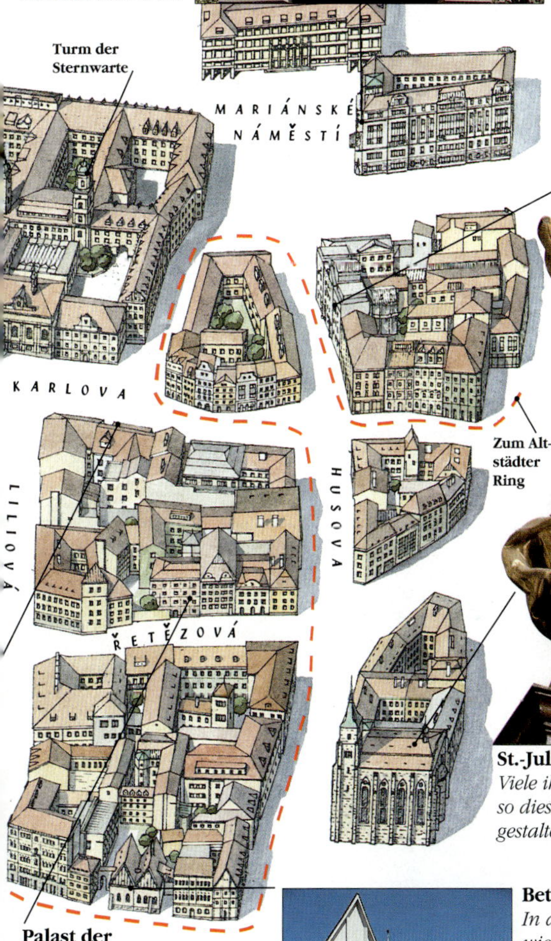

Turm der Sternwarte

Palais Clam-Gallas

Das mit Plastiken reich ausgestattete Anwesen, einer der großartigsten Barockpaläste Prags, hat eine Renovierung dringend nötig. ⓳

Zum Altstädter Ring

St.-Julius-Kirche

Viele ihrer Barockskulpturen, so diesen Altarengel (1738), gestaltete František Weiss. ⓱

Palast der Herren von Kunštát

Georg von Poděbrady lebte hier, bevor er 1458 zum König gekrönt wurde. ㉒

Bethlehemskapelle

In dieser großzügigen Kapelle, wiederaufgebaut in den 50er Jahren, predigten Kirchenreformer wie Hus vor ungezählten Zuhörern. ⓲

0 Meter 100

Legende

– – – Routenempfehlung

Nicht versäumen

★ **Klementinum**

★ **Smetana-Museum**

Palais Clam-Gallas ⑲

CLAM-GALLASŮV PALÁC

Husova 20. **Karte** 3 B4. *283 29 63. Staroměstská. Während der Renovierung* ***geschl.***

LEIDER HAT DAS Interieur dieses prächtigen Barockpalastes, der das Stadtarchiv beherbergt, gelitten. Er wurde 1713–30 nach Plänen des Wiener Hofarchitekten Johann Bernhard Fischer von Erlach für den Generalmarschall von Böhmen, Jan Gallas de Campo, erbaut. Seine mächtigen Portale, jedes flankiert von muskulösen Herkulespaaren Matthias Brauns, lassen die Grandeur des Inneren ahnen. Statuen von Braun begleiten den Besucher auch im Hauptaufgang, dessen Weite Carlo Carlones illusionistisches Deckenfresko *Der Triumph des Apoll* verstärkt. Im Privattheater des Palais spielte Beethoven einige seiner Werke.

Statuen von Matthias Braun am Palais Clam-Gallas (um 1714)

Marienplatz ⑳

MARIÁNSKÉ NÁMĚSTÍ

Karte 3 B3. *Staroměstská, Můstek.*

VOM ABWEISENDEN, 1912 erbauten Rathaus aus betrachtet, beherrschen zwei Skulpturen den Platz. Eine erzählt vom langlebigen Rabbi Löw *(siehe S. 88)*, den schließlich der Todesengel einholt, die andere vom Eisernen Mann, der mit ruhelosem Geistern durch die Altstadt den Mord an seiner Frau büßt. In einer Nische der Gartenmauer des Palais Clam-Gallas verkörpert die Statue einer Nymphe, die aus einem Krug Wasser gießt, die Moldau. Einer Sage zufolge setzte ein Soldat diese Nymphe zu seiner Alleinerbin ein.

Karlsgasse ㉑

KARLOVA ULICE

Karte 3 A4. *Staroměstská.*

Hauszeichen Zur goldenen Schlange aus dem 19. Jahrhundert

DIE AUF DAS 12. Jahrhundert zurückgehende schmale, gewundene Gasse bildete Teil des Königsweges *(siehe S. 172f)*, über den die Krönungsprozessionen zur Prager Burg zogen. Viele Häuser aus Gotik und Renaissance blieben erhalten. Zumeist in Geschäfte verwandelt, locken sie heute die Touristenprozessionen zwischen Altstadt und Karlsbrücke an.

Das Haus Zur goldenen Schlange (Nr. 18) beherbergt Prags ältestes noch existierendes Café, 1714 eröffnet vom Armenier Deodatus Damajan, der darin Klatschblätter verteilte. Das Haus Zum goldenen Brunnen (Nr. 3) zieren eine prächtige Barockfassade und Stuckreliefs von Heiligen, darunter die beiden Pestpatronen, der heilige Rochus und der heilige Sebastian.

Palast der Herren von Kunštát ㉒

DŮM PÁNŮ Z KUNŠTÁTU

Řetězová 3. **Karte** 3 B4. *Národní třída, Staroměstská.* *6, 9, 18, 22. Mai–Sep Di–So 10–18 Uhr.*

UNTER DEM UM 1200 erbauten Palast ruhen drei der besterhaltenen romanischen Räume Prags. Einst oberirdisch angelegt, wurden sie überlagert, als man im Laufe der Jahre zum Schutz vor Überflutungen den umgebenden Grundspiegel drei Meter anhob. Im 15. Jahrhundert vergrößerten die Besitzer, die Herren von

Kunštát und Poděbrady, das Anwesen im gotischen Stil. Im Palast berichtet eine historische Ausstellung über Böhmens einzigen Hussitenkönig, Georg von Poděbrady *(siehe S. 26 f)*, der hier zeitweilig wohnte.

Klementinum ㉓

Křižovnické náměstí 4, Mariánské náměstí 5, Seminářská 1. **Karte** 3 A4. 26 65 41 *(Nebenst. 212).* *Staroměstská.* *17, 18.* ***Bibliothek*** *Mo–Fr 8–22 Uhr, Sa 8–19 Uhr.* ***St.-Salvator-Kirche*** *nur zum Gottesdienst.* *Mi 14 und 20 Uhr.*

Ehemalige Jesuitenkirche St. Salvator, Klementinum

UM DIE ABTRÜNNIGEN »Schafe« zur katholischen »Herde« zurückzutreiben, lud Kaiser Ferdinand I. 1556 die Jesuiten nach Prag. Diese schlugen ihr Hauptquartier im ehemaligen Dominikanerkloster St. Klemens auf, das als Klementinum rasch der Utraquistenuniversität, dem Karolinum *(siehe S. 65)*, den Rang ablief. Hier entstand 1601 Prags erste Jesuitenkirche, St. Salvator (Kostel sv. Salvátora). Nachts wirkt ihre angestrahlte Fassade mit den großen Heiligenstatuen von Jan Bendl (1659) besonders eindrucksvoll.

1618 vertrieben, kehrten die Jesuiten zwei Jahre später zurück, grimmiger denn je gegen die Ketzer ankämpfend. Die Vereinigung der beiden Universitäten 1622 trug ihnen das Hochschulmonopol ein. Zwei Drittel der Bevölkerung galten ihnen als insgeheime Ketzer. Sie fahndeten nach tschechischen Büchern und verbrannten sie zu Tausenden. Zwischen 1653 und 1723 dehnte sich das Klementinum ostwärts auf Kosten von über 30 Häusern und drei Kirchen aus.

Als der Papst 1773 ihren Orden verbot, mußten die Jesuiten Prag verlassen, und die Schulbildung wurde säkularisiert. Das Klementinum beherbergte dann die Prager Universitätsbibliothek, heute die Nationalbibliothek. Lassen Sie sich ein klassisches Konzert in der bezaubernden Spiegelkapelle (Zrcadlová kaple) nicht entgehen.

Smetana-Museum ㉔

MUZEUM BEDŘICHA SMETANY

Novotného lávka 1. **Karte** 3 A4. 726 53 71. *Staroměstská.* *17, 18.* *Mi–Mo 10–17 Uhr.*

AUF EINER LANDZUNGE hütet am Moldauufer ein einst den Wasserwerken dienender Neurenaissancebau die Bedřich-Smetana-Gedenkstätte. Viele Dokumente, Briefe, Partituren und Musikinstrumente veranschaulichen Leben und Werk des Komponisten. Die Musik dieses glühenden Patrioten beflügelte die nationale Wiedergeburt. Am Ende seines Lebens taub, konnte Smetana nie den berühmten Zyklus sinfonischer Dichtungen, *Má vlast* (Mein Vaterland), hören.

Statue Karls IV. (1848) am Kreuzherrenplatz

Kreuzherrenplatz ㉕

KŘIŽOVNICKÉ NÁMĚSTÍ

Karte 3 A4. *Staroměstská.* *17, 18.* *135, 207.* **St.-Franziskus-Kirche** *nur zum Gottesdienst.* *So 9 Uhr.*

DER KLEINE PLATZ vor dem Altstädter Brückenturm gewährt einzigartige Blicke über die Moldau. An seiner Nordseite ragt die Kuppel der St.-Franziskus-Kirche (Kostel sv. Františka) auf, einst ein Teil des Klosters der Kreuzherren mit dem roten Stern. Die Ostseite beherrscht die Fassade der St.-Salvator-Kirche des weitläufigen Klementinums. In der Mitte des Platzes erhebt sich wuchtig die neugotische Bronzestatue Karls IV., aufgestellt zum 500jährigen Jubiläum des von ihm gegründeten Karolinums *(siehe S. 65)*.

Sgraffitofassade des Smetana-Museums

JÜDISCHES VIERTEL

JOSEFOV

Im Mittelalter lebten in Prags Altstadt zwei jüdische Gemeinden: um die Altneusynagoge aus dem Westen zugereiste, um die Alte Shul (Alte Schule) auf dem Gelände der heutigen Spanischen Synagoge aus dem Byzantinischen Reich stammende Juden. Beide Siedlungen wuchsen zusammen und wurden als Getto abgeschlossen. Über viele Jahrhunderte hinweg erniedrigten Gesetze die Prager Juden – im 16. Jahrhundert mußten sie als schmachvolles Abzeichen einen gelben Kreis tragen. Christen beschuldigten sie als Brandstifter und Brunnenvergifter – willkommene Vorwände für Judenpogrome. Joseph II. ließ die Diskriminierungen zum Teil aufheben; nach ihm hieß das jüdische Viertel später Josefov. In den 90er Jahren des 19. Jahrhunderts beschlossen die Stadtväter, die in den Hygieneverhältnissen ein Gesundheitsrisiko witterten, die Gettos niederzureißen. Diesem »Anschlag« entgingen das Rathaus, einige Synagogen und der alte jüdische Friedhof.

Jugendstildetail an einem Haus in der Kaprova

SEHENSWÜRDIGKEITEN AUF EINEN BLICK

Synagogen und Kirchen
Pinkassynagoge 4
Klausensynagoge 5
Altneusynagoge S. 88f 6
Hohe Synagoge 7
Maisel-Synagoge 9
Heilig-Geist-Kirche 10
Spanische Synagoge 11
Kirche St. Simon und Judas 13
St.-Kastullus-Kirche 14

Konzerthalle
Rudolfinum 1

Museen und Galerien
Kunstgewerbemuseum 2
St.-Agnes-Kloster S. 92f 15

Historische Gebäude
Jüdisches Rathaus 8
Kubistische Häuser 12

Friedhöfe
Alter jüdischer Friedhof S. 86f 3

ANFAHRT

Die Metro-Station Staroměstská der Linie A liegt nahe der Hauptsehenswürdigkeiten des jüdischen Viertels. Oder Sie fahren mit der Straßenbahn 17 oder 18 zum Náměstí Jana Palacha. Zum St.-Agnes-Kloster bringen Sie die Busse 126, 135 und 207.

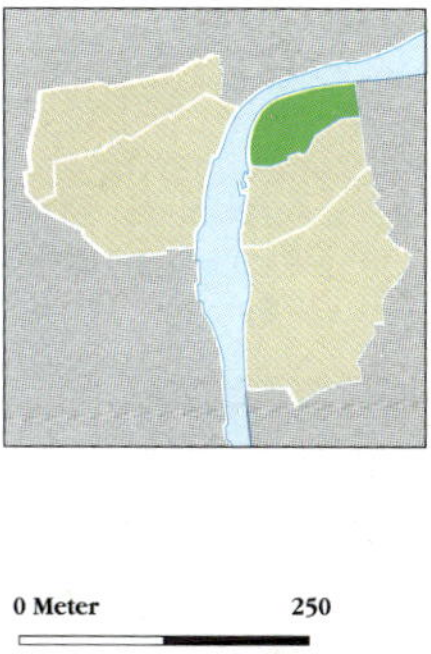

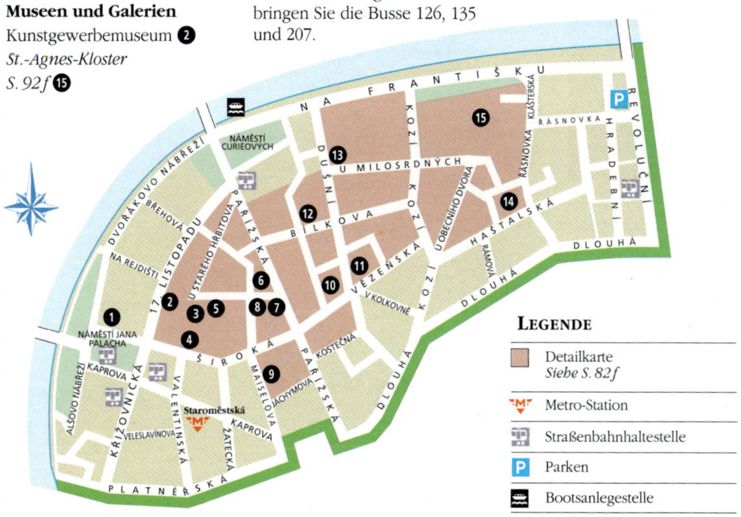

Im Detail: Jüdisches Viertel

DAS ALTE GETTO existiert nicht mehr. Von der ruhelosen Geschichte des Viertels erzählen noch die Synagogen um den alten jüdischen Friedhof, während geschmackvolle Jugenstilbauten die neueren Straßen säumen. Die alten Gassen im Osten des ehemaligen Gettos münden im friedlichen Hafen des liebevoll restaurierten St.-Agnes-Klosters, heute eine Niederlassung der Nationalgalerie.

Kubistische Häuser
Neben anderen Stilen inspirierte der Kubismus die am Wiederaufbau des alten jüdischen Viertels beteiligten Architekten. ⓬

★ Alter jüdischer Friedhof
Tausende von Grabsteinen drängen sich auf dieser Ruhestätte. ❸

★ Altneusynagoge
Der gotische Bau dient seit über 700 Jahren als Stätte der Andacht. ❻

Klausensynagoge
Zu den Exponaten des Staatlichen Jüdischen Museums zählt dieses Almosenkästchen (um 1800). ❺

Hohe Synagoge
Ihrem Inneren verleiht eine Renaissancekuppel Erhabenheit. ❼

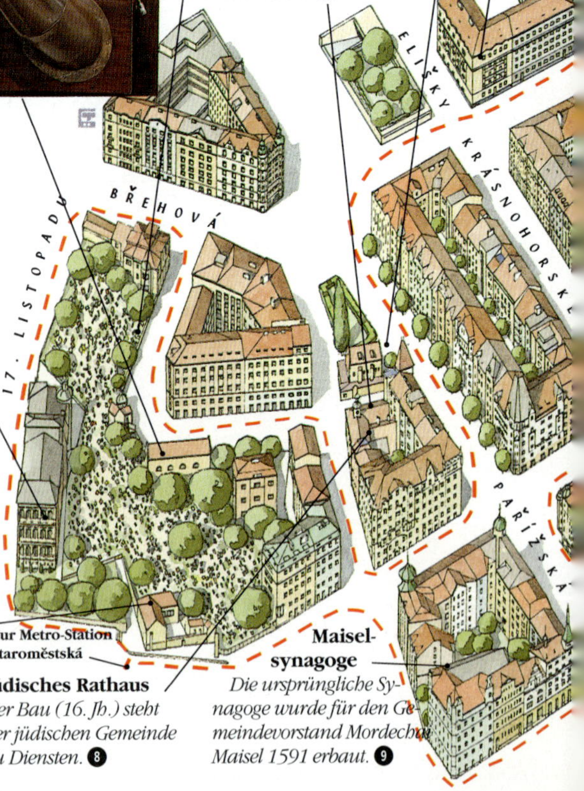

★ Kunstgewerbemuseum
Im Treppenhaus erzählen Glasmalereien von den Handwerkskünsten, denen sich diese reichhaltige Sammlung verschrieben hat. ❷

Pinkassynagoge
Ihre Wände nennen die Namen der tschechischen Juden, die dem Holocaust zum Opfer fielen. ❹

Zur Metro-Station Staroměstská

Jüdisches Rathaus
Der Bau (16. Jh.) steht der jüdischen Gemeinde zu Diensten. ❽

Maiselsynagoge
Die ursprüngliche Synagoge wurde für den Gemeindevorstand Mordechai Maisel 1591 erbaut. ❾

★ St.-Agnes-Kloster
Werke des 19. Jahrhunderts wie Antonín Chittussis Pariser Uferstraße *erregen in diesem umgewandelten Kloster Staunen.* ⓯

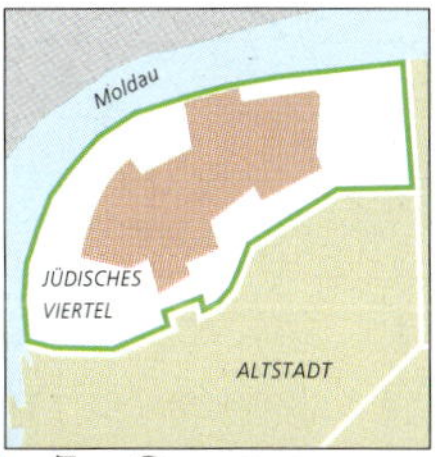

ZUR ORIENTIERUNG
Siehe Kartenteil, Karte 3

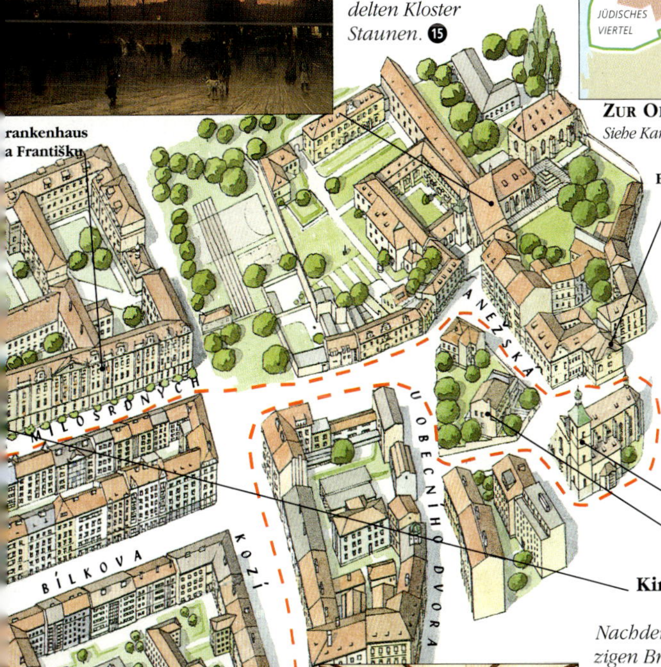

rankenhaus a Františku

Ehemaliges Beinhaus

St.-Kastullus-Kirche
Höchste gotische Baumeisterkunst der Mitte des 14. Jahrhunderts bezeugt das Gewölbe eines Schiffes dieser Pfarrkirche. ⓮

Pfarrhaus von St. Kastullus

Kirche St. Simon und Judas
Nachdem die Barmherzigen Brüder die Kirche im 17. Jahrhundert übernommen hatten, gliederten sie sie dem neuen Krankenhaus Na Františku an. ⓭

Spanische Synagoge
Die jüngste Synagoge dieses Stadtteils wurde 1868 in schwärmerischer Interpretation maurischer Architektur erstellt. ⓫

Heilig-Geist-Kirche
Vor der Kirche fällt Ferdinand Brokoffs barocke Statue des hl. Johannes von Nepomuk (1727) auf. ⓾

0 Meter 50

LEGENDE

– – – Routenempfehlung

NICHT VERSÄUMEN

- ★ Kunstgewerbemuseum
- ★ Jüdischer Friedhof
- ★ Altneusynagoge
- ★ St.-Agnes-Kloster

Bühne des Dvořák-Saals im Rudolfinum

Rudolfinum ❶

Náměstí Jana Palacha 1. **Karte** 3 A3. *Staroměstská. 17, 18. 135, 207. nur zu Konzerten u. anderen kulturellen Veranstaltungen.*

Das Rudolfinum, heute Stammhaus der Tschechischen Philharmonie, zählt zu den eindrucksvollsten Wahrzeichen am Altstädter Moldauufer. In ihm finden viele Konzerte des Musikfestivals »Prager Frühling« *(siehe S. 50)* statt. Es beherbergt mehrere Konzertsäle, darunter den prächtigen Dvořák-Saal, einen der gelungensten Belege tschechischer Architektur des 19. Jahrhunderts. Namenspatron des nach einem Entwurf von Josef Zítek und Josef Schulz 1884 fertiggestellten Gebäudes ist Kronprinz Rudolf von Habsburg. Wie das Nationaltheater *(siehe S. 156f)* gilt es als Meisterwerk der tschechischen Neurenaissance. Seine geschwungene Balustrade zieren Statuen namhafter tschechischer, österreichischer und deutscher Künstler.

Im auch als Künstlerhaus (Dům umělců) bezeichneten Anwesen waren einst eine Kunstgalerie und das Kunstgewerbemuseum angesiedelt. Heute noch laden hier Wanderausstellungen ein. Zwischen 1918 und 1939 sowie kurzfristig nach dem Zweiten Weltkrieg diente das Rudolfinum als Sitz des Parlaments.

Kunstgewerbemuseum ❷

UMĚLECKOPRŮMYSLOVÉ MUZEUM

17. listopadu 2. **Karte** 3 B3. *24 81 12 41. Staroměstská. 17, 18. 135, 207. Di–So 10–18 Uhr.*

Nach der Museumsgründung 1885 waren die Sammlungen einige Jahre im Rudolfinum untergebracht. Der heutige Bau, ein Entwurf Josef Schulz' im französischen Neorenaissancestil, wurde 1901 vollendet.

Nur ein Teil der riesigen Glassammlung ist ausgestellt. Ihr ganzer Stolz gilt dem böhmischen Glas mit zahlreichen Preziosen aus Barock, 19. und 20. Jahrhundert. Auch die Glaskunst des Mittelalters und der venezianischen Renaissance findet angemessene Würdigung.

Ständige Ausstellungen zeigen weitere Handwerkskünste. Halten Sie Ausschau nach Meißner Porzellan, Gobelins und Erasmus Habermels, des Uhrmachers Rudolfs II., feinsinnigen Zeitmessern. In der Möbelabteilung bestechen kunstfertige, bis in die Renaissance zurückreichende Pulte und Sekretäre. Das Zwischengeschoß beherbergt Säle für Wanderausstellungen sowie eine über 100 000 Bände umfassende Kunstbibliothek.

Alter jüdischer Friedhof ❸

STARÝ ŽIDOVSKÝ HŘBITOV

Siehe S. 86f.

Pinkassynagoge ❹

PINKASOVA SYNAGÓGA

Široká 3. **Karte** 3 B3. *Staroměstská. 17, 18. 135, 207. So–Fr 9.30–17 Uhr.*

Die von Rabbi Pinkas 1479 gegründete Synagoge wurde 1535 von dessen Großneffen Aaron Meshulam Horowitz erweitert und im Lauf der Jahrhunderte oft umgebaut. Vom Leben im mittelalterlichen Getto berichten faszinierende Ausgrabungsfunde wie ein rituelles Bad *(mikva)*. Den Kern des heutigen Baus bildet eine gotisch über-

Namensliste der Holocaust-Opfer an einer Wand der Pinkassynagoge

wölbte Halle. Die Frauen vorbehaltene Galerie fügte man im frühen 17. Jahrhundert an.

Die Synagoge dient heute dem mahnenden Gedenken an all jene jüdischen Bürger der Tschechoslowakei, die im Konzentrationslager Theresienstadt einsaßen und später in Vernichtungslager der Nazis deportiert wurden. 77 297 kehrten nicht zurück: An den Wänden stehen ihre Namen.

Klausensynagoge 5

KLAUSOVÁ SYNAGÓGA

U starého hřbitova 1. **Karte** 3 B3. *Staroměstská.* *17, 18.* *135, 207.* *So–Fr 9.30–17 Uhr.*

VOR DEM 1689 wütenden Feuer fanden sich hier mehrere kleine jüdische Schulen und Gebetshäuser, die – *Klausen* genannt – Namenspaten der 1694 über den Ruinen errichteten Synagoge wurden. Das hochbarocke Gebäude zieren innen ein Tonnengewölbe und üppiges Stuckwerk. Heute beherbergt es hebräische Drucke und Handschriften sowie eine Ausstellung zu Tradition und Bräuchen des Judentums, die der Geschichte der Juden in Mitteleuropa bis in das frühe Mittelalter nachspürt. Viele Exponate erinnern an berühmte Mitglieder der Prager jüdischen Gemeinde wie Rabbi Löw *(siehe S. 88)*, der im 16. Jahrhundert aus Lehm einen künstlichen Menschen, einen Golem, geschaffen haben soll.

Thorazeigestock (19. Jh.) aus der Klausen-Synagoge

Einer winzigen mittelalterlichen Burg ähnelt das Nebengebäude der Synagoge, 1906 als Zeremonienhalle der jüdischen Bestattungsgesellschaft errichtet. 1944 fand darin eine Ausstellung zur Geschichte des Prager Gettos statt. Heute ist hier die ständige Ausstellung der Zeichnungen von Kindern aus dem Konzentrationslager Theresienstadt.

Thoraschild aus vergoldetem Silber (18. Jh.) in der Hohen Synagoge

Altneusynagoge 6

STARONOVÁ SYNAGÓGA

Siehe S. 88 f.

Hohe Synagoge 7

VYSOKÁ SYNAGÓGA

Červená 4. **Karte** 3 B3. *Staroměstská.* *17, 18.* *135, 207.* *So–Fr 9.30–18 Uhr.*

FINANZIER VON Jüdischem Rathaus und Hoher Synagoge war Mordechai Maisel, in den 70er Jahren des 16. Jahrhunderts Vorsteher der Judenstadt. Beide Gebäude bildeten einst einen Einzelkomplex, in dessen erstem Stock die Haupthalle der Synagoge eng mit dem Rathaus verbunden war. Erst im 19. Jahrhundert trennte man beide Teile und versah die Synagoge mit eigenem Treppenhaus und Straßeneingang. Ihr Renaissancegewölbe und -stuckdekor sind noch zu erkennen.

In der Ausstellung der Synagoge sind sakrale Textilien wie reichbestickte Thoramäntel und Vorhänge, aber auch Silberarbeiten wie Thoraschilde zu bewundern, die den Schrein schmücken, in dem die Thorarollen aufbewahrt werden. Diese Exponate stammen aus dem 16. bis 19. Jahrhundert.

Jüdisches Rathaus 8

ŽIDOVSKÁ RADNICE

Maislova 18. **Karte** 3 B3. *24 81 11 21.* *Staroměstská.* *17, 18.* *135, 207. Der Öffentlichkeit* ***nicht zugänglich***.

MORDECHAI MAISEL, der unermeßlich reiche Gemeindevorsteher, ließ in den Jahren 1570–77 das Herzstück des schmucken, rosaweißen Rathauses errichten, das 1763 ein üppig-spätbarockes Gewand erhielt. Letzte Veränderungen nahm man 1908 bei der Vergrößerung des Südflügels vor.

Das Dach überragt ein kleiner hölzerner Uhrturm mit grüner Spitze. Seinen Bau gestattete man der jüdischen Gemeinde zum Dank für ihren Beistand bei der Verteidigung der Karlsbrücke gegen die Schweden 1648 *(siehe S. 30 f)*. An einem Giebel verblüfft eine weitere, hebräische Uhr, an der – entsprechend der von rechts nach links laufenden hebräischen Schrift – Hände gegen den Uhrzeigersinn weisen. Im Rathaus residiert heute der Rat der jüdischen Religionsgemeinschaften der Tschechischen Republik.

Fassade und Uhrturm des Jüdischen Rathauses

Alter jüdischer Friedhof ❸

STARÝ ŽIDOVSKÝ HŘBITOV

ÜBER 300 JAHRE waren die Prager Juden einzig und allein auf dieses Bestattungsgelände angewiesen. 1478 eingerichtet, wurde es später nur unwesentlich vergrößert und entspricht heute noch nahezu seinen mittelalterlichen Ausmaßen. Aus Platzmangel schichtete man die Toten in bis zu zwölf Schichten übereinander. Auf dem winzigen Flecken drängen sich heute über 12 000 Grabsteine – doch ruhen hier die Gebeine von vermutlich 100 000 Verstorbenen. Als letzter wurde 1787 Moses Beck beigesetzt.

Grabstein von David Gans
Bilderrätsel: Davidstern und Gans verraten den Namen dieses Schriftstellers und Astronomen (1541–1613).

Blick über den Friedhof zur Westfassade der Klausensynagoge

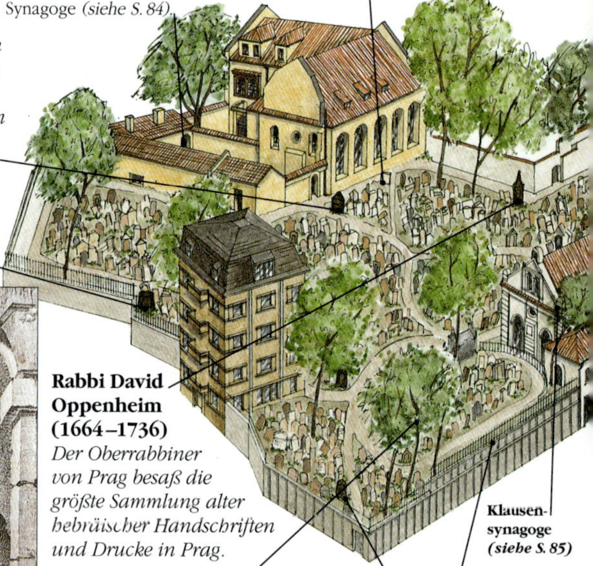

Jüdische Drucker, Mordechai Zemach (gest. 1592) und sein Sohn Bezalel (gest. 1589), liegen unter diesem rechtwinkligen Grabstein.

Die **Pinkassynagoge** ist Prags zweitälteste Synagoge *(siehe S. 84)*.

Im **ältesten Grab** ruht der Schriftsteller Rabbi Avigdor Kara (1439).

Rabbi David Oppenheim (1664–1736)
Der Oberrabbiner von Prag besaß die größte Sammlung alter hebräischer Handschriften und Drucke in Prag.

Klausensynagoge ***(siehe S. 85)***

Grabstein des Moses Beck

Zum **Nephele-Hügel** trug man die Leichen von Kindern, die noch kein Jahr zählten.

★ Grabsteine aus dem 14. Jahrhundert
In der Mauer befinden sich Überreste gotischer Grabsteine, die von einem älteren, 1866 in der Neustädter Vladislavova-Straße entdeckten jüdischen Friedhof hierher umgesiedelt wurden.

NICHT VERSÄUMEN

- ★ **Grabstein des Rabbi Löw**
- ★ **Grabstein der Hendela Bassevi**
- ★ **Grabsteine aus dem 14. Jahrhundert**

Prager Bestattungsgesellschaft
Die 1564 ins Leben gerufene Organisation führte rituelle Beerdigungen durch und widmete sich karitativer Gemeindearbeit. Hier waschen Mitglieder nach Verlassen des Friedhofs ihre Hände.

INFOBOX

U Starého hřbitova. **Karte** 3 A2. *24 81 00 99 (Staatliches Jüdisches Museum).* M *Staroměstská.* *17, 18 zur Staroměstská.* *Apr–Okt So–Fr 9.30–17 Uhr; Nov–März So–Fr 9.30–16.30 Uhr.* *beinhaltet Eintritt zur Pinkas-, Klausen-, Maisel- und Hohen Synagoge.*

Kunstgewerbemuseum ***(siehe S. 84)***

★ Grabstein des Rabbi Löw
Rabbi Löws (1520–1609) Grab ist der meistbesuchte Ort des Friedhofs. Besucher erweisen ihm mit niedergelegten Steinchen und Fürbitten Achtung.

Die neuromanische Zeremonienhalle

Mordechai Maisel (1528–1601) war wohltätiger Bürgermeister der Prager Judenstadt.

★ Grabstein der Hendela Bassevi
Das kunstvoll dekorierte Grab (1628) gehört der schönen Gemahlin des ersten geadelten Prager Juden.

SCHLÜSSEL ZUM VERSTÄNDNIS DER GRABSTEINE

Seit dem späten 16. Jahrhundert verzierte man die Grabsteine des jüdischen Friedhofs mit Symbolen, die Aufschluß über Leben, Familiennamen oder Beruf der Verstorbenen geben.

Segnende Hände: Familie Cohen

Eine Schere: Schneider

Ein Hirsch: Familie Hirsch oder Zvi

Trauben: Glück oder Reichtum

Altneusynagoge ❻

STARONOVÁ SYNAGÓGA

Davidstern in der Červená-Straße

UM 1270 ERRICHTET, ist dies Europas älteste Synagoge und einer der frühesten gotischen Bauten Prags. Die Synagoge hat Feuern, der Slumsanierung des 19. Jahrhunderts und etlichen Judenpogromen getrotzt. Oft bot sie den Bewohnern des jüdischen Viertels Schutz. Heute noch ist sie religiöses Zentrum der Prager Juden. Ursprünglich hieß sie Neue Synagoge, bis ihr nahebei eine weitere – später zerstörte – Synagoge diesen Namen streitig machte.

Ostfassade der Synagoge

★ Jüdische Fahne

Das historische Banner der Prager Juden schmückt ein Davidstern mit dem hohen Hut, den die Juden im 14. Jahrhundert tragen mußten, in seiner Mitte.

Rabbi Löw und der Golem

Löw leitete im 16. Jahrhundert die Talmudschule, die sich dem Thorastudium widmete. Man schrieb diesem Gelehrten und Philosophen magische Kräfte zu. Die Legende bezeichnet ihn als Schöpfer des Golems, den er aus Lehm formte und mittels Zauberei zum Leben erweckte. Die Kreatur, die durch Löws Zauberei außer Rand und Band geriet, soll der Rabbi zwischen den Dachsparren der Altneusynagoge versteckt haben.

Rabbi Löw und der Golem

★ Fünfrippengewölbe

Zwei achteckige Säulen stützen in der Haupthalle das fünfrippige Gewölbe.

Rechtes Schiff
Bronzene Lüster spenden den Gläubigen Licht, die auf Sitzen entlang den Wänden Platz nehmen.

INFOBOX

Pařížská und Červená.
Karte 3 B2. *Staroměstská.* *17, 18 nach Staroměstská, 17 zur Juristischen Fakultät (Právnická fakulta).* *Mo–Do und So 9–17 Uhr, Fr 9–15 Uhr.* *Mo–Fr 8 Uhr, Sa 9 Uhr (Gottesdienst in Tschechisch).*

Auf dem **Tympanon** über dem Schrein erkennt man geschnitzte Blätter (13. Jh.).

★ Stuhl des Rabbi Löw
Wo sich einst der große Gelehrte des 16. Jahrhunderts niederließ, steht heute noch sein Stuhl.

Plattform und Rednerpult des Vorbeters sind durch ein schmiedeeisernes gotisches Gitter abgeschirmt.

Eingang zur Synagoge von der Červená-Straße aus

Schrein
Der Schrein, weihevollster Ort der Synagoge, hütet die geheiligten Thorarollen.

Eingangsportal
Auf dem Tympanon über dem Tor des Südvestibüls umranken Traubenbüschel und Weinblätter gewundene Zweige.

NICHT VERSÄUMEN

- ★ Stuhl des Rabbi Löw
- ★ Fünfrippengewölbe
- ★ Jüdische Fahne

Silberne Thorakrone (18. Jh.) in der Maiselsynagoge

Maiselsynagoge ❾
MAISELOVA SYNAGÓGA

Maiselova 10. **Karte** 3 B3.
Staroměstská. 17, 18.
135, 207. *So–Fr 9.30–17 Uhr.*

GEMEINDEVORSTEHER Mordechai Maisel und seine Familie nutzten die Ende des 16. Jahrhunderts erbaute Synagoge zum privaten Gebet. Maisel hatte ein Vermögen erworben, indem er mit Krediten Kaiser Rudolf II. die Kriege gegen die Türken finanzieren half. Seine Synagoge, die prächtigste der Stadt, wurde 1689 von einem Feuer zerstört, das das jüdische Viertel verwüstete. Man ersetzte sie durch eine neue Synagoge, die zu Beginn unseres Jahrhunderts ihr heutiges gotisches Aussehen mit zinnenartigem Dekor erhielt.

Seit den 60er Jahren birgt die Maiselsynagoge eine faszinierende Sammlung jüdischer Silber- und anderer Metallarbeiten von der Renaissance bis zum 20. Jahrhundert, darunter zahlreiche Thorakronen und -schilde. Sie dienten zur Zierde der Rollen, in denen man den Thoratext (die fünf Bücher des Moses) bewahrte. Die Schilde hängte man über den über die Thora drapierten Mantel. Der Leser benutzte einen Zeigestock, um die Thora nicht mit den Händen zu berühren. Bewunderung verdienen auch das Hochzeitssilber, die Lampen und Leuchter aus Zinn, Messing und Keramik. Nahezu all diese Schätze des jüdischen Brauchtums brachten – bittere Ironie der Geschichte – die Nazis für ihr geplantes Museum einer »ausgestorbenen Rasse« aus Synagogen Böhmens und Mährens nach Prag.

Hl.-Geist-Kirche ❿
KOSTEL SV. DUCHA

Dušní, Široká. **Karte** 3 B3.
Staroměstská. 17. 135, 207. *nur zum Gottesdienst. Mo–Sa 8 Uhr, So 9.30 Uhr.*

DIE KIRCHE ERHEBT sich auf jenem schmalen Streifen christlichen Bodens, der im Mittelalter die zwei jüdischen Gemeinden des östlichen und westlichen Ritus trennte. Mitte des 14. Jahrhunderts erbaut, gehörte der einschiffige gotische Bau zunächst einem Kloster der Benediktinerinnen an, das nach seiner Zerstörung 1420 während der Hussitenkriege *(siehe S. 26f)* nicht wiederaufgebaut wurde.

Die Kirche litt schwer unter dem 1689 in der Altstadt wütenden Feuer. Ihr gotisches Äußeres – Strebewerk und hohe Fenster – blieb erhalten. Die Kuppel des Schiffes erneuerte man nach dem Brand im barocken Stil, der auch in der Einrichtung überwiegt. Ihr Hochaltar stammt aus dem Jahre 1760, das Altarbild *Heiliger Josef* von Jan Jiří Heintsch (um 1647–1712). Die Steinplastik des Almosen spendenden heiligen Johannes von Nepomuk *(siehe S. 137)* vor der Kirche fertigte 1727 Ferdinand Maximilian Brokoff. Das Interieur zieren einige ältere Statuen, darunter eine Pietà aus dem 14. Jahrhundert (mit Köpfen späteren Datums, 1628), eine spätgotische Skulptur der heiligen Anna sowie Büsten des heiligen Wenzel und heiligen Adalbert aus dem frühen 16. Jahrhundert.

Heilig-Geist-Kirche

Mahnung an die Zehn Gebote, Fassade der Spanischen Synagoge

Spanische Synagoge ⓫
ŠPANĚLSKÁ SYNAGÓGA

Vězeňská 1. **Karte** 3 B2.
Staroměstská. 17. *Der Öffentlichkeit* ***nicht zugänglich.***

AN IHRER STELLE erhob sich einst Prags erste Synagoge, die sogenannte Alte Schule (Stará Škola). Im 11. Jahrhundert war die – heute spurenlos verschwundene – Alte Schule Zentrum der jüdischen Gemeinde des östlichen Ritus. Diese lebte streng getrennt von den Juden des westlichen Ritus, die um die Altneusynagoge siedelten. Der heutige Bau, erstellt in der zweiten Hälfte des 19. Jahrhunderts, ahmt innen wie außen maurischen Stil nach. Die üppigen Stuckverzierungen an Wänden und Gewölben lassen an Spaniens Alhambra denken, was der Synagoge ihren Namen eintrug. Sie ist leider nur von außen zu besichtigen. Ihr Inneres ist nicht zugänglich; dort lagert das Staatliche Jüdische Museum seine Textiliensammlung.

Kubistische Häuser ⓬

KUBISTICKÉ DOMY

Elišky Krásnohorské, 10–14. **Karte** 3 B2. *Staroměstská.* *17. Der Öffentlichkeit **nicht zugänglich**.*

Beim Wiederaufbau des alten jüdischen Viertels zur Jahrhundertwende experimentierten Prager Architekten mit neuen Stilen. Die meisten Häuserblocks dieses Viertels zeigen geschwungenes Jugendstildekor. Bei der Kreuzung von Bílkova und Elišky Krásnohorské jedoch hebt sich eine klare Fassade ab, an der sich einige schlichte, geometrische Formelemente wiederholen. Das Anwesen, 1919–21 für eine Lehrergenossenschaft erbaut, ist ein Zeugnis der kubistischen Architektur, die in anderen Teilen Europas weit weniger Fuß faßte als in der Avantgarde Böhmens und Österreichs vor und nach dem Ersten Weltkrieg.

Vom Einfluß des Kubismus sprechen in der Elišky Krásnohorské Nr. 7 die auffällig abgeflachten, die Fenster stützenden Atlanten. Kubistisch inspiriert ist auch das Haus Zur schwarzen Madonna in der Zeltnergasse *(siehe S. 172 f)*.

Kubistische Atlanten umrahmen ein Fenster in der Elišky Krásnohorské

Kirche St. Simon und Judas ⓭

KOSTEL SV. ŠIMONA A JUDY

U milosrdných. **Karte** 3 B2. *Staroměstská.* *17.* *135, 207. Der Öffentlichkeit **nicht zugänglich**.*

Mitglieder der Böhmischen Brüder ließen 1615–20 diese Kirche mit hohen spätgotischen Fenstern errichten. Wie die Utraquisten *(siehe S. 75)* forderte diese Mitte des 15. Jahrhunderts gegründete Bruderschaft beim Abendmahl das Austeilen von Brot und Wein. In mancher Hinsicht jedoch konservativer als andere protestantische Bewegungen, hielt sie an Zölibat und katholischen Sakramenten wie der Beichte fest. Nach der Schlacht am Weißen Berg *(siehe S. 30 f)* mußte sie das Land verlassen.

Die Kirche wurde dem katholischen Orden der Barmherzigen Brüder übergeben, die sie ihrem Kloster und Krankenhaus eingliederten. Man erzählt, das Schafott, auf dem 27 Tschechen 1621 hingerichtet wurden *(siehe S. 72)*, habe das Material für die Holzstufen des Klosters abgegeben. Im 18. Jahrhundert richtete man hier Prags ersten Anatomie-Vorlesungssaal ein. Heute noch findet man hier ein Hospital, Na Františku genannt.

Ausschnitt der Barockfassade von St. Simon und Judas

St.-Kastullus-Kirche ⓮

KOSTEL SV. HAŠTALA

Haštalské náměstí. **Karte** 3 C2. *5, 14, 26.* *135, 125, 207.* *unregelmäßig.* *So 17 Uhr.*

Die Pfarrkirche St. Kastullus ist Namenspatronin dieses friedvollen, Haštal geheißenen Winkels. Als einer der schönsten gotischen Bauten Prags ersetzte sie im zweiten Viertel des 14. Jahrhunderts ein romanisches Bauwerk. Das verheerende Feuer von 1689 machte einen gründlichen Wiederaufbau notwendig, überließ der Nachwelt jedoch das nördliche Doppelschiff mit den eleganten, schlanken Säulen, die ein kunstvolles Rippengewölbe stützen.

Mit der vorwiegend barocken Innenausstattung kontrastieren Überreste von Wandgemälden (um 1375) in der Sakristei und ein metallener Taufstein mit Figurendekor (um 1550). Im gotischen Schiff beeindruckt die Skulpturengruppe *Kalvarienberg* (1716) aus der Werkstatt Ferdinand Maximilian Brokoffs.

St.-Agnes-Kloster ⓯

KLÁŠTER SV. ANEŽKY

Siehe S. 92 f.

St.-Agnes-Kloster ⓯

KLÁŠTER SV. ANEŽKY

Kopf der Statue der hl. Agnes von Josef Myslbek

Agnes, König Wenzels I. erst im Jahr 1989 heiliggesprochene Schwester, gründete hier 1234 ein Klarissenkloster. 1782 aufgelöst und dann verfallen, restaurierte man es sorgfältig in den 60er Jahren dieses Jahrhunderts. Der Bau präsentiert sich nun in weitgehend ursprünglichem Gewand. In ihm zeigt die Nationalgalerie ihre Sammlung tschechischer Kunst des 19. Jahrhunderts, darunter Darstellungen von Begebenheiten der tschechischen Geschichte sowie romantische Landschaften.

★ Josefina
Eines der schönsten Porträts des Tschechen Josef Mánes (1820–71).

★ Winterabend in der Stadt
Jakub Schikaneders (1855–1924) Szenen des Prager Lebens verströmen oftmals geheimnisvolle Melancholie. Unbeschwerter wirkt dieses Bild, auf dem eine Mutter und ihr Kind durch den Schnee stapfen.

★ Georg von Poděbrady und Matthias Corvinus
Mikoláš Aleš (1852–1913) malte viele patriotisch bewegte Historienbilder. Hier schließt Corvinus, König von Ungarn, notgedrungen mit König Georg den Vertrag von 1469.

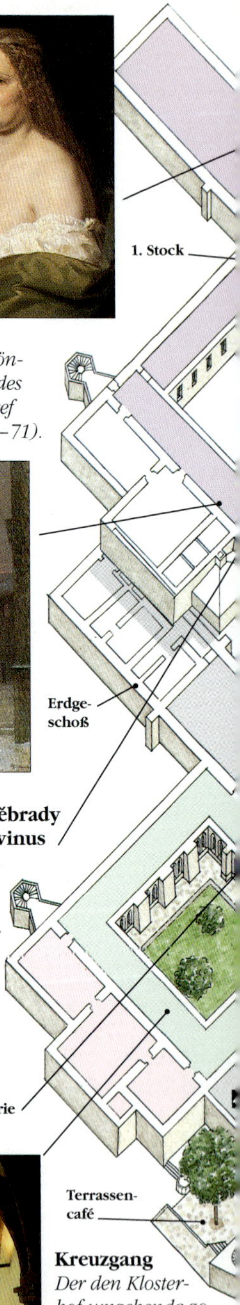

Kreuzgang
Der den Klosterhof umgebende gotische Gewölbegang wurde im 14. Jahrhundert angelegt.

NICHT VERSÄUMEN

- **★ Josefina von Josef Mánes**
- **★ Georg von Poděbrady und Matthias Corvinus von Mikoláš Aleš**
- **★ Winterabend in der Stadt von Jakub Schikaneder**

Kurzführer

Die ständige Ausstellung ist im ersten Stock des alten Klosters in einer langen Galerie und kleineren Räumen untergebracht. In einem Raum sind Modell und Pläne des Nationaltheaters (siehe S. 156f) *zu begutachten.*

Infobox

U milosrdných 17. **Karte** 3 C2.
24 81 06 28. Náměstí Republiky, Staroměstská. 17 zur Juristischen Fakultät (Právnická fakulta), 5, 14, 26 zum Dlouhá třída. Di–So 10–18 Uhr.

Der Graveur Vorlíček und seine Familie
Dieses realistische Gruppenporträt schuf Karel Purkyně (1834–68), Sohn des namhaften Physiologen Jan Purkyně (siehe S. 151).

Oldřich und Božena
František Ženíšek griff häufig Episoden der tschechischen Geschichte auf. Hier erspäht Prinz Oldřich, eine Figur des 11. Jahrhunderts, seine zukünftige Braut, die schöne Božena, inmitten einer Gruppe von Dorfmädchen.

St.-Salvator-Kirche
Vom Gegenstück zu diesem mit den Häuptern fünf böhmischer Königinnen verzierten Kapitell blicken fünf Přemysliden-Könige herab.

Legende

- Tschechische Kunst (19. Jh.)
- Kloster
- Kirchen
- Konzertsaal
- Sonderausstellungen
- Nicht zugänglich

D MATTHIAS EL
ROM IMP S AVG
HVNG BOH REX &c
FF ANO MDCXIV

Prager Burg und Hradschin

PRAŽSKÝ HRAD A HRADČANY

Prags Geschichte beginnt mit der Grundsteinlegung der Burg durch Fürst Bořivoj im 9. Jahrhundert. Ihre gebieterische Lage hoch über der Moldau machte die Festung bald zum Nabel der von den Přemysliden beherrschten Ländereien. Ihre Mauern umschlossen unter anderem einen Palast, drei Kirchen und ein Kloster. 1320 nannte sich in einem ihrer Außenbezirke eine Stadt Hradčany. Die Burg erlebte etliche Umbauten, insbesondere unter Karl IV. und Vladislav Jagiello. Die 1541 bei einem verheerenden Feuer stark beschädigten Bauten legte man im Renaissancestil neu an. Zur kulturellen Blüte entfaltete sich die Burg unter Rudolf II. Spätere Habsburger residierten in Wien und nutzten die Burg nur gelegentlich. Seit 1918 haben hier die Präsidenten der Republik ihren Amtssitz.

Buntglasfenster im St.-Veits-Dom

Sehenswürdigkeiten auf einen Blick

Kirchen und Klöster
St.-Veits-Dom S. 100ff 2
St.-Georgs-Basilika 5
Kapuzinerkloster 18
Loreto S. 116f 19
Strahov-Kloster S. 120f 22

Paläste
Königspalast S. 104f 4
Palais Lobkowitz 8
Belvedere 11
Erzbischöfliches Palais 13
Palais Martinitz 15
Palais Černín 20

Historische Gebäude
Pulverturm 3
Dalibor-Turm 9

Museen und Galerien
Gemäldegalerie der Prager Burg 1
St.-Georgs-Kloster S. 106ff 6
Palais Sternberg S. 112ff 14
Palais Schwarzenberg 16

Historische Straßen
Goldenes Gäßchen 7
Neue Welt 17
Pohořelec 21

Parks und Gärten
Südliche Gärten 10
Königsgarten 12

Legende
Detailkarte *Siehe S. 96f*
Straßenbahnhaltestelle
Parken
Burgmauer

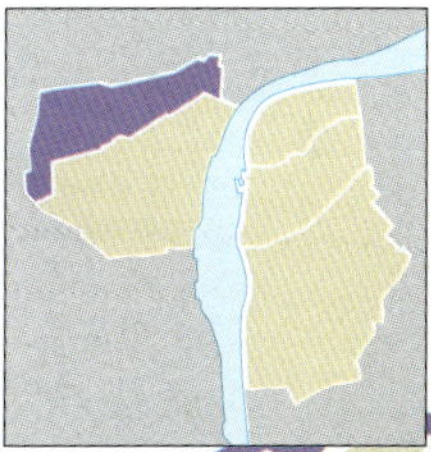

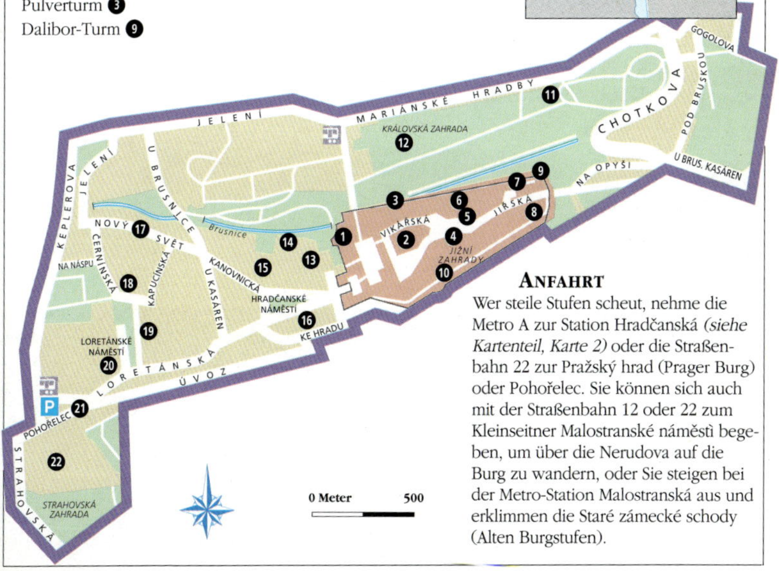

Anfahrt

Wer steile Stufen scheut, nehme die Metro A zur Station Hradčanská *(siehe Kartenteil, Karte 2)* oder die Straßenbahn 22 zur Pražský hrad (Prager Burg) oder Pohořelec. Sie können sich auch mit der Straßenbahn 12 oder 22 zum Kleinseitner Malostranské náměstì begeben, um über die Nerudova auf die Burg zu wandern, oder Sie steigen bei der Metro-Station Malostranská aus und erklimmen die Staré zámecké schody (Alten Burgstufen).

◁ **Haupteingang zur Prager Burg**

Im Detail: Prager Burg

Gotischer Reliquienschrein für den Arm des heiligen Georg im St.-Veits-Dom

TROTZ WIEDERKEHRENDER FEUER und Invasionen blieben der Prager Burg Kirchen, Kapellen, weltliche Bauten und Türme aus sämtlichen Epochen ihrer Geschichte erhalten, vom gotisch erhabenen St.-Veits-Dom bis hin zu den Renaissanceerweiterungen Rudolfs II., der als letzter Habsburger die Burg zum Hauptdomizil wählte. Die Burghöfe wurden 1753–75 angelegt, als man das gesamte Gelände spätbarock und neuklassizistisch umgestaltete. 1918 wurde die Burg Sitz des tschechoslowakischen Präsidenten; heute hat in ihr Václav Havel, Präsident der Tschechischen Republik, sein Regierungsbüro.

★ St.-Veits-Dom
Dieses Relief ziert die Goldene Pforte des Domes. ❷

Pulverturm
Der Turm, der das Schießpulverlager und eine Glockengießerei beherbergte, ist in ein Museum umgewandelt. ❸

Gemäldegalerie der Prager Burg
In den restaurierten Ställen der Burg hängen Gemälde aus Renaissance und Barock. ❶

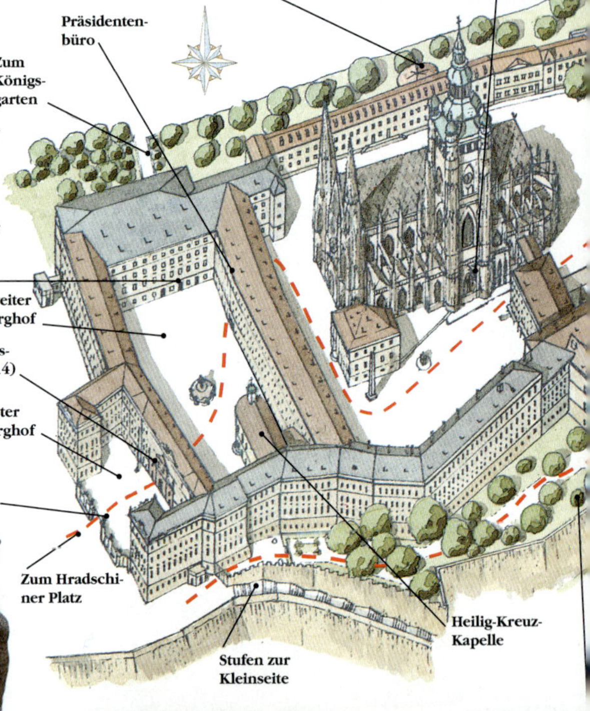

Die **Burgtore** werden gekrönt von Kopien der Kämpfenden Giganten, die Ignaz Platzer im 18. Jahrhundert schuf.

Südliche Gärten
Statuen aus dem 18. Jahrhundert beleben die einladenden Gärten bei den alten Burgwällen. ❿

★ Goldenes Gäßchen
Die pittoresken Häuschen entlang der Innenseite der Burgmauer baute man im späten 16. Jahrhundert für die Wachen und Schützen der Burg. ❼

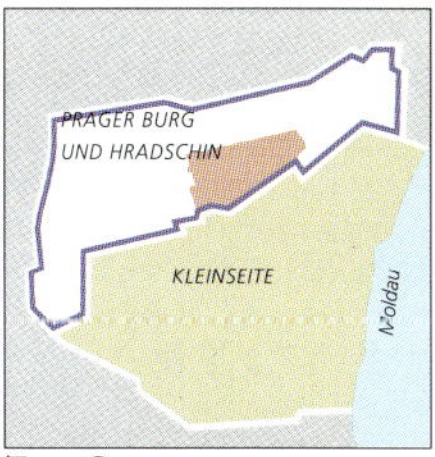

Zur Orientierung
Siehe Kartenteil, Karte 2

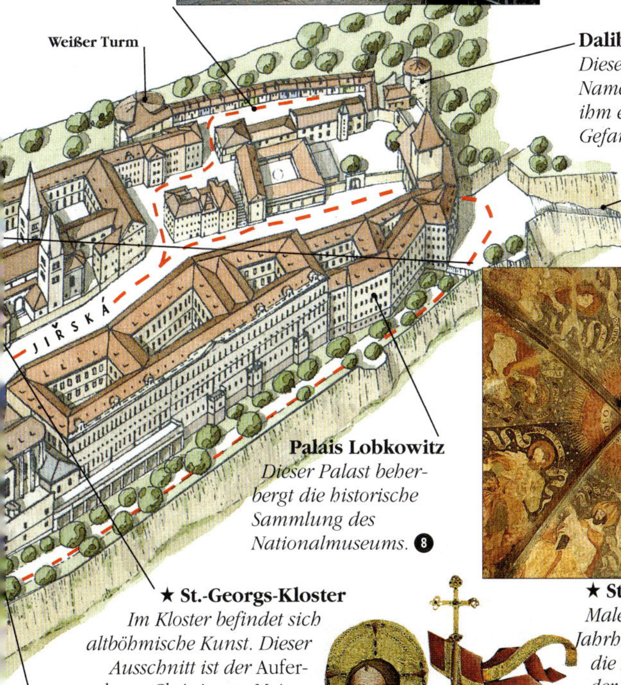

Weißer Turm

Dalibor-Turm
Dieser Turm trägt den Namen des ersten in ihm eingekerkerten Gefangenen. ❾

Alte Burgstufen zur Metro-Station Malostranská

Palais Lobkowitz
Dieser Palast beherbergt die historische Sammlung des Nationalmuseums. ❽

★ St.-Georgs-Kloster
Im Kloster befindet sich altböhmische Kunst. Dieser Ausschnitt ist der Auferstehung Christi *vom Meister von Wittingau (Třeboň) entnommen.* ❻

★ St.-Georgs-Basilika
Malereien aus dem 16. Jahrhundert schmücken die Kuppel der Kapelle der hl. Ludmilla, einer böhmischen Märtyrerin königlichen Geschlechts. ❺

Legende

– – – Routenempfehlung

0 Meter 60

★ Königspalast
Hinter der einheitlichen Palastfassade verbergen sich gotische und Renaissancesäle. Wappen bedecken Wände und Decke im Raum der Neuen Landtafeln. ❹

Nicht versäumen

- ★ St.-Veits-Dom
- ★ Königspalast
- ★ Basilika und Kloster St. Georg
- ★ Goldenes Gäßchen

Gemäldegalerie der Prager Burg ❶

OBRAZÁRNA PRAŽSKÉHO HRADU

Prager Burg, erster Burghof. **Karte** 2 D2. *Malostranská, Hradčanská.* 22. *Di–So 9–17 Uhr.*

DIE 1965 IN DEN alten Burgställen eingerichtete Galerie beherbergt Werke einer seit der Zeit Rudolfs II. zusammengetragenen Kunstsammlung *(siehe S. 28 f).* Obwohl die Schweden 1648 diesen Schatz weitgehend plünderten, verblieben zahlreiche großartige Gemälde. Der Schwerpunkt liegt auf der Malerei des 16. bis 18. Jahrhunderts, doch besitzt die Sammlung auch Skulpturen, so die Kopie einer Büste Rudolfs von Adriaen de Vries. Zu den Highlights gehören Tizians *Toilette einer jungen Frau,* Rubens' *Versammlung der olympischen Götter* und *Der Zentaur Nessus entführt Deianeira* von Guido Reni. Auch Arbeiten von Meister Theoderich, Paolo Veronese, Tintoretto und den Vertretern des tschechischen Barock, Jan Kupecký und Petr Brandl, sind zu bewundern.

Hier sehen Sie auch die bei der Sanierung der Ställe geborgenen Überreste der ersten Burgkirche, der Marienkirche. Fürst Bořivoj, erster christlich getaufter Přemyslide *(siehe S. 20 f),* soll sie im 9. Jahrhundert erbaut haben.

St.-Veits-Dom ❷

CHRÁM SV. VÍTA

Siehe S. 100 ff.

Pulverturm ❸

PRAŠNÁ VĚŽ

Prager Burg, Vikářská. **Karte** 2 D2. *Malostranská, Hradčanská.* 22. *Di–So 9–17 Uhr.*

BENEDIKT RIED, Architekt König Vladislavs II., errichtete hier mit Blick über den Hirschgraben um 1496 einen als Geschützbastion dienenden Turm. Nach dem Feuer von 1541 wiederaufgebaut, beherbergte er die Werkstätten und Wohnungen von Büchsenmachern und dem Glockengießer Tomáš Jaroš. Dieser fertigte 1549 für den Turm des Veitsdomes Prags größte Glocke, die 18 Tonnen schwere Sigismund-Glocke.

Zur Regierungszeit von Rudolf II. (1576–1612) besaßen Alchimisten im Turm ihr Labor. Schillernde Gestalten wie Edward Kelley führten hier Experimente durch, die den Kaiser glauben machten, man könne Blei in Gold verwandeln.

Blick über den Hirschgraben auf den Pulverturm

1649, als schwedische Truppen die Burg besetzten, richtete eine Schießpulverexplosion im Turm schweren Schaden an. Dennoch lagerte man in ihm weiterhin Schießpulver, bis man 1754 darin Unterkünfte für Mesner des Veitsdomes einrichtete. Seit den 60er Jahren unseres Jahrhunderts widmet sich im Turm ein Museum dem Glockengießer Jaroš und der unter Rudolf II. geförderten Alchimie.

Tizians *Toilette einer jungen Frau,* Gemäldegalerie der Prager Burg

Königspalast ❹

KRÁLOVSKÝ PALÁC

Siehe S. 104 f.

St.-Georgs-Basilika ❺

BAZILICA SV. JIŘÍ

Jiřské náměstí. **Karte** 2 E2. *Malostranská, Hradčanská.* 22. *Di–So 9–17 Uhr (Nov–März 16 Uhr).*

DIE UNTER Fürst Vratislav 915–21 erbaute Vorgängerin des Veitsdomes, Prags besterhaltene romanische Kirche, wurde 973 bei der Errichtung des angeschlossenen St.-Georgs-Klosters vergrößert und nach einem Brand 1142 wiederaufgebaut. Gewissenhaft restauriert, entsprechen die mächtigen Zwillingstürme und das strenge Innere ihrem ursprünglichen Aussehen. Die rostrote Fassade indes belegt die barocke Ergänzung des 17. Jahrhunderts.

Die Kirche beherbergt das Grab der heiligen Ludmilla, Witwe des im 9. Jahrhundert regierenden Fürsten Bořivoj *(siehe S. 20 f)*. Diese erste christliche Märtyrerin Böhmens wurde beim Gebet von ihrer Schwiegertochter Drahomíra erdrosselt. Neben weiteren Angehörigen der Přemysliden-Dynastie ruht hier Vratislav. Sein schlichtes Grab aus bemaltem Holz befindet sich rechts des Schiffes zu Füßen der auf den Chor führenden Treppe. Gegenüber umzäunt ein Barockgitter das Grab Boleslavs II. (973–99).

Fassade und Türme der St.-Georgs-Basilika

St.-Georgs-Kloster ❻

KLÁŠTER SV. JIŘÍ

Siehe S. 106 ff.

Goldenes Gäßchen ❼

ZLATÁ ULIČKA

Karte 2 E2. *Malostranská, Hradčanská.* 22.

Benannt nach den im 17. Jahrhundert hier wohnhaften Goldschmieden, zählt diese kurze Gasse zu Prags malerischsten Winkeln. Eine Seite säumen in die Burgmauer hineingebaute winzige, hell gestrichene Häuser. In den ersten Jahren des 16. Jahrhunderts für die 24 Burgwachen Rudolfs II. angelegt, wurden sie ein Jahrhundert später von einziehenden Goldschmieden verändert. Im 19. Jahrhundert war das Viertel zum Slum verkommen, in dem die armen Leute, aber auch Verbrecher hausten. In den 50er Jahren dieses Jahrhunderts mußten die Mieter ausziehen, und man renovierte die Gasse in Anlehnung an ihr originales Vorbild. Die zumeist in Läden verwandelten Häuschen bieten nun Bücher, böhmisches Glas und andere Souvenirs für Touristen feil.

Im Goldenen Gäßchen wohnten auch berühmte Schriftsteller, so der Nobelpreisträger Jaroslav Seifert und Franz Kafka *(siehe S. 68)*, der 1916/17 einige Monate mit seiner Schwester im Haus Nr. 22 lebte.

Der Name der Gasse beflügelt die Phantasie: Legenden erzählen von Alchimisten, die hier Elixiere brauten, um für Rudolf II. Gold zu gewinnen. Tatsächlich befanden sich ihre Labors aber in einer Gasse zwischen Veitsdom und Pulverturm, der Vikářská.

Häuschen im Goldenen Gäßchen

Palais Lobkowitz ❽

LOBKOVICKÝ PALÁC

Jiřská 1. **Karte** 2 E2. *53 73 06, 53 73 64, 53 72 18.* *Hradčanská.* 22. *Di–So 9–16.30 Uhr.*

Als einer von vielen wurde dieser Palast erst nach dem den Hradschin verwüstenden Feuer von 1541 erbaut. Das sich um einen Innenhof gruppierende Anwesen stammt aus dem Jahre 1570 und zeigt an den Fassaden noch einige originale Sgraffitos. Die heutigen Bauten entstanden größtenteils im 17. Jahrhundert, als Carlo Lurago das Palais für die Familie Lobkowitz umbaute, die das Anwesen 1627 erstanden hatte. Im prachtvollsten Raum, dem mit mythologischen Fresken von Fabian Harovník bemalten Festsaal (17. Jh.), finden Konzerte und Vorträge statt.

Detail eines Sgraffito (16. Jh.) an der Fassade des Palais Lobkowitz

Seit 1976 lädt im Palais ein Museum ein. Die ständige Ausstellung »Denkmäler der nationalen Vergangenheit« zeichnet anhand von Schriften, Bildern, Stichen, Skulpturen, Waffen, Juwelier- und Glasarbeiten die Geschichte des Landes von der ersten tschechischen Besiedlung bis zur Revolution von 1848 nach. Zu den Exponaten zählen Kopien der im Veitsdom aufbewahrten Krönungsjuwelen.

St.-Veits-Dom ❷

CHRÁM SV. VÍTA

DIE BAUARBEITEN zu diesem bedeutendsten Sakralbau der Stadt begannen 1344 auf Geheiß Karls IV. zunächst unter dem französischen Architekten Matthias von Arras. Nach dessen Tod setzte der Schwabe Peter Parler das Werk bis zu den Hussitenkriegen fort. Architekten und Künstler des 19. und 20. Jahrhunderts legten letzte Hand an die Kathedrale, die die Kronjuwelen und das Grab des »guten Königs« Wenzel *(siehe S. 20f)* beherbergt.

St.-Veits-Dom
Wie der Dom vor den 1872–1929 vorgenommenen Veränderungen aussah, zeigt dieser Stich aus dem 19. Jahrhundert.

Fensterrosette
Über dem Portal hält dieses von František Kysela entworfene Fenster (1925–27) Szenen der biblischen Schöpfungsgeschichte fest.

Wasserspeier
An der reichverzierten Westfassade leiten kunstvoll gestaltete Wasserspeier das Regenwasser ab.

ZEITSKALA

- **ca. 925** Der hl. Wenzel läßt die Rotunde von St. Veit errichten
- **1060** Bau der dreischiffigen Basilika im Auftrag des Fürsten Spytihněv
- **1344** Karl IV. überträgt dem französischen Architekten Matthias von Arras den Bau der gotischen Kathedrale
- **1359** Baumeister Peter Parler wird die Fortsetzung der Bauarbeiten überantwortet
- **1421** Hussiten ergreifen von St. Veit Besitz
- **1589** Vollendung der Königsgruft
- **1619** Kalvinisten machen die Kathedrale zu ihrem Gotteshaus
- **1770** Der Turm erhält eine neue Spitze
- **1872** Mocker beginnt mit den Arbeiten zum Westschiff
- **1929** Weihung der nahezu 1000 Jahre nach St. Wenzels Tod vollendeten Kathedrale

1000 | 1200 | 1400 | 1600 | 1800

Büste Peter Parlers am Triforium

Spytihněvs Grabmal

★ Strebebögen
Das Schiff und den Chor umgeben außen schlanke Strebebögen. Sie stützen das Innengewölbe und sind, wie die gesamte Kathedrale, aufwendig verziert.

Infobox

Prager Burg, dritter Hof. **Karte** 2 D2. M *Hradčanská, Malostranská.* *22 zur Burg (Pražský hrad) oder nach U Prašného mostu.* ***Kathedrale*** *tägl. 9–17 Uhr (Nov–März 9–16 Uhr).* ***Kirchturm*** *tägl. 10–16 Uhr.* ***Geschl.*** *bei schlechtem Wetter.*

Der **Renaissance-glockenturm** trägt einen barocken Helmaufsatz.

Chor

Zum Königspalast
(Siehe S. 104f)

Dem **Grab des hl. Wenzel** ist ein mit Halbedelsteinen besetzter Altar beigesellt.

★ Wenzelskapelle
An diesen Bronzering am Nordportal der Kapelle soll sich der heilige Wenzel geklammert haben, als er dem Attentat seines Bruders zum Opfer fiel (siehe S. 20f).

★ Goldene Pforte
Das Portal, bis zum 19. Jahrhundert Haupteingang, wird heute nur bei besonderen Anlässen benutzt. Darüber mahnt Das Jüngste Gericht, *ein Mosaik von venezianischen Künstlern (14. Jh.).*

Gotisches Gewölbe
Den höchsten Beweis seines Könnens lieferte Peter Parler mit diesen anmutig gefächerten Rippen, die die drei gotischen Bögen der Goldenen Pforte stützen.

Nicht versäumen

- ★ **Wenzelskapelle**
- ★ **Goldene Pforte**
- ★ **Strebebögen**

Führung durch den St.-Veits-Dom

Ermordung des hl. Wenzel (Westeingang)

BEI EINEM STREIFZUG durch den Dom wandern Sie durch tausend Jahre Geschichte. Treten Sie durch das Westportal ein, um einige der schönsten Beispiele der Neugotik zu bewundern. Setzen Sie den Weg an den Seitenkapellen entlang fort, der einen Blick auf sakrale Kunstgegenstände, heilige Reliquien und Kunstwerke erlaubt, die von Renaissancegemälden zu modernen Plastiken reichen. Betrachten Sie die reichgeschmückte, juwelenbesetzte Wenzelskapelle, ehe Sie durch die Goldene Pforte aus dem 14. Jahrhundert den Dom verlassen.

② Chor
Der Chor, von Peter Parler 1372 begonnen, beeindruckt durch die enorme Höhe seines Gewölbes, schwerelos akzentuiert durch feinsinnig eingepaßtes Maßwerk.

① Fenster von Alfons Mucha
Zahlreiche Glasmalereien tschechischer Künstler des 20. Jahrhunderts schmücken die Kathedrale, allen voran Muchas St. Kyrill und St. Methodios.

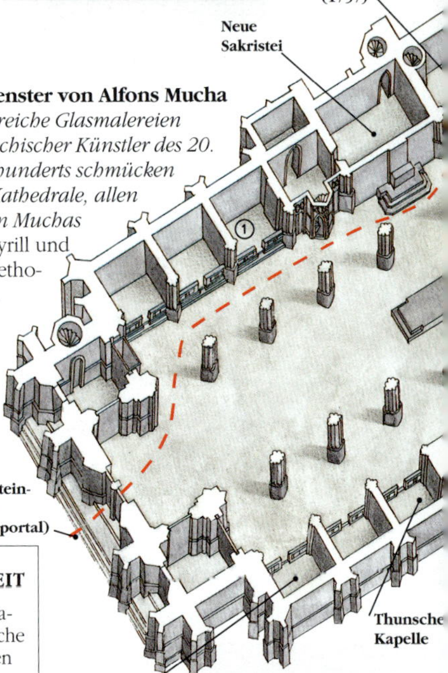

DIE VIER BAUPHASEN VON ST. VEIT

Ausgrabungen legten unter der heutigen Kathedrale Teile der Nordapsis der ersten Kirche frei, der Rotunde des heiligen Wenzel, sowie Überreste von Bauten und Skulpturen der späteren Basilika. Mit dem westlichen, neugotischen Teil wurde die Kirche im 14. Jahrhundert vollendet.

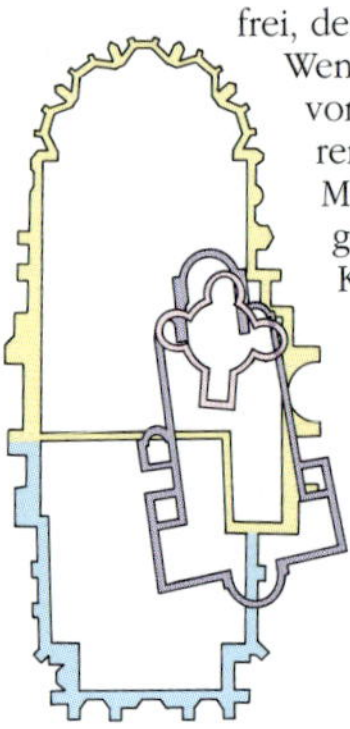

LEGENDE

- Rotunde, 10. Jh.
- Basilika, 11. Jh.
- Gotische Kathedrale, 14. Jh.
- Ausbauten des 19. und 20. Jh.

Leopold II. ist auf diesem Stich bei seiner Krönung zum König von Böhmen dargestellt. Anläßlich der Zeremonie, die im September 1791 im Veitsdom stattfand, komponierte Mozart die Oper *Titus*.

③ **Flucht Friedrichs von der Pfalz**
Dieses Holzrelief zeigt eine Szene der bitteren Nachwirkungen der Schlacht am Weißen Berg 1620 (siehe S. 31) *und zugleich in spannendem Detail ein Bild Prags im 17. Jahrhundert.*

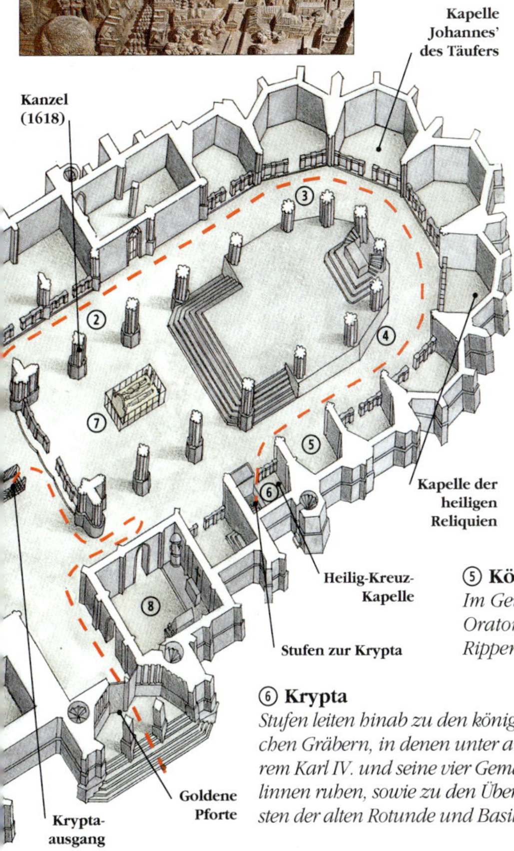

④ **Grab des heiligen Johannes von Nepomuk**
Dieses Grabmal wurde 1736 aus massivem Silber gearbeitet. Es ehrt den Heiligen, den die Gegenreformation zu ihrem Märtyrer erhob (siehe S. 137).

⑤ **Königliches Oratorium**
Im Gewölbe dieses spätgotischen Oratoriums (15. Jh.) strahlt das Rippenwerk astförmig aus.

⑥ **Krypta**
Stufen leiten hinab zu den königlichen Gräbern, in denen unter anderem Karl IV. und seine vier Gemahlinnen ruhen, sowie zu den Überresten der alten Rotunde und Basilika.

⑧ **Wenzelskapelle**
Gotische Fresken mit Szenen aus dem Leben von Heiligen bedecken die Wände, aufgelockert von Schmuck aus Halbedelsteinen und Gold. Jeder Gegenstand hier ist ein Kunstwerk, auch der kleine goldene Kirchturm, ein Schrein für Hostien und Wein.

⑦ **Königliches Mausoleum**
Hier ruht Ferdinand I. – er starb 1564 – neben seiner Gattin und seinem Sohn Maximilian II.

LEGENDE

– – – Routenempfehlung

Königspalast ❹

KRÁLOVSKÝ PALÁC

NACH DER ERSTEN Befestigung der Prager Burg im 11. Jahrhundert *(siehe S. 22f)* residierten in diesem Palast die böhmischen Fürsten. Er besteht aus drei architektonisch unterschiedlichen Schichten. Ein von Soběslav I. um 1135 angelegter romanischer Palast bedeckt die Keller des heutigen Anwesens. Darüber fügten Ottokar II. und Karl IV. ihre Paläste hinzu, während das für Vladislav Jagiello ausgebaute Obergeschoß mit dem großartigen gotischen Vladislav-Saal aufwartet. Unter den Habsburgern waren im Palast Regierungskanzleien, Gerichtshöfe und der alte böhmische Landtag (das Parlament) untergebracht. 1924 wurde das Anwesen restauriert.

Reitertreppe
Über diese breiten, flachen Stufen gelangten Ritter hoch zu Roß im Schutze gotischen Rippengewölbes zum Vladislav-Saal, in dem sie Turniere austrugen.

Vladislav-Saal
Aegidius Sadelers Gemälde (17. Jh.) offenbart, daß es am Hof wie auf einem öffentlichen Markt zuging. Das Rippengewölbe des Saales ersann Benedikt Ried in den 90er Jahren des 15. Jahrhunderts.

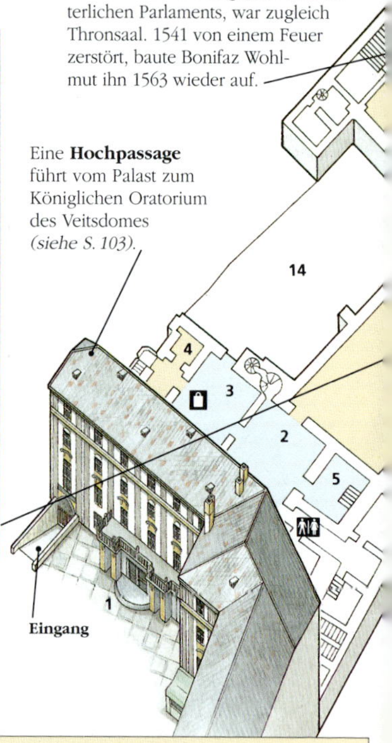

Der **Saal des Landtags**, des mittelalterlichen Parlaments, war zugleich Thronsaal. 1541 von einem Feuer zerstört, baute Bonifaz Wohlmut ihn 1563 wieder auf.

Eine **Hochpassage** führt vom Palast zum Königlichen Oratorium des Veitsdomes *(siehe S. 103)*.

ZEITSKALA

Přemysl Ottokar II., 1230–78

1041 Bei der Belagerung der Burg brennt der Palast ab

1253 Erneuter Umbau des Palastes unter Přemysl Ottokar II.

1541 Große Teile der Burg durch Feuer zerstört

1618 Zweiter Prager Fenstersturz (bei der Böhmischen Kanzlei)

1766–68 Bau des Theresienflügels

900 | 1100 | 1300 | 1500 | 1700 | 1900

Spätes 9. Jahrhundert Gründung der Prager Burg durch Fürst Bořivoj

1135 Wiederaufbau unter Soběslav I.

1340 Karl IV. läßt den Palast umgestalten

um 1370 Parler baut die Allerheiligenkapelle um

1502 Benedikt Ried vollendet nach neun Jahren den Vladislav-Saal

Sgraffitoverzierte Kanzleitür im Königspalast

1924 Restaurierung des Palastes

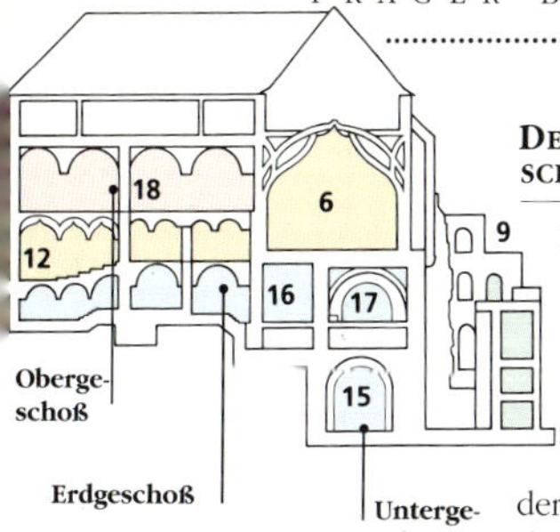

Der Königspalast: Querschnitt und Grundriss

Im Querschnitt erkennt man die drei zu unterschiedlichen Zeiten angelegten Ebenen, im Grundriß die Ausdehnung des Vladislav-Saales, der den Großteil der Grundfläche einnimmt.

Infobox

Prager Burg, dritter Hof. **Karte** 2 D2. 33 37 11 11. *M Hradčanská, in Richtung K Brusce, dann durch den Königlichen Garten; Malostranská, links die Klárov hinauf, dann über die Stufen zur alten Burg. 22 zur Burg (Pražský hrad). Di–So 9–17 Uhr (Nov–März 9–16 Uhr) (letzter Einlaß 1 Stunde vor Schließung).*

Die **Allerheiligenkapelle** baute Peter Parler im Auftrag Karls IV. Nach dem Feuer von 1541 mußte man ihr Gewölbe wiederherrichten und verlieh diesem barockes Aussehen.

Die **Theresienflucht** wurde zur Unterbringung der Kanzleiregister angelegt.

Böhmische Kanzlei
Dieser Ofen im niederländischen Stil (17. Jh.) schmückt die ehemaligen königlichen Behörden der Habsburger. Die Böhmische Kanzlei war Schauplatz des Fenstersturzes von 1618.

Legende zum Königspalast

- Romanik und Frühgotik
- Spätgotik
- Umbau nach dem Feuer von 1541
- Barock und später

1 Adlerbrunnen
2 Vorsaal
3 Grüne Stube
4 Königliches Schlafgemach
5 Romanischer Turm
6 Vladislav-Saal
7 Böhmische Kanzlei
8 Treppen zur Reichshofratsstube
9 Terrasse
10 Allerheiligenkapelle
11 Landtagssaal
12 Reitertreppe
13 Appellationsgericht
14 Palasthof
15 Saal des romanischen Palastes
16 Alte Landtafeln
17 Palast Karls IV.
18 Neue Landtafeln

Die neuen Landtafeln
Wappen der von 1561 bis 1774 hier beschäftigten Beamten zieren diese Kanzleiräume.

Fenstersturz von 1618

Gemälde von Václav Brožík, 1889

Am 23. Mai 1618 marschierten über 100 protestantische Adlige, angeführt von Graf Thurn, in den Palast, um gegen die Thronübernahme durch den gestrengen Habsburger Erzherzog Ferdinand zu protestieren. Sie stellten seine katholischen Statthalter, Jaroslav Martinitz und Vilém Slavata, zur Rede und warfen nach einer Auseinandersetzung beide samt ihrem Sekretär Philipp Fabricius aus dem Ostfenster. Nicht zuletzt dieser Vorfall leitete den Dreißigjährigen Krieg ein. Die Katholiken schreiben das Überleben der Statthalter dem Beistand von Engeln zu – nicht dem Misthaufen, der nach 15 Meter freiem Fall den Aufprall gedämpft hatte.

St.-Georgs-Kloster ❻

KLÁŠTER SV. JIŘÍ

Fürst Boleslav II. stiftete 973 nahe dem Königspalast dieses erste Kloster Böhmens, als dessen Äbtissin zunächst seine Schwester Mlada diente. Das im Laufe der Zeit oft umgebaute Kloster wurde 1782 aufgelöst und in Kasernen umgewandelt. Seit der Rekonstruktion 1962–74 stellt hier die Nationalgalerie ihre Sammlung tschechischer Kunst aus Gotik, Renaissance und Barock aus. Kostbare religiöse Gemälde (14. Jh.) zeugen von einer Zeit, in der Böhmen eines der kulturell glanzvollsten Königreiche Europas war.

★ Hl. Elisabeth
Meister Theoderich malte 1360–65 für die Kreuzkapelle der Burg Karlstein 127 solcher Tafelbilder (siehe S. 166). *Bemerkenswert ist seine realistische Darstellung der Gesichter von Heiligen.*

★ Christus am Ölberg
Diese Farbtafel (um 1350), des Meisters von Hohenfurth (Vyšší Brod) bildet einen Teil seines Altarbildes mit Szenen aus dem Leben Christi.

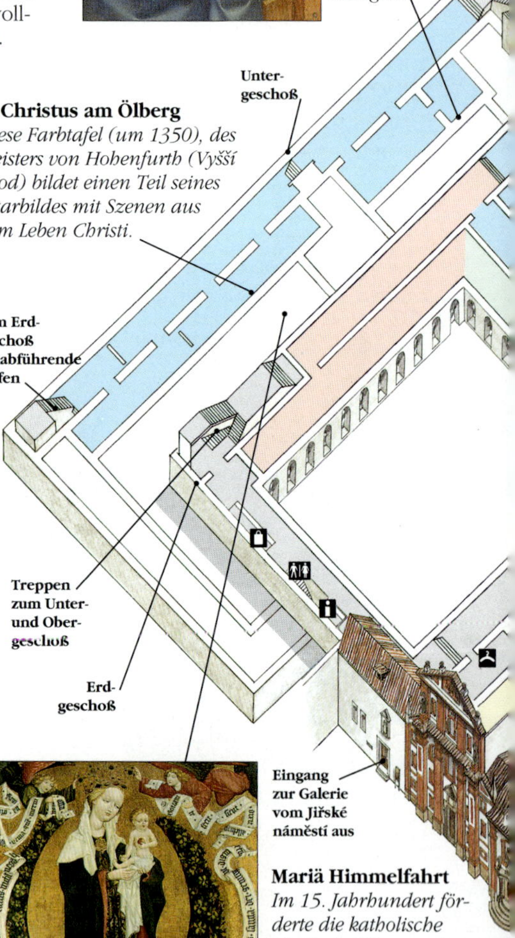

Kurzführer
Die Erkundung der chronologisch geordneten Ausstellung beginnt im Untergeschoß bei den Skulpturen und Gemälden des 14. Jahrhunderts. Die weitgehend festgelegte Route führt Sie danach zurück ins Erdgeschoß zur gotischen Kunst jüngeren Datums und alsdann in den ersten Stock mit seinen Sammlungen aus Renaissance und Barock.

Legende

- Tschechische Kunst (14. Jh.)
- Tschechische Kunst (15. Jh.)
- Tschechische Kunst (16. Jh.)
- Rudolfinischer Manierismus (1600)
- Tschechische Barockkunst
- St.-Anna-Kapelle
- St.-Georgs-Basilika
- Sonderausstellungen
- Nicht zugänglich

Mariä Himmelfahrt
Im 15. Jahrhundert förderte die katholische Kirche in Böhmen den Marienkult. Dieses Gemälde (1450) eines unbekannten Meisters hing in einer Kapelle im südböhmischen Deštná.

INFOBOX

Prager Burg, Jiřské náměstí.
Karte 2 E2. *24 51 03 68.*
Hradčanská oder Malostranská, dann 10 Min. eine steile Treppe nach oben. 22 zur Prager Burg (Pražský hrad).
Di–So 10–18 Uhr.

★ Heilung des blinden Tobias
Petr Brandl malte zwei Versionen dieser rührenden Legende (um 1705).

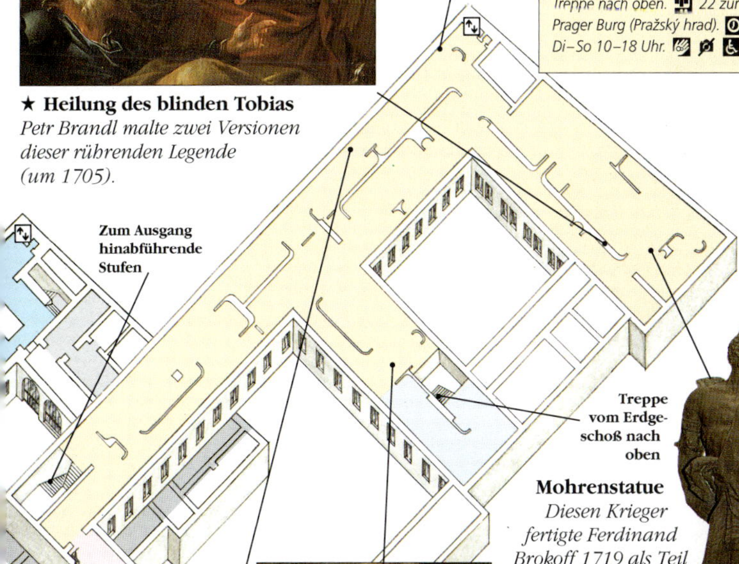

Mohrenstatue
Diesen Krieger fertigte Ferdinand Brokoff 1719 als Teil eines Mohrenpaares im Auftrag der Familie Morzin (siehe S. 130) für ihren Landsitz in Kounice (Kaunitz).

Maria Maximiliana von Sternberg
Karel Škrétas (1610–74) Bildnis zeigt die Komtesse als Schäferin, ein verklärendes Motiv, das sich beim europäischen Adel über 100 Jahre eitler Beliebtheit erfreute.

Stilleben mit Uhr
Johann-Adalbert Angermayer (1674–1740) versah seine zarten Stilleben mit Symbolen der Vergänglichkeit des Lebens.

NICHT VERSÄUMEN

- **★ Christus am Ölberg vom Meister des Hohenfurther Altars**
- **★ Hl. Elisabeth von Meister Theoderich**
- **★ Heilung des blinden Tobias von Petr Brandl**

Überblick: Sammlung alter Kunst

DIESE HOCHWERTIGE SAMMLUNG gewährt faszinierenden Aufschluß über Malerei und Plastik jener zwei Stilepochen, die Prags Erscheinungsbild wesentlich geprägt haben: die unter Karl IV. geförderte Gotik und den Barock. Die ältere Schule veranschaulichen naive, doch ausdrucksstarke Holzschnitzereien und Tafelbilder, den Barock dagegen wirkungsvoll ins Bild gesetzte Bibelszenen und dynamisch anmutende Statuen von Heiligen und Engeln. Manche Exponate befinden sich zeitweilig als Leihgabe in anderen Museen.

***Stillende Madonna*, Holzplastik aus Konopiště (um 1380)**

TSCHECHISCHE KUNST DES 14. JAHRHUNDERTS

UNTER KAISER KARL IV. erlebte Böhmen den Gipfel seiner politischen und wirtschaftlichen Macht, aber auch ein Goldenes Zeitalter der Mal- und Bildhauerkunst. Die erste Galerieabteilung stellt die beiden herausragendsten Maler vor, die zu Karls Zeiten tätig waren: den anonymen Meister von Hohenfurth (Vyšší Brod) und Meister Theoderich, den einzigen namentlich bekannten Maler seiner Tage. Theoderichs Heiligentafeln der Burg Karlstein *(siehe S. 166f)* sind zu Recht berühmt, und seine Bildnisse *Hl. Elisabeth, Hl. Hieronymus, Hl. Matthäus* und *Hl. Veit* besitzen anrührend menschlich Züge. Theoderichs Einfluß bezeugt die große *Votivtafel des Bischofs Jan Očko von Vlašim*, auf dem Karl IV. vor der himmlischen Jungfrau Maria kniet *(siehe S. 24)*. Wie Theoderich schuf der Meister von Hohenfurth seine Werke Mitte des 14. Jahrhunderts, so die herrliche, leuchtend kolorierte Folge von *Szenen aus dem Leben Christi*.

Leider zumeist verblaßt sind die ehemals lebhaften Farben der einst bemalten und vergoldeten, aus böhmischen Kirchen gesammelten Holzschnitzereien, vornehmlich Madonnen und Kreuzigungsszenen. Andere Exponate haben Sie vielleicht bereits in den Straßen der Stadt bemerkt, etwa das Tympanon über dem gotischen Portal der Kirche Maria Schnee *(siehe S. 146)* oder die Statue des *Hl. Georg als Drachentöter* im Hof rechts vor dem St.-Veits-Dom. Das Kloster hütet seine Originale.

Beachten Sie im Erdgeschoß den Raum mit den Arbeiten vom Meister des Altars von Wittingau (Třeboň), darunter *Auferstehung* und *Madonna von Roudnice*.

TSCHECHISCHE KUNST DES 15. JAHRHUNDERTS

NACH 1400 ENTFALTETE Böhmen nie wieder die Blüte des vorangegangenen Jahrhunderts. Besonders schlecht um die Kunst stand es während der Hussitenkriege *(siehe S. 26f)*. Halten Sie dennoch Ausschau nach *Mariä Himmelfahrt* aus Deštná und dem dreiteiligen Altarbild der St.-Georgs-Basilika, dessen Mitteltafel Mariens Tod darstellt. Sehr eindringlich wirkt eine der vielen Kreuzigungsszenen: Das Gemälde zeigt Christus und die beiden mit ihm gekreuzigten Diebe; Engel tragen die Seele des guten Räubers zum Himmel, die Seele des bösen zerren Dämonen zur Hölle.

TSCHECHISCHE KUNST DES FRÜHEN 16. JAHRHUNDERTS

DIE SPÄTGOTISCHEN WERKE weisen stärkere Ähnlichkeiten mit zeitgenössischen

***Heilige Dreifaltigkeit*, Altarbild vom Meister des Leitmeritz-Altars (um 1515)**

Hirschjagd **(um 1610) von Roelant Savery, Maler am Hofe Rudolfs II.**

deutschen und italienischen Bildern auf. Der begabteste böhmische Maler jener Tage, der Meister des Altars von Leitmeritz (Litoměřice), schuf zu Beginn des 16. Jahrhunderts unter anderem das dreiteilige Altarbild mit der *Heiligen Dreifaltigkeit* und *Mariä Heimsuchung*. Der letzte Raum dieser Abteilung widmet sich den Reliefs eines Holzschnitzers, der mit den Initialen I. P. signierte. Sie lassen den Einfluß der realistischen Donauschule erkennen, seine Figuren ähneln denen Dürers. Auf dem um 1520 gefertigten *Votivbild des Zlíchov-Altars* kniet ein Ritter vor der Jungfrau Maria, St. Andreas, Christus und dem Tod.

Rudolfinischer Manierismus (um 1600)

Der Begriff Manierismus bezeichnet leicht abschätzig einen Stil, der in der Spätrenaissance von Italien ausging. Zahlreiche Maler und Bildhauer suchten effekttheischend die ekstatische Ausdruckskraft von Michelangelos Spätwerken zu übertreffen. Dieses Bemühen kennzeichnet Josef Heintz' *Jüngstes Gericht*. Erfolgreicher vertrat Bartholomäus Spranger diesen Stil. In Antwerpen geboren, starb er 1611 in Prag als Hofmaler Kaiser Rudolfs II. *(siehe S. 28f)*. Mit einem Sinn für das Außergewöhnliche und künstlerisch Verfremdete ausgestattet, lud Rudolf Maler des Manierismus an seinen Hof in Prag. Seine umfangreiche Sammlung wurde 1648 bei der Plünderung der Prager Burg in alle Winde zerstreut, doch die wenigen hier ausgestellten Überreste verraten seinen Geschmack. Zu den gelungensten Werken zählen die Bilder des Deutschen Hans von Aachen und die Skulpturen des Niederländers Adriaen de Vries. Doch stellen nicht alle hier gezeigten Arbeiten typische Zeugnisse des Manierismus dar. Roelant Saverys Landschaften etwa zeichnen naturnah die böhmischen Wälder nach, die er bei seinem Aufenthalt in Prag (1604–12) kennenlernte.

Tschechische Barockkunst

Die Barocksammlung überrascht mit zahlreichen Kostbarkeiten. Petr Brandl schuf die zweifellos besten religiösen Bilder, die vor allem wegen der häufigen Darstellung alter Männer auffallen. Besonders bewegen *Heilung des blinden Tobias* und *Simeon mit dem Jesuskind*. Daneben finden sich meisterhafte Bildnisse von Karel Škréta (17. Jh.) und Jan Kupecký. Zurückhaltender vertreten, aber bezaubernd sind die Stilleben des Schweizer Malers Johann Rudolf Byss und seines Schülers Johann-Adalbert Angermayer.

Die Plastiken stammen vorwiegend von Bildhauern des 18. Jahrhunderts, die auch etliche Prager Barockkirchen dekorierten: Ferdinand Brokoff, Matthias Braun und Ignaz Platzer. Manche barocke Heiligen- und Engelfiguren bestehen aus bemaltem Holz – eine verblüffende Anknüpfung an die frühen bemalten Holzschnitzereien der Gotik.

Hedwig Francesca Wussin **von Jan Kupecký (1710)**

Altes Gefängnis im Dalibor-Turm

Dalibor-Turm 9

DALIBORKA

Prager Burg, Zlatá ulička. **Karte** 2 E2. *Malostranská.* *Di–So 9–17 Uhr.* *22.*

DER TURM MIT dem kegelförmigen Dach ist Teil der Befestigungsanlagen der Prager Burg, die im 15. Jahrhundert unter König Vladislav Jagiello *(siehe S. 26f)*, dessen Wappen die Außenmauer ziert, erbaut wurden. Benannt ist der Turm, der bis 1781 als Gefängnis diente, nach seinem ersten Gefangenen, dem Ritter Dalibor von Kozojedy, der verurteilt worden war, weil er aufständischen Leibeigenen Schutz gewährt hatte. Die Zeit bis zur Hinrichtung verbrachte er in einem tiefen unterirdischen Verließ, wo er, wie die Sage berichtet, Geige spielen lernte. Zum Dank für sein Spiel und als Zeichen des Mitgefühls brachten ihm die Bewohner der Stadt Speis und Trank, die mit Seilen in das Verließ hinuntergelassen wurden, denn es war keine Seltenheit, daß Gefangene in ihrem Verließ verhungerten. Dalibors Schicksal diente Smetana als Vorlage für seine gleichnamige Oper.

Südliche Gärten 10

JIŽNÍ ZAHRADY

Prager Burg (Zugang vom Hradčanské náměstí). **Karte** 2 D3. *Malostranská, Hradčanská.* *22.* *Mai–Okt Di–So 10–18 Uhr.*

DIE GÄRTEN LIEGEN am Südhang der Prager Burg, den Stadtteil Kleinseite überblickend. Mehrere kleine Gärten wurden zu den heute bekannten Südlichen Gärten zusammengefaßt. Der älteste, der Paradiesgarten (Rajská zahrada), stammt aus dem Jahr 1562. Zu Ehren von Kaiser Matthias wurde im Jahre 1617 ein kreisrunder Pavillon errichtet, dessen hölzerne Decke die Wappen der 39 Länder des Kaiserreichs schmücken. Der Wallgarten (Zahrada na valech) geht auf das 19. Jahrhundert zurück. Die aus der Zeit Kaiser Ferdinands II. stammenden Obelisken markieren die Stelle des Prager Fenstersturzes: Im Jahre 1618 stürzten an dieser Stelle königliche Statthalter zu Boden, die von aufständischen Adligen aus dem Fenster der Burg gestürzt worden waren. Im den 20er Jahren dieses Jahrhunderts wurden von Josip Plečnik umfangreiche Umbauarbeiten vorgenommen; er baute eine Rampe zum Paradiesgarten und zur Aussichtsterrasse. Unterhalb der Terrasse befindet sich im ehemaligen Hartig-Garten Battista Alliprandis Musikpavillon, umgeben von vier Götterstatuen von Antonín Braun.

Alliprandis Musikpavillon in den südlichen Gärten

Belvedere 11

BELVEDÉR

Prager Burg, Königsgarten. **Karte** 2 E1. *Malostranská, Hradčanská.* *22.* *nur während Ausstellungen.*

DAS VON FERDINAND I. für seine geliebte Gemahlin Anna erbaute Schloß ist eines der stilechtesten Bauwerke der italienischen Renaissance nördlich der Alpen. Diesen königlichen Sommerpalast

Belvedere: Sommerresidenz Kaiser Ferdinands I. im Königsgarten neben der Prager Burg

Antonín Brauns Statue *Die Allegorie der Nacht* vor der Sgraffitofassade des Ballhauses im Königsgarten

(Královský letohrádek) mit seinen Arkaden auf schlanken ionischen Säulen ziert ein Kupferdach in Form eines umgekehrten Schiffskörpers. Der schöne Reliefschmuck im Arkadengang stammt vom Architekten Paolo della Stella. Begonnen wurde mit dem Bau im Jahr 1538, fertiggestellt wurde er wegen des Feuers im Jahr 1541 jedoch erst 1564.

In der Mitte des kleinen geometrischen Gartens befindet sich der Singende Brunnen aus dem Jahr 1568, der seinen Namen den Klängen verdankt, den die fallenden Wassertropfen im Bronzebecken hervorrufen. Man braucht allerdings gute Ohren, um sie zu hören. Gegossen wurden der Brunnen von Tomáš Jaroš, dem berühmten Glockenbauer, der im Pulverturm wohnte und arbeitete *(siehe S. 98)*.

Viele Kunstschätze aus Belvedere wurden 1648 von der schwedischen Armee geplündert. Zu den abhanden gekommenen Werken gehört auch Adriaen de Vries' Bronzestatue *Amor und Psyche*, heute im Louvre in Paris zu sehen. Belvedere dient jetzt als Kunstgalerie.

Königsgarten ⑫

KRÁLOVSKÁ ZAHRADA

Prager Burg, U Prašného mostu. **Karte** 2 D2. *Malostranská, Hradčanská.* 22. *Mai–Okt Di–So 10–18 Uhr.*

ANGELEGT WURDE DER GARTEN 1535 für Ferdinand I. Obwohl im Laufe der Zeit sein Aussehen vielfach verändert wurde, sind einige wunderbare Beispiele der Gartenarchitektur des 16. Jahrhunderts erhalten geblieben, darunter auch Belvedere und das Ballhaus (Míčovna) von Bonifaz Wohlmut aus dem Jahr 1569, das von schönen, stark restaurierten Renaissancesgraffitos geschmückt wird. Ursprünglich wurde im Ballhaus eine Art Tennis gespielt; als das Spiel wieder aus der Mode kam, wurde das Gebäude in Stallungen umgewandelt.

Der Königsgarten ist der sehenswerteste und gepflegteste Garten Prags; ein Spaziergang ist zu jeder Jahreszeit ein unvergleichliches Erlebnis, besonders jedoch im Frühling zur Tulpenblüte. Nachdem der Botschafter Ferdinands I. aus der Türkei Tulpen mitgebracht hatte, fanden sie hier ihre erste Heimat in Europa, bevor sie viel später von Holland aus eine weite Verbreitung erfuhren.

Am Eingang des Gartens befindet sich der Löwenhof, früher der Privatzoo von Rudolf II. (heute Restaurant). Neben Löwen wurden hier Bären, Leoparden, Panther und andere wilde Tiere gehalten. Viele hatten im dem Gehege, das den Garten von der Burg trennt, freien Auslauf.

Erzbischöfliches Palais ⑬

ARCIBISKUPSKÝ PALÁC

Hradčanské náměstí 16. **Karte** 2 D3. *24 51 12 64. Malostranská, Hradčanská.* *22. Der Öffentlichkeit* ***nicht zugänglich***.

Ferdinand I. kaufte diesen herrlichen Palast 1562 für den ersten katholischen Erzbischof seit den Hussitenkriegen *(siehe S. 26 f)*. Bis heute residiert der Erzbischof in diesem neuen Palast, der das alte während der Kriege zerstörte Palais auf der Kleinseite ersetzte. In der Zeit nach der Schlacht am Weißen Berg *(siehe S. 30 f)* war der Palast des Erzbischofs direkt unterhalb der Burg ein unverkennbares Symbol der katholischen Vorherrschaft in der Stadt und ihrer Umgebung. Die großartige cremefarbene Rokokofassade gestaltete Johann Joseph Wirch nach 1760. Sie wurde für Erzbischof Antonín Příchovský, dessen Wappen das Portal aus dem frühen 17. Jahrhundert schmückt, geschaffen.

Příchovský-Wappen

Palais Sternberg ⑭

ŠTERNBERSKÝ PALÁC

Siehe S. 112 ff.

Palais Sternberg ⓮

ŠTERNBERSKÝ PALÁC

IM JAHRE 1796 gründete Franz Josef Sternberg die Gesellschaft der patriotischen Kunstfreunde Böhmens, deren Sitz das Palais Sternberg war. Die ersten Teile ihrer Sammlung, die kurz vor dem Zweiten Weltkrieg Staatseigentum wurden, stammen aus Privatbesitz. Seit 1949 beherbergt das schöne Barockgebäude die Nationalgalerie.

★ Heuernte *(1565)*
Drei Bauernmädchen bilden den Vordergrund des großen Landschaftsbilds von Pieter Bruegel d. Ä.

★ Selbstbildnis von Picasso
Das Selbstbildnis aus dem Jahr 1907 zeigt die starken Einflüsse der primitiven Skulptur und Malerei.

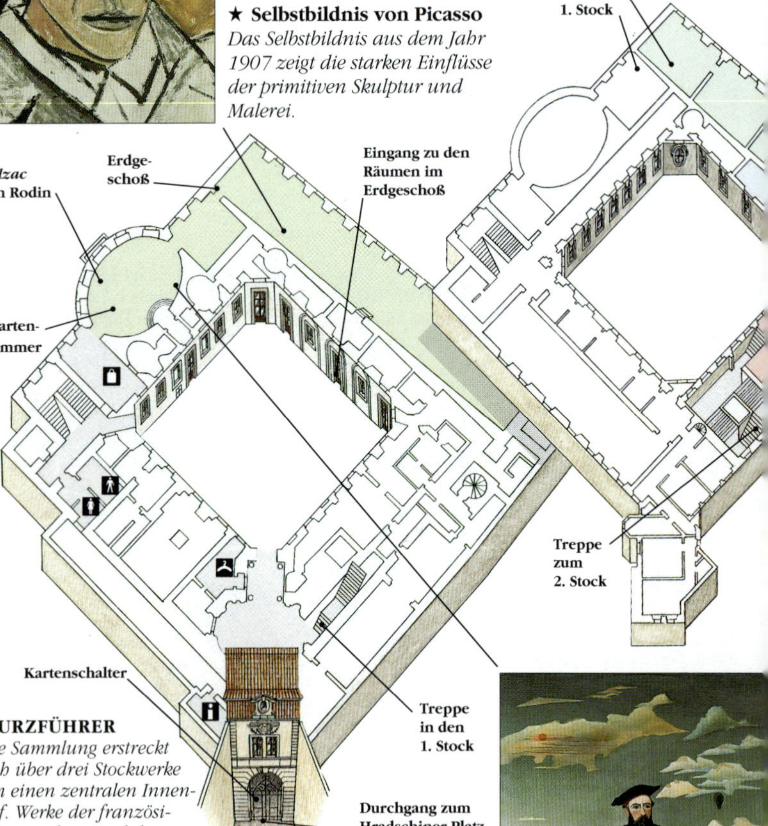

KURZFÜHRER

Die Sammlung erstreckt sich über drei Stockwerke um einen zentralen Innenhof. Werke der französischen Malerei und der Skulptur des 19. und 20. Jahrhunderts befinden sich im Erdgeschoß. Gegenüber dem Kartenschalter am Haupteingang führt eine Treppe zu den Räumen der Obergeschosse. Im ersten Stock befinden sich hauptsächlich frühe und im zweiten spätere Werke.

Selbstbildnis von Henri "le Douanier" Rousseau
Das einzige existierende Selbstbildnis von 1890 hat den gleichen surrealen Effekt wie alle seine Bilder. Bemerkenswert ist der Eiffelturm im Hintergrund.

★ Antlitz Christi
Das um 1590 entstandene Porträt von El Greco betont die Menschlichkeit Christi. Der seltsam anmutende quadratische Heiligenschein erinnert dagegen an eine alte Ikone.

INFOBOX

Hradčanské náměstí 15.
Karte 1 C2. *24 51 05 94.*
Hradčanská, Malostranská.
22 zur Prager Burg (Pražský hrad) oder Pohořelec. *Di–So 10–18 Uhr (letzte Führung: 17 Uhr).*

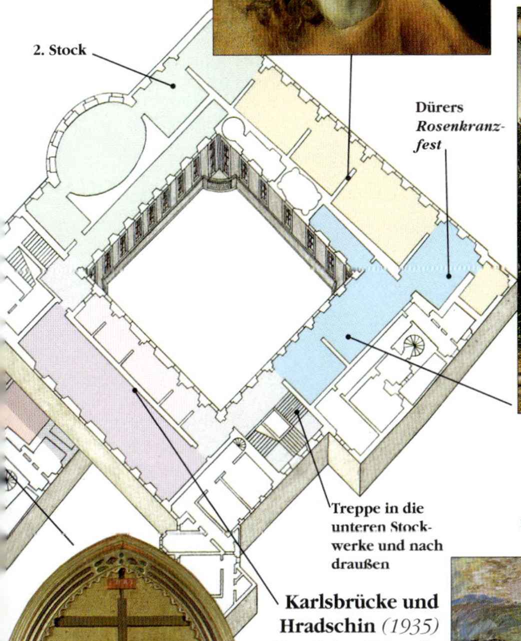

★ Adam und Eva *(um 1538)*
Die Nackten weisen Lukas Cranach d. Ä. als den Schöpfer einer protestantischen Kunst im Geiste der Reformation aus.

Karlsbrücke und Hradschin *(1935)*
Von Oskar Kokoschka stammen mehrere Ansichten von Prag, alle im gleichen farbenfrohen expressionistischen Stil.

Die Beweinung Christi
Eine der besten Arbeiten von Lorenzo Monaco (1408), der den größten Teil seines Lebens im Kloster verbrachte.

LEGENDE

- Ikonen, Malerei der Antike
- Deutsche und österreichische Malerei (1350–1600)
- Italienische Malerei (1300–1500)
- Flämische und holländische Malerei (1400–1700)
- Italienische, französische, spanische Malerei (1500–1820)
- Französische Malerei (19. u. 20. Jh.)
- Europäische Malerei des 20. Jh.
- Sonderausstellungen
- Nicht zugänglich

NICHT VERSÄUMEN

★ Adam und Eva von Lucas Cranach

★ Heuernte von Pieter Bruegel d. Ä.

★ Antlitz Christi von El Greco

★ Selbstbildnis von Pablo Picasso

Überblick: Sternberg-Sammlung

DIE NATIONALGALERIE der europäischen Kunst ist zwar klein, bietet dafür jedoch eine unvergleichliche Auswahl an Kunstschätzen; zu den wertvollsten gehören Werke französischer Meister des 19. und 20. Jahrhunderts, von Edouard Manet bis Henri Matisse. Die älteren europäischen Meister sind weniger zahlreich vertreten; die besten davon sind im flämischen und holländischen Teil zu finden. In Kürze sollen viele Kunstwerke aus dem Palais Sternberg in eine neue Galerie für moderne Kunst in den Kongreßpalast zwischen dem Letná-Park und dem Ausstellungsgelände umziehen.

***Johannes der Täufer* von Rodin**

IKONEN, MALEREI DER ANTIKE

DER KLEINE RAUM im 1. Stock enthält eine in jeder Hinsicht außergewöhnliche Sammlung. Dazu gehört ein *Bildnis einer jungen Frau* aus dem 2. Jahrhundert v. Chr., das bei Ausgrabungen in der Nähe von Fayoum im 19. Jahrhundert in Ägypten entdeckt wurde.

Die meisten Ausstellungsstücke sind Ikonen aus orthodoxen Kirchen osteuropäischer Länder mit byzantinischem, italogriechischem und russischem Ursprung. Die schönsten Stücke der Sammlung stammen aus dem späten 16. Jahrhundert; es sind *Die Beweinung Christi* aus Kreta und *Einzug in Jerusalem* aus Rußland.

***Einzug in Jerusalem*, eine russische Ikone aus dem 16. Jh.**

DEUTSCHE UND ÖSTERREICHISCHE MALEREI (1350–1600)

ZU DEN AM MEISTEN bewunderten Bildern der Sternberg-Sammlung gehört Albrecht Dürers *Rosenkranzfest*, das auch deshalb eine Sonderstellung in Prag einnimmt, weil Kaiser Rudolf II. es erstanden hat. Die beiden Figuren vor der Jungfrau und dem Kind sind Maximilian I. (Rudolfs Urgroßvater) und Papst Julius II. Weitere bedeutende deutsche Maler aus der Zeit der Renaissance sind Hans Holbein d.Ä. und Lukas Cranach d.Ä. Cranach ist hier mit 13 Werken vertreten, unter anderem mit dem Gemälde *Adam und Eva* und zwei Tafeln mit der heiligen Christine, der heiligen Barbara und der heiligen Katharina des ehemals im St.-Veits-Dom befindlichen Altargemäldes.

***Rosenkranzfest* von Dürer (1506)**

ITALIENISCHE MALEREI (1300–1500)

WENN SIE DIE Räume im 1. Stock betreten, sehen Sie schon von weitem, welch eine wahre Pracht von wunderschönen Altargemälden aus Kirchen der Toskana und Norditalien sich Ihnen hier bietet. Die meisten stammen aus der d'Este-Sammlung in Schloß Konopiště *(siehe S. 167)*. Sehenswert sind vor allem zwei dreieckige Gemälde mit Darstellungen von Heiligen aus dem 14. Jahrhundert von Pietro Lorenzetti aus Siena sowie Lorenzo Monacos *Beweinung Christi*.

FLÄMISCHE UND HOLLÄNDISCHE MALEREI (1400–1700)

DIESE REICHHALTIGE Sammlung umfaßt alles von Bildern Pieter Bruegels d.Ä. bis zu Porträts von Rubens und Rembrandt. Bruegels riesiges Gemälde *Heuernte* gehört zu den bedeutendsten Werken der Sternberg-Sammlung. Es ist Teil einer Serie von Monatsbildern, vier weitere befinden sich in Wien und New York.

Zu den frühen Werken gehört auch *Der hl. Lukas, die Madonna malend* von Jan Gossaert (um 1515), eines der ersten holländischen Werke mit klar erkennbarem Einfluß der italienischen Renaissance.

Zu dieser Sammlung gehören mehrere bedeutende Werke, darunter auch von Rubens, der

Equestrienne **(1927) von Marc Chagall**

1639 der St.-Thomas-Kirche der Kleinseite *(siehe S. 127)* zwei Gemälde schenkte. Die Originale, die sich seit 1896 in der Sternberg-Sammlung befinden, wurden durch Kopien ersetzt. Die Dramatik des *Martyriums des hl. Thomas* steht im Gegensatz zu der Ruhe, die vom *Hl. Augustin am Meeresufer* ausgeht. Ein weiteres Porträt ist Rembrandts *Studierzimmer* aus dem Jahr 1634.

Italienische, Französische und Spanische Malerei (1500–1820)

Obwohl die Auswahl etwas willkürlich erscheint, finden sich einige interessante Überraschungen. Zu den italienischen Werken gehören *Hl. Hieronymus* von Tintoretto, *Die Geißelung Christi* und *Porträt eines älteren Mannes* von Jacopo Bassano sowie Bronzinos ausdrucksvolles Porträt von Eleonora von Toledo, der Frau von Cosimo de Medici.

Die französische Malerei ist hauptsächlich vertreten durch Künstler des 17. Jahrhunderts, wie Simon Vouet mit *Selbstmord der Lukrezia*, Sébastien Bourdon und Charles Le Brun. Zu den bedeutendsten spanischen Werken gehören El Grecos *Antlitz Christi* und Goyas Politikerporträt *Don Miguel de Lardizábal.*

Das wohl ungewöhnlichste Werk ist Canalettos *Ansicht von London* mit Blick auf den Lambeth Palace und die Westminster Bridge aus dem Jahr 1746.

Eleonora von Toledo **(um 1540) vom florentinischen Maler Agnolo Bronzino**

Französische Malerei des 19. und 20. Jh.

Den Anfang dieser ungefähr 120 Gemälde und 40 Skulpturen machen der Romantiker Delacroix und die Meister der realistischen Landschaftsmalerei, Corot und Courbet. Der größte Teil besteht jedoch aus Werken der Impressionisten. Bei den ersteren sollte man auf keinen Fall Renoirs *Verliebte* sowie Arbeiten von Sisley, Monet und Pissarro versäumen. Weitere Exponate stammen von Manet, Seurat, Rousseau (Selbstbildnis), van Gogh, Toulouse-Lautrec, Utrillo, Degas, Dufy, Cézanne und Gauguin.

Die Sammlung wird ergänzt durch zahlreiche Plastiken und Gußformen, darunter auch Auguste Rodins *Bronzezeitalter* und *Balzac.*

Zu den Höhepunkten der Sammlung gehören spätere Werke Picassos und Braques. Prags Picasso-Sammlung zieht neben Kunstliebhabern auch Kunstdiebe an. Drei kürzlich gestohlene Werke wurden wiedergefunden und in die Sammlung zurückgeführt.

Europäische Malerei des 20. Jh.

Die moderne europäische Kunst, die heute im Palais Sternberg zu sehen ist, ist nur ein Teil der Sammlung der Nationalgalerie. Erst nach dem Umzug in den Kongreßpalast können weitere Exponate ausgestellt werden. Gegenwärtig sind im 2. Stock nur einige Werke von österreichischen, deutschen und russischen Künstlern zu sehen. Zu den bekanntesten gehören Klimt, Schiele, Kokoschka, Ernst und Munch. Auf keinen Fall versäumen darf man Kokoschkas *Karlsbrücke und Hradschin* sowie Klimts *Jungfrau.*

Loreto ⓳

LORETA

Katharina von Lobkowitz, Gründerin der Santa Casa

SEIT DER GRÜNDUNG der Santa Casa, des zentralen Punkts des Loretoheiligtums, durch Gräfin Katharina von Lobkowitz 1626 ist die Kapelle eine der bedeutendendsten Pilgerstätten im ganzen Land. Das Herz des Heiligtums soll eine Nachbildung des Hauses der Jungfrau Maria sein. Die Santa Casa wurde 1661 von einem Kloster umschlossen, dessen Barockfassade 60 Jahre später nach Entwürfen von Christoph und Kilian Ignaz Dientzenhofer entstand. Den Bau und den damit verbundenen Kult nutzte Ferdinand II., um den Katholizismus wieder populär zu machen *(siehe S. 30f)*.

Glockenturm
In diesem barocken Turm befindet sich ein Glockenspiel von Petr Naumann, bestehend aus 27 in Amsterdam gegossenen Glocken.

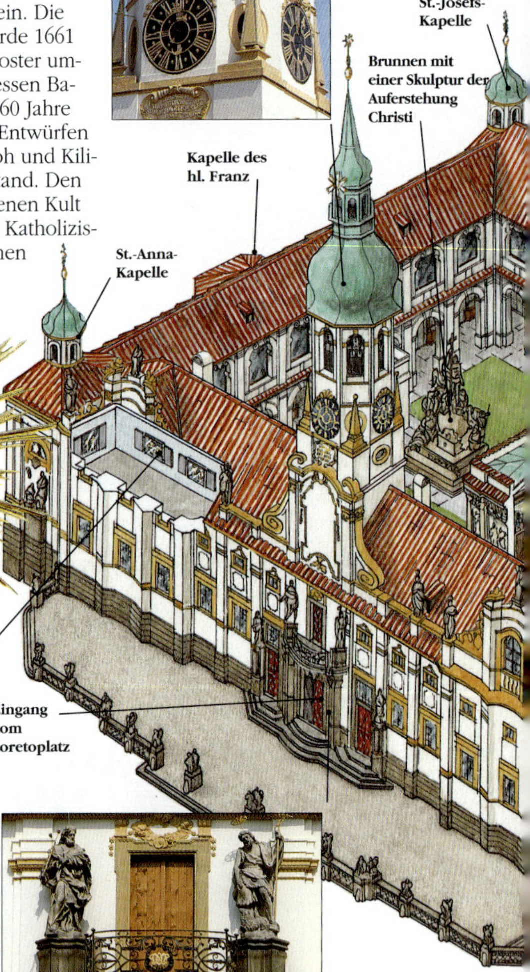

★ Schatzkammer
Diese strahlenförmige Diamantenmonstranz zählt zu den wertvollsten liturgischen Gegenständen, die hauptsächlich aus dem 16. bis 18. Jahrhundert stammen.

Barocker Haupteingang
Die Balustrade über dem Portal zieren Statuen des heiligen Josef und Johannes' des Täufers von Ondřej Quitainer.

NICHT VERSÄUMEN

- ★ Schatzkammer
- ★ Santa Casa
- ★ Kirche Christi Geburt

★ Santa Casa
Skulpturen von Propheten und Stuckreliefs mit Szenen aus dem Leben der Maria von italienischen Künstlern schmücken die Kapelle.

INFOBOX

Loretánské náměstí, Hradčany.
Karte 1 C3 ☎ *24 51 07 89.*
22 nach Pohořelec.
Di–So 9–13, 13.30–16 Uhr.

★ Kirche Christi Geburt
Grausige Relikte, darunter bekleidete Skelette mit Totenmasken aus Wachs, schmücken die Wände dieser Kapelle aus dem 18. Jahrhundert. Das Deckengemälde stammt von Václav Vavřinec Reiner.

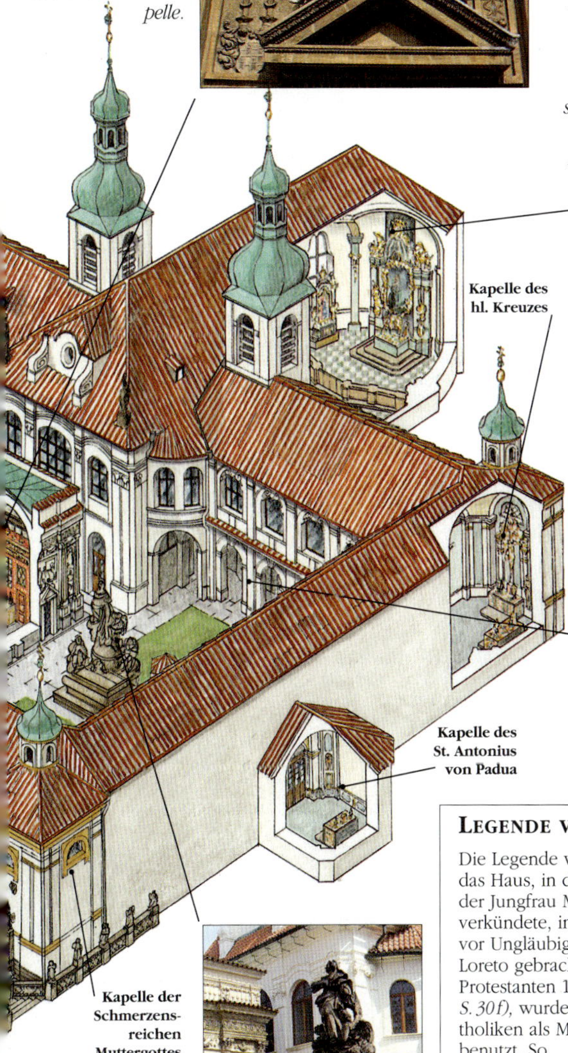

Kapelle des hl. Kreuzes

Kloster aus dem 17. Jh.
Ursprünglich mit Fresken geschmückte Herberge für die vielen Pilger, die zur Wallfahrtsstätte kamen.

Kapelle des St. Antonius von Padua

Kapelle der Schmerzensreichen Muttergottes

Brunnenskulptur
Das Original der Statue Mariä Himmelfahrt von Jan Brüderle aus dem Jahr 1739 steht heute im Lapidarium (siehe S. 176f).

LEGENDE VON SANTA CASA

Die Legende von Santa Casa besagt, daß das Haus, in dem der Erzengel Gabriel der Jungfrau Maria die Geburt Jesu verkündete, im Jahre 1278 zum Schutz vor Ungläubigen von Nazareth nach Loreto gebracht wurde. Nachdem die Protestanten 1620 unterlagen *(siehe S. 30f)*, wurde die Legende von den Katholiken als Mittel zur Gegenreformation benutzt. So entstanden in Böhmen und Mähren, außer dieser größten und bekanntesten, insgesamt etwa 50 Loretowallfahrtsstätten.

Santa Casa

Palais Martinitz ⓯

MARTINICKÝ PALÁC

Hradčanské náměstí 8. **Karte** 1 C2. *24 51 09 27. Malostranská, Hradčanská. 22. Der Öffentlichkeit* ***nicht zugänglich****.*

WÄHREND DER IN den 70er Jahren durchgeführten Restaurierung wurde die ursprüngliche Fassade mit Sgraffitoarbeiten entdeckt *(siehe S. 111)*, auf denen Szenen aus dem Alten Testament dargestellt sind, einschließlich der Geschichte von Josef und Potiphars Frau. Weitere Sgraffitos mit Szenen aus dem Leben des Samson und den Arbeiten Herkules' befinden sich auf der Hofseite.

Das Palais wurde von Jaroslav Bořita von Martinitz, der durch den Fenstersturz 1618 berühmt wurde, erweitert *(siehe S. 105)*.

Einer alten Sage zufolge erscheint zwischen 23 Uhr und Mitternacht ein gefährlicher schwarzer Hund im Palais, der Spaziergänger bis zum Loreto-Heiligtum begleitet und dort wieder verschwindet. Heute beherbergt das Gebäude das Stadtplanungsbüro.

Palais Schwarzenberg ⓰

SCHWARZENBERSKÝ PALÁC

Hradčanské náměstí 2. **Karte** 2 D3. *53 64 88. Malostranská, Hradčanská. 22. Di–So 10–18 Uhr. (Di freier Eintritt).*

AUS DER FERNE betrachtet, erscheint die Fassade dieses herrlichen Renaissancepalastes bedeckt mit pyramidenförmigen Steinen, aus der Nähe erweisen sie sich als Sgraffitodekor in Diamantquadermanier.

Der italienische Architekt Agostino Galli hat ihn 1545-76 für die Familie Lobkowitz gebaut, weshalb der ganze Bau im norditalienischen Stil gehalten ist. Nach vielen Vorbesitzern erwarb ihn 1719 die Familie Schwarzenberg. Ein Großteil der Fresken im Innenteil ist sehr gut erhalten, einschließlich der vier Deckengemälde im 2. Stock aus dem Jahr 1580. Seit 1945 ist in einem Teil des Gebäudes das Museum für Heeresgeschichte untergebracht, in dem neben einer beeindruckenden Waffensammlung auch Rüstungen und Uniformen aus allen Kriegen in der Geschichte des Landes zu sehen sind. Nicht versäumen sollten Sie die Ausstellung zur ausgefeilten Kriegskunst der Hussiten im 15. Jahrhundert.

Tycho Brahe, Hofastronom Rudolfs II.

Neue Welt ⓱

NOVÝ SVĚT

Karte 1 B2. *22.*

EINST WAR NOVÝ SVĚT (Neue Welt), heute Name einer malerischen Straße mit winzigen Häusern, ein Hradschiner Viertel. Das ursprünglich für die Bauarbeiter der Burg errichtete Viertel wurde zweimal durch Feuer zerstört, zuletzt 1541. Die ältesten Häuser stammen aus dem 17. Jahrhundert. Sie wurden renoviert, aber nicht verändert, so daß ihre typische Eigenheit bewahrt blieb. Trotz oder gerade wegen ihrer Armut schmückten die Bewohner ihre Häuser mit goldenen Schildern – man findet eine goldene Birne, eine Traube, einen Fuß, eine Bürste und eine Eichel. Im Haus Nr. 1 wohnte einst der berühmte Hofastronom von Rudolf II., Tycho Brahe; das Haus Nr. 25 ist Geburtsstätte des großen tschechischen Geigers František Ondříček.

Palais Schwarzenberg mit Galerie und Sgraffitofassade

Kapuzinerkloster ⓲

KAPUCÍNSKÝ KLÁŠTER

Loretánské náměstí 6. **Karte** 1 B3. *22.* ***Kein Publikumsverkehr*** *(außer in der Kirche).*

BÖHMENS ERSTES Kapuzinerkloster stammt aus dem Jahr 1600. Es ist durch einen überdachten Gang mit dem Loretoheiligtum verbunden *(siehe S. 116f)*. An das Kloster grenzt eine Marienkirche, die in ihrer Schlichtheit bezeichnend ist für den Kapuzinerorden. Die Kirche ist für ihre Marienstatue berühmt, um die sich eine seltsame Geschichte rankt: Kaiser Rudolf II. fand einst so großen Gefallen an der Statue, daß er sie sich für seine private Kapelle erbat. Die Kapuziner erfüllten ihm diesen Wunsch, und die Statue wurde in der Kapelle des Kaisers aufgestellt. Auf unerklärliche Weise aber gelangte die Statue dreimal wieder in die Kirche der Kapuziner zurück. Der Kaiser fügte sich schließlich und ließ die Madonna mit einer goldenen Krone und einem Gewand versehen. Die Marienkirche ist das ganze Jahr über ein Anziehungspunkt, besonders aber in der Weihnachtszeit. Dann wird hier eine sehenswerte Barockkrippe aufgestellt.

Marienkirche der Kapuziner

Loreto ⓳

LORETA

Siehe S. 116 f.

Palais Černín ⓴

ČERNÍNSKÝ PALÁC

Loretánské náměstí 5. **Karte** 1 B3. *24 18 11 11.* *22. Der Öffentlichkeit* ***nicht zugänglich.***

DAS 150 METER LANGE Gebäude mit den 30 massiven korinthischen Säulen an der Vorderfront wurde von Graf Czernin von Chudenice, kaiserlicher Botschafter in Venedig, im Jahre 1668 in Auftrag gegeben. Der Palast überragt einen schmucken, kleinen Platz und liegt gegenüber dem Loretoheiligtum.

Wegen seiner exponierten Stellung wurde das monumentale Gebäude wiederholt schwer beschädigt; 1742 wurde es von den Franzosen geplündert, 1757 von den Preußen unter schweren Beschuß genommen. 1851 mußte die verarmte Familie Czernin das Palais an den Staat verkaufen, und kurz darauf wurde es zur Kaserne umfunktioniert. Nach der Gründung der Tschechoslowakei im Jahr 1918 erfolgte eine komplette Restaurierung, seither ist es Sitz des Außenministeriums. Wenige Tage nach dem kommunistischen Staatsstreich 1948 starb Außenminister Jan Masaryk, der beliebte Sohn des ersten Präsidenten Tomáš Masaryk, durch einen Sturz aus einem der Fenster. Er war das einzige nichtkommunistische Mitglied der neuen Regierung. Bis heute ist unklar, ob es sich bei dem Sturz um einen Unfall oder um Mord handelte.

Kapitell am Palais Černín

Pohořelec ㉑

Karte 1 B3. *22.*

IM JAHRE 1375 als ein Viertel des Stadtteils Hradschin gegründet. Der Name stammt allerdings aus neuerer Zeit und bedeutete »vom Feuer zerstörter Ort«; das Viertel wurde insgesamt dreimal, zuletzt 1741, durch Brand zerstört. Der heutige große freie Platz auf einem Hügel oberhalb der Stadt ist der kürzeste Weg zur Prager Burg. Mitten auf dem Platz steht eine Statue St. Johannes' von Nepomuk (1752) *(siehe S. 137)*, die Johann Anton Quitainer zugeschrieben wird. Die Häuser um den Platz stammen zum größten Teil aus der Barock- und Rokokozeit. Vor der Johannes-Kepler-Schule stehen Statuen von Kepler und seinem Vorgänger Tycho Brahe, der 1601 in einem Haus unweit der Schule starb.

Strahov-Kloster ㉒

STRAHOVSKÝ KLÁŠTER

Siehe S. 120 f.

Palais Kučera, mit Rokokofassade in Pohořelec

Kloster Strahov ㉒

STRAHOVSKÝ KLÁŠTER

Büste von St. Norbert über dem Portal

Das 1140 vom strengen Prämonstratenserorden erbaute Kloster machte größenmäßig sogar dem damaligen Herrschersitz Konkurrenz. 1258 wurde es durch Feuer zerstört, danach im gotischen Stil wiederaufgebaut und später im barocken Stil erweitert. Die berühmte Bibliothek im Theologischen und Philosophischen Saal ist über 800 Jahre alt und trotz Plünderungen eine der umfangreichsten in ganz Böhmen. Strahov entkam auch der Auflösung der Klöster unter Joseph II. im Jahr 1783, indem es seine Bibliothek für Forschungszwecke öffnete. Heute ist es wieder Bibliothek und gleichzeitig Museum.

Statue St. Johannes
Eine spätgotische Statue des Evangelisten Johannes im Theologischen Saal; in einem kleinen Beutel befindet sich das Gebetsbuch des Heiligen.

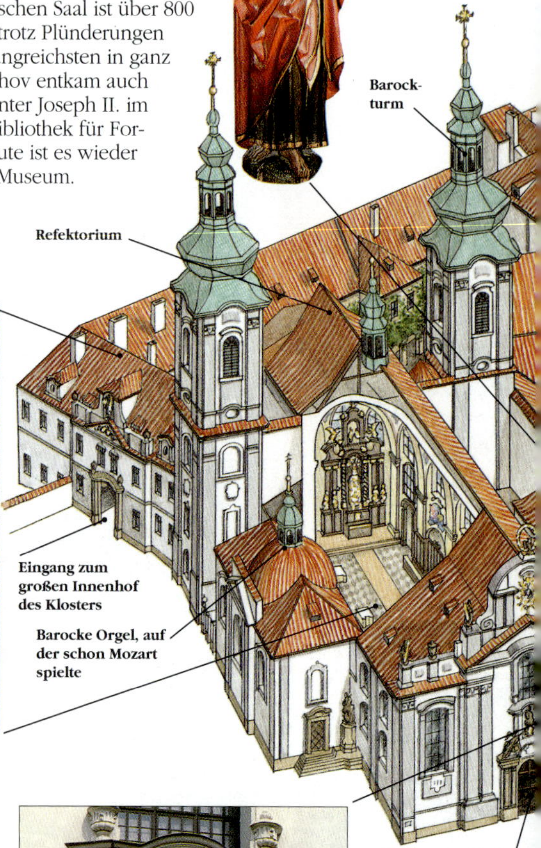

★ Mariä-Himmelfahrt-Kirche
Das barocke Kirchenschiff ist reich ausgestattet. Über den Arkaden der Seitenschiffe befinden sich 12 Gemälde von Jiří Neunhertz mit Szenen aus dem Leben des hl. Norbert, dem Gründer des Prämonstratenserordens.

NICHT VERSÄUMEN

- ★ Mariä Himmelfahrt
- ★ Philosophischer Saal
- ★ Theologischer Saal

Kirchenfassade
Die kunstvollen Statuen von Johann Anton Quitainer an der Westfassade wurden von dem Architekten Anselmo Lurago, der die Kirche 1750 neu gestaltete, hinzugefügt.

Blick vom Laurenziberg
Ein Tor am Ostende des ersten Innenhofs führt zum Laurenziberg, ehemals der Obstgarten des Klosters.

INFOBOX

Památník národního písemnictví (Nationalmuseum für Literatur), Strahovské nádvoří 1, Strahovská. **Karte** 1 B4. *24 51 11 37.* *22 nach Pohořelec.* ***Philosophischer Saal** und **Theologischer Saal** Di–So 9–17 Uhr.* ***Mariä-Himmelfahrt-Kirche** wg. Renovierung **geschl.***

★ Theologischer Saal
Einer der astronomischen Globen (17. Jh.) von William Blaeu. Die Fresken und Wandgemälde stellen Szenen aus der Wissenschaft und Literatur dar.

Die **Fassade** des Philosophischen Saals schmücken Vasen und ein vergoldetes Medaillon Franz' II. von Ignaz Platzer.

★ Philosophischer Saal
Das Deckenfresko von Franz Maulbertsch stellt das Streben der Menschheit nach Wissen dar. Der Saal wurde im Jahr 1782 erbaut und den barocken Bücherschränken aus einem Kloster in Mähren angepaßt.

Strahover Evangelienbuch
Diese am Eingang ausgestellte Handschrift (9. Jh.) zählt zu den ältesten und wertvollsten Stücken der riesigen Bibliothek.

KLEINSEITE

MALÁ STRANA

AUF DER KLEINSEITE Prags scheint die Zeit stehengeblieben zu sein. Kaum ein Gebäude ist nach dem 18. Jahrhundert erbaut worden, dafür gibt es herrliche Palais und alte Häuser mit reichverzierten Hausschildern. Gegründet wurde die Kleinseite 1257 an den Hängen unterhalb der Burg, von wo sich ein wunderbarer Blick über den Fluß auf die Altstadt bietet. Der Mittelpunkt der Kleinseite ist von jeher der Kleinseitner Ring (Malostranské náměstí) und die den Platz beherrschende Nikolauskirche. Wie zur Zeit Mozarts dreht sich die Mühle des Großpriors auf der Halbinsel Kampa, knien die Gläubigen vor dem Prager Jesukind in der Kirche St. Maria de Victoria und dringt Musik aus den Kirchen und Palästen.

Hauszeichen am Haus Zum goldenen Hufeisen

SEHENSWÜRDIGKEITEN AUF EINEN BLICK

Kirchen
St.-Thomas-Kirche 3
Nikolauskirche S. 128f 5
St. Maria de Victoria 9
Maria unter der Kette 13
St.-Laurentius-Kirche 21

Parks und Gärten
Vrtba-Garten 8
Vojan-Park 17
Ledebour-Garten 18
Aussichtsturm 19
Spiegellabyrinth 20
Sternwarte 22
Petřín-Park 24
Drahtseilbahn 25

Historische Restaurants und Bierlokale
Zum heiligen Thomas 2
Zu den drei Straußen 15

Historische Denkmäler
Hungermauer 23

Historische Straßen und Plätze
Kleinseitner Ring 4
Nerudagasse 6
Italienische Gasse 7
Malteserplatz 10
Großpriorstraße 12
Brückenstraße 16

Brücken und Inseln
Halbinsel Kampa 11
Karlsbrücke S. 136f 14

Paläste
Palais Waldstein und Garten 1
Palais Michna 26

LEGENDE
Detailkarte *Siehe S. 124f*
Detailkarte *Siehe S. 132f*
Metro-Station
Straßenbahnhaltestelle
Drahtseilbahn
Bootsanlegestelle
Stadtmauer
Stadtmauer

0 Meter 250

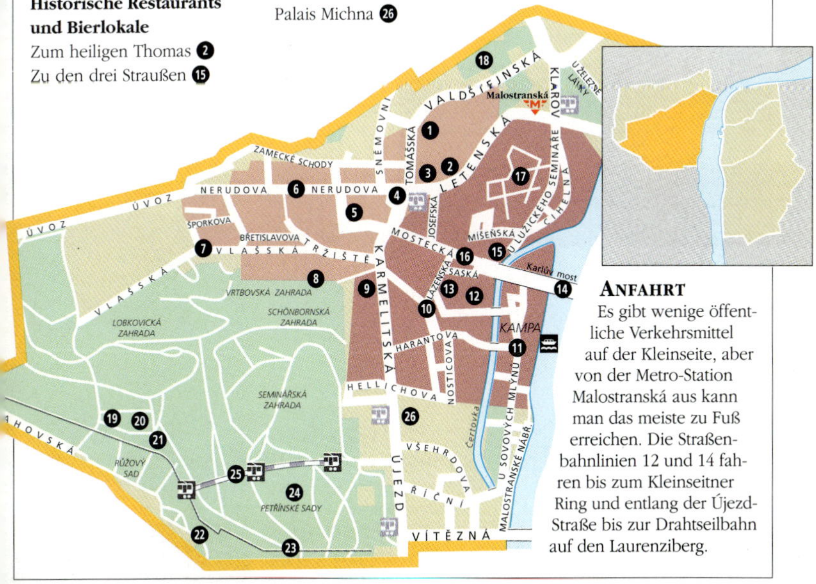

ANFAHRT

Es gibt wenige öffentliche Verkehrsmittel auf der Kleinseite, aber von der Metro-Station Malostranská aus kann man das meiste zu Fuß erreichen. Die Straßenbahnlinien 12 und 14 fahren bis zum Kleinseitner Ring und entlang der Újezd-Straße bis zur Drahtseilbahn auf den Laurenziberg.

◁ **Karlsbrücke und die Kleinseitner Brückentürme**

Im Detail: Kleinseitner Ring und Umgebung

Die Kleinseite hat sich ihre Eigenart größtenteils bis heute bewahrt. Die schmalen Gassen und steilen Stufen tragen zu ihrer geheimnisvollen Atmosphäre bei, und der Besucher trifft auf Schritt und Tritt auf herrliche Gebäude und wunderschöne Hausschilder. Aber auch vornehme Restaurants haben sich auf der Kleinseite niedergelassen.

Zu den drei Geigen, heute ein Restaurant, stammt aus dem Jahr 1700, als das Haus von einer Geigenbauerfamilie bewohnt wurde.

Palais Thun-Hohenstein erbaut zwischen 1721–26, besitzt ein schönes Portal mit zwei Adlern von Matthias Braun und ist heute Sitz der italienischen Botschaft.

★ Nerudagasse
Diese historische Gasse, die zur Burg hinauf führt, ist nach dem Schriftsteller Jan Neruda benannt. ❻

Das **Palais Morzin** mit seinen beiden Mohrenskulpturen ist eines der schönsten barocken Gebäude.

Italienische Gasse
Vom 16. bis 18. Jahrhundert lebten nicht nur im Haus Zur goldenen Waage italienische Handwerker. ❼

Nicht versäumen

- ★ **Palais Waldstein**
- ★ **Nikolauskirche**
- ★ **Nerudagasse**

Vrtba-Garten
Von diesem von František Maximilián Kaňka angelegten barocken terrassenförmigen Garten hat man eine wunderbare Aussicht auf die Kleinseite. ❽

★ **Palais Waldstein**
Das Deckenfresko in der Haupthalle zeigt Albrecht von Wallenstein als Gott Mars. ❶

ZUR ORIENTIERUNG
Siehe Kartenteil, Karte 2

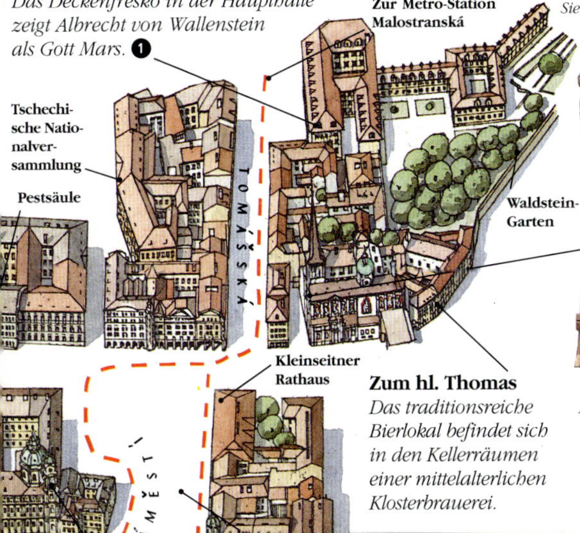

Zum hl. Thomas
Das traditionsreiche Bierlokal befindet sich in den Kellerräumen einer mittelalterlichen Klosterbrauerei.

St.-Thomas-Kirche
Eine Statue des heiligen Augustinus von Hieronymus Kohl (1648) schmückt die barocke Fassade. ❸

Kleinseitner Ring
Dieser Stich (18. Jh.) zeigt die untere Hälfte des Platzes zwischen der Nikolauskirche und dem Rathaus. ❹

★ **Nikolauskirche**
Die Kuppel und der Glockenturm dieser barocken Kirche sind die berühmtesten Wahrzeichen der Kleinseite. ❺

Das **Palais Schönborn** am Tržiště-Platz zieren Säulen aus der Werkstatt von Matthias Braun.

0 Meter 100

LEGENDE

– – – Routenempfehlung

Palais Waldstein und Garten ❶

VALDŠTEJNSKÝ PALÁC

Valdštejnské náměstí 4. **Karte** 2 E3. *Malostranská.* *12, 22.* **Reitschule** *Di–So 9–18 Uhr.* *von Valdštejnská.* **Garten** *Mai–Sep tägl. 9–19 Uhr.* *von Valdštejnské náměstí.*

Rittersaal des Palais Waldstein

DER ERSTE PROFANE Barockbau in Prag, Sinnbild des verhängnisvollen militärischen Ehrgeizes seines Besitzers, Albrecht von Wallenstein (aus dem Geschlecht Waldstein), kaiserlicher Generalissimus (1581–1634). Seine wiederholten Siege gegen die protestantischen Feinde im 30jährigen Krieg *(siehe S. 30f)* machten ihn unentbehrlich für Kaiser Ferdinand II.

Weil er selbstständig Friedensverhandlungen begann, wurde er wegen Hochverrats angeklagt und vom Kaiser abgesetzt und geächtet. Auf der Flucht wurde er in Eger von Söldnern ermordet.

Wallenstein

Waldstein wollte mit seinem 1624–30 erbauten Palais selbst die Prager Burg in den Schatten stellen. Zu diesem Zweck ließ er 23 Häuser, drei Gärten und eine städtische Ziegelei abreißen. Die Haupthalle, der Rittersaal, erhebt sich über zwei Stockwerke, das Deckenfresko zeigt Waldstein selbst als Gott Mars auf einem Triumphwagen. Der Architekt Andrea Spezza sowie fast alle Arbeiter, die am Bau des Palais beteiligt waren, kamen aus Italien.

Heute dient das Palais größtenteils repräsentativen Zwecken, teilweise werden hier auch Konzerte veranstaltet. Von der Letenská-Straße erreicht man den weitläufigen Garten, der sich heute noch im gleichen Zustand befindet wie damals, als Waldstein in seinem Gartenpavillon (Sala terrena) speiste und dabei auf einen Brunnen und eine Reihe von Bronzestatuen blickte. Dabei handelt es sich allerdings um Nachbildungen; die Originale von Adriaen de Vries wurden 1648 von den Schweden erbeutet *(siehe S. 30f)*. An der Nordseite befindet sich eine Grotte mit einer bizarren Plastik aus künstlichen Tropfsteinen, an der Südseite ein kleiner Salon mit Fresken aus der Sage der Argonauten und des Goldenen Vlieses, der höchsten Auszeichnung des Heiligen Römischen Reiches. Am Ende des Gartens findet man in einem großen Teich eine Herkulesstatue und dahinter die ehemalige Reitschule, in der sich heute ein Teil der Nationalgalerie befindet.

Kopie der Bronzestatue des Eros von A. de Vries

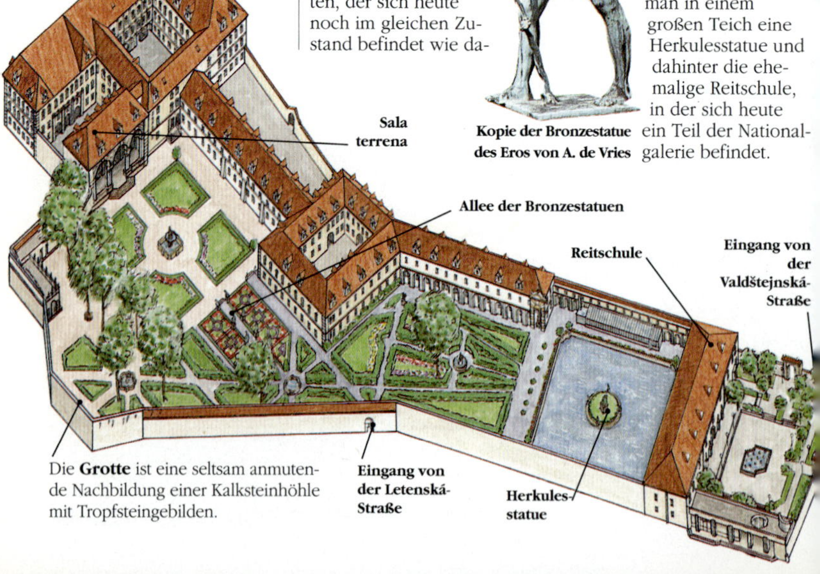

Die **Grotte** ist eine seltsam anmutende Nachbildung einer Kalksteinhöhle mit Tropfsteingebilden.

Zum hl. Thomas ❷

U SV. TOMÁŠE

Letenská 12. **Karte** 2 E3. *24 51 00 16.* *Malostranská.* *12, 22.* *tägl. 11.30–23 Uhr.*

In keinem anderen Prager Bierlokal fühlt man sich so sehr in die gute alte Zeit zurückversetzt wie im »Heiligen Thomas«. Die Augustinermönche brauten hier schon im Jahre 1352 ihr köstliches Bier und wurden bald darauf zu Hoflieferanten für die Prager Burg auserkoren. Gebraut wurde bis 1951. Seit dieser Zeit wird ein dunkles Bier der Brauerei Braník ausgeschenkt. Im Untergeschoß der Brauerei befinden sich drei Bierhallen, einzigartig ist die mittelalterlich eingerichtete »Höhle«.

St.-Thomas-Kirche ❸

KOSTEL SV. TOMÁŠE

Letenská. **Karte** 2 E3. *24 51 00 16.* *Malostranská.* *12, 22.* *nur für Gottesdienste.* *Mo und Mi 18 Uhr, So 10, 11.30, 18 Uhr.*

Die 1285 von Wenzel II. als Klosterkirche für die Augustinermönche gegründete Kirche wurde 1379 im gotischen Stil fertiggestellt. Weil sie auch in der Zeit der Hussiten *(siehe S. 26f)* katholisch blieb, wurde sie zu großen Teilen zerstört, später jedoch wiederaufgebaut. Unter Kaiser Rudolf II. *(siehe S. 28f)* wurde sie Hofkirche und Begräbnisstätte bedeutender Persönlichkeiten, darunter Hofarchitekt Ottavio Aostalli und Bildhauer Adriaen de Vries.

Als die Kirche 1723 durch einen von einem Blitz verursachten Brand zerstört wurde, betraute man Kilian Ignaz Dientzenhofer mit dem Wiederaufbau, dem es trotz des Neubaus im barocken Stil gelang, die Form der Kirche zu bewahren. An den ursprünglichen gotischen Stil erinnert jedoch kaum mehr als der Kirchturm.

Das Innere der Kirche und das Deckenfresko stammen von Dientzenhofers Mitarbeiter Václav Vavřinek Reiner. Über dem Altar befinden sich Kopien von Rubens-Gemälden – *Das Martyrium des hl. Thomas* und *Der hl. Augustin am Meeresufer*. Die Orginale dieser Kunstwerke können Sie im Palais Sternberg *(siehe S. 112f)* besichtigen.

Barockes Deckenfresko in der St.-Thomas-Kirche

Kleinseitner Ring ❹

MALOSTRANSKÉ NÁMĚSTÍ

Karte 2 E3. *Malostranská.* *12, 22.*

Der Platz ist seit Gründung der Kleinseite 1257 ihr Mittelpunkt. Angefangen hat er als Marktflecken unterhalb der Prager Burg. Neue Häuser teilten den Platz bald in zwei Hälften – im unteren Teil standen Galgen und Pranger.

Die Grundmauern der Häuser gehen teilweise auf das Mittelalter zurück, wiederaufgebaut wurden sie in der Renaissance und im Barock. Der Platz wird beherrscht durch die herrliche barocke Kirche St. Nikolaus. Der große Bau daneben war ursprünglich ein Jesuitenkolleg. Den oberen Abschluß des Platzes bildet die breite neuklassizistische Fassade des Palais Lichtenstein. Die Säule zu Ehren der Heiligen Dreifaltigkeit davor wurde zur Erinnerung an die Pestepidemie von 1713 errichtet.

Weitere bemerkenswerte Bauten sind das Kleinseitner Rathaus mit seiner großartigen Renaissancefassade und das Palais Sternberg, das an der Stelle steht, an der im Jahr 1541 der große Brand wütete, der einen Großteil des Viertels zerstörte. Neben ihm steht das Palais Smiřický, das mit seinen Türmen und Erkern ein unverkennbares Wahrzeichen des unteren Platzes ist. Das barocke Palais Kaiserstein befindet sich an der Ostseite. Die Fassade ziert eine Büste der berühmten tschechischen Sopranistin Ema Destinnová, der Partnerin von Enrico Caruso, die hier von zwischen 1908 und 1914 wohnte.

Nikolauskirche ❺

KOSTEL SV. MIKULÁŠE

Siehe S. 128f.

Arkaden an der Westseite des Kleinseitner Rings

Nikolauskirche ❺

KOSTEL SV. MIKULÁŠE

Die Nikolauskirche teilt und beherrscht den Kleinseitner Ring. Der 1703 begonnene Bau wurde 1761 fertiggestellt. Er ist das Meisterwerk von Vater und Sohn, Christoph und Kilian Ignaz Dientzenhofer, Prags berühmtesten Vertretern des Spätbarock *(siehe gegenüberliegende Seite);* keiner der beiden erlebte die Vollendung des Bauwerkes. Die Statuen, Fresken und Gemälde im Inneren der Kirche stammen von den bedeutendsten Künstlern der damaligen Zeit; Karel Škrétas *Kreuzigung* ist nur eines davon. In den 50er Jahren wurden umfangreiche Renovierungsarbeiten durchgeführt, um die Schäden der vergangenen 200 Jahre zu beseitigen.

Altargemälde
In den kleinen Kapellen befinden sich viele Kunstschätze, so ein Gemälde des heiligen Michael von Francesco Solimena.

★ Kanzel
Die mit Goldschmuck kunstvoll gefertigte Kanzel von Richard und Peter Prachner stammt aus dem Jahr 1765.

Barocke Orgel
Das Fresko der heiligen Cecilia, Schutzpatronin der Musik, wacht über das Instrument aus dem Jahr 1746, auf dem 1787 Mozart spielte.

Fassade
Die Statue des heiligen Paul an der geschwungenen Fassade stammt von Johann F. Kohl. Weitere Statuen stammen von Christoph Dientzenhofer.

Nicht versäumen

- ★ Deckenfresko
- ★ Kanzel
- ★ Statuen der Kirchenväter

Die **Kuppel** baute Kilian Ignaz Dientzenhofer im Jahr 1751, kurz vor seinem Tod.

Der Bau wurde von Anselmo Lurago mit dem **Glockenturm** (1751–56) beendet.

INFOBOX

Malostranské náměstí.
53 69 83. **Karte** 2 E3. *Malostranská.* *12, 22 nach Malostranské náměstí.* *tägl. 9–17 Uhr.*
***Klassikkonzerte** im Sommer.*

★ Kuppelfresko
Franz Palkos Verherrlichung der Hl. Dreifaltigkeit *(1752/53) schmückt die 70 Meter hohe Kuppel.*

Hochaltar
Eine Statue des hl. Nikolaus von Ignaz Platzer ragt über dem Hochaltar auf. Darunter befindet sich ein Gemälde des hl. Josef von Johann L. Kracker, von dem auch das Deckengemälde stammt.

★ Statuen der Kirchenväter
Die großen Kirchenlehrer von Ignaz Platzer stehen unterhalb der Kuppel. Der heilige Kyrill enthauptet den Teufel mit seinem Bischofsstab.

nzis-
vierus-
e

DIE FAMILIE DIENTZENHOFER

Christoph Dientzenhofer (1655–1722) entstammte einer bayerischen Architektenfamilie. Sein Sohn Kilian Ignaz (1689–1751) kam in Prag zur Welt und wurde im Klementinum erzogen *(siehe S. 79)*. Zusammen schufen sie einige der bedeutendsten Bauten des Spätbarock. Die Nikolauskirche, ihre letzte Arbeit, wurde von Kilians Schwiegersohn, Anselmo Lurago, vollendet.

Kilian Ignaz Dientzenhofer

Nerudagasse ❻
NERUDOVA ULICE

Karte 2 D3. *Malostranská.* *12, 22.*

DIE MALERISCHE STEILE Gasse hinauf zur Burg ist nach dem Dichter und Journalisten Jan Neruda benannt, dessen Geschichten häufig im alten Prager Stadtviertel spielen. Zwischen 1845 und 1857 wohnte er im Haus Zu den zwei Sonnen (Nr. 47).

Bis zur Einführung von Hausnummern im Jahr 1770 unterschied man die Prager Häuser lediglich an ihren, vor allem in der Nerudagasse, reichverzierten Schildern und Wappen. Auf dem Weg zur Burg passiert man das Zeichen des roten Adlers (Nr. 6), der drei kleinen Geigen (Nr. 12), des goldenen Hufeisens (Nr. 34), des grünen Hummers (Nr. 43) und des weißen Schwans (Nr. 49). Heute beherbergen viele Häuser Cafés, Weinkeller und Bierlokale.

Man findet in der Gasse auch eine Reihe von großen Barockbauten, darunter das Palais Thun-Hohenstein (Nr. 20), heute Sitz der italienischen Botschaft, sowie das Palais Morzin (Nr. 5), Sitz der rumänischen Botschaft, dessen Balkon von zwei Mohrenstatuen (Morzin = Mohr) gestützt wird. Eine herrliche Fassade ziert die Kirche der Jungfrau Maria von der immerwährenden Hilfe bei den Kajetanern, die Kirche des während der Gegenreformation gegründeten Theatinerordens.

Hausschild Zu den zwei Sonnen, Nerudagasse 47

Die Italienische Gasse, Mittelpunkt des früheren italienischen Viertels

Italienische Gasse ❼
VLAŠSKÁ ULICE

Karte 1 C4. *Malostranská.* *12, 22.*

IM 16. JAHRHUNDERT ließen sich hier die ersten italienischen Einwanderer nieder, darunter viele Künstler und Handwerker, die im Dienste der Burgherren standen. Nähert man sich der Straße vom Laurenziberg, sieht man zur Linken das ehemalige italienische Spital, ein barockes Gebäude mit Hof und Arkaden. Heute wird es von der italienischen Botschaft zu kulturellen Zwecken genutzt. Das größte und schönste Gebäude ist das ehemalige Palais Lobkowitz, heute Sitz der deutschen Botschaft, mit seinem herrlichen Garten, der durch eine ovale Halle zu erreichen ist. Das Haus Zu den drei roten Rosen mit seinem barocken Schild geht auf das 18. Jahrhundert zurück.

Vrtba-Garten ❽
VRTBOVSKÁ ZAHRADA

Karmelitská 25. **Karte** 2 D4. *Malostranská.* *12, 22.* ***Geschl.*** *wegen Wiederaufbau.*

HINTER DEM PALAIS Vrtba liegt der wunderschöne barocke Vrtba-Garten mit steiler Doppeltreppe und einer Terrasse am höchsten Punkt des Gartens, von dem aus man die herrliche Aussicht auf die Burg und die Kleinseite genießen kann. Der Vrtba-Garten wurde um 1720 von František Maximilián Kaňka entworfen. Die antiken Götterstatuen und die Vasen stammen von Matthias Braun, die Gemälde im Gartenpavillon (Sala terrena) von Václav Vavřinec Reiner.

Blick vom Vrtba-Garten auf die Kleinseite

St. Maria de Victoria ❾
KOSTEL PANNY MARIE VÍTĚZNÉ

Karmelitská. **Karte** 2 E4. *53 07 52.* *12, 22.* *tägl. 8.30–19 Uhr (Juli und Aug 8.30–18 Uhr).*

DAS ERSTE BAROCKE Gebäude in Prag war die Kirche der Heiligen Dreifaltigkeit des italienischen Architekten Giovanni Maria Filippi, für die deutschen Lutheraner erbaut. Sie wurde 1613 vollendet, aber nach der siegreichen Schlacht am Weißen Berg *(siehe S. 31)* erbauten die Karmeliter an ihrer Stelle die heutige Kirche, die sie zu Ehren des Sieges so benannten.

Die meisten Besucher interessieren sich jedoch nicht für die Architektur, sondern für die Wachsfigur des »Prager Jesuskinds«, besser bekannt unter seinem italienischen Namen *il bambino di Praga*. Die Figur steht in einem Glasbehälter auf einem der rechten marmornen Seitenaltäre. Die Fürstin Polyxena von Lobkowitz hat die Wachsfigur, eines der hochverehrten Bildnisse der katholischen Kirche, der man viele Wunder zuschreibt, 1628 aus Spanien mitgebracht und den Karmelitern geschenkt.

Teufelsbach (Čertovka) mit der Halbinsel Kampa zur Rechten

Malteserplatz ⑩

MALTÉZSKÉ NÁMĚSTÍ

Karte 2 E4. *12, 22.*

DER PLATZ IST nach dem Prior der Malteserritter benannt, die einst in diesem Teil der Kleinseite wohnten. Am Nordende des Platzes steht die Statuengruppe von Johannes dem Täufer von Ferdinand Brokoff, die zum Andenken an das Ende der Pest im Jahre 1715 errichtet wurde.

Die meisten Gebäude waren ursprünglich von den wohlhabenden Bürgern der Stadt im Renaissancestil errichtet worden, aber im 17. und 18. Jahrhundert ließen sich immer mehr katholische Adlige auf der Kleinseite nieder, die jene Häuser zu barocken Palais umbauten. In einem Flügel des größten Gebäudes, dem Palais Nostitz, ist heute die niederländische Botschaft untergebracht. Erbaut wurde es Mitte des 17. Jahrhunderts, um 1720 wurden Dacherker sowie klassische Vasen und Kaiserstatuen hinzugefügt. Im Sommer werden hier Konzerte veranstaltet. Die japanische Botschaft hat ihren Sitz im Palais Turba, einem schönen Rokokobau von Joseph Jäger aus dem Jahr 1767.

Ferdinand Brokoffs Statue von Johannes dem Täufer

Halbinsel Kampa ⑪

KAMPA

Karte 2 F4. *6, 9, 12, 22.*

DIE BESCHAULICHE und reizvolle Halbinsel Kampa wird von der Kleinseite durch den Moldauseitenarm Teufelsbach (Čertovka) getrennt. Es heißt, daß der Flußarm im 19. Jahrhundert seinen Namen nach einer teuflischen Dame erhalten habe, die am nahe gelegenen Malteserplatz ein Haus besaß. Die Insel diente jahrhundertelang dem Antrieb von Mühlen, von denen heute zum Teil noch Überreste zu sehen sind. Das Rad der Großpriorsmühle wurde sogar vollkommen restauriert.

Der Moldauarm verschwindet unter einer kleinen Brücke unter der Karlsbrücke und taucht zwischen Häuserreihen wieder auf, die oft als »Prager Venedig« bezeichnet werden; statt in Gondeln schaukelt man jedoch in Kanus auf dem Wasser. Bis ins 15. Jahrhundert wurde die Insel nur als wilder Garten und zum Wäschewaschen benutzt; erst nach dem großen Brand der Kleinseite 1541 wurde das Material der niedergerissenen Häuser zur Befestigung der Ufer verwendet. Im 17. Jahrhundert war die Insel für ihre Töpferwarenmärkte bekannt, und aus dieser Zeit stammen auch einige sehenswerte Häuser um den Kampaplatz. Die große Parkanlage auf der Südseite der Halbinsel entstand durch die Zusammenlegung von zwei alten Palastgärten.

Großpriorsplatz ⑫

VELKOPŘEVORSKÉ NÁMĚSTÍ

Karte 2 F4. *Malostranská.* *12, 22.*

AUF DER NORDSEITE dieses kleinen baumreichen Platzes steht das ehemalige Palais des Großpriors des Malteserordens, das in seiner heutigen Form auf das beginnende 17. Jahrhundert zurückgeht. Türen, Fenster und Vasen stammen aus der Werkstatt von Matthias Braun. Auf der gegenüberliegenden Seite befindet sich das aus der gleichen Zeit stammende barocke Palais Buquoy, heute Sitz der französischen Botschaft.

Die einzigen mit dem Rest des Gebäudes unvereinbaren Attribute sind ein Bild von John Lennon und der Spruch »Give peace a chance« an der Gartenmauer.

Im Detail: An den Ufern der Kleinseite

Auf beiden Seiten der Brückengasse liegt eine verborgene Welt der langsam verfallenden Plätze, Paläste, Kirchen und Gärten. Um den fliegenden Händlern auf der Karlsbrücke zu entkommen, flüchtet man am besten zu einem Spaziergang auf die Halbinsel Kampa und genießt den Blick auf die Altstadt und die majestätisch dahingleitenden Schwäne auf dem Fluß.

Die **St.-Josefs-Kirche** wurde im 17. Jahrhundert erbaut. Das Gemälde *Die Heilige Familie* (1702) am vergoldeten Hochaltar stammt von dem Barockmaler Petr Brandl.

Eine **Gedenktafel am Haus Zum Goldenen Einhorn** in der Lázeňská-Straße erinnert an den Besuch Beethovens 1796.

Brückengasse
Die 750 Jahre alte schmale Gasse führt zum Kleinseitner Ring. 16

Großpriorsplatz
Graffitikünstler haben die Gartenmauer des Großpriorspalais des Malteserordens mit einem übergroßen Bild von John Lennon verziert. 12

Kirche Maria unter der Kette
Zwei massive Türme erinnern an die Zeit der befestigten Burg. 13

St. Maria de Victoria
In dieser barocken Kirche befindet sich die berühmte Wachsfigur des »Prager Jesuskinds«. 9

Malteserplatz
Große Paläste umgeben den eigenwillig geformten Platz. Dieses Wappen schmückt das Palais Nostitz (17. Jh.), ein beliebter Veranstaltungsort. 10

0 Meter 100

Legende

Routenempfehlung

Vojan-Park
Unter den Apfelbäumen im ehemaligen Klostergarten wurden ruhige schattige Alleen angelegt. ⑰

ZUR ORIENTIERUNG
Siehe Kartenteil, Karte 2

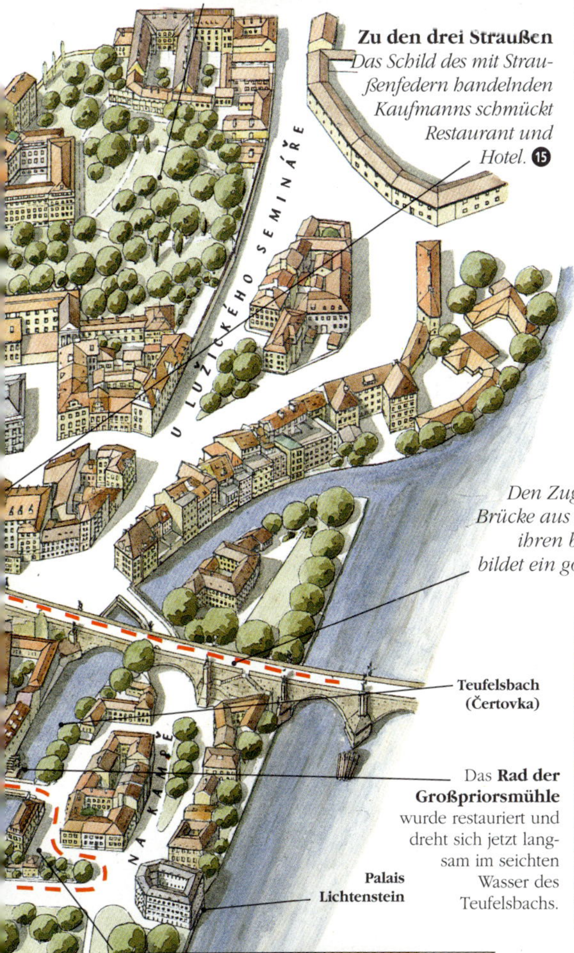

Zu den drei Straußen
Das Schild des mit Straußenfedern handelnden Kaufmanns schmückt Restaurant und Hotel. ⑮

★ Karlsbrücke
Den Zugang zu dieser herrlichen Brücke aus dem 14. Jahrhundert mit ihren barocken Brückenfiguren bildet ein gotischer Brückenturm. ⑭

Teufelsbach (Čertovka)

Das **Rad der Großpriorsmühle** wurde restauriert und dreht sich jetzt langsam im seichten Wasser des Teufelsbachs.

Palais Lichtenstein

★ Halbinsel Kampa
Dieses Gemälde aus dem 19. Jahrhundert von Soběslov Pinkas stellt spielende Kinder auf der Insel dar, bei denen der Park auch heute noch beliebt ist. ⑪

NICHT VERSÄUMEN

★ **Karlsbrücke**

★ **Halbinsel Kampa**

Kirche Maria unter der Kette ⓭

KOSTEL PANNY MARIE POD ŘETĚZEM

Lázeňská. **Karte** 2 E4. *53 32 32. Malostranská. 12, 22. nur für Gottesdienste. Sa 18.30 Uhr (17 Uhr im Winter), So 10 Uhr.*

DIE ÄLTESTE KIRCHE auf der Kleinseite wurde im 12. Jahrhundert gegründet. König Vladislav II. schenkte sie dem kreuzfahrenden Johanniterorden (später Malteserorden). Sie bildete den Mittelpunkt des stark befestigten Klosters am Brückenkopf der Judithbrücke. Der ungewöhnliche Name geht auf die Kette zurück, mit der im Mittelalter die Klostertore verschlossen wurden.

Im 13. Jahrhundert fügte man ein gotisches Presbyterium hinzu, aber im darauffolgenden Jahrhundert zerstörte ein Feuer den romanischen Bau. Danach entstand ein neuer Vorraum mit zwei massiven Türmen. Der Bau wurde jedoch nicht vollendet, und das alte Schiff verkam zum Kirchhof zwischen den Türmen und der eigentlichen Kirche. Carlo Lurago gab ihr dann im Jahre 1640 ihre barocke Gestalt. Das Gemälde am Hochaltar von Karel Škréta stellt die Jungfrau Maria und Johannes den Täufer dar, die den Malteserrittern in der berühmten Seeschlacht bei Lepanto 1571 zum Sieg über die Türken verhalfen.

Karlsbrücke ⓮

KARLŮV MOST

Siehe S. 136 f.

Blick auf die Brückengasse durch den Brückenturm

Zu den drei Straußen ⓯

U TŘÍ PŠTROSŮ

Dražického náměstí 12. **Karte** 2 F3. *24 51 07 79. Malostranská. 12, 22. Siehe* ***Übernachten*** *S. 182 f,* ***Restaurants*** *S. 198 ff.*

VIELE HAUSSCHILDER verweisen auf das Gewerbe der ehemaligen Bewohner. Jan Fux, ein mit Straußenfedern handelnder Kaufmann kaufte dieses Haus unweit der Karlsbrücke im Jahre 1597. Straußenfedern waren damals bei den Höflingen und Offizieren der Prager Burg als Hutschmuck sehr gefragt. Fux belieferte sogar die fremden Armeen. Er wurde so wohlhabend, daß er das Haus 1606 neu erbauen und von einem bekannten Künstler mit einem großen Fassadengemälde verzieren ließ.

Das obere Stockwerk des Hauses wurde 1657 hinzugefügt, und einige der mit Weinmotiven bemalten Balkendecken haben die Zeit bis heute überdauert. 1714 wurde hier das erste Prager Kaffeehaus eröffnet. Heute sind im Gebäude ein nobles Hotel und Restaurant untergebracht.

Fresko Zu den drei Straußen, das dem Haus seinen Namen verlieh

Brückengasse ⓰

MOSTECKÁ ULICE

Karte 2 E3. *Malostranská. 12, 22.*

SEIT DEM MITTELALTER verbindet die Gasse die Karlsbrücke mit dem Kleinseitner Ring. Beschreitet man die Brücke von der Altstadt aus, sieht man das Portal des ehemaligen Zollamts vor dem Judithturm aus dem Jahr 1591. Im ersten Stock des Turms befindet sich ein Relief aus dem 13. Jahrhundert, das einen König und einen knienden Mann darstellt.

An der Nordseite der Gasse befand sich im 13. und 14. Jahrhundert die Pfalz der Prager Bischöfe, die während der Hussitenkriege zerstört wurde *(siehe S. 26 f)*. Erhalten blieb nur ein gotischer Turm im Hof des Hauses Zu den drei goldenen Glocken, das von dem höheren der beiden Brückentürme zu sehen ist. Die Gasse wird gesäumt von Bürgerhäusern im Renaissance- und Barockstil. Geht man den Kleinseitner Ring entlang, stößt man zur Linken auf das Haus Zum schwarzen Adler mit prächtiger Fassade und herrlichen barocken schmiedeeisernen Fenstergittern. Das Palais Kaunitz, ebenfalls zur Linken, hat eine Rokokofassade mit Stukkaturen und Plastiken von Ignaz Platzer.

Vojan-Park ⑰

VOJANOVY SADY

U lužického semináře. **Karte** 2 F3. *Malostranská.* *12, 18, 22.* *tägl. 9–18 Uhr.*

DAS BESCHAULICHE Fleckchen hinter hohen weißen Mauern geht auf das 17. Jahrhundert zurück, als es als Garten des Klosters der Barfüßigen Karmeliterinnen angelegt wurde. Zwei Kapellen des Ordens sind zwischen Wiesen und Obstbäumen erhalten geblieben. Zum einen ist dies die in Form einer Tropfsteinhöhle angelegte Kapelle des heiligen Elias, der als Gründer des Karmeliterordens gilt. Die andere Kapelle ist der heiligen Theresa geweiht und wurde im 18. Jahrhundert errichtet, zum Zeichen der Dankbarkeit für die Errettung des Klosters während der Belagerung der Stadt durch die Preußen im Jahre 1757. In einer Nische zur Linken steht eine Statue des Johannes von Nepomuk *(siehe S. 137)* von Ignaz Platzer. Der Heilige ist auf einem Fisch stehend dargestellt, Sinnbild für seinen Märtyrertod durch Ertrinken in der Moldau.

Ledebour-Garten ⑱

LEDEBURSKÁ ZAHRADA

Valdštejnská. **Karte** 2 F2. *Malostranská.* *12, 18, 22.* ***Geschl.** wegen Renovierung.* *normalerweise Mai–Sep tägl. 9–19 Uhr.*

IM MITTELALTER WAREN die Südhänge unterhalb der Prager Burg Weingärten. Als die Adligen im 16. Jahrhundert hier ihre Paläste bauten, legten sie auch, ganz nach italienischem Vorbild, terrassenförmige Gärten an. Die meisten wurden im 18. Jahrhundert umgestaltet und mit barocken Statuen und Brunnen verziert. Drei dieser Gärten – die der ehemaligen Palais Ledebour, Černín und Pálffy – wurden zu einem einzigen zusammengefaßt und der Öffentlichkeit zugänglich gemacht. Man sollte jedoch beachten, daß die Treppen aus Sandstein keineswegs sicher sind und deshalb zum Teil restauriert werden.

Die verblichene Eleganz des Gartens wird durch eine wunderbare Aussicht auf die Stadt ergänzt. Der im frühen 18. Jahrhundert entworfene Ledebour-Garten hat einen hübschen Gartenpavillon (Sala terrena) von Giovanni Battista Alliprandi. Der Pálffy-Garten mit seinen zahlreichen Terrassen (auf der zweiten befindet sich noch die ursprüngliche Sonnenuhr) und Loggien stammt aus der Mitte des 18. Jahrhunderts. Der prächtigste und architektonisch vollendetste der drei Gärten ist jedoch der Kolowrat-Černín-Garten von Ignaz Palliardi aus dem Jahr 1784. Die höchste Terrasse verfügt über einen Gartenpavillon sowie Statuen und klassische Vasen. Sieht man nach unten, fällt der Blick auf Treppenaufgänge, Rundbögen, Balustraden sowie Statuen und alten Brunnen.

Herkulesstatue im Ledebour-Garten aus dem 18. Jahrhundert

Treppenaufgänge und Terrassen im Ledebour-Garten

Karlsbrücke (Kleinseite) ⓮

KARLŮV MOST

PRAGS BERÜHMTESTES WAHRZEICHEN, heute ein Sammel platz für fliegende Händler, verbindet die Altstadt mit der Kleinseite. Als die Brücke noch befahren wurde, fanden vier Fuhrwerke nebeneinander Platz. Berühmt ist sie auch wegen ihrer Skulpturen; die Originale befinden sich im Lapidarium des Nationalmuseums *(siehe S. 176)*, um sie vor der Zerstörung zu bewahren. Der gotische Altstädter Brückenturm *(siehe S. 139)* gehört zu den schönsten seiner Art in Europa.

★ Blick vom Kleinseitner Brückenturm

Vom Turm hat man eine wunderbare Aussicht auf die Stadt. Der niedrigere Turm diente zur Befestigung der Judithbrücke.

Hl. Adalbert, 1709

Der Bischof von Prag gründete 991 die St.-Laurentius-Kirche (siehe S. 140) *auf dem Laurenziberg. Bei den Tschechen heißt der Heilige Vojtěch.*

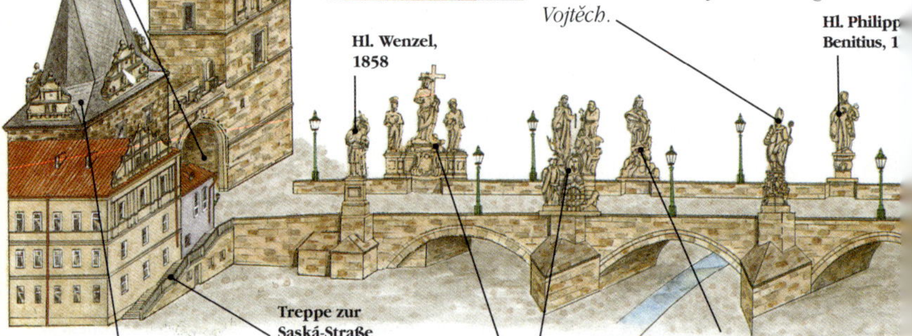

Hl. Johannes von Matha, hl. Felix von Valois und hl. Ivan, 1714

Ferdinand Brokoff schuf die Statuen dieser Heiligen, die den Trinitarierorden gründeten, der sich dem Loskauf der von Ungläubigen gefangengehaltenen Christen verschrieb (am Fuß der Statue dargestellt).

Hl. Veit, 1714

Die Statue zeigt den Märtyrer, der im 3. Jh. den Löwen zum Fraß vorgeworfen wurde, die ihn, statt zu fressen, nur ableckten. Der Heilige gilt als Schutzpatron der Tänzer; zu ihm beten die am Veitstanz Erkrankten.

NICHT VERSÄUMEN

- **★ Brückenturm und Aussicht**
- **★ Hl. Johannes**
- **★ Hl. Luitgard**

★ Hl. Luitgard, 1710
Diese wohl künstlerisch wertvollste Statue auf der Brücke wurde von Matthias Braun im Alter von nur 26 Jahren geschaffen. Dargestellt wird die Vision der Zisterziensernonne, als sie die Wunden Christi berührte.

Infobox

Karte 2 F4. *12, 22 nach Malostranské náměstí, dann zur Mostecká.* ***Kleinseitner Brückenturm*** *tägl. 10–18 Uhr (Okt–Mai 17 Uhr).*

★ Hl. Johannes von Nepomuk, 1683
Eine Reihe von Reliefs auf der Brücke stellen das Martyrium des Heiligen dar. Vom vielen Berühren, das angeblich Glück bringt, glänzt die Statue.

Hl. Vinzenz Ferrer und hl. Prokop, 1712
Dieser Teil zeigt einen Rabbi, der trauert, weil der heilige Vinzenz viele Juden zum Christentum bekehrt. Der heilige Prokop ist einer von Böhmens vier Schutzpatronen.

Heiliger Johannes von Nepomuk

Die Legende um den 1729 heiliggesprochenen Johannes von Nepomuk wurde von den Jesuiten, die Jan Hus *(siehe S. 27)* entgegenwirken wollten, weitergetragen. Nepomuk wurde 1393 von Wenzel IV. gefangengenommen, weil dieser mit der Ernennung eines Abts nicht einverstanden war. Nepomuk wurde gefesselt von der Karlsbrücke gestürzt; er ertrank. Seit 1683 die erste Statue auf der Brücke errichtet wurde, wurden in ganz Europa Statuen des Heiligen aufgestellt, der als Helfer bei Gefahr durch Wasser gilt.

Karlsbrücke (Altstädter Seite) ⓮

KARLŮV MOST

Bis 1741 war die Karlsbrücke die einzige Verbindung zwischen den Ufern der Moldau. Sie ist 520 Meter lang und 10 Meter breit und wurde auf Sandsteinblöcken gebaut. Karl IV. gab den Auftrag, die alte Judithbrücke zu ersetzen; Peter Parler begann 1357 mit dem Neubau. Ursprünglich zierte nur ein einfaches Kreuz die Brücke. Die erste Statue, der heilige Johannes von Nepomuk, wurde 1683 hinzugefügt – in Anlehnung an Berninis Skulpturen auf der Brücke Sant'Angelo in Rom.

★ Kruzifix aus dem 17. Jh.
Zweihundert Jahre lang war das hölzerne Kreuz einziger Schmuck der Brücke. Der goldene Christus datiert von 1629; die hebräische Inschrift wurde von einem Juden als Strafe für Gotteslästerung bezahlt.

Hl. Franz Xaver, 1711
Der Jesuitenmissionar wird von drei Mohren und zwei heidnischen Bekehrten eingerahmt. Der Bildhauer Brokoff sitzt ihm zur Linken.

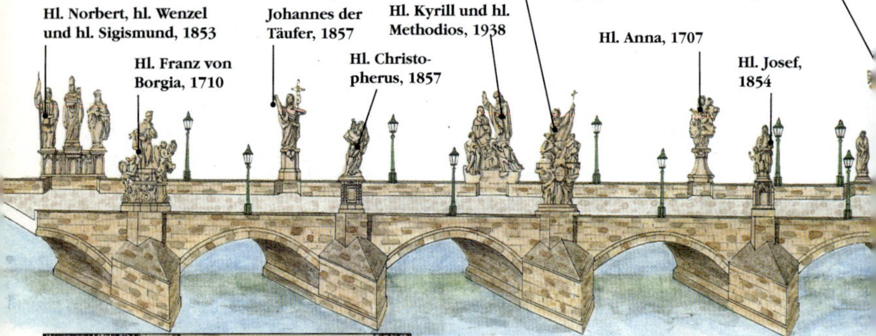

Der Dreißigjährige Krieg
In den letzten Kriegsstunden wurde die Altstadt vor der schwedischen Armee gerettet und der Waffenstillstandsvertrag 1648 auf der Brücke unterzeichnet.

NICHT VERSÄUMEN

- **★ Altstädter Brückenturm**
- **★ Kruzifix aus dem 17. Jahrhundert**

ZEITSKALA

1357 Karl IV. gibt die neue Brücke in Auftrag

1342 Judithbrücke vom Hochwasser zerstört

1621 Köpfe von zehn protestantischen Adligen am Altstädter Brückenturm ausgestellt

1648 Brücke und Kleinseitner Brückenturm von Schweden beschädigt

1890 Flutkatastrophe

1100 | 1300 | 1500 | 1700 | 1900

1158 Bau der Judithbrücke (zweite Steinbrücke Europas)

1393 Hl. Johannes von Nepomuk wird auf Anordnung Wenzels IV. von der Brücke gestürzt

Bildhauer Matthias Braun (1684–1738)

1890 Drei Brückenbögen durch Flut zerstört

1713 Brücke mit 21 Statuen von Braun, Brokoff und anderen verziert

1938 Karel Dvořáks Statue des hl. Kyrill und des hl. Methodios

Madonna mit hl. Dominikus und hl. Thomas, 1708
Die Dominikaner (im Lateinischen scherzhaft Domini canes, *Hunde Gottes) mit der Madonna und ihrem Wahrzeichen, dem Hund.*

INFOBOX

Karte 3 A4. *17, 18 nach Křižovnické náměstí.*
Altstädter Brückenturm *tägl. 10–18 Uhr (Okt–Mai 17 Uhr).*

Madonna und hl. Bernhard, 1709
Engel und Passionssymbole, einschließlich Würfel, Hahn und Handschuh des römischen Hauptmanns, sind Teil der Statue.

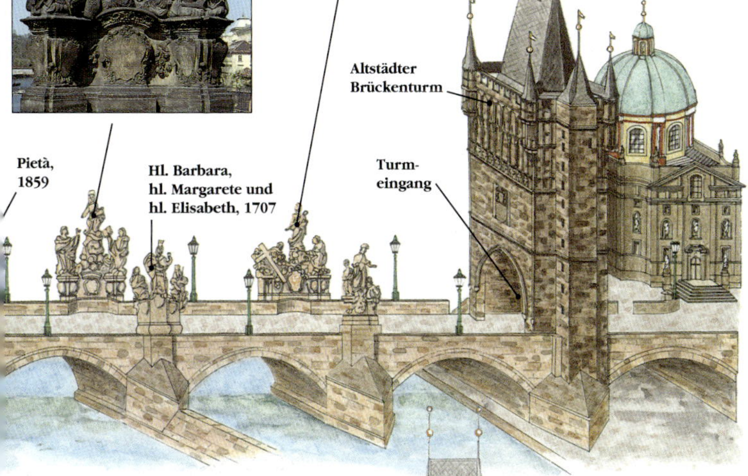

★ ALTSTÄDTER BRÜCKENTURM

Dieser herrliche gotische Turm, von Peter Parler entworfen, wurde Ende des 14. Jahrhunderts erbaut. Er war sowohl Schmuck der neuen Karlsbrücke als auch Bestandteil der Befestigungsanlagen der Altstadt.

Zu den **Brückenturmskulpturen** von Peter Parler gehören der heilige Veit, Schutzpatron der Brücke, Karl IV. (links) und Wenzel IV.

Von der **Aussichtsgalerie** mit Gewölbedecke im ersten Stock bietet sich eine wunderbare Aussicht auf die Prager Burg und die Kleinseite.

Aussichtsturm der Sternwarte ⓳

ROZHLEDNA

Petřín. **Karte** 1 C4. *22, dann Drahtseilbahn. 132, 143, 149, 217. Di–So 9.30–17 Uhr.*

Unübersehbares Wahrzeichen des Laurenzibergs ist die Sternwarte, eine Nachbildung des Eiffelturms, die zur Jubiläumsausstellung 1891 erbaut wurde. Der achteckige Turm erreicht mit seinen 60 Metern nur ein Viertel der Höhe des Eiffelturms. Um die Aussicht von oben zu genießen, muß man die 299 Stufen der Wendeltreppe erklimmen, doch die Mühe lohnt sich. An einem klaren Tag kann man sogar die höchste Erhebung Böhmens, den 150 Kilometer nördlich gelegenen Sněžka in den Krkonoše-Bergen, sehen.

Spiegellabyrinth ⓴

ZRCADLOVÉ BLUDIŠTĚ

Petřín. **Karte** 1 C4. *53 13 62. 22, dann Drahtseilbahn. 132, 143, 149, 217. Apr–Okt Di–So 9.30–17 Uhr.*

Auch das Spiegellabyrinth ist wie der Aussichtsturm ein Überbleibsel der Ausstellung des Jahres 1891. Untergebracht ist es in einem hölzernen Pavillon, der die Form des alten Špička-Tors hat, das Teil der alten Befestigungsanlage des Vyšehrad *(siehe S. 178f)* ist.

Die hundert Jahre alte Sternwarte überblickt die gesamte Stadt

Dieses eigenartige Amüsierkabinett wurde nach Beendigung der Ausstellung abgebaut und steht seitdem auf dem Laurenziberg. Wenn man sich seinen Weg durch den Irrgarten gebahnt hat, wird man mit dem Diorama *Der Kampf Prags gegen die Schweden*, 1648 auf der Karlsbrücke spielend, belohnt.

Diorama *Der Kampf Prags gegen die Schweden* im Irrgarten

St.-Laurentius-Kirche ㉑

KOSTEL SV. VAVŘINCE

Petřín. **Karte** 1 C5. *22, dann Drahtseilbahn. 132, 143, 149, 217. Der Öffentlichkeit **nicht zugänglich**.*

Die Legende erzählt, daß die Kirche im 10. Jahrhundert an Stelle einer heidnischen Kultstätte errichtet wurde, was auf dem Deckenfresko in der Sakristei dargestellt ist. Das Gemälde geht auf das 18. Jahrhundert zurück, als das ursprünglich romanische Kirchlein durch eine größere barocke Kirche mit Kuppelbau und zwei Zwiebeltürmen ersetzt wurde. Die Fassade der kleinen Kalvarienkapelle (1735) zu ihrer Linken ist mit einem modernen Sgraffito geschmückt, das die Auferstehung Christi darstellt. Auf der Nordostseite der Kirche befindet sich die Heilig-Grab-Kapelle aus dem Jahr 1732, die eine Nachbildung des Grabes Christi in Jerusalem darstellt.

Sternwarte ㉒

HVĚZDÁRNA

Petřín 205. **Karte** 2 D5. *24 51 07 09. 22, dann Drahtseilbahn. Mo–Fr 6–20 Uhr, Sa und So 10–12 und 14–20 Uhr. nur im Erdgeschoß.*

Ein Teleskop in der Sternwarte auf dem Laurenziberg

Seit 1930 können Prags Hobbyastronome die Sternwarte auf dem Laurenziberg benutzen. Mit dem Teleskop können sie von den Kratern auf dem Mond bis zu fernen Galaxien alles beobachten. Zu sehen ist außerdem eine Ausstellung alter astronomischer Instrumente. Am Wochenende gibt es Sonderveranstaltungen für Kinder.

Hungermauer ㉓

HLADOVÁ ZEĎ

Újezd, Petřín, Strahovská. **Karte** 2 D5. *6, 9, 12, 22, dann Drahtseilbahn. 132, 143, 149, 217.*

Die Stadtmauer, die im Auftrag von Karl IV. zwischen 1360–62 auf der Südseite der Kleinseite gebaut wurde, ist bereits seit Jahrhunderten als Hungermauer bekannt. Ungefähr 1200 Meter der Mauer haben die Zeit überdauert, einschließlich Zinnen und Schießscharten. Sie zieht sich von Újezd über den Petřín-Park bis nach Strahov. Die Geschichte um ihren Namen besagt, daß Karl IV. sie erbauen ließ, um den damals nach einer Hungersnot leidenden Einwohnern Böhmens Arbeit und Broterwerb zu bieten. Tatsächlich war in den 60er Jahren des 14. Jahrhunderts eine große Hungersnot in Böhmen ausgebrochen, Hungersnot und Mauerbau vereinigten sich daraufhin in den Köpfen der Menschen.

Petřín-Park ㉔

PETŘÍNSKÉ SADY

Karte 2 D5. *6, 9, 12, 22, dann Drahtseilbahn. Siehe* ***Vier Spaziergänge*** *S. 174 f.*

IM WESTEN DER Kleinseite erheben sich die bewaldeten Hänge des Laurenziberges bis zu einer Höhe von 318 Metern über der Stadt. Der tschechische Name »Petřín« leitet sich entweder vom slawischen Gott Perun ab, dem an dieser Stelle geopfert wurde, oder vom lateinischen Namen Mons Petrinus (steiniger Berg). Der Wald reichte einst bis zum Weißen Berg *(siehe S. 31)*. Im 12. Jahrhundert wurde am Südhang Wein angebaut, die Rebstöcke wurden jedoch im Laufe des 18. Jahrhunderts von Obstbäumen ersetzt.

Karel-Hynek-Mácha-Denkmal im Petřín-Park

Heute windet sich ein Pfad bis nach oben, der dem Spaziergänger einen phantastischen Blick auf die Stadt erlaubt. Besonders reizvoll ist der Park im Frühling während der Obstbaumblüte und wenn verliebte Pärchen Blumen auf das Denkmal von Karel Hynek Mácha legen. Der berühmteste tschechische Dichter der Romantik starb 1836 im Alter von nur 26 Jahren.

Nebozízek an der Zwischenstation der Drahtseilbahn

Drahtseilbahn ㉕

LANOVÁ DRÁHA

Újezd. **Karte** 2 D5. *6, 9. 12, 22.* ***Betriebszeit*** *tägl. 17–24 Uhr.*

DIE DRAHTSEILBAHN, wurde zur Ausstellung 1891 in Betrieb genommen, um die Besucher der Sternwarte auf den Laurenziberg zu befördern. Die Bahn wurde bis 1914 mit Wasserkraft betrieben; erst zwischen den Kriegen stellte man auf Elektrizität um. 1965 mußte der Betrieb eingestellt werden – aufgrund eines Erdrutsches, verursacht durch im 19. Jahrhundert hier abgebaute Kohle. Die Aufschüttung des Hanges und Restaurierungsarbeiten der Bahn dauerten ganze 20 Jahre, doch seit 1985 ist die Fahrt nach oben eine sichere und bequeme Angelegenheit. Auf der Zwischenstation Nebozízek *(siehe S. 202)*, mit Restaurant, kann man den herrlichen Ausblick auf Burg, Stadt und Fluß genießen.

Palais Michna ㉖

MICHNŮV PALÁC

Újezd 40. **Karte** 2 E4. *24 51 06 07. 12, 22. Di–Sa 9–17 Uhr, So 10–17 Uhr.*

AN DER STELLE des von Ottavio Aostalli 1580 für die Familie Kinský erbauten Sommerpalasts stand vormals ein Dominikanerkloster. Der durch die Schlacht am Weißen Berg reichgewordene Versorgungsoffizier Pavel Michna von Vacínov kaufte das Gebäude 1623. In der Hoffnung, damit das benachbarte Palais Waldstein *(siehe S. 126)* zu übertrumpfen, ließ er es im Barockstil prunkvoll umgestalten.

Im Jahre 1767 wurde das Palais an die Armee verkauft, und mit der Zeit verkam es zu einer Ruine. 1918 vom Turnverein Sokol erworben, wandelte man das Palais in ein Gymnastik- und Sportzentrum um, einschließlich Trainingsplätzen im alten Palastgarten. Das restaurierte Gebäude wurde schließlich zu Ehren des Sokol-Begründers Tyrš nach ihm benannt. Das Erdgeschoß beherbergt heute ein Sportmuseum.

Restaurierte Barockfassade des Palais Michna (Tyrš-Haus)

LP:MDCCCCV

NEUSTADT

NOVÉ MĚSTO

Die im Jahr 1348 von Karl IV. gegründete Neustadt wurde sorgfältig geplant und um drei große zentrale Plätze herum angelegt: den Heumarkt, den Rindermarkt (Karlsplatz) und den Roßmarkt (Wenzelsplatz). Sie ist zweimal so groß wie die Altstadt und wurde hauptsächlich von Handwerkern wie Schmieden, Brauern und Radmachern sowie Händlern bewohnt. Das heutige Bild der Neustadt stammt jedoch aus dem ausgehenden 19. Jahrhundert, als sie saniert, zum Teil abgerissen und neu aufgebaut wurde.

Jugendstilschmuck am Wenzelsplatz 12

SEHENSWÜRDIGKEITEN AUF EINEN BLICK

Kirchen und Klöster
- Maria Schnee 2
- St. Ignatius 8
- St. Kyrill und Methodios 11
- St. Johannes von Nepomuk am Felsen 13
- Emmauskloster 14
- St. Katharina 16
- St. Stephan 19
- St. Ursula 22

Historische Gebäude
- Hotel Europa 4
- Jesuitenkolleg 9
- Fausthaus 12
- Neustädter Rathaus 20

Theater und Opernhäuser
- Smetana-Theater 6
- *Nationaltheater S. 156f* 23

Museen und Galerien
- Nationalmuseum 5
- Dvořák-Museum 18

Historische Plätze
- Wenzelsplatz 1
- Karlsplatz 10

Historische Restaurants und Bierlokale
- Slawisches Haus 7
- U kalicha 17
- U Fleků 21

Parks und Gärten
- Franziskanergarten 3
- Botanischer Garten 15

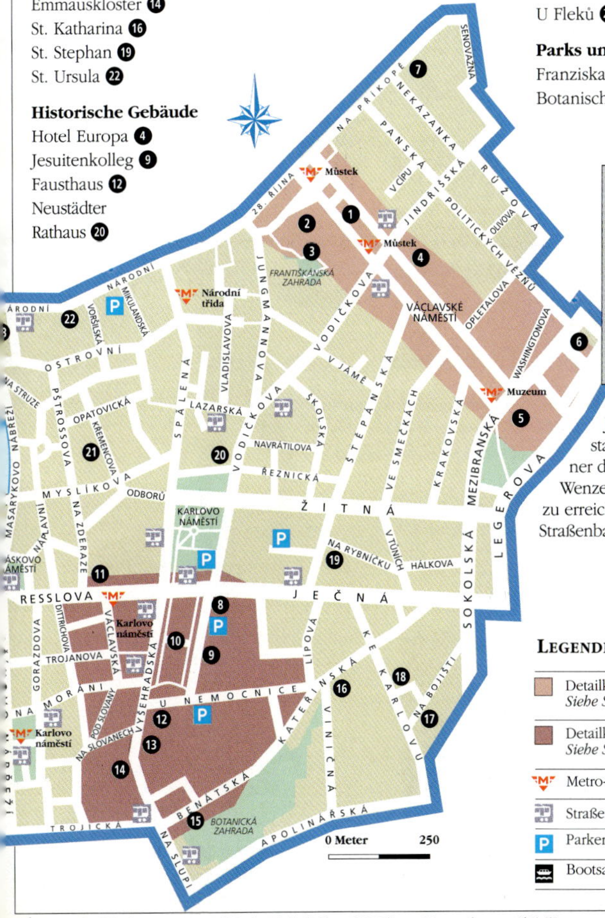

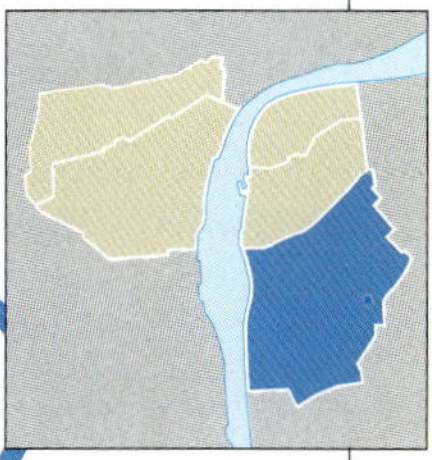

ANFAHRT

Jede Stelle in der Neustadt ist mühelos von einer der Metro-Stationen am Wenzels- oder Karlsplatz aus zu erreichen. Auch die meisten Straßenbahnen der Stadt fahren über den Karlsplatz.

LEGENDE

- Detailkarte *Siehe S. 144f*
- Detailkarte *Siehe S. 150f*
- Metro-Station
- Straßenbahnhaltestelle
- Parken
- Bootsanlegestelle

◁ **Jugendstilskulpturen am Gebäude Hlahol Chor (1905) am Masarykovo nábřeží**

Im Detail: Wenzelsplatz

Der einstige Rossmarkt bildet mit seinen traditionsreichen Hotels und Restaurants das Zentrum des heutigen Prag. Fast alle Gebäude um den Platz stammen aus der Jahrhundertwende, als der Platz neu gestaltet wurde. Kunstwerke zahlreicher tschechischer Künstler dieser Epoche schmücken die Häuser. Durch viele Häusereingänge mit ihren herrlichen Arkaden gelangt man in die dahinter gelegenen Geschäfte, Restaurants, Theater oder Kinos.

Statue des hl. Laurentius vor U Pinkasů

Das **Koruna-Gebäude** (1914) ist ein reichverzierter Gebäudekomplex mit Büro- und Geschäftsräumen. Den Eckturm ziert eine Krone *(koruna)*.

U Pinkasů ist seit 1843 Prags berühmtestes Bierlokal für Pilsner Urquell *(Siehe S. 196 f)*.

Maria Schnee

Das überragende gotische Bauwerk ist ein Teil des riesigen, im 14. Jahrhundert geplanten Kirchenbaus. ❷

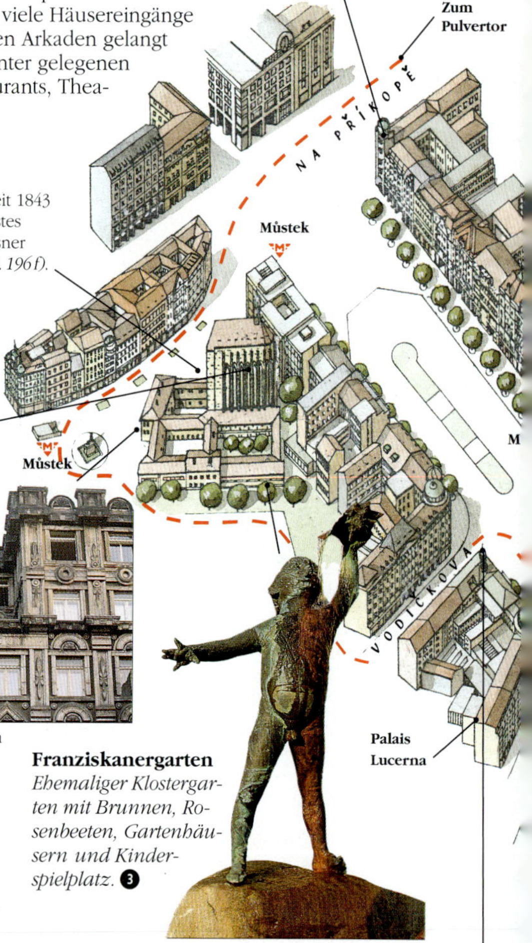

Der **Jungmannplatz** ist nach dem Schriftsteller und Sprachforscher Josef Jungmann (1773-1847) benannt, dessen Denkmal im Zentrum des Platzes steht. Das Palais Adria (1925) beherbergt die Laterna Magica *(siehe S. 214)*, in der in den Anfangstagen der »Samtenen Revolution« Václav Havels Bürgerforum tagte.

Franziskanergarten

Ehemaliger Klostergarten mit Brunnen, Rosenbeeten, Gartenhäusern und Kinderspielplatz. ❸

Das fünfstöckige **Wiehl-Haus** im Neurenaissancestil, benannt nach dem Architekten Antonín Wiehl, wurde 1896 fertiggestellt. Die Jugendstilfassade stammt von Mikoláš Aleš.

Nicht versäumen

- ★ **Wenzelsplatz**
- ★ **Hotel Europa**
- ★ **Nationalmuseum**

★ Wenzelsplatz
Beherrscht wird der Platz vom Reiterdenkmal des heiligen Wenzel (1912) und dem Nationalmuseum. ❶

ZUR ORIENTIERUNG
Siehe Kartenteil, Karten 3, 4 und 6

Das **Denkmal der Opfer des Kommunismus** besteht nur aus wenigen Kränzen, Kreuzen und Kerzen. Seit der »Samtenen Revolution« 1989 existiert eine inoffzielle Kultstätte vor dem Wenzelsdenkmal.

Franz Kafka *(siehe S. 68)* arbeitete im **Assicurazioni-Generali-Gebäude** 1906/07 zehn Monate lang als Versicherungsangestellter.

★ Hotel Europa
Jugendstilfassade und Inneneinrichtung des Hotels (1906) sind originalgetreu erhalten. ❹

Smetana-Theater
1980 restauriert mit reichverziertem Zuschauerraum und Stukkaturen im Stil des späten 19. Jahrhunderts. ❻

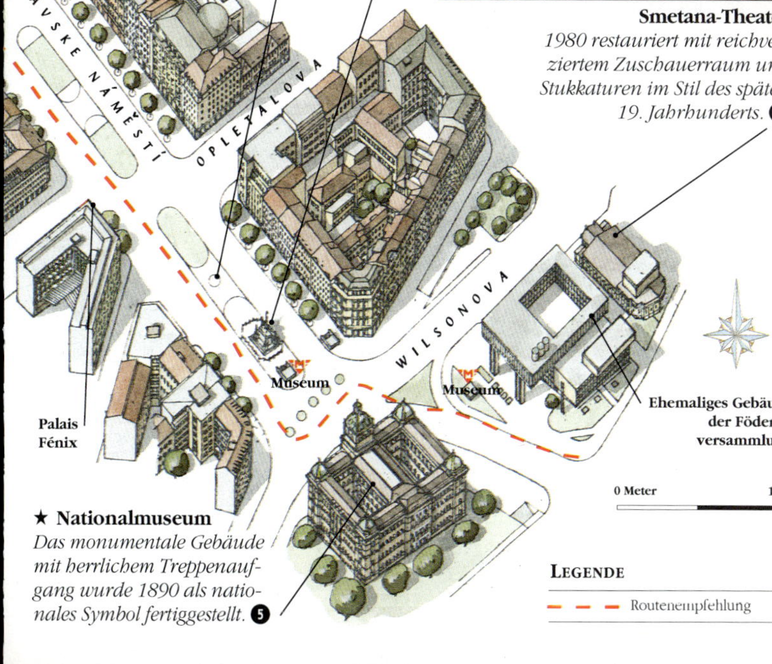

★ Nationalmuseum
Das monumentale Gebäude mit herrlichem Treppenaufgang wurde 1890 als nationales Symbol fertiggestellt. ❺

LEGENDE

Routenempfehlung

Wenzelsdenkmal auf dem Wenzelsplatz

Wenzelsplatz ❶

VÁCLAVSKÉ NÁMĚSTÍ

Karte 3 C5. *Můstek, Muzeum.* *3, 9, 14, 24.*

DER WENZELSPLATZ WAR wie schon in der Vergangenheit auch in jüngster Zeit Zeuge vieler historischer Ereignisse von nationaler Bedeutung. Als Zeichen des Protestes gegen die russische Besetzung verbrannte sich 1969 dort der Student Jan Palach. Von diesem Ort aus nahm 1989 die »Samtene Revolution« ihren Lauf, die den endgültigen Sturz der kommunistischen Regierung einleitete.

Der ursprünglich als Roßmarkt angelegte Platz ist 750 Meter lang und 60 Meter breit. Gesäumt wird er von Hotels, Restaurants, Klubs und Geschäften für diejenigen, die sich den westlichen Luxus erlauben können. Das übergroße bronzene Reiterstandbild des Fürsten Wenzel vor dem Hintergrund des Nationalmuseums wurde 1912 vom führenden tschechischen Bildhauer Josef Myslbek geschaffen. Am Fuße des Standbildes befinden sich die Figuren vier weiterer Landespatrone. Ein kleines Denkmal in der Nähe der Statue erinnert an die Opfer des Kommunismus.

Maria Schnee ❷

KOSTEL PANNY MARIE SNĚŽNÉ

Jungmannovo náměstí. **Karte** 3 C5. 26 57 42. *Můstek.* *tägl. 7–19.30 Uhr.*

KARL IV. GRÜNDETE die Kirche aus Anlaß seiner Krönung im Jahr 1347. Der Name dieser Kirche geht zurück auf ein Marienwunder im 4. Jahrhundert in Rom, als die Jungfrau dem damaligen Papst im Traum erschien und ihn hieß, ihr zu Ehren dort eine Kirche zu bauen, wo im August Schnee fällt. Karls Kirche, die über 100 Meter lang sein sollte, wurde nie fertiggestellt. Die heutige Kirche besteht nur aus einem Chorraum, der mit seinen 33 Metern Höhe im Jahr 1397 vollendet wurde. Ursprünglich gehörte die Kirche zum Karmeliterkloster. Auf der Nordseite sieht man ein Portal aus dem 14. Jahrhundert, das den Eingang zum Klosterfriedhof bildete.

Im frühen 15. Jahrhundert wurde der Kirchturm erbaut, die Hussitenkriege *(siehe S. 26f)* verhinderten jedoch die weitere Fortsetzung des Baus. Der radikale Hussit Jan Želivský predigte hier und wurde nach seiner Hinrichtung 1422 auch in der Kirche begraben. Während der Hussitenkriege wurde die Kirche schwer beschädigt, 1434 wurde sogar der Turm zerstört. Im Laufe der Zeit verfiel die Kirche. Erst im Jahr 1603 begannen die Franziskaner mit dem Wiederaufbau. Aus dieser Zeit stammt auch das großartige Netzgewölbe. Das Innere der Kirche ist, mit Ausnahme des zinnernen Taufbeckens, barock gestaltet. Ebenfalls barock ist der riesige dreiflügelige Hochaltar, der mit zahlreichen Heiligenfiguren und einem Kruzifix geschmückt ist.

Franziskanergarten ❸

FRANTIŠKÁNSKÁ ZAHRADA

Jungmannovo náměstí 18. **Karte** 3 C5. *Můstek.* *tägl. 6–19 Uhr.*

DER EHEMALIGE GARTEN des Franziskanerklosters ist seit 1950 öffentliche Parkanlage und eine ruhige Oase ganz in der Nähe des Wenzelsplatzes. Am Eingang befindet sich ein gotisches Portal, das zu der Kellergaststube U františkánů (Bei den Franziskanern) führt. Seit 1980 widmet man sich, wie ehemals die Franziskaner, wieder dem Kräuteranbau.

Hotel Europa ❹

HOTEL EVROPA

Václavské náměstí 29. **Karte** 4 D5. 24 22 81 18. *Můstek.* *3, 9, 14, 24.* *Siehe* ***Übernachten*** *S. 182ff,* ***Restaurants, Cafés und Kneipen*** *S. 198ff.*

OBWOHL DER ALTE Glanz des Hotels erloschen ist, ist es ein wunderbares Überbleibsel aus der goldenen Zeit der

Jugendstilornamente schmücken die Fassade des Hotels Europa

Fassade des Smetana-Theaters, ehemals Deutsches Theater

großen Hotels. Es wurde zwischen 1903 und 1906 im Jugendstil erbaut. Nicht nur die herrliche Fassade mit den vergoldeten Nymphen ist erhalten geblieben, sondern auch ein Großteil der Innenausstattung einschließlich der ursprünglichen Theken, Spiegel, Holztäfelungen und Lampen hat die Zeit unbeschadet überstanden.

Nationalmuseum ❺

NÁRODNÍ MUZEUM

Václavské náměstí 68. **Karte** 6 E1. *24 23 04 85. Muzeum. Mo und Mi–So 9–17 Uhr. (freier Eintritt 1. Mo des Monats).*

DAS MONUMENTALE GEBÄUDE im Neurenaissancestil bildet den oberen Abschluß des Wenzelsplatzes. Der Architekt Josef Schulz hat es 1890 als Ausdruck nationaler Größe gebaut. Den Eingang erreicht man über eine mit allegorischen Figuren geschmückte Treppe. Links und rechts vom Eingang sitzen Geschichte und Naturgeschichte.

Das Innere des Gebäudes beeindruckt viel mehr wegen seiner extravaganten Ausstattung als der darin enthaltenen mineralogischen, archäologischen, anthropologischen und zoologischen Sammlungen. Im Pantheon des Gebäudes befinden sich Büsten und Statuen großer tschechischer Gelehrter, Künstler und Schriftsteller sowie viele historische Gemälde von František Ženíšek, Václav Brožík und Vojtěch Hynais.

Smetana-Theater ❻

STÁTNÍ OPERA

Wilsonova 8. **Karte** 4 E5. *26 53 53. Muzeum. **Geöffnet** nur zu Vorstellungen. Siehe **Unterhaltung in Prag** S. 210 ff.*

DAS URSPRÜNGLICH AN dieser Stelle errichtete Neustädter Theater wurde 1885 abgerissen. Das an seiner Stelle erbaute Theater war das Deutsche Theater, weil es für die Deutschen in Prag und als Konkurrenz zum Nationaltheater der Tschechen *(siehe S. 156 f)* erbaut worden war. Den Frontgiebel über dem Säuleneingang schmückt ein neuklassizistischer Fries mit Figuren von Dionysos und Thalia. Das Innere ist verziert mit Stukkaturen, im Zuschauerraum und an den Vorhängen sind die Originalgemälde erhalten geblieben. Seit 1945 ist das Haus Opernhaus der Stadt, obwohl es wegen der nahen Stadtautobahn nur schwer zu erreichen ist.

Slawisches Haus ❼

SLOVANSKÝ DŮM

Na příkopě 22. **Karte** 4 D4. *24 21 30 91. Můstek, Náměstí Republiky. 5, 14, 26. tägl. 10–21 Uhr.*

SEIT 1945 IST dieses große neuklassizistische Gebäude kultureller Veranstaltungsort. Davor war es als Café Continental Treffpunkt der Deutschen in Prag. Neben Veranstaltungsräumen findet man eine Reihe von Restaurants und Bars, einschließlich eines Gartenrestaurants. Seinen Namen verdankt das Gebäude dem Slawenkongreß, der 1848 ganz in der Nähe abgehalten wurde.

Haupttreppe im Nationalmuseum

Jugendstil in Prag

Fassade Masarykovo nábřeží 10

DIESER ANMUTIGE UND GRAZILE Kunststil eroberte im letzten Jahrzehnt des 19. Jahrhunderts von Paris aus sehr schnell die anderen Hauptstädte Europas. In Prag erreichte er seinen Höhepunkt im ersten Jahrzehnt unseres Jahrhunderts, ab dem Ersten Weltkrieg wurde er jedoch als frivol und dekadent angesehen. Der Besucher findet hier eine Fülle von Jugendstilarbeiten sowohl in der Architektur wie in den schönen Künsten. In der Neustadt und im jüdischen Viertel *(siehe S. 80 ff)* wurden um die Jahrhundertwende ganze Straßenzüge abgerissen und im neuen Stil wiederaufgebaut.

Praha-Haus
1903 wurde es für die Versicherungsgesellschaft Praha gebaut. Der Name steht in Jugendstilbuchstaben über dem Eingang.

Architektur

EINZUG IN PRAG hielt der Jugendstil während der Jubiläumsausstellung im Jahr 1891. Der neue Architekturstil, dessen erklärtes Ziel es war, mit der alten monumentalen Bauweise zu brechen, legte Wert auf Ornamentales, das auf verschiedene Weise auf glatte Oberflächen aufgetragen wurde. Die dafür entwickelte Technik eignete sich besonders für die damals vielverwandten Materialien Gußeisen und Glas, welche leicht wirkten, aber sehr stabil waren. Das Ergebnis sind Bauwerke von unvergänglicher Schönheit.

Hotel Central
Die Fassade des von Alois Dryák und Bedřich Bendelmayer im Jahr 1900 erbauten Hotels zieren herrliche Stukkaturen.

Hlahol-Chor-Gebäude, 1905
Josef Fanta hat das Gebäude mit Mosaiken und Skulpturen von Karl Mottl und Josef Pekárek (siehe S. 142) *verschönt.*

Hotel Europa
Dieses herrliche, 1904 fertiggestellte Jugendstilgebäude ist bekannt für seine vollendete Gestaltung.

Hlavní nádraží
Der 1901 fertiggestellte Hauptbahnhof der Stadt mit seiner hohen gläsernen Kuppel und seinen eleganten Skulpturen ist einer der schönsten Jugendstilbauten.

Die schönen Künste

Viele Maler, Bildhauer und Grafiker wurden vom Jugendstil beeinflußt. Einer seiner wichtigsten Vertreter war Alfons Mucha (1860–1939), der vor allem mit seinen Plakatmotiven Berühmtheit erlangte. Er arbeitete aber auch mit Buntglas *(siehe S. 102)*, Schmuck, entwarf sogar Briefmarken. Die besten Exponate des Jugendstil findet man in Prag gerade in den Bereichen der schönen Künste und der angewandten Kunst. Die Künstler machten es sich zur Aufgabe, nahezu jedes Objekt – vom Türknauf bis zum Besteck – zu verschönern. Die Ornamente, welche sie schufen, empfanden sie den Formen in der Natur nach.

Briefmarke, 1918
Ein markantes Motiv von Alfons Mucha zur Gründung der tschechischen Republik.

Plakat
Muchas Farblitho für die sechste Tagung des Turnvereins Sokol (1912) ist im Museum für Körpererziehung und Sport ausgestellt.

Záboj und Slavoj
Diese mythischen Figuren wurden von Josef Myslbek 1895 für die Palacký-Brücke geschnitzt. Heute stehen sie im Vyšehrad.

Glasvase
Diese schillernde grüne Vase aus böhmischem Glas mit Reliefschmuck aus ineinanderverschlungenen Fäden steht im Kunstgewerbemuseum.

Vorhangschmuck und Kerzenhalter
Der silberne und seidene Schmuck zierte das Zimmer des Bürgermeisters im Gemeindehaus. Der Kerzenhalter von Emanuel Novák steht heute im Kunstgewerbemuseum.

Wegweiser zum Jugendstil in Prag

Türschmuck am Haus Široka 9 im jüdischen Viertel

Architektur

Gemeindehaus *S. 64*
Hanau-Pavillon *S. 161*
Handelsministerium *S. 67*
Hauptbahnhof, Wilsonova
Hlahol-Chor-Gebäude, Masarykovo nábřeží 10
Hotel Central, Hybernská 10 *siehe auch S. 185*
Hotel Europa *S. 146*
Kongreßpalast *S. 162 und Vier Spaziergänge, S. 176 f*
Palacký-Brücke (Palackého most)
Praha-Haus, Národní třída 7
Wiehl-Haus *S. 144*
Wohnhaus, Na příkopě 7

Malerei

St.-Agnes-Kloster *S. 92 f*

Bildhauerei

Jan-Hus-Denkmal *S. 70*
Vyšehrad-Garten *S. 160 und Vier Spaziergänge, S. 178 f*
Vyšehrad-Friedhof *S. 160 und Vier Spaziergänge, S. 178 f*
Kloster Zbraslav *S. 163*

Kunstgegenstände

Kunstgewerbemuseum *S. 84*
Museum der Stadt Prag *S. 161*

Im Detail: Karlsplatz

Fassadenschmuck am Karlsplatz

Laut ist es im südlichen Teil der Neustadt immer, denn hier kreuzen sich fast alle Straßenbahnlinien. Glücklicherweise kann man sich in den beschaulichen Park auf dem Karlsplatz (Karlovo náměstí) zurückziehen. Viele Gebäude um den Karlsplatz herum werden von der Universität genutzt, auf dem Platz selbst stehen Denkmäler tschechischer Schriftsteller und Gelehrter. Zahlreiche Gebäude sind im Barockstil erbaut, auf dem Weg zum Fluß stößt man auf das Emmauskloster aus dem 14. Jahrhundert.

Die **Tschechische Technische Hochschule** wurde 1867 in diesem großen Neurenaissancebau gegründet.

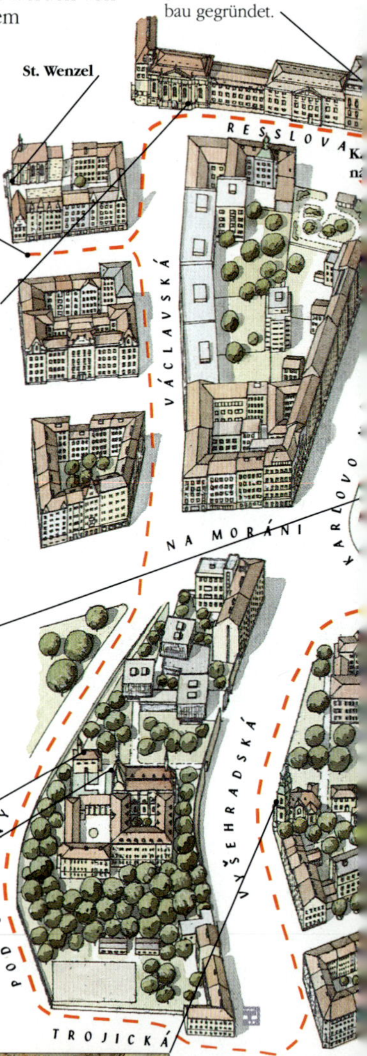

St. Wenzel

Zum Fluß

★ St. Kyrill und Methodios
Eine Gedenktafel und die Kugeleinschüsse an der Wand erinnern an den Angriff auf die Kirche 1942, als deutsche Truppen tschechische Widerstandskämpfer in der Krypta aufgespürt hatten. ⓫

★ Karlsplatz
Das Herz des Platzes ist ein großzügiger Park mit Rasenflächen, Blumenbeeten und Statuen aus dem 19. Jahrhundert. ⓾

Kapelle St. Kosmas und Damian

Emmauskloster
1965 wurden der Klosterkirche aus dem 14. Jahrhundert zwei moderne Betontürme von František Černý hinzugefügt. ⓮

Nicht versäumen

- ★ Karlsplatz
- ★ St. Kyrill und Methodios

St. Johannes von Nepomuk am Felsen
Orgel und Deckengemälde einer der schönsten Kirchen stammen von Kilian Ignaz Dientzenhofer. ⓭

St. Ignatius
Der Strahlenkranz und die vergoldeten Engel an den Seitenaltären sind typisch für die prunkvolle Ausstattung dieser Barockkirche. ❽

ZUR ORIENTIERUNG
Siehe Kartenteil, Karte 5

Die Dichterin **Eliška Krásnohorská** schrieb die Libretti für Smetanas Opern. Seit 1931 erinnert ein Denkmal an sie.

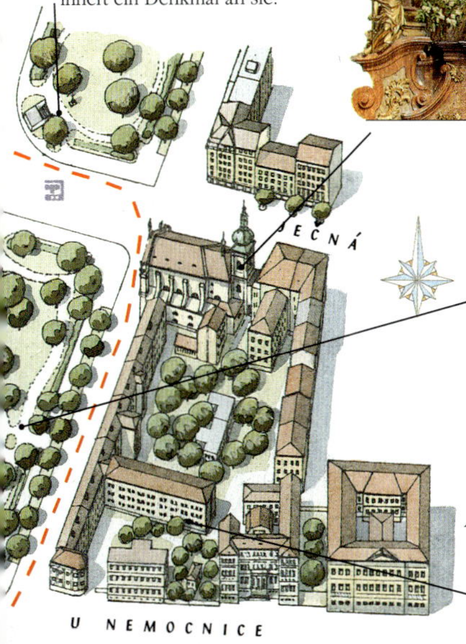

Die Statue des bedeutenden Naturwissenschaftlers und Zellforschers **Jan Purkyně** (1787-1869) wurde 1961 als letztes Denkmal errichtet.

Jesuitenkolleg
Dieses Mitte des 17. Jahrhunderts gegründete monumentale Gebäude ist seit der Auflösung des Jesuitenordens 1773 ein Krankenhaus (siehe S. 30 f). ❾

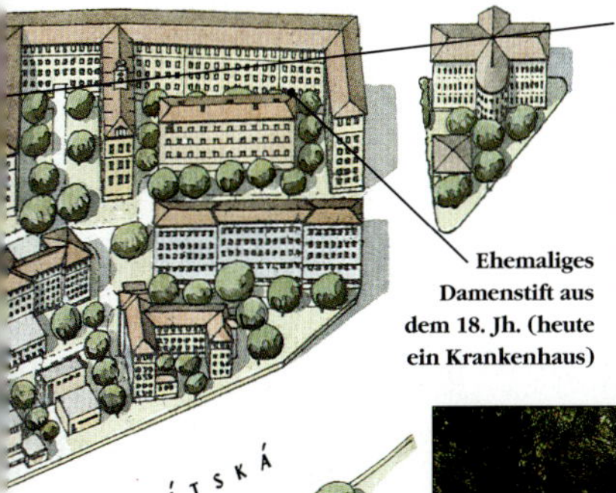

Ehemaliges Damenstift aus dem 18. Jh. (heute ein Krankenhaus)

Fausthaus
Als Graf Ferdinand Mladota von Solopysky im 18. Jahrhundert das Haus erwarb und darin chemische Experimente durchführte, erhielt das Haus seinen Namen. ⓬

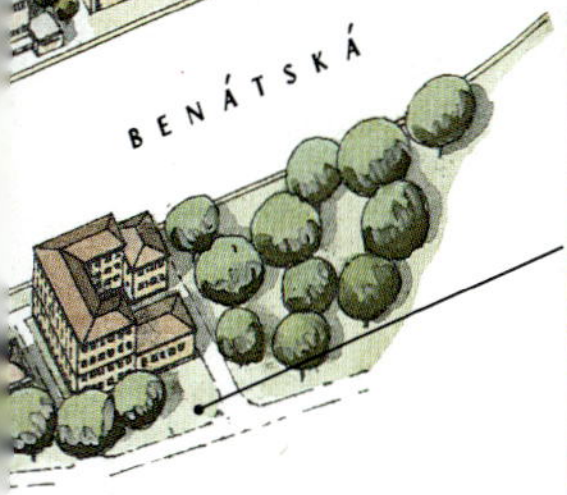

0 Meter 100

LEGENDE

Routenempfehlung

Botanischer Garten
Dieser Garten gehört zur Karlsuniversität und ist berühmt für seine Vielfalt an seltenen Pflanzen. Wer hierher kommt, findet Ruhe und Entspannung. ⓯

Skulpturen an der Fassade von St. Ignatius von Tommaso Soldati

St. Ignatius ❽

KOSTEL SV. IGNÁCE

Karlovo náměstí. **Karte** 5 C2. *29 44 31. Karlovo náměstí. 3, 4, 6, 14, 18, 22, 24. tägl. 5–12 (So 6–12 Uhr), 15–18.30 Uhr.*

DIESER PRUNKVOLLE barocke Kirchenbau mit seiner reichen Stuckverzierung ist typisch für die Jesuiten, die mittels dieses Prunks ihre Macht und den starken Einfluß ihres Glaubens demonstrieren wollten. Begonnen hat den Bau 1665 der Architekt Carlo Lurago, von dem auch das angrenzende Jesuitenkolleg stammt. Paul Ignaz Bayer beendete ihn schließlich mit der Fertigstellung des Turms im Jahr 1687. Das Gemälde von Jan Jiří Heinsch am Hochaltar zeigt die Glorifizierung des heiligen Ignatius, des Begründers des Jesuitenordens, Ignatius von Loyola. Die Jesuiten verschönerten die Kirche ständig mit Stukkaturen und Statuen, bis ihr Orden im Jahre 1773 aufgelöst wurde.

Jesuitenkolleg ❾

JEZUITSKÁ KOLEJ

Karlovo náměstí 36. **Karte** 5 B2. *Karlovo náměstí. 3, 4, 6, 14, 16, 18, 22, 24.* ***Kein Publikumsverkehr.*** .

DAS EHEMALIGE Jesuitenkolleg in der Neustadt nimmt die halbe Ostseite des Karlsplatzes ein. Die Jesuiten haben auch hier ganze Viertel zerstört, um weitere Bastionen ihres Glaubens zu errichten. Gebaut haben das Kolleg die Architekten Carlo Lurago und Paul Ignaz Bayer zwischen 1656 und 1702. Die mit Plastiken verzierten Portale stammen von Johann Georg Wirch, der das Gebäude im Jahr 1770 auch erweitert hat. Nach der Auflösung des Ordens wurde das Kolleg in ein Militärkrankenhaus umgewandelt, heute gehört es zur medizinischen Fakultät der Karlsuniversität.

Karlsplatz ❿

KARLOVO NÁMĚSTÍ

Karte 5 B2. *Karlovo náměstí. 3, 4, 6, 14, 16, 18, 22, 24.*

SEIT MITTE DES 19. Jahrhunderts ist der Platz ein öffentlicher Park, der, obwohl von verkehrsreichen Straßen umgeben, immer ein ruhiges Plätzchen zum Lesen und Sinnieren bietet.

Gegründet wurde er von Karl IV. 1348 als Rindermarkt. Gehandelt wurde hier jedoch auch mit Holz, Kohlen und Salzheringen aus dem Faß.

In der Mitte des Marktplatzes ließ Karl IV. einen Holzturm errichten, in dem jedes Jahr die Krönungskleinodien ausgestellt wurden. 1382 wurde der Turm durch eine Kapelle ersetzt, in der im Jahre 1437 das Abkommen zwischen den Hussiten und dem Basler Konzil proklamiert wurde.

St. Kyrill und Methodios ⓫

KOSTEL SV. CYRILA A METODĚJE

Resslova. **Karte** 5 B2. *29 55 95. Karlovo náměstí. 3, 4, 6, 14, 16, 18, 22, 24. Mo–Sa 9–11 Uhr.*

DIE UM 1730 erbaute Barockkirche mit ihrer säulengeschmückten Fassade war ursprünglich dem heiligen Borromäus geweiht und diente als Ort für bejahrte Priester, aber sowohl das Altersheim wie auch die Kirche wurden 1783 geschlossen.

Um 1930 wurde die Kirche für die tschechoslowakische orthodoxe Kirche restauriert und im Zuge dessen auch den Aposteln der Slawen, St. Kyrill und St. Methodios, geweiht. Im Mai 1942 versteckten sich in der Krypta jene Widerstandskämpfer, die das Attentat auf den stellvertretenden Reichsprotektor Reinhard Heydrich verübt hatten. Als die Nazis die Kirche umstellt hatten, nahmen sich alle Widerstandskämpfer das Leben. Einige der Kugeleinschüsse – Zeugnisse der deutschen Belagerung – sind unterhalb der Gedenktafel an der Außenseite der Krypta noch heute zu sehen.

Hauptaltar der Kirche St. Kyrill und Methodius

Fausthaus ⓬
FAUSTŮV DŮM

Karlovo náměstí 40, 41. **Karte** 5 B3. *Karlovo náměstí.* *3, 14, 16.* ***Kein Publikumsverkehr.***

PRAG UND SEINE PALAIS sind der Stoff, aus dem die Legenden über Alchimisten und ihren Pakt mit dem Teufel sind. Das erste Haus an dieser Stelle aus dem 14. Jahrhundert gehörte Prinz Václav von Opava, einem Naturwissenschaftler. Im 16. Jahrhundert. kaufte es der Alchimist Edward Kelley, aber erst die chemischen Experimente von Graf Ferdinand Mladota von Solopysky im 18. Jahrhundert führten dazu, daß man dieses Haus mit der Faust-Legende assoziierte.

Barocke Fassade des Fausthauses

St. Johannes von Nepomuk am Felsen ⓭
KOSTEL SV. JANA NA SKALCE

Vyšehradská 49. **Karte** 5 B3. *29 38 50.* *3, 4, 14, 18, 24.* *für Gottesdienste.* *Mo und Do 6 Uhr, So 7.30 Uhr.*

DIESE KIRCHE MIT ihren zwei Türmen zählt zu Prags kleineren Barockkirchen. Sie wurde von Kilian Ignaz Dientzenhofer erbaut und gehört mit zu seinen schönsten Arbeiten. Das Kirchenschiff erhebt sich über einem achteckigen Grundriß. Die Kirche wurde 1738 fertiggestellt, die doppelarmige Freitreppe allerdings erst um 1770 hinzugefügt. Auf dem Hauptaltar steht eine Holzstatue des heiligen Johannes von Nepomuk von Jan Brokoff *(siehe S. 137)*, die Bronzestatue steht auf der Karlsbrücke.

Emmauskloster ⓮
KLÁŠTER NA SLOVANECH

Vyšehradská. **Karte** 5 B3. *29 38 50.* *3, 4, 14, 18, 24.* *Di–So 10–17 Uhr.*

KLOSTER UND KIRCHE wurden bei einem Luftangriff der Amerikaner 1945 fast vollständig dem Erdboden gleichgemacht. Im Zuge des Wiederaufbaus erhielt die Kirche zwei supermoderne Betontürme.

Das Kloster wurde im Jahr 1347 für die kroatischen Benediktiner erbaut, die ihre Gottesdienste in slawonischer Sprache abhielten. Im Laufe der ereignisreichen religiösen Geschichte der Stadt ging es jedoch durch zahlreiche Hände. 1446 wurde hier beispielsweise der hussitische Orden gegründet, im Jahre 1635 ging das Kloster in die Hände spanischer Benediktiner über. Deutsche Benediktiner schließlich, welche das Kloster im Jahre 1880 übernahmen, bauten fast das gesamte Barockgebäude im neugotischen Stil um. Bis heute erhalten geblieben sind einige historisch interessante Wandmalereien, die meisten wurden jedoch, wenn nicht schon vorher, während der massiven Luftangriffe im Zweiten Weltkrieg zerstört.

Überreste der Fresken aus dem 14. Jh. im Kreuzgang des Klosters

Botanischer Garten ⓯
BOTANICKÁ ZAHRADA

Na slupi 18. **Karte** 5 B3. *24 91 50 24.* *18, 24.* *148.* *Jan–März und Sep–Okt tägl. 10–17 Uhr; Nov–Dez tägl. 10–16 Uhr; April–Aug tägl. 10–18 Uhr.*

DER ERSTE BOTANISCHE Garten Prags wurde unter Kaiser Karl IV. im 14. Jahrhundert angelegt. Der 1775 in Smíchov gegründete Universitätsgarten wurde 1897 hierher verlegt. Das Glashaus stammt aus dem Jahr 1938.

Der Besucher findet hier vielfältige und zahlreiche botanische und zoologische Ausstellungen. Eine der Hauptattraktionen ist eine riesige Wasserlilie, *Victoria cruziana*, deren Blätter so kräftig sind, daß sie ein kleines Kind tragen. Im Sommer wachsen ihr Dutzende von Blüten, die nur einen einzigen Tag blühen.

Eingang zum Botanischen Garten

Achteckiger Turm von St. Katharina

St.-Katharinen-Kirche 16

KOSTEL SV. KATEŘINY

Kateřinská. **Karte** 5 C3. *4, 6, 16, 22. Der Öffentlichkeit* ***nicht zugänglich.***

Die Kirche St. Katharina steht im Garten eines ehemaligen Klosters, das 1354 von Karl IV. zur Erinnerung an seine siegreiche Schlacht von San Felice in Italien 1332 gegründet wurde. Während der hussitischen Revolution 1420 *(siehe S. 26f)* wurde das Kloster zerstört, im folgenden Jahrhundert von den Augustinern wiederaufgebaut, die es bis zur Auflösung des Klosters 1787 bewohnten. Seit 1822 wird es als Krankenhaus genutzt.

1737 entstand eine neue Barockkirche, die den schlanken Turm der ursprünglichen Kirche erhielt. Die ungewöhnliche achteckige Form verlieh der Kirche den Beinamen »das Prager Minarett«.

Restaurant Zum Kelch 17

RESTAURACE U KALICHA

Na bojišti 12. **Karte** 6 D3. *29 60 17. I. P. Pavlova. 4, 6, 16, 22. tägl. 11–15 Uhr, 17–23 Uhr. Siehe* ***Restaurants*** *S. 198 ff.*

Berühmt wurde das Bierlokal, in dem heute wie damals Pilsner Urquell ausgeschenkt wird, durch den Roman *Die Abenteuer des braven Soldaten Švejk* von Jaroslav Hašek. Hier verkehrten Hašek und Švejk, die wohl berühmteste tschechische Romanfigur. Das Personal ist angezogen wie im Ersten Weltkrieg, die Zeit, in der der Roman spielt.

Dvořák-Museum 18

MUZEUM ANTONÍNA DVOŘÁKA

Ke Karlovu 20. **Karte** 6 D2. *29 82 14. I. P. Pavlova. 148. Di–So 10–17 Uhr.*

Das ehemalige Palais Michna, in dem heute das Antonín-Dvořák-Museum eingerichtet ist, ist einer der schönsten barocken Profanbauten in der Stadt. Ausgestellt sind Partituren und Handschriften des bedeutenden tschechischen Komponisten des 19. Jahrhunderts, außerdem sein Klavier, seine Viola und sein Schreibtisch.

Kilian von Dientzenhofer *(siehe S. 129)* baute das zweistöckige barocke Gebäude mit dem elegant gestaffelten Dach 1720 für die Michnas von Vacínov, daher auch der erste Name Palais Michna. Ein nahe gelegenes Gasthaus, Amerika genannt, verlieh ihm seinen späteren Namen Villa Amerika. Das ursprüngliche Barockgitter am Eingang zwischen den beiden das Haus einrahmenden Pavillons wurde durch eine Kopie ersetzt. Die Statuen und Vasen im Garten stammen aus der Werkstatt Matthias Brauns und gehen auf das Jahr 1735 zurück. Sie bedurften ebenso wie die Innenräume des Gebäudes der kompletten Restaurierung. Decke und Wände in der großen Eingangshalle zieren Fresken von Jan Ferdinand Schor (18. Jh.).

St.-Stephans-Kirche 19

KOSTEL SV. ŠTĚPÁNA

Štěpánská. **Karte** 5 C2. *24 21 35 70. 4, 6, 16, 22. nur für Gottesdienste. Mo–Fr 17 Uhr, So 8 und 11 Uhr.*

Karl IV. gründete St. Stephan 1351 als Pfarrkirche der oberen Neustadt, aber erst 1401 wurde sie mit der Hinzufügung des Turms fertiggestellt. Im 17. Jahrhundert baute man die Kornelkapelle auf der Westseite der Kirche, wo auch der vielbeachtete barocke Bildhauer Matthias Braun begraben liegt.

Der Großteil der weiteren barocken Anbauten wurden in den 70er Jahren des 18. Jahrhunderts wieder entfernt, als Josef Mocker die Kirche im neugotischen Stil umgestaltete. Erhal-

Das Palais Michna, heute Sitz des Dvořák-Museums

Deckengemälde im Renaissancestil im Neustädter Rathaus

ten geblieben sind einige schöne Barockgemälde, darunter *Die Taufe Christi* von Karel Škréta am Ende des linken Seitenschiffes und ein Bild des heiligen Johannes von Nepomuk *(siehe S. 137)* von Jan Jiří Heinsch zur Linken der Kanzel aus dem 15. Jahrhundert. Den kostbarsten Schatz der Kirche stellt das gotische Madonnenbild aus dem Jahr 1472 dar.

Gotische Kanzel in St. Stephan

Neustädter Rathaus ⓴

NOVOMĚSTSKÁ RADNICE

Karlovo náměstí 23. **Karte** 5 B1. *Karlovo náměstí.* 3, 4, 6, 14, 16, 18, 22, 24. ***Kein Publikumsverkehr.***

Ein Denkmal des hussitischen Predigers Jan Želivský wurde 1960 vor dem Neustädter Rathaus enthüllt, das an den ersten und blutigsten aller Prager Fensterstürze erinnert. Am 30. Juli 1419 führte Želivský eine Menschenmenge vor das Rathaus und forderte die Freilassung mehrerer Gefangener. Als die Freilassung verweigert wurde, stürmten sie das Gebäude und stürzten die katholischen Ratsherren aus dem Fenster. Diejenigen, die den Sturz überlebten, wurden mit Lanzen getötet.

Das ursprüngliche Rathaus stammt aus dem 14. Jahrhundert, der heute älteste Teil ist der gotische Turm aus dem 15. Jahrhundert. Ein Jahrhundert später wurde der Arkadenhof gebaut. Nach dem Zusammenschluß der vier Prager Städte wurde das Rathaus Gerichtsgebäude und Gefängnis. Heute dient es kulturellen und sozialen Zwecken, die herrliche gotische Halle wird außerdem für Hochzeiten vermietet.

U Fleků ㉑

Křemencova 11. **Karte** 5 B1. 29 64 17. *Národní třída, Karlovo náměstí.* 6, 9, 17, 18, 22. *Siehe* ***Restaurants*** *S. 198 ff.*

Unterlagen bezeugen, daß hier bereits seit 1459 Bier gebraut wird. Glücklicherweise verstehen die jetzigen Besitzer dieses traditionsreichen Bierlokals das Bierbrauen in erster Linie als Kunst und nicht nur als Gelderwerb. Im Jahr 1762 wurde das Lokal von Jakub Flekovský gekauft, der ihm auch den Namen gab – U Fleků (Bei Fleck). In der derzeit kleinsten Brauerei Prags wird ein besonders dunkles, starkes Bier gebraut, das auch nur dort ausgeschenkt wird. Im Sommer trinkt man es im Biergarten; im Gewölbekeller gibt es ein Kabarett.

St.-Ursula-Kirche ㉒

KOSTEL SV. VORŠILY

Národní 8. **Karte** 3 A5. *Národní třída.* 6, 9, 18, 22. *nur zum Gottesdienst.* *tägl. 17 Uhr, So 10 Uhr.*

Die schöne Barockkirche wurde 1672 als Teil des Ursulinenklosters gegründet. Erhalten geblieben sind die Originalskulpturen an der Fassade und die Statuengruppe (1747) vor der Kirche von Ignaz Platzer dem Älteren. Im Inneren findet man Fresken und Stukkaturen an der Decke, und an den verschiedenen Seitenaltären farbenprächtige barocke Gemälde. Den Hauptaltar ziert ein Bild der heiligen Ursula.

Das angrenzende Kloster, das sich seit kurzem wieder in Händen des Ordens befindet, ist heute eine katholische Schule. Auf keinen Fall versäumen sollte man einen Besuch in der Klostergaststätte.

Nationaltheater ㉓

NÁRODNÍ DIVADLO

Siehe S. 156 f.

U Fleků, Prags bekanntestes Bierlokal

Nationaltheater ㉓

NÁRODNÍ DIVADLO

Bronzeskulptur im Foyer

Das im Neurenaissancestil errichtete Gebäude ist ein wichtigtes Symbol des kulturellen Bewußtseins des Landes. 1868 begann der tschechische Architekt Josef Zítek mit dem größtenteils durch Spenden aus der Bevölkerung finanzierten Bau, der jedoch kurz nach Vollendung durch Feuer zerstört wurde *(siehe gegenüberliegende Seite)*. Wiederaufgebaut wurde das Theater von Josef Schulz. Ende der 70er bis Anfang der 80er Jahre wurde das Theater von Karl Prager restauriert und durch die Neue Bühne ergänzt.

Von der Moldau aus gesehen

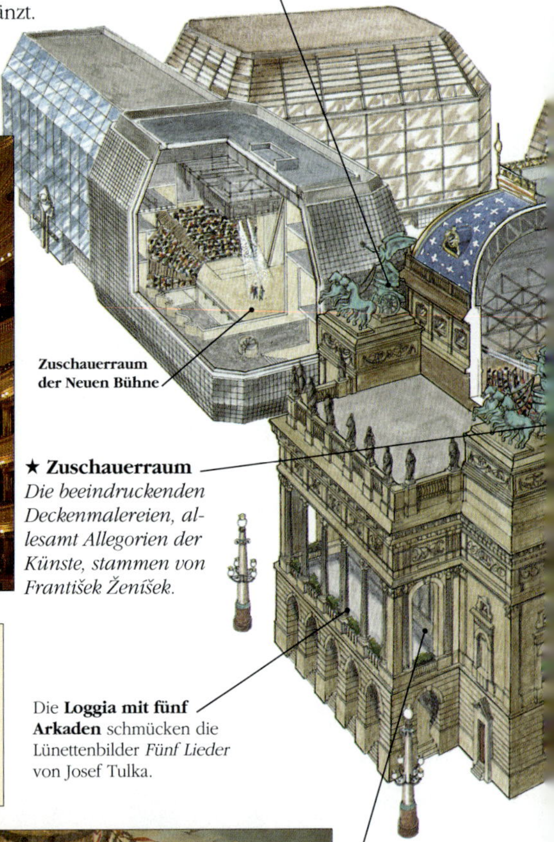

Der **bronzene dreispännige Triumphwagen** von Bohuslav Schnirch mit der Siegesgöttin.

Zuschauerraum der Neuen Bühne

★ Zuschauerraum
Die beeindruckenden Deckenmalereien, allesamt Allegorien der Künste, stammen von František Ženíšek.

Die **Loggia mit fünf Arkaden** schmücken die Lünettenbilder *Fünf Lieder* von Josef Tulka.

★ Deckenfresko im Foyer
Ein Tryptichon von František Ženíšek aus dem Jahr 1878, das die goldene Zeit der tschechischen Kunst darstellt, schmückt das große Foyer.

Nicht versäumen

- ★ **Zuschauerraum**
- ★ **Deckenfresko**
- ★ **Bühnenvorhang**

★ Bühnenvorhang
Dieser prächtige rotgoldene Vorhang von Vojtěch Hynais zeigt die Gründung des Theaters.

Infobox

Národní 2, Nové Město.
Karte 3 A5. ☎ *24 91 34 37.*
Ⓜ *Národní třída, Linie B.*
🚋 *17, 22, 18 nach Národní třída.* 🕐 ***Zuschauerraum*** *nur während der Vorstellung.*

Fassadenschmuck
Diese stehende Figur (1883) an der Westseite ist nur eine der Allegorien der Kunst aus der Werkstatt von Antonín Wagner.

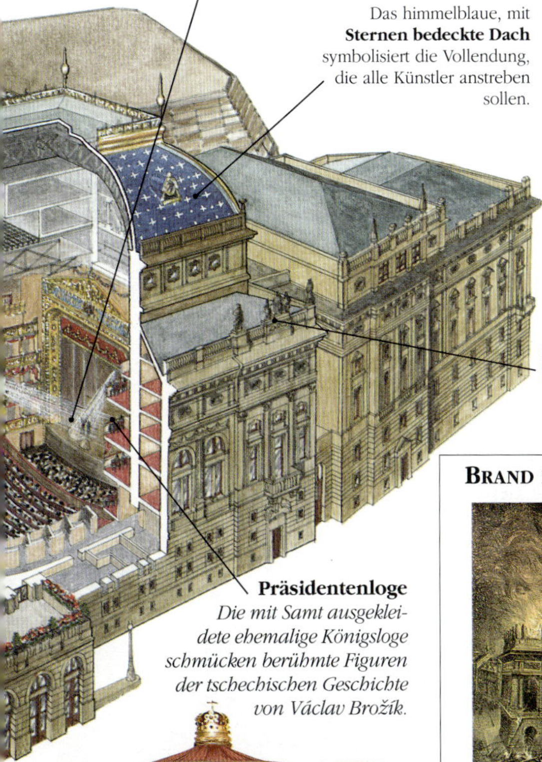

Das himmelblaue, mit **Sternen bedeckte Dach** symbolisiert die Vollendung, die alle Künstler anstreben sollen.

Präsidentenloge
Die mit Samt ausgekleidete ehemalige Königsloge schmücken berühmte Figuren der tschechischen Geschichte von Václav Brožík.

Brand im Nationaltheater

Am 12. August 1881, nur wenige Tage vor der offiziellen Eröffnung, fiel das Nationaltheater einem Brand zum Opfer, der durch Metallarbeiter auf dem Dach verursacht worden sein soll. Sechs Wochen danach war genügend Geld gespendet worden, um es wiederaufzubauen. Nur zwei Jahre später wurde es mit der Oper *Libussa* von Bedřich Smetana *(siehe S. 79)* endgültig eröffnet.

Abstecher

TROTZ DER REICHTÜMER und Schönheiten Prags sollte man die Umgebung nicht versäumen, auch wenn sich die Verständigung abseits der Touristenpfade mühsamer gestaltet. Ein Versuch lohnt sich immer, denn so entkommt man den Touristenmassen, und durch die Distanz erkennt man, daß Prag sowohl eine moderne Stadt als auch ein historisches Kleinod ist. Die meisten Sehenswürdigkeiten im ersten Teil sind mit Metro, Straßenbahn oder zu Fuß mühelos zu erreichen. Wenn Sie Tagesausflüge in die Umgebung *(siehe S. 166ff)* planen, sollten Sie auf keinen Fall Schloß Troja und das Kloster Zbraslav versäumen, in dem heute die Sammlung moderner tschechischer Bildhauerkunst untergebracht ist. Auch viele andere Schlösser der Umgebung sind sehenswert, darüber hinaus die alten Kurorte Marienbad und Karlsbad, die bereits im 19. Jahrhundert die ersten Touristen nach Böhmen lockten.

Gewölbe in St. Barbara, Kutná Hora (Kuttenberg)

Sehenswürdigkeiten auf einen Blick

Museen
Mozart-Museum 1
Museum der Stadt Prag 6
Technisches Nationalmuseum 8
Kloster Zbraslav 14

Klöster
Kloster Břevnov 12

Historische Viertel
Vyšehrad 2
Žižkov 4
Náměstí Míru 5

Friedhöfe
Olšany 3

Historische Sehenswürdigkeiten
Weißer Berg und Schloß Stern 13

Historische Gebäude
Schloß Troja S. 164f 10

Parks und Gärten
Letná-Park 7
Ausstellungsgelände und Baumgarten 9
Zoo 11

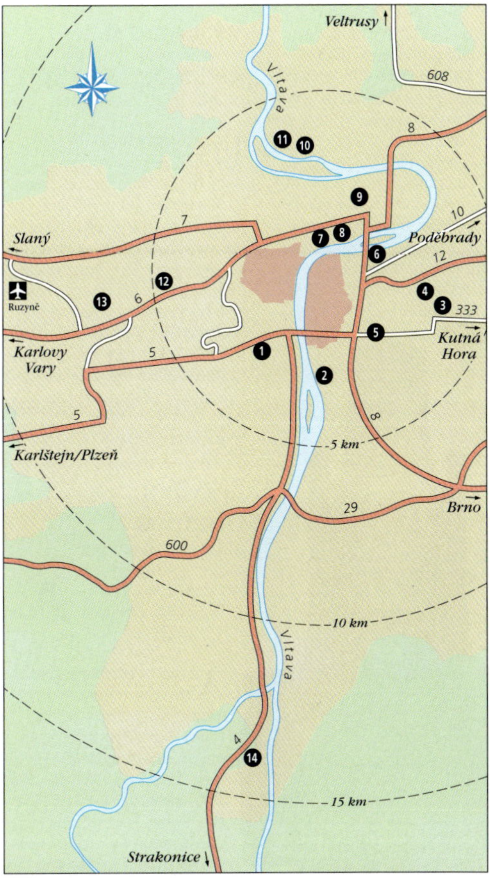

Legende
- Innenstadt
- Stadtgebiet
- Flughafen
- Hauptstraße
- Nebenstraße

◁ **Teil der Freitreppe vor Schloß Troja aus dem 17. Jahrhundert**

Die Villa Bertramka mit dem Mozart-Museum

Mozart-Museum ❶

BERTRAMKA

Mozartova 169. *54 38 93.* *Anděl.* *4, 7, 9.* *tägl. 9.30–18 Uhr.*

DIE PRAGER LIEBEN und verehren Mozart, und der Weg zur Villa Bertramka ist deshalb gut ausgeschildert. Die Anfänge der Villa gehen auf das 17. Jahrhunderts zurück, in der zweiten Hälfte des 18. Jahrhunderts wurde sie dann in eine luxuriöse Vorstadtvilla umgebaut. Während Mozart *Don Giovanni* komponierte, wohnten er und seine Frau Constanze hier bei dem Komponisten František Dušek und seiner Frau Josefina. Im Gartenpavillon schrieb er die Ouvertüre der Oper wenige Stunden vor deren Uraufführung im Nostitzschen (später Stände-, jetzt Tyl-) Theater *(siehe S. 65)*. In der Villa befindet sich eine kleine Ausstellung über Mozart.

Gut gepflegtes Grab im östlichen Teil des Friedhofs Olšany

Vyšehrad ❷

Karte 5 B5. *Vyšehrad.* *7, 18, 24.*

DIE BEFESTIGTE »Burg auf dem Felsen« stammt aus dem 10. Jahrhundert und diente den ersten Přemyslidenherrschern, die sie der Burg auf dem Hradschin vorzogen, als Residenz. Die Burganlage ist für die Tschechen sowohl von historischer als auch mythologischer Bedeutung, weshalb sie 1870 zum nationalen Ehrenfriedhof erklärt wurde. Die ganze Festungsanlage wird später ausführlich beschrieben *(siehe S. 178f)*.

Friedhof Olšany ❸

OLŠANSKÉ HŘBITOVY

Vinohradská, Jana Želivského. *67 31 06 52.* *Želivského.* *11, 16, 19, 26.* *tägl. 9–19 Uhr.*

AN DER NORDWESTECKE des Hauptfriedhofs steht die kleine Kirche St. Rochus (1682), des Schutzheiligen gegen die Pest, denn der erste Friedhof entstand hier 1679 nach der großen Pestepidemie. Im Lauf des 19. Jahrhunderts wurde der alte Friedhof vergrößert und neue um ihn herum angelegt. So der Russische Friedhof mit der orthodoxen Kapelle (1924/25), und der jüdische, auf dem auch Franz Kafka *(siehe S. 68)* begraben liegt. Viele berühmte Tschechen wurden hier zur letzten Ruhe gebettet, darunter der Maler Josef Mánes (1820–71), der zur Blütezeit der tschechischen Wiedergeburt *(siehe S. 32f)* arbeitete, und Josef Jungmann (1773–1847), Verfasser eines fünfbändigen deutsch-tschechischen Wörterbuchs.

Žižkov ❹

Jiřího z Poděbrad, Želivského, Flóra. **Nationaldenkmal,** *U památníku.* *133, 168, 207. Der Öffentlichkeit* ***nicht zugänglich***.

Reiterstandbild von Jan Žižka

DIESES STADTVIERTEL war Schauplatz eines historischen Sieges der Hussiten über die Kreuzfahrer. Auf dem Veitsberg (Vítkov) hat am 14. Juli 1420 eine kleine hussitische Streitmacht das riesige Heer von Kaiser Sigismund besiegt *(siehe S. 26f)*. Angeführt wurden die todesmutigen, singenden Hussiten vom einäugigen Jan Žižka.

1877 wurde der Stadtteil zu Ehren des Sieges Žížkas in Žížkov umbenannt und 1950 ein von Bohumil Kafka geschaffenes Bronzedenkmal aufgestellt. Die mit ihren 9 Meter höchste Reiterstatue der Welt steht vor der gleichfalls imposanten nationalen Gedenkstätte (1927–32), die als Wahrzeichen des Unabhängigkeitskampfes der Tschechen gilt. Es war eine Zeitlang letzte Ruhestätte für Klement Gottwald und andere kommunistische Führer; deren Gebeine wurden mittlerweile wieder entfernt. Die Zukunft des Denkmals ist ungewiß.

Ein noch sichtbareres Wahrzeichen Prags ist der neue, 260

Relief von Josef Myslbek über dem Portal von St. Ludmilla in Náměstí Míru

Meter hohe, in den Jahren 1984–88 erbaute Fernmeldeturm. Die Prager Bevölkerung steht dem riesigen Stahlbetonungetüm und der von ihm ausgehenden Strahlung immer noch mit großem Argwohn gegenüber.

Náměstí Míru ❺

Karte 6 F2. *Náměstí Míru.* 4, 16, 22. 135, 148, 272. **St.-Ludmilla-Kirche** *nur für Gottesdienste.*

DER BESCHAULICHE PLATZ mit dem gepflegten Park ist das Zentrum des Weinbergviertels. Am oberen Ende der abfallenden Rasenfläche steht die neugotische Kirche St. Ludmilla (1888–93) von Josef Mocker, Architekt des Westendes des Veitsdoms *(siehe S. 100 ff)*. Die beiden achteckigen Türme sind 60 Meter hoch. Über dem Hauptportal befindet sich ein Relief Christi mit dem heiligen Wenzel und der heiligen Ludmilla, eine Arbeit des berühmten Bildhauers Josef Myslbek. Führende Künstler der damaligen Zeit schufen die Buntglasfenster und die Wandmalereien in Blau und Gold.

Das hervorstechendste Gebäude am Platz ist das Vinohrady-Theater, ein im Jahr 1907 fertiggestelltes Jugendstilgebäude. Die Fassade krönen zwei übergroße geflügelte Figuren von Milan Havlíček, die Schauspiel und Oper symbolisieren.

Museum der Stadt Prag ❻

MUZEUM HLAVNÍHO MĚSTA PRAHY

Křižíkova 1554. **Karte** 4 F3. *24 22 31 79.* *Florenc.* *3, 8, 24.* *Di–So 10–18 Uhr.*

DOKUMENTIERT WIRD HIER die Geschichte Prags von den frühen Anfängen bis ins 20. Jahrhundert. Das Gebäude wurde in den 90er Jahren des letzten Jahrhunderts im Neurenaissancestil mit reichem Fassadenschmuck erbaut. Die Innenwände sind mit alten Stichen von Prag geschmückt. Zur ständigen Ausstellung gehören Prager Porzellan und Möbel, aber auch Relikte mittelalterlicher Handwerkskunst sowie historische Gemälde und Stiche von Prag.

Das wohl bemerkenswerteste Ausstellungsstück ist das 20 Quadratmeter große Stadtmodell aus Holz und Papier von Antonín Langweil aus dem Jahr 1834.

Letná-Park ❼

LETENSKÉ SADY

Karte 3 A1. *32 57 92.* *Malostranská, Hradčanská.* *1, 8, 12, 18, 22, 25, 26.*

GEGENÜBER DEM jüdischen Viertel erhebt sich über dem linken Moldauufer die Letná-Höhe. Hier sammelten sich die Armeen zum Angriff auf die Prager Burg. Mitte des 19. Jahrhunderts wandelte man das Plateau in einen öffentlichen Park um.

Über die Granittreppe gelangt man hinauf zur Aussichtsterrasse und zu einem ungewöhnlichen Zeitdokument – einem Metronom aus dem Jahr 1991. Seit der »Samtenen Revolution« steht es dort anstelle des riesigen, 1962 entfernten Stalin-Denkmals. Die Zukunft des ebenfalls nicht sehr beliebten Metronoms ist jedoch ungewiß. Ein bleibendes Denkmal ist dagegen der Hanau-Pavillon, eine neubarocke gußeiserne, für die Industrieausstellung 1891 errichtete Konstruktion. Von dort wurde der Pavillon auf die Letná-Höhe gebracht und zu einem Aussichtsrestaurant umgebaut.

Blick von der Letná-Höhe auf die Moldau

Technisches Nationalmuseum ❽

NÁRODNÍ TECHNICKÉ MUZEUM

Kostelní 42. ☎ *37 36 51.* 🚋 *1, 8, 25, 26.* ⓞ *Di–So 9–17 Uhr.*

Es versucht zwar mit allen technischen Neuerungen Schritt zu halten, aber die Stärke des Museums besteht in seiner Sammlung von Maschinen aus der Zeit der industriellen Revolution bis heute, die zu den größten ihrer Art in Europa gehört. Die meisten Besucher strömen allerdings in die große Halle zur Geschichte der Fortbewegungsmittel. Dort findet man alles mögliche, von alten Lokomotiven und Eisenbahnwaggons bis hin zu Fahrrädern, Autos, Flugzeugen und Heißluftballons.

Sehenswert sind auch die Abteilungen zur Fotografie und Kinematografie sowie die astronomischen Instrumente. Viele Gäste besuchen die Sammlung der Uhren und anderer Zeitmeßgeräte vor allem zur vollen Stunde, wenn alle Glocken läuten. Im Untergeschoß befindet sich ein langer Musterstollen, in dem neben interessanten alten Werkzeugen wichtige Informationen über die Geschichte des Bergbaus vom 15. bis 19. Jahrhundert zu finden sind.

Industriepalast, Mittelpunkt des Ausstellungsgeländes

Ausstellungsgelände und Baumgarten ❾

VÝSTAVIŠTĚ A STROMOVKA

🚋 *1, 8, 25, 26.* ⓞ ***Ausstellungsgelände** tägl. 10–23 Uhr.* ⓞ ***Baumgarten** tägl. 24 Stunden.* *Siehe **Vier Spaziergänge** S. 176 f.*

Seitdem es 1891 für die Jubiläumsausstellung angelegt wurde, finden auf dem Ausstellungsgelände Messen, Sport- und künstlerische Veranstaltungen statt. Während des Kommunismus hieß das Gelände Julius-Fučik-Park für Kultur und Unterhaltung (benannt nach einem von den Nazis hingerichteten Journalisten). Mit seinem Vergnügungspark ist es ein idealer Ausflugsort, auch für Familien mit Kindern, denn neben Ausstellungen und Sportereignissen gibt es während des ganzen Sommers Konzerte und Festivitäten.

Der im Westen angrenzende große Park war Ende des 16. Jahrhunderts königliches Gehege. Der Name Baumgarten und erinnert an die frühere Baumschule. Seit 1804 ist er der Öffentlichkeit zugänglich und zu jeder Jahreszeit ein idealer Ort zum Spazierengehen und Erholen.

Palais Troja ❿

TROJSKÝ ZÁMEK

Siehe S. 164 f.

Zoo ⓫

ZOOLOGICKÁ ZAHRADA

U trojského zámku 3. ☎ *66 41 04 80.* Ⓜ *Holešovice, dann* 🚌 *112.* ⓞ *tägl. 9–18 Uhr.*

An den felsigen Hängen über dem rechten Moldauufer findet man den 1924 gegründeten Zoo, der sich über 64 Hektar erstreckt. Ein Sessellift bringt die Besucher in den oberen Teil. Für die Fahrt können Sie die normalen Metro-Fahrscheine benutzen.

Die 2500 Tiere des Zoos umfassen 500 Arten, 50 davon sind in der freien Natur vom Aussterben bedroht. Und nur noch hier gibt es die berühmten Przewalski-Urwildpferde, die Vorfahren unserer Hauspferde. Der Zoo kann außerdem gute Züchtungserfolge bei Wildkatzen, Wölfen, Antilopen, Giraffen, Flamingos, Gorillas und Orang-Utans verzeichnen. Vor kurzem wurden zwei neue Gehege eröffnet – eines für Löwen, Tiger und andere Raubtiere, das zweite für Elefanten.

Der dem Riesenpanda verwandte Rote Panda

Kloster Břevnov ⓬

BŘEVNOVSKÝ KLÁŠTER

Markétská. ☎ *35 15 20.* 🚋 *8, 22.* ⓞ *tägl. 10–17 Uhr.*

AUF DEN ERSTEN BLICK würde niemand vermuten, daß Břevnov eine der ältesten Wohngegenden Prags ist. 993 gründeten Fürst Boleslav II. und Bischof Adalbert (Vojtěch) *(siehe S. 20)* hier das erste Kloster in Böhmen, um das bald eine blühende Gemeinde entstand. Ein alter Brunnen, Vojtěška genannt, steht an der Stelle, an der sich Fürst und Bischof zur Gründung des Klosters entschlossen haben sollen.

Das Portal, der Klosterhof und die Gebäude stammen hauptsächlich von den beiden großen Barockbaumeistern Christoph und Kilian Ignaz Dientzenhofer *(siehe S. 129)*. Die Klosterkirche St. Margarete wurde 1715 fertiggestellt. Ihr Grundriß aus übereinanderlappenden Ovalen steht Berninis Kirchen in Rom an Raffinesse in nichts nach. Erst 1964 wurde unterhalb des Chors die Krypta der ursprünglichen romanischen Klosterkirche wiederentdeckt und der Öffentlichkeit zugänglich gemacht. Das daneben wohl interessanteste Gebäude ist der Prälatensaal, auch Theresiensaal genannt, mit seinem Deckenfresko aus dem Jahr 1727.

Weißer Berg und Schloß Stern ⓭

BÍLÁ HORA A HVĚZDA

🚋 *8, 22 (Weißer Berg), 18 (Schloß Stern).* ⓞ ***Einfriedung Weißer Berg*** *tägl. 24 Std.* ⓞ ***Schloß Stern*** *Di–So 10–17 Uhr.*

DIE SCHLACHT AM Weißen Berg *(siehe S. 30f)*, die am 8. November 1620 stattfand, bestimmte das weitere Schicksal der beiden kämpfenden Prager Parteien. Für die Protestanten bedeutete sie eine Katastrophe und die 300jährige Herrschaft der Habsburger, für die katholischen Anhänger der Habsburger den triumphalen Sieg, zu dessen Erinnerung sie auf dem Berg eine Kapelle errichteten. Anfang des 18. Jahrhunderts baute man die Kapelle zur Kirche der Siegreichen Jungfrau Maria um und ließ sie von führenden Barockkünstlern, darunter auch Václav Vavřínec Reiner, ausschmücken.

Schloß Stern

Im 16. Jahrhundert befand sich auf dem Gelände ein königlicher Wildpark, 1556 wurde auf sechsstrahligem Grundriß das faszinierende Jagdschloß Stern fertiggestellt, das auch heute noch zu besichtigen ist. Es wurde 1950 restauriert und in ein Museum umgewandelt, das dem Schriftsteller Alois Jirásek (1851– 1930) und dem Maler Mikoláš Aleš (1852–1913) gewidmet ist. In einem Teil befindet sich eine Ausstellung über die Schlacht am Weißen Berg.

Kloster Zbraslav ⓮

ZBRASLAVSKÝ KLÁŠTER

Zbraslav Ke Krňovu ☎ *59 11 93.* 🚌 *129, 240, 241, 243, 255.* ⓞ *Apr–Nov Di–So 10–18 Uhr.*

WENZEL II. GRÜNDETE 1279 hier ein Kloster, das als Grabstätte für die königliche Familie dienen sollte, aber nur er und Wenzel IV. sind hier beerdigt. Es wurde während der Hussitenkriege *(siehe S. 26f)* zerstört, 1709–39 wiederaufgebaut, 1785 aufgelöst und in eine Fabrik umgewandelt. Zu Beginn des 20. Jahrhunderts wurde es restauriert, und seit 1941 beherbergt es die Sammlung der tschechischen Bildhauerkunst der Nationalgalerie. Die Skulpturen sind in den Gärten, Höfen und im Inneren ausgestellt. Der Stolz des Museums gilt den Arbeiten von Josef Václav Myslbek (1848–1929), von dem das Reiterdenkmal des heiligen Wenzel auf dem Wenzelsplatz stammt *(siehe S. 146)*, sehenswert sind aber auch die Skulpturen von Karel Dvořák und Ladislav Šaloun sowie die bemalten Holzplastiken von Otto Gutfreund.

Kloster Zbraslav mit der Sammlung tschechischer Bildhauerkunst

Schloß Troja ⑩

TROJSKÝ ZÁMEK

Terrakottaurne auf der Gartenbrüstung

EINES DER BEMERKENSWERTESTEN Barockschlösser in Prag ist das im ausgehenden 17. Jahrhundert von Jean-Baptiste Mathey für den böhmischen Adligen Graf Sternberg erbaute Troja. Das Schloß selbst erinnert an eine italienische Villa, die Gärten wurden nach französischem Vorbild angelegt. Die herrliche Ausstattung der Gemächer dauerte 20 Jahre und spiegelt mit ihren Deckenfresken die Treue der Familie zu den Habsburgern wider. Das Schloß wurde erst vor kurzem restauriert und beherbergt heute eine kleine Sammlung von Kunst des 19. Jahrhunderts.

Sieg über die Türken
Die Muselmanen, die von der Decke des großen Saals purzeln, symbolisieren den Sieg Leopolds I. über die Türken.

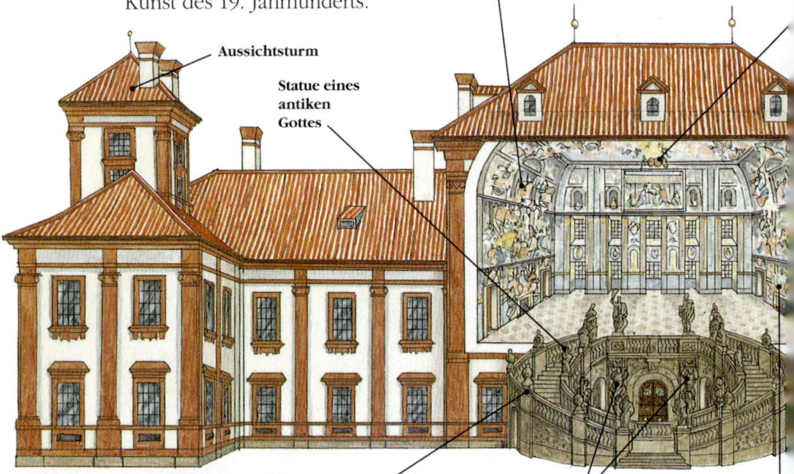

Die Gerechtigkeit
Abraham Godins Bild der Gerechtigkeit blickt von der Ostwand des großen Saals.

★ Freitreppe
Die beiden Söhne der Mutter Erde auf der prächtigen gewundenen Freitreppe (1685-1703) gehören zu einer Statuengruppe von Johann Georg Heermann und seines Neffen Paul, die den Kampf der Götter mit den Titanen darstellt.

INFOBOX

U trojského zámku 4, Prag 7. *84 07 61. Holešovice, dann 112. nur im Sommer* (siehe S. 55). *tägl. 10–17 Uhr.*

★ Deckenfresko im großen Saal
Das Fresko von Abraham Godin (1691–97) stellt die Geschichte des ersten Habsburger Kaisers, Rudolf I., dar, darüber hinaus die vielen Siege von Leopold I. über die Muselmanen, die Erzfeinde des Christentums.

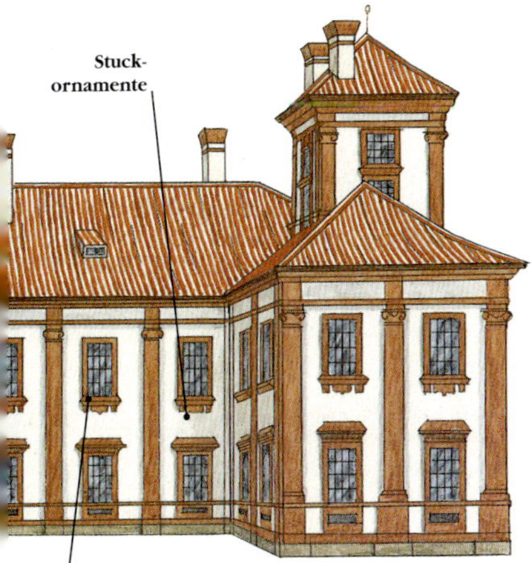

★ GARTENANLAGE

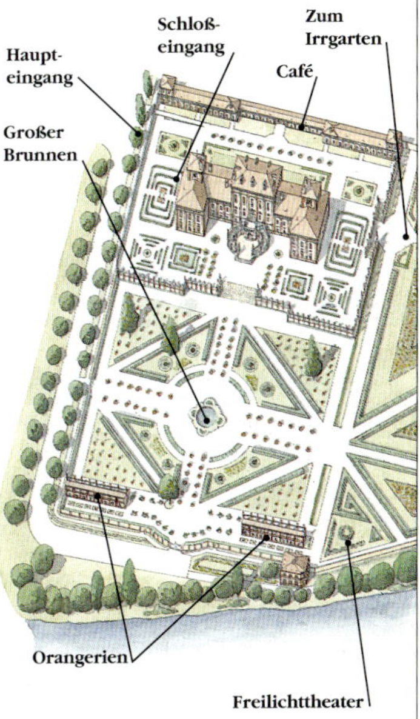

Weingärten wurden eingeebnet, Berghänge abgetragen und Terrassen angelegt, um die kühnen Pläne des französischen Architekten Jean-Baptiste Mathey zu verwirklichen, der sich in den Kopf gesetzt hatte, den ersten barocken Garten nach französischem Vorbild in Böhmen anzulegen. Den besten Blick auf das Schloß und seine geometrische Parkanlage, die nach den Originalplänen von Mathey restauriert wurde, hat man vom Südende zwischen den beiden Orangerien.

NICHT VERSÄUMEN

- ★ Deckenfresko im großen Saal
- ★ Gartenanlage
- ★ Freitreppe

Chinesische Zimmer
In mehreren Räumen findet man Wandgemälde (18. Jh.) mit Szenen aus China; dieser wird für eine Keramikausstellung genutzt.

Tagesausflüge

Der hl. Georg mit Drachen, Konopiště

DIE BELIEBTESTEN SEHENSWÜRDIGKEITEN nahe der Hauptstadt sind die malerischen mittelalterlichen Burgen Böhmens. So liegt Karlstein einsam über bewaldeten Tälern, fast noch so wie im 14. Jahrhundert, als Kaiser Karl IV. hier jagte. Wir stellen Ihnen vier sehr unterschiedliche Burgen vor. Organisierte Besichtigungsfahrten *(siehe S. 219)* bringen Sie zu den wichtigsten Sehenswürdigkeiten außerhalb Prags, zu der historischen Bergarbeiterstadt Kutná Hora und, sollten Sie mehr Zeit haben, zu den berühmten Bädern Karlsbad und Marienbad in Westböhmen.

AUF EINEN BLICK

Burgen

Veltrusy ❶
Karlstein ❷
Konopiště ❸
Křivoklát ❹

Historische Orte

Kutná Hora ❺
Karlsbad ❻
Marienbad ❼

LEGENDE

- Innenstadt Prag
- Großraum Prag
- Flughafen
- Autobahn
- Hauptstraße
- Nebenstraße

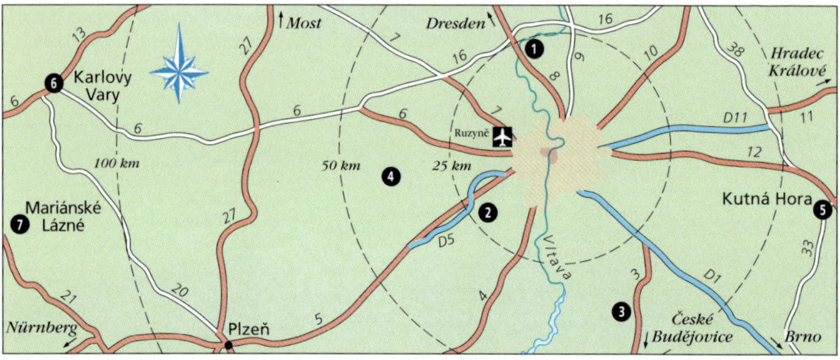

Schloß Veltrusy ❶

20 km nördlich von Prag.
9205 812 07. von Smíchov nach Kralupy nad Vltavou, dann Bus. Mai bis Sep Di – So 8 –12, 13–17 Uhr; Apr und Okt Di – So 9 –12, 13–16 Uhr. (nur Park).

DER KLEINE ORT an der Moldau ist berühmt für sein Schloß aus dem 18. Jahrhundert, das die Adelsfamilie Chotek in Form eines Kreuzes erbauen ließ. Gekrönt ist es mit einer Zentralkuppel. Sein großes Treppenhaus säumen Statuen, die die zwölf Monate und die vier Jahreszeiten darstellen.

Das 300 Hektar große Gelände im Stil englischer Landschaftsparks schmücken romantische Sommerhäuser. Nahe dem Eingang leben in einem Gehege noch einige Hirsche; die Moldau bildet an einer Seite die Grenze des Parks. Der Dorische und der Maria-Theresia-Pavillon, die Orangerie und die Grotte stammen aus dem 18. Jahrhundert. Im Park gedeihen etwa 100 verschiedene Baumarten, darunter sehr seltene und exotische.

Kaiser Karl IV. ließ die Burg Karlstein im 14. Jahrhundert erbauen

Burg Karlstein ❷

KARLŠTEJN

25 km südwestlich von Prag.
0311 942 11. von Smíchov nach Karlštejn (1,5 km vom Schloß). von Anděl nach Karlštejn (1 km vom Schloß). tägl. 9–16 Uhr (Nov–März 15 Uhr). obligatorisch.

DIE BURG DIENTE Karl IV. nicht nur als Sommerresidenz, sondern auch zur Aufbewahrung der Kronjuwelen und als Symbol seines von Gott verliehenen Rechtes, das Heilige Römische Reich Deutscher Nation zu regieren. Sie steht auf einem Kalkfelsen, hoch über dem Fluß Berounka. Wenn Sie die Burg nach langem Aufstieg vom Dorf aus erreichen, sehen Sie eine Rekonstruktion des ursprünglichen Baus, die Josef Mocker im 19. Jahrhundert schuf. Die Bauarbeiten an der ursprünglichen Burg (1348–67) hatte der französische Baumeister Matthias von Arras, später Peter Parler geleitet. Von der Originaleinrichtung sind noch die Audienzhalle und das Schlafzimmer Karls IV. zu sehen.

Die Marienkirche im Zentralturm ist mit Wandmalereien aus dem 14. Jahrhundert geschmückt. Eine schmale Passage führt zu der kleinen Kapelle der heiligen Katharina, deren Wände Halbedelsteine zieren.

Ähnlich prachtvoll geschmückt ist die Heilig-Kreuz-Kapelle im Hohen Turm mit ihrem mit Glassternen besetzten Gewölbe. Karl IV. bewahrte hier die Kreuzreliquien und die Kronjuwelen auf. Leider ist die Kapelle nicht mehr der Öffentlichkeit zugänglich. Sie enthielt 127 Tafelbilder von Meister Theoderich (1357–65). Diese wurde zumTeil mutwillig, zum Teil aber auch durch die Atemluft der vielen Besucher zerstört. Einige restaurierte Tafelbilder sind heute im Konvent des heiligen Georg *(siehe S. 106ff)* zu sehen.

Burg Konopiště ❸

40 km südöstlich von Prag.
0301 213 66. von Hlavní nádraží nach Benešov, dann Bus.
Apr–Okt Di–So 9–17 Uhr (Apr, Sep, Okt 16 Uhr; Sa, So und Feiertage eine Stunde länger).

Obwohl das Gebäude aus dem 13. Jahrhundert datiert, stammt der wesentliche Teil aus dem 19. Jahrhundert. Von den Umbauten des Barockarchitekten František Kaňka ist noch das wunderschöne Tor am Ostturm erhalten, an dem auch der Bildhauer Matthias Braun mitwirkte.

1887 ließ der österreich-ungarische Thronfolger Erzherzog Franz Ferdinand Konopiště vollständig umbauen. Die Ermordung des Thronfolgers und seiner Gemahlin, der tschechischen Prinzessin Sophie Chotek, in Sarajewo löste 1914 den Ersten Weltkrieg aus. Franz Ferdinand hatte in den reichausgestatteten Räumen der Burg Waffen, Rüstungen und Meißner Porzellan zusammengetragen. Er genoß die Ruhe von Konopiště, da seine Gattin am Hof nicht gern gesehen war. Das beeindruckendste Merkmal der Burg sind die vielen Hirschköpfe an den Wänden.

Blick auf die Burg Křivoklát mit dem Großen Turm

Jagdtrophäen auf Burg Konopiště

Burg Křivoklát ❹

45 km westlich von Prag.
0313 981 20. von Smíchov nach Křivoklát (1 km von der Burg). von Anděl. Apr–Dez tägl. 9–12, 13–16 Uhr (Juni–Aug 17 Uhr; Nov–Dez 15 Uhr).

Diese Burg wurde, wie die Burg Karlstein, von Josef Mocker restauriert. Ursprünglich war sie eine Jagdhütte einer der Přemyslidenprinzessinnen und Sitz des Betreuers der königlichen Jagdhunde. König Wenzel I. ließ hier im 13. Jahrhundert eine Burg errichten, die bis ins 17. Jahrhundert zum Besitz der böhmischen Könige und der Habsburger Kaiser gehörte.

Karl IV. verbrachte einen Teil seiner Kindheit hier, und als er 1334 mit seiner ersten Gemahlin, Bianca von Valois, aus Frankreich zurückkehrte, gebar diese ihm in der Burg seine erste Tochter Margarete. Zur Unterhaltung seiner Gemahlin und seiner Tochter ließ er nahe dem Schloß Nachtigallen aussetzen; noch heute kann man den Nachtigallenweg entlanglaufen.

Der königliche Palast liegt an der Ostseite der fast dreieckigen Burg, die an dieser Seite von dem 42 Meter hohen Großen Turm überragt wird. Teilweise kann man hier noch Reste der alten Burg sehen, doch datiert das Bauwerk eigentlich aus der Zeit der Regierung von Vladislav Jagiello. Die gotische Gewölbehalle im ersten Stock erinnert an die Vladislav-Halle im Königspalast der Prager Burg *(siehe S. 104f)*. Ein Erkerfenster und eine wunderschöne Loggia, in der einst die Wachtposten standen, sind ihre Schmuckstücke. Sehenswert ist auch die Kapelle mit gotischem Altartisch. Über der Kapelle befindet sich das Augusta-Gefängnis, benannt nach dem Bischof Jan Augusta, der hier im 16. Jahrhundert 16 Jahre lang einsaß. Das Gefängnis beherbergt heute eine Sammlung von Folterinstrumenten.

Kutná Hora 5

70 km östlich von Prag.
von Hlavní nádraží, Masarykovo nádraží oder Holešovice. *von Florenc.* **St.-Barbara-Kirche** *Di–So 8–12, 14–17 Uhr (Okt–März 9–12, 13–16 Uhr).* **Welscher Hof** *tägl. 9–17 Uhr (Okt–März 10–16 Uhr).* **Hrádek** *Apr–Okt tägl. 9–12, 13–17 Uhr.* **Steinernes Haus** *Apr–Okt tägl. 9–11.30, 12–17 Uhr.*

DIE STADT ENTSTAND Ende des 13. Jahrhunderts als kleine Bergarbeitersiedlung. Als hier reiche Silbervorkommen entdeckt wurden, übernahm der König die Minen in seine Verwaltung, und Kutná Hora wurde nach Prag die bedeutendste Stadt Böhmens.

Im 14. Jahrhundert wurden hier pro Jahr bis zu sechs Tonnen Silber gefördert, und der böhmische König wurde zum reichsten Herrscher Europas. Der Prager *Groschen*, der in ganz Europa zirkulierte, wurde hier im Welschen Hof (Vlašský dvůr) geprägt, so genannt, weil Spezialisten aus Florenz diese Münze herstellten. Stark bewacht, war dies auch das Quartier des böhmischen Herrschers, wenn er die Stadt besuchte. Ende des 14. Jahrhunderts entstand hier ein Palast mit einer riesigen Eingangshalle und der Kapelle St. Wenzel und Ladislaus, unter der die königliche Schatzkammer lag.

Als im 16. Jahrhundert die Silbervorkommen zur Neige gingen, verlor auch die Stadt ihre Bedeutung; die Minen schlossen 1727. Der Welsche Hof wurde später zur Stadthalle, in deren Untergeschoß noch einige Schmieden zu sehen sind. Seit 1947 beherbergt die alte Festung Hrádek ein Bergbaumuseum, dessen Besichtigung auch eine mittelalterliche Mine einschließt. Das Steinerne Haus (Kamenný dům), ein stark restauriertes gotisches Gebäude aus dem späten 15. Jahrhundert, ist heute ebenfalls Museum.

Im Südwesten der Stadt erhebt sich die große St.-Barbara-Kirche (Schutzpatronin der Bergarbeiter), 1380 begonnen von dem Baumeister Peter Parler, der auch den Bau des Veitsdomes *(siehe S. 100ff)* leitete. Das Presbyterium (1499) schmücken ein großartiges Deckengewölbe und gewirkte Fenster. Das später errichtete Deckengewölbe des Langschiffs stammt von dem königlichen Architekten Benedikt Ried. Wandgemälde zeigen Szenen aus dem Leben der Bergarbeiter. Die Kirche mit ihren drei charakteristischen zeltartigen Türmen stellt ein beeindruckendes Beispiel böhmischer Gotik dar.

Der Welsche Hof

Die drei zeltartigen Türme der Kirche St. Barbara in Kutná Hora

Karlsbad 6
KARLOVY VARY

140 km westlich von Prag.
von Masarykovo nádraží.
von Florenc.

DER LEGENDE NACH *(siehe S. 24f)* entdeckte Karl IV., als einer seiner Jagdhunde in eine heiße Wasserquelle fiel, jenes Mineralwasser, das die Stadt berühmt machte. 1522 wurde eine medizinische Abhandlung über diese Quellen veröffentlicht, und Ende des Jahrhunderts gab es bereits mehr als 200 Kurhotels. Die bekannteste der insgesamt zwölf heißen Mineralquellen *(vary)*, und mit 72° C auch die heißeste, ist der 12 Meter hoch steigende Karlsbader Sprudel (Vřídlo). Das Wasser unterstützt die Verdauung, doch muß man es nicht trinken; die Minerale können auch in Form von Salzen eingenommen werden.

Bekannt ist die Stadt auch wegen des berühmten Porzellans und Kristalls sowie für ihre Sommerkonzerte.

Unter den historischen Gebäuden der Stadt ist vor allem die barocke Kirche Maria Magdalena des Baumeisters Kilian Ignaz Dientzenhofer

(1732–36) hervorzuheben. Moderner sind eine russisch-orthodoxe (1896) und eine anglikanische (1877) Kirche. Die Millkolonnade (Mlýnská kolonáda) aus dem 19. Jahrhundert ist ein Werk Josef Zíteks, der auch das Nationaltheater in Prag *(siehe S. 156f)* schuf. Karlsbad sah im Laufe der Zeit viele königliche Gäste, angefangen von Peter dem Großen von Rußland (1711) bis hin zu Edward VII. von England (1907).

Bronzegemse am Hirschsprung (Jeleni skok), mit Blick auf das Sanatorium von Karlsbad

Marienbad ❼

MARIÁNSKÉ LÁZNĚ

170 km westlich von Prag.
von Hlavní nádraží.
von Florenc.

DIE ELEGANZ DER HOTELS, der Park- und Gartenanlagen Marienbads ist deutlich verblaßt seit der Jahrhundertwende, als Könige und Prinzessinnen hier weilten. Die Heilquellen der Umgebung – *lázně* bedeutet Heilbad – sind seit dem 16. Jahrhundert bekannt, doch das Kurbad entstand erst Anfang des letzten Jahrhunderts. Die Bäder heilen alle möglichen Leiden, sehr beliebt sind Moorbäder.

Die meisten der Kureinrichtungen datieren aus der zweiten Hälfte des 19. Jahrhunderts. Die Große Kolonnade aus Gußeisen mit Wandbildern von Josef Vyletěl ist immer noch beeindruckend. Davor erhebt sich der Singende Brunnen mit computergesteuerter Fontäne. Es gibt Kirchen verschiedener Konfessionen, eine evangelische (1857), eine anglikanische (1879) und die russisch-orthodoxe St. Wladimir (1902). Die Geschichte des Kurbades vermittelt das Haus Zur goldenen Traube (U zlatého hroznu), in dem 1823 Johann Wolfgang von Goethe weilte. Im 19. Jahrhundert ließen sich hier die Komponisten Weber, Wagner und Bruckner behandeln, ebenso Schriftsteller wie Ibsen, Gogol, Mark Twain oder Rudyard Kipling. König Edward VII. von England war oft zu Gast; er veranlaßte auch die Anlage eines Golfplatzes (des ersten in Böhmen), obwohl er das Spiel haßte.

In der Umgebung des Ortes finden sich viele schöne Spazierwege, vor allem im Kaiserwald, der heute unter Naturschutz steht.

Die gußeiserne Kolonnade in Marienbad, 1889 fertiggestellt

VIER SPAZIERGÄNGE

Prag bietet gute Möglichkeiten für Spaziergänge. Im Stadtzentrum gibt es viele Fußgangerzonen, und die wichtigsten Sehenswürdigkeiten liegen eng beieinander *(siehe S. 14f)*. Wir stellen vier unterschiedliche Routen vor. Die erste führt durch die Innenstadt, vom Pulvertor am Rande des alten Stadtkerns zum St.-Veits-Dom in der Prager Burg. Diesen königlichen Krönungsweg beschritten die böhmischen Könige Jahrhunderte lang. Außerhalb des geschäftigen Zentrums führen der zweite und dritte Spazierweg durch zwei der schönsten Parkanlagen Prags – Petřín-Park und Königsgarten. Der Petřín bietet einen großartigen Blick auf die Stadt. Der Königsgarten liegt im ehemaligen königlichen Jagdrevier; der Weg kreuzt einen Seitenarm der Moldau und führt zu Schloß Troja und zum Zoo. Der letzte Spaziergang – in der Festung Vyšehrad, einer alten Burganlage mit geschichtsträchtiger Atmosphäre – bietet einzigartige Ausblicke auf die Moldau und die Prager Burg.

Schild in der Celetná-Straße
(Siehe Königsweg S. 172f)

Lapidarium
(Siehe Königsgarten, S. 176f)

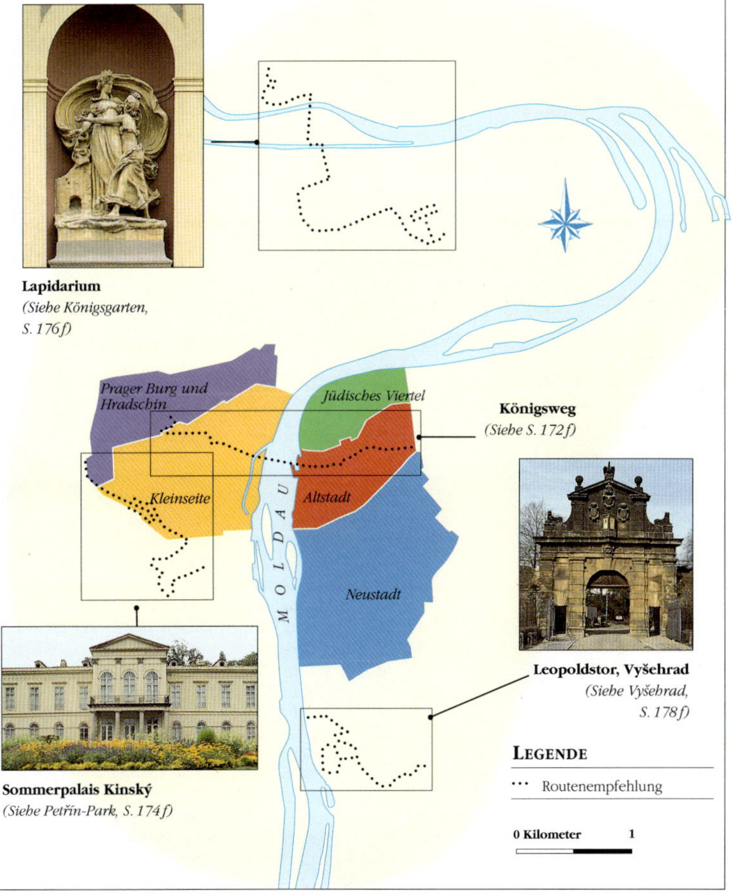

Königsweg
(Siehe S. 172f)

Leopoldstor, Vyšehrad
(Siehe Vyšehrad, S. 178f)

Sommerpalais Kinský
(Siehe Petřín-Park, S. 174f)

◁ **Blick vom Petřín-Park auf die Neustadt, im Vordergrund die St.-Laurentius-Kirche**

90minütiger Spaziergang entlang dem Königsweg

Der Königsweg verband ursprünglich zwei bedeutende königliche Residenzen: den königlichen Hof nahe dem Rathaus, wo dieser Spaziergang beginnt, und die Prager Burg an dessen Ende. Die Krönungsprozessionen der böhmischen Könige und Königinnen verlieh diesem Weg seinen Namen. Heute gibt es in den angrenzenden Straßen eine Vielzahl historisch interessanter Gebäude, Läden und Cafés, die diesen Spaziergang zu einem der schönsten in Prag machen. Mehr Einzelheiten über die Altstadt, die Kleinseite und den Hradschin finden Sie auf den Seiten 60–79, 122–41 und 94–121.

Sgraffitos zieren die Fassade des Renaissancehauses U minuty

Geschichte der Krönungsprozession

Die erste bedeutende Krönungsprozession entlang diesem Weg war die von Georg von Poděbrady *(siehe S. 26)* im Jahre 1458. Der nächste Prunkzug fand 1743 statt, als Maria Theresia gekrönt wurde – drei türkische Pavillons wurden direkt vor dem Pulvertor errichtet. Der September des Jahres 1791 sah die Krönung Leopolds II. Angeführt wurde diese Prozession von der Kavallerie, gefolgt von Trommlern, Trompetern, Soldaten und den böhmischen Fürsten, danach die etwa 80 Kutschen der Prinzessinnen und Bischöfe. Die prachtvollsten Kutschen, die der Hofdamen, wurden von zwölf Pferden gezogen, begleitet von Dienern in roten Mänteln und Lederhosen. Die letzte große Krönungsprozession – für Ferdinand V. 1836 – begleiteten 3391 Pferde und vier Kamele.

Barockfassade des Hauses Zur goldenen Quelle in der Karlsgasse ⑪

Vom Pulvertor zum Altstädter Ring

Vom Náměstí Republiky geht man weiter zum Gemeindehaus *(siehe S. 64)* und von hier zum gotischen Pulvertor *(siehe S. 64)* ①. Hier, bei den Stadttoren, wurden der König, die kirchlichen Würdenträger, die Aristokraten und die ausländischen Botschafter von den Repräsentanten der Stadt empfangen. Das Stadttor führt auf eine der ältesten Straßen Prags, die Zeltnergasse *(siehe S. 65)*, in der die jüdische Gemeinde und die Zünfte den König begrüßten.

Die Straße säumen gotische Häuser mit Barock- und Rokokofassaden und ungewöhnlichen Hausschildern. Gotisch geben sich die Gebäude hinter diesen Fassaden. Haus Nr. 36 ② ist die Münze. Hier wurden von 1420 bis 1784 Münzen geprägt, nachdem katholische Truppen in den Hussitenkriegen *(siehe S. 26f)* die Münze von Kutná Hora *(siehe S. 168)* eingenommen hatten. Etwas weiter befindet sich die Schwarze Madonna am kubistischen Haus ③. Von den Gasthäusern Zur Spinne ④ und Zum Geier ⑤ ließ sich die Prozession gut beobachten.

Zur schwarzen Madonna ③

Die Zeltnergasse mündet auf den Altstädter Ring ⑥ *(siehe S. 66ff)*, wo die Prozession an der Týnkirche ⑦ *(siehe S. 70)* anhielt, um die Loyalitätsbekundungen der Universität entgegenzunehmen. Links, am Haus Nr. 20, Zum Einhorn ⑧, vorbei, befindet sich das

Skulptur eines Mohren von Ferdinand Brokoff am Palais Morzin

Haus, in dem Smetana 1848 eine Musikschule gründete. Am Altstädter Rathaus *(siehe S. 72ff)* ⑨ erwartete die Stadtwache mit einer Musikgruppe die königliche Prozession, und Würdenträger der Stadt jubelten dem Herrscher zu.

Über die Karlsgasse und die Karlsbrücke

Der Weg führt nun vorbei am reichverzierten Renaissancehaus U minuty und auf den Malé náměstí ⑩, wo Kaufleute und Ordensleute die Prozession erwarteten. Gehen Sie nun rechts durch die von Galerien gesäumte Karlsgasse. Jenseits der Husova-Straße kommen Sie an dem schönen Barockhaus Zur goldenen Quelle ⑪ vorbei, etwas weiter am Klementinum aus dem 16. Jahrhundert *(siehe S. 79)*; hier stand der Klerus. Als Leopold III. zum Kreuzherrenplatz *(siehe S. 79)* kam, klarte der Himmel auf, was als gutes Omen galt. Doch schon wenig später starb Leopold. Unter dem Altstädter Brückenturm ⑫ und über die Karlsbrücke ⑬ geht es nun zum Kleinseitner Turm ⑭ *(siehe S. 136ff)*.

Karlsbrücke mit Blick auf die Altstadt ⑬

Die Kleinseite

Der Weg folgt nun der Mostecká-Straße. Hier übergab der Bürgermeister dem König die Schlüssel der Stadt, und die Artillerie feuerte Salut. Die Straße mündet auf den Kleinseitner Ring ⑮ *(siehe S. 124)* mit der barocken Nikolauskirche ⑯ *(siehe S. 128f)*, deren Glockenklang den Zug begleitete.

Wenden Sie sich in die Nerudagasse ⑰ *(siehe S. 130)*. Der Dichter und Schriftsteller Jan Neruda, der Hunderte von Kleinseitner Charakteren in den *Kleinseitner Geschichten* verewigte, wuchs hier auf und arbeitete in Nr. 47 ⑱. Am Ende der Gasse biegen Sie scharf rechts zur Burganlage und zum Hradschin. Der Spaziergang endet am Matthiastor ⑲ *(siehe S. 48)*; die Prozession endete im Veitsdom mit der Krönung des Königs.

LEGENDE

- Routenempfehlung
- Aussichtspunkt
- Metro-Station
- Straßenbahnhaltestelle
- Burgmauer

0 Meter 300

ROUTENINFO

Ausgangspunkt: *Náměstí Republiky.*
Länge: *2,4 km.*
Anfahrt: *Linie B zur Metro-Station Náměstí Republiky. Am Hradschin zurück in die Stadt mit der Straßenbahn 22.*
Rasten: *Ruhen Sie sich im Schatten der Cafés am Altstädter Ring aus. In der Karlsgasse ist eines der beliebtesten Prager Cafés zu finden, Zur goldenen Schlange (U zlatého hada). Auch auf dem Malostranské-Platz.sind einige Cafés.*

Die Krönungsprozession überquert den Kreuzherrenplatz

Zweistündiger Spaziergang durch den Petřín-Park

Der besondere Reiz eines Spaziergangs durch diesen großen, friedlichen Park liegt darin, daß er ganz unterschiedliche Blicke auf Prag eröffnet. Die Kleinseite, der Hradschin und die Altstadt stellen sich, von oben betrachtet, ganz anders dar. Unzählige Wege durchziehen den Park mit seinen Bäumen, den kleinen Schlössern, Pavillons und Statuen und führen Sie auch immer wieder zu versteckten Plätzen. Mehr Informationen über den Laurenziberg finden Sie auf den Seiten 140f.

Eines der Tore der Hungermauer ⑤

Herkulesstatue aus dem 17. Jahrhundert am unteren See ②

Vom Kinský-Platz zur Hungermauer

Der Spaziergang beginnt am Náměstí Kinských in Smíchov. Durch ein großes Tor betritt man den Kinský-Park, der 1827 im englischen Stil angelegt und nach der reichen Familie der Kinský, Förderer der tschechischen Kultur im 19. Jahrhundert, benannt wurde.

Gehen Sie über den breiten Asphaltweg linker Hand zur Villa Kinský ①. Jindřich Koch entwarf sie 1830 in pseudoklassischem Stil, ihre Fassade zeigt ionische Säulen, die in einem dreieckigen Tympanon enden. Im Gebäude befindet sich eine große Säulenhalle mit schön dekoriertem Treppenhaus. Das Ethnografische Museum im Haus ist zur Zeit jedoch wegen Restaurierungsarbeiten geschlossen. Unweit des Museums erinnert eine Statue an die Schauspielerin Hana Kvapilová.

50 Meter oberhalb des Palais ruht der untere See ② mit einer barocken Herkulesstatue aus Sandstein. Gehen Sie links um den See herum und dann den Hügel hinauf zur ganz aus Holz erbauten Kirche St. Michael ③ aus dem 18. Jahrhundert, die aus der Ukraine hierher gebracht wurde.

Folgen Sie etwa 20 Meter dem Weg den Hügel hinauf, dann links über eine Treppe zum Panoramaweg mit schönen Ausblicken auf die Stadt. Wenden Sie sich nach rechts, kommen Sie zum oberen See ④, in dessen Mitte ein Seehund aus Bronze thront. Der Panoramaweg führt zu einem neugotischen Tor in den aus der Barockzeit stammenden Teilen der Stadtmauer.

Von der Hungermauer zum Panoramaturm

Der Panoramaweg bringt Sie zur Hungermauer ⑤ *(siehe S. 140f)*, Teil der alten Kleinseitner Befestigungsanlagen; die Mauer zieht sich von der Újezd-Straße über den Laurenziberg hinauf

Kirche St. Michael ③

zum Kloster Strahov. Das Tor in der Mauer bildet den Zugang zum Petřín-Park; der breite Weg links an der Mauer entlang führt Sie den Hügel hinauf und zur Brücke über die Seilbahn *(siehe S. 141)*; rechter Hand das Restaurant Nebozízek *(siehe S. 202)*, berühmt für seine schönen Ausblicke. Links und rechts

Sonnenbad im Petřín-Park

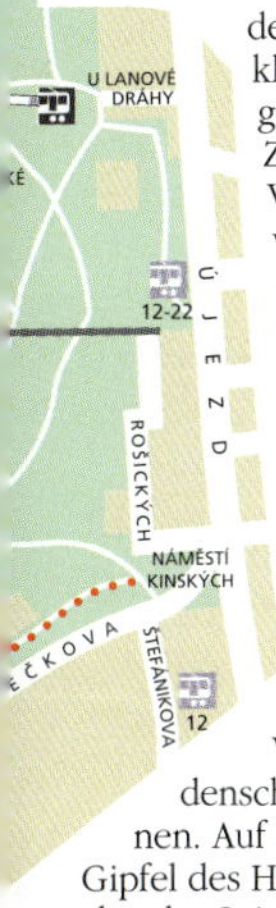

des Weges liegen kleine Sandsteingebilde, meist Zugänge zu Wasserreservoirs, die im 18. und 19. Jahrhundert angelegt wurden, um die Wasserversorgung von Kloster Strahov sicherzustellen. Andere sind Überreste erfolgloser Versuche, Bodenschätze zu gewinnen. Auf dem Weg zum Gipfel des Hügels sehen Sie rechts das Spiegellabyrinth ⑥ *(siehe S. 140)* und ihm gegenüber die St.-Laurentius-Kirche ⑦ *(siehe S. 140)* aus dem 12. Jahrhundert, die 1740 im Barockstil erneuert wurde.

Legende

- ••• Routenempfehlung
- Aussichtspunkt
- Seilbahnhaltestelle
- Zahnradbahn
- Hungermauer

0 Meter 300

Vom Aussichtsturm zum Kloster Strahov

Etwas weiter entlang des Weges überrascht der Anblick des Aussichtsturms ⑧ *(siehe S. 140)*; diese 60 Meter hohe Eisenkonstruktion wurde dem Eiffelturm in Paris nachempfunden. Ihm gegenüber öffnet sich das Haupttor der Hungermauer; gehen Sie hindurch und folgen Sie dem Weg links, der Sie zum Rosengarten ⑨ bringt.

Diesen Park ließ die Stadt Prag 1932 mit einer Reihe von Skulpturen anlegen. Am untersten Ende des Gartens sehen Sie das Observatorium *(siehe S. 140)*. Die Tschechische Astronomische Gesellschaft ließ 1928 ein altes Stadthaus umbauen, das 1970 modernisiert wurde und nun ein riesiges Teleskop beherbergt. In den Abendstunden ist es der Öffentlichkeit zugänglich.

Gehen Sie zum Panoramaturm zurück, und folgen Sie links der Mauer, vorbei an einigen Stationskapellen eines Kreuzweges aus dem Jahre 1834. Schlüpfen Sie durch einen Durchlaß in der Hungermauer und gehen Sie nach rechts, vorbei an einem reizenden Barockhaus. Etwa 50 Meter weiter rechts wiederum durch die Mauer. Linker Hand erstreckt sich ein riesiger Obstgarten oberhalb von Kloster Strahov ⑩ *(siehe S. 120f)*, der Ihnen einen herrlichen Ausblick auf Prag beschert. Ein breiter Weg führt nun durch den Obstgarten zum Kloster hinunter. Die Tram 22 bringt Sie in die Stadt zurück. Sind Sie nicht zu müde, laufen Sie durch die Hügellandschaft zurück.

Sgraffitofassade der Kalvarienbergkapelle nahe der St.-Laurentius-Kirche ⑦

Routeninfo

Ausgangspunkt: *Náměstí Kinských in Smíchov.*
Länge: *2,7 km inklusive steiler Auf- und Abstiege.*
Anfahrt: *Die dem Ausgangspunkt nächstgelegene Metro-Station ist Anděl. Straßenbahnen 6, 9 und 12 fahren zum Kinský-Platz.*
Rasten: *Restaurant Nebozízek, auf halbem Weg den Laurenziberg hinauf. Im Sommer haben auch die kleinen Cafés am Aussichtsturm geöffnet.*

Blick vom Laurenziberg auf Hradschin und Kleinseite

90minütiger Spaziergang durch den Königsgarten

Der Königsgarten, Stromovka genannt, ist einer der größten Parkanlagen Prags. Er wurde um 1266, unter Přemysl Ottokar II., angelegt, der das Areal einzäunte und ein kleines Jagdschloß errichtete. 1804 wurde er der Öffentlichkeit zugänglich gemacht; bald war er Prags beliebtestes Erholungsgebiet. Auf dem gegenüberliegenden Flußufer warten der Park von Schloß Troja und der Zoo auf Besucher.

Büste an der Akademie der Schönen Künste ⑥

0 Meter

Legende

- Routenempfehlung
- Aussichtspunkt
- Straßenbahnhaltestelle
- Eisenbahnlinie

Das Ausstellungsgelände (Výstaviště)

Von U Výstaviště ① führt ein Tor auf das ehemalige Ausstellungsgelände, das 1891 für die Jubiläumsausstellung angelegt wurde und seitdem Ausstellungen und Veranstaltungen dient.

Das Gebäude zu Ihrer Rechten ist das große Lapidarium des Nationalmuseums ②. Der Pavillon wurde 1907 im Jugendstil neu errichtet und mit Reliefs von Persönlichkeiten der tschechischen Geschichte dekoriert. Ebenfalls sind viele Skulpturen aus dem 11. bis 19. Jahrhundert zu sehen.

Das Jugendstillapidarium ②

Direkt vor Ihnen erhebt sich die Eisenkonstruktion des Industriepalasts ③ im Neurenaissancestil, der nur noch bei Konzerten und Veranstaltungen öffnet. Rechts am Gebäude vorbei gelangen Sie zum Křižík-Brunnen ④, anläßlich der Tschecheslowakei-Ausstellung 1991 restauriert. Er wurde von dem großen Erfinder František Křižík (1847–1941) entworfen, der Prags erste elektrische Straßenbeleuchtung entwickelte. Von Mai bis September bildet der Brunnen nachts mit seinen computergesteuerten, zu Musik synchron laufenden Lichteffekten eine Attraktion *(siehe S. 51)*.

Hinter dem Brunnen findet ständig ein Markt statt. Links vom Industriepalast ist in einem Rundbau Marolds Panorama ⑤ zu sehen. Luděk Marold schuf dieses Werk 1898, das die Schlacht von Lipany darstellt. Auf dem Weg zurück zum Eingang des Geländes kommen Sie an der Akademie der Schönen Künste ⑥ vorbei, die 18 Künstlerbüsten schmücken. Beim Ver-

Das Sommerpalais, einst mittelalterliches Jagdschloß ⑩

lassen des Geländes wenden Sie sich scharf rechts; Sie gehen immer geradeaus und lassen das Planetarium ⑦ linker Hand liegen. Folgen Sie der Straße den Hügel hinunter, bis Sie links in eine großen Kastanienallee einbiegen können.

Der Königsgarten

Folgen Sie der Allee, bis Sie links unter Bäumen ein einfaches Haus sehen. Der Rudolf-Aquädukt ⑧ dahinter, aus der Zeit Rudolfs II. *(siehe S. 28f)*, ist heute noch teilweise in Betrieb. Er wurde 1584 über eine Länge von 1000 Metern aus dem Felsen geschlagen, um das Wasser der Moldau zu den neuangelegten Seen im Königsgarten zu leiten.

Die großartige Fassade von Schloß Troja *(siehe S. 164f)* ⑭

Statue der Liebenden in der Anlage aus dem 16. Jahrhundert ⑪

Der Pfad bringt Sie zur zerfallenen Residenz ⑨ aus dem späten 17. Jahrhundert. Später wurde sie zum Restaurant; 1855 baute man sie im neugotischen Stil wieder auf.

Hinter der Residenz biegen Sie an der Kurve im Hauptweg scharf links ab und kommen durch den Wald zum ehemaligen Jagdschloß ⑩, das die böhmischen Könige im Mittelalter in ihrem damaligen Jagdrevier errichten ließen. Später wurde es erweitert, Jiří Fischer wandelte es 1805 in ein neugotisches Schloß um. Bis 1918 residierte hier der Statthalter von Böhmen. Heute beherbergt das Gebäude die riesige Bibliothek für Zeitschriften und Zeitungen des Nationalmuseums. Gehen Sie zurück zum Hauptweg und weiter geradeaus. Die erste Abzweigung nach rechts bringt Sie zu einer Parkanlage aus dem späten 16. Jahrhundert mit einer modernen Statue zweier Liebenden ⑪.

Wieder auf dem Hauptweg, wenden Sie sich nach rechts und nehmen an der nächsten Kreuzung rechts den Weg am Bahndamm entlang. Gehen Sie etwas weiter und links unter der Bahn hindurch zu einem Kanal ⑫.

Wenden Sie sich jenseits der Brücke links entlang des Kanals, dann rechts über die Insel. Am anderen Ufer der Moldau ⑬ biegen Sie links in die Povltavská-Straße, wo eine Mauer an den Park von Schloß Troja grenzt. Nehmen Sie den Südeingang des Parks, bald sehen Sie Schloß Troja ⑭ *(siehe S. 164f)*.

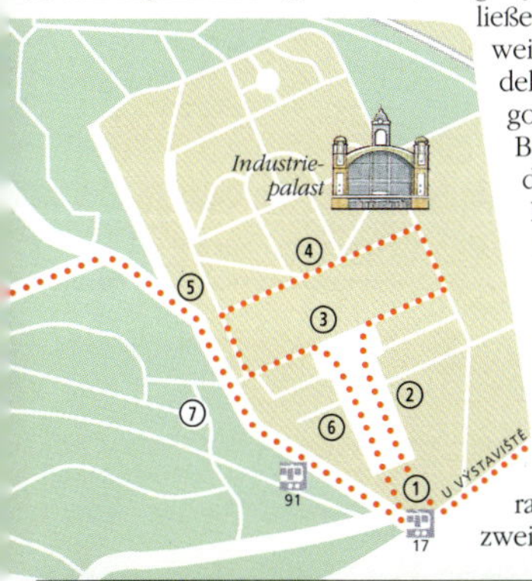

Ehemaliger Eingang zum Rudolf-Aquädukt ⑧

ROUTENINFO

Ausgangspunkt: *U Výstaviště in Holešovice.*
Länge: *5 km. Der Aufstieg zum früheren Jagdschloß ist sehr steil.*
Anfahrt: *Straßenbahnen 5, 12 und 17 fahren zum Ausgangspunkt. Die nächsten Metro-Stationen sind Vltavská und Nádraží Holešovice der Linie C, 10 Min. zu Fuß entfernt. Am Ende des Spaziergangs können Sie am Schloß Troja Bus Nr. 112 zur Metro-Station Nádraží Holešovice nehmen.*
Rasten: *Auf dem Ausstellungsgelände finden sich mehrere Restaurants und Imbißkiosks. Der Park bietet ruhige Plätze zum Rasten. Von der Brücke am Kanal aus fahren oft Boote über die Moldau zur Palacký-Brücke* (siehe S. 55).

60minütiger Spaziergang in Vyšehrad

Es heisst, Vyšehrad sei die erste Residenz der tschechischen Könige gewesen und hier sei Prinzessin Libuše die glorreiche Zukunft der Stadt Prag vorhergesagt worden *(siehe S. 20f)*. Jedoch enthüllte die archäologische Forschung, daß die erste Burg Vyšehrad im 10. Jahrhundert entstanden ist. In ihrer turbulenten Geschichte wurde sie oftmals neu aufgebaut. Heute bildet sie einen Ort der Ruhe mit schönem Park und einzigartigen Aussichtspunkten über Prag und die Moldau. Der interessante Friedhof ist letzte Ruhestätte für viele berühmte tschechische Schriftsteller, Schauspieler, Maler und Musiker.

Skulptur am barocken Leopoldstor ⑤

Die Ruinen des Bads der Libuše auf den Vyšehrad-Klippen ⑩

V Pevnosti

Von der Metro-Station Vyšehrad ① führt eine Treppe zum Kulturpalast ②. Gehen Sie westlich entlang der großen Terrasse, dann den Hang hinunter und weiter geradeaus in die ruhige Straße Na Bučance. Sie führt rechts zu V pevnosti, von wo aus Sie die Backsteingemäuer der alten Zitadelle von Vyšehrad sehen. Vor Ihnen öffnet sich das westliche Burgtor, das aus der Mitte des 17. Jahrhunderts stammende Tábor-Tor ③. Hinter diesem liegen rechter Hand die Ruinen der Wehranlagen aus dem 14. Jahrhundert, erbaut von Karl IV. Gehen Sie weiter an den Ruinen des alten gotischen Špička-Tores ④ vorbei und zu dem mit Skulpturen geschmückten Leopoldstor ⑤, einem der eindrucksvollsten Teile der Festungsanlage aus dem 17. Jahrhundert. Es grenzt an die Backsteinmauern, die 1742, während der französischen Besatzung, erweitert wurden ⑥.

Von K rotundě zur Soběslavova-Straße

Gehen Sie hinter dem Tor nach rechts und direkt vor der St.-Martins-Rotunde links zu K rotundě. Rechts versteckt sich hinter hohen Mauern das Neue Dekanat, das heutige Museum Vyšehrad ⑦, das die Ausgrabungsfunde der Burg zeigt. Zwischen K rotundě und der Soběslavova-Straße liegt die alte Dechanei ⑧. Gehen Sie links die Soběslavova-Straße hinunter zur Ausgrabungsstätte der Basilika St. Laurentius ⑨, die Vratislav II. Ende des 11. Jahrhunderts erbaute, 1420 aber von den Hussiten *(siehe S. 26f)* zerstört wurde. Links der Basilika haben Sie vom Befestigungswall aus einen großartigen Blick über Prag.

Ein Kupferstich I. G. Ringles zeigt Vyšehrad und die Moldau im 18. Jahrhundert

Legende

- Routenempfehlung
- Aussichtspunkt
- Metro-Station
- Straßenbahnhaltestelle
- Burgmauer

0 Meter 200

Der Fels Vyšehrad
Der bewaldete Fels, auf dem Vyšehrad erbaut wurde, fällt im Westen steil zum Fluß hin ab – eine ideale Verteidigungsposition. Oben auf dem Fels ruhen die gotischen Ruinen des sogenannten Bads der Libuše ⑩, ein Wehrposten des mittelalterlichen Forts. Auf dem Rasenstück weiter links wurden die Überreste eines gotischen Palasts ⑪ aus dem 14. Jahrhundert gefunden.

Das Grabmal des Komponisten Antonín Dvořák auf dem Vyšehrad-Friedhof ⑭

Vyšehrad-Park
Der westliche Teil von Vyšehrad wurde als Park gestaltet. Südlich der Kirche St. Peter und Paul erinnern vier Gruppen von Skulpturen ⑫ des Bildhauers Josef Myslbek aus dem 19. Jahrhundert an Persönlichkeiten der frühen tschechischen Geschichte, so auch an die legendären Gestalten Přemysl und Libuše *(siehe S. 20f)*. Ursprünglich zierten sie die Palacký-Brücke, wurden jedoch während der amerikanischen Bombardierungen 1945 zerstört. Nach ihrer Restaurierung zogen sie in den Vyšehrad-Park um. Einst stand hier ein romanischer Palast, den eine Brücke mit der nahe liegenden Kirche verband. Ein weiterer Palast entstand unter Karl IV. *(siehe S. 24f)*.

Josef Myslbeks Statue von Přemysl und Prinzessin Libuše im Vyšehrad-Park ⑫

Kirche St. Peter und Paul
Diese Kirche ⑬ mit ihren Zwillingstürmen überragt die gesamte Burganlage. Sie wurde Ende des 11. Jahrhunderts von Prinz Vratislav II. erbaut, 1129 erweitert, brannte aber im 13. Jahrhundert nieder. An ihrer Stelle entstand eine gotische Kirche, die vielfach umgestaltet und 1885 im neugotischen Stil neu erbaut wurde. Die Zwillingstürme kamen 1902 hinzu. Beachtenswert ist der Sarkophag aus dem frühen 12. Jahrhundert, vermutlich die Grabstätte des heiligen Longinus, sowie das gotische Tafelbild *Regenmadonna* aus der Mitte des 14. Jahrhunderts, in der dritten Kapelle rechts.

Der Friedhof und das Pantheon
Rechts der Kirche führt ein Tor zum Friedhof ⑭, der 1869 angelegt wurde, um großen tschechischen Persönlichkeiten, wie Bedřich Smetana *(siehe S. 79)* oder dem Bildhauer Josef Myslbek, eine letzte Ruhestätte zu bieten. Myslbek liegt im 1890 erbauten Pantheon (Slavín) an der Ostseite des Friedhofs, das den am meisten verehrten Persönlichkeiten vorbehalten ist.

Vom Tor neben der Kirche gehen Sie zurück zu K rotundě. Die Teufelssäule ⑮ links soll der Teufel zurückgelassen haben, nachdem er eine Wette mit einem Priester verloren hatte. Die Straße führt zur kleinen romanischen St.-Martins-Rotunde ⑯ *(siehe S. 44)*, die Ende des 11. Jahrhunderts errichtet und 1878 restauriert wurde. Gehen Sie links den Hügel hinab zum Ziegel-(Chotek-)Tor ⑰ von 1741 und die Vratislavova-Straße hinunter zur Straßenbahnhaltestelle Výtoň am Moldauufer.

Die neogotische Kirche St. Peter und Paul ⑬

ROUTENINFO

Ausgangspunkt: *Metro-Station Vyšehrad, Linie C.*
Länge: *1,5 km.*
Anfahrt: *Der Spaziergang beginnt an der Metro-Station Vyšehrad und endet bei der Straßenbahn Nr. 17, die Sie ins Stadtzentrum zurückbringt.*
Rasten: *Der Park vor St. Peter und Paul eignet sich zum Ausruhen. Gegenüber der Basilika St. Laurentius ist ein Café.*

ZU GAST IN PRAG

ÜBERNACHTEN

Seit der »Samtenen Revolution« im Jahre 1989 ist Prag eine der meistbesuchten Städte Europas. Obwohl neue Hotels mit zum Teil ausländischer Kapitalhilfe gebaut wurden, besteht nach wie vor großer Bedarf an Hotelbetten. Viele alte Hotels wurden renoviert, in anderen wurde lediglich die Eingangshalle modernisiert; der schöne Schein verblaßt, sobald Sie das Treppenhaus betreten. Die meisten dieser renovierten Hotels sind so angenehm wie überall in Europa – und so teuer. Preiswerte Hotels und Pensionen sind eher rar, Sie finden sie im Stadtzentrum oder in den Vororten. Wir haben über 100 Hotels in allen Preisklassen in Augenschein genommen; auf den Seiten 186 ff stellen wir 30 vor, die ein gutes Preis-Leistungs-Verhältnis bieten. Preiswert sind auch kleine Wohnungen oder privat vermietete Zimmer, gewöhnlich bei einer Agentur zu buchen *(siehe S. 184)*. Zudem bieten Herbergen und Campingplätze preisgünstige Übernachtungsmöglichkeiten *(siehe S. 185)*.

Portier vor dem exklusiven Palace-Hotel *(siehe S. 189)*

Das elegante Ungelt *(siehe S. 187)*

Hotelsuche

Da Prag relativ klein ist, sucht man sich am besten ein Hotel im Zentrum, nahe den Sehenswürdigkeiten, Geschäften und Restaurants. Die meisten Hotels liegen um den Wenzelsplatz, mitten in der Stadt also, was sich meist auch in den Preisen niederschlägt. Beliebt ist auch die Gegend um den Náměstí Republiky, doch am besten sind Sie beim Altstädter Ring untergebracht, einige Minuten zu Fuß von der Karlsbrücke. Hier finden Sie internationale oder alte tschechische und einige kleinere, exklusive Hotels.

Im Süden der Neustadt, nur wenige Metro-Stationen vom Altstädter Ring entfernt, sind etwas preisgünstigere Hotels. Doch ist die Gegend hier weniger angenehm und äußerst verkehrsreich. Hotels im jüdischen Viertel bieten einen Blick über die Moldau, sie sind modern, aber auch teuer. Weiter weg vom Stadtzentrum liegen am Flußufer einige schwimmende Hotels, die zwar preiswert, aber mit ihren schmalen Kabinen auch wenig komfortabel sind. Die meisten dieser Schiffe werden zudem gerade renoviert.

Oberhalb der Karlsbrücke in der Kleinseite gibt es einige interessante kleine Hotels in wunderschöner Lage, einige auch nahe der Prager Burg im Hradschin. Weiter im Norden dieser Gegend befinden sich mehrere große, wenig reizvolle Hotels, wie Sie sie auch in den Vorstädten finden, hier zum Teil auch neu erbaute. Sie bieten zwar einen guten Komfort, sind aber meist ebenso teuer wie die Hotels im Zentrum. Zusätzlich müssen Sie mit langen Fahrzeiten rechnen sowie mit Fahrtkosten – die Metro fährt nur bis Mitternacht, und Taxis können zuweilen recht teuer sein.

Reservierung

Ein Hotel im voraus zu buchen kann schwierig werden, da die meisten Mittelklassehotels vertraglich an Reiseunternehmen gebunden sind. Es ist möglich, daß man Sie bittet, ein oder zwei Wochen vor Ihrer Reise erneut wegen eines Zimmers anzufragen, da die Hotels dann meist wissen, wie viele Zimmer noch verfügbar sind. Lassen Sie sich die Hotelreservierung schriftlich bestätigen, dies kann vor Unannehmlichkeiten bei der Ankunft bewahren. Telefon-

Poolbar im luxuriösen Praha Penta *(siehe S. 187)*

und Faxverbindungen mit der Tschechischen Republik sind besser geworden, doch dauert es meist länger, bis Sie eine Antwort von Ihrem Hotel bekommen. Möchten Sie Ihre Unterkunft daher lieber über ein Reisebüro buchen, wenden Sie sich an die auf Prag spezialisierten Unternehmen *(siehe S. 184)*.

AUSSTATTUNG

Die meisten Hotels in Prag verfügen inzwischen über Zimmer mit Dusche, Bad oder WC sowie Telefon und Fernseher, sogar mit Satellitenprogrammen. Viele Hotels bieten zudem einen günstigen Reinigungsservice, die großen auch einen 24-Stunden-Zimmerservice sowie Minibars. Man erwartet, daß Sie Ihr Zimmer bei der Abreise bis Mittag verlassen. Sollten Sie später abreisen, bewahren viele Hotels Ihr Gepäck auch länger auf. In den Hotels wird fast immer auch deutsch gesprochen, so daß Sie kaum Kommunikationsschwierigkeiten haben dürften.

PREISNACHLÄSSE

Die Hotelpreise in Prag sind zwar flexibel, jedoch nicht zugunsten der ausländischen Gäste. Touristen aus dem Ausland zahlen meist doppelt soviel wie einheimische, egal, ob Sie selbst oder ein Reisebüro Ihr Hotel bucht. Die einzige Möglichkeit, weniger zu zahlen, ist zu handeln. Zu beliebten Reisezeiten wie Weihnachten und Neujahr sowie zwischen Ostern und Oktober ist es schwierig, ein Zimmer zu finden.

VERSTECKTE PREISAUFSCHLÄGE

Meist ist im Hotelpreis eine Steuer (23%) und eine Pauschale für Dienstleistungen enthalten, klären Sie dies jedoch stets im voraus. Hohe Telefonrechnungen sind üblich, da Hotels mehr für eine Gebühreneinheit berechnen. Von vielen Telefonzellen kann man mit

Das Paříž steht unter Denkmalschutz *(siehe S. 189)*

internationalen Telefon- und Kreditkarten telefonieren *(siehe S. 224)*. Einige teure Hotels berechnen Frühstück extra, andere bieten dies inklusive. Für warme Speisen müssen Sie extra zahlen. Oft sind auch Frühstücksbuffets zu finden. Trinkgelder werden eigentlich nur in den großen und teuren Hotels erwartet.

Wie in den meisten Ländern gibt es keine Vergünstigungen für Alleinreisende. Einzelzimmer sind eher rar, besonders in den neueren Hotels; nehmen Sie alleine ein Doppelzimmer, so müssen Sie etwa 80% des Zimmerpreises zahlen.

Das hypermoderne Atrium-Hotel *(siehe S. 189)*

BEHINDERTE REISENDE

Rollstuhlgerechte Hotels finden Sie in der Hotelübersicht auf den Seiten 187 ff. Informationen über weitere Vergünstigungen für Behinderte erteilt der Tschechische Verband für Behinderte *(siehe S. 184)*, ebenso wie die tschechische Botschaft in Ihrem Heimatland.

MIT KINDERN UNTERWEGS

Mit Kindern bekommen Sie meist ein Mehrbettzimmer, oder man stellt ein Extrabett in Ihr Zimmer. Zum Frühstück wird Milch als H-, aber auch als Frischmilch gereicht. Einige Restaurants haben Hochstühle für Kinder, zum Teil sogar Babysitter. Fragen Sie nach Verbilligungen für Kinder; vielleicht können die Kinder kostenfrei im Zimmer der Eltern übernachten.

Auf einen Blick

Informationen und Reiseveranstalter

Tschechische Zentrale für Tourismus
Leipziger Str. 60
10117 Berlin
☎ *030-200 47 70*

in Österreich
Herrengasse 17
1010 Wien
☎ *1-535 23 61*

Čedok Reisen GmbH
Kaiserstr. 54.
60329 Frankfurt
☎ *069-274 01 70, 234 670.*

In Prag

Tschechische Zentrale für Tourismus
Staroměstské náměstí 6.
Karte 3 B3.
☎ *24 89 72 84*

ADOS
☎ *73 33 51.*
FAX *74 65 20.*
24-Stunden-Dienst

American Express Reiseagentur
Václavské náměstí 56.
Karte 3 C5.
☎ *24 21 53 97.*
FAX *26 15 04.*

Autotourist Reiseagentur
Londýnská 62. **Karte** 6 F4.
☎ *25 37 83.*
FAX *25 37 53*

AVE Ltd
Hlavní nádraží (Hauptbahnhof). **Karte** 4 E5.
☎ *24 22 32 26.*
Filialen auch am Flughafen Ruzyňe und am Bahnhof Holešovice.

Balnea Reiseagentur
Křížovnická 3. **Karte** 3 A3.
☎ *232 44 69.*

CBT Reiseagentur
Staroměstské náměstí 17.
Karte 3 B3.
☎ *24 22 46 46.*
FAX *24 22 47 24.*

Čedok
Na Příkopě 18. **Karte** 4 D4.
☎ *24 19 76 15.*
Eine von mehreren Filialen *(siehe S. 219).*

Contrans Ltd
Spálená 31. **Karte** 3 B5.
☎ *24 91 28 28.*
FAX *29 76 00.*

Pragoscan Reiseagentur
Mikulandská 10.
Karte 3 B5.
☎ *24 91 04 75.*
FAX *24 91 96 12.*

Pragotur
U Obecního domu 2.
Karte 4 D3.
☎ *232 22 05.*
FAX *232 22 16.*

Prague Bed and Breakfast Association
R. Luxemburgové
Kroftova 3.
☎ *54 93 44.*
FAX *54 78 06.*

Prager Informationsdienst (PIS)
Na příkopě 20. **Karte** 3 C4.
☎ *26 40 23.*

Staroměstské náměstí 22.
Karte 3 B3.
☎ *24 21 28 44.*

Hlavní nádraží (Hauptbahnhof). **Karte** 4 E5.

Prague Suites
Melantrichova 8.
Karte 3 B4.
☎ *24 22 99 61.*
FAX *26 61 79.*
Preis inklusive Transport zum und vom Flughafen.

SCS Ltd.
Botičská 4.
Karte 5 B4.
☎ *29 76 98.*
FAX *29 26 64.*

Top Tour
Rybná 3. **Karte** 3 C2.
☎ *232 10 77.*
FAX *24 81 14 00.*
Vermittlungsgebühr.

České Dráhy Reiseagentur
Na příkopě 31 **Karte** 3 C4.
☎ *24 22 36 00.*
Filialen auch im Hlavní nádraží (Hauptbahnhof) und Bahnhof Holešovice.

Studenten

Internationaler Studentenverband
Pařížská 25. **Karte** 3 B3.
☎ *24 81 04 38.*

Nationaler Studentenverband
17. listopadu. **Karte** 3 B2.
☎ *24 81 04 38.*

Jugendherbergen

CKM
Žitná 10.
Karte 5 C1.
☎ *29 29 84.*

Juniorhotel
Žitná 12.
Karte 4 E5.
☎ *24 91 57 67.*
FAX *236 38 77.*

Universitas Tours
Jugendherberge Jednota.
Karte 4 D5.
☎ *24 21 17 73.*

Camping

Aritma Džbán
Nad lávkou 3.
☎ *36 85 51.*
◷ *ganzjährig.*

Kotva Braník
U ledáren 55, Braník.
☎ *46 13 97.*
FAX *46 61 10.*
◷ *Apr–Okt.*

Troja
Trojská 157.
☎ *66 41 60 36.*
◷ *Mitte Apr–Sep.*

Behinderte Reisende

Tschechischer Verband für Behinderte
Karlinské náměstí 12.
Karte 5 B2.
☎ *24 21 59 15.*

Föderation für Menschen mit Behinderungen
Konviktská 6.
Karte 3 A5.
☎ *24 22 72 03.*

Botschaften und Konsulate

Botschaft der Tschechischen Republik
in Deutschland
Ferdinandstr. 27
53127 Bonn
☎ *0228-28 52 87, -92, -93, -65.*

in Österreich
Penzingerstr. 11
1140 Wien
☎ *1-89 42 125, -126*

in der Schweiz
Muristr. 53
3000 Bern 16
☎ *31-44 36 45, 44 85 99*

Außenstelle der Botschaft der Tschechischen Republik
in Deutschland
Otto-Grotewohl-Str. 21
10117 Berlin
☎ *030-22 00 481, 22 00 496*

Generalkonsulat der Tschechischen Republik
in Deutschland
Siedlerstr. 2
85774 Unterföhring
☎ *089-95 01 24, -26*

In Prag

Deutsche Botschaft
Vlašská 19.
Karte 1 C4
☎ *53 23 51*

Österreichische Botschaft
Viktora Huga 10.
☎ *54 65 57, 54 65 50*

Schweizerische Botschaft
Pevnostni 7.
Karte 1 B1
☎ *32 04 06, 32 83 19*

Die Pension Páv, in ruhiger, historischer Umgebung ***(siehe S. 188)***

Privatzimmer und Ferienwohnungen

In den letzten fünf Jahren stieg die Anzahl der Privatzimmer in Prag enorm; sie sind preiswert und beliebt, aber liegen oft nicht direkt im Stadtzentrum. Pro Person und Nacht kosten sie etwa 600 Kč, normalerweise inklusive Frühstück. Wohnungen, in denen man sich selbst versorgt, kosten für zwei Personen etwa 2200 Kč pro Nacht. Agenturen für Privatzimmer und Ferienwohnungen siehe Übersicht S. 184.

Mieten Sie ein Zimmer oder Apartment, geben Sie genau an, wie teuer und wo es sein soll. Bevor Sie ein Angebot der Agentur akzeptieren, erkundigen Sie sich nach der Gegend und der nächsten Metro-Station; sollten Sie selbst in Prag sein, schauen Sie sich das Zimmer oder die Wohnung vorher an. Lassen Sie sich jede Buchung schriftlich bestätigen, und zahlen Sie bei Ihrer Ankunft bei der Agentur in bar; manchmal bezahlen Sie jedoch auch direkt den Vermieter. Verlangt die Agentur die Bezahlung im voraus über die Bank oder mit Euroscheck, gehen Sie mit einer entsprechenden Quittung direkt zu Ihrer Unterkunft. Die Agenturen können eine Gebühr für die Vermittlung erheben, die meist vor Ort zu zahlen ist.

Jugendherbergen

Informationen über die vielen Jugendherbergen in Prag erteilt das CKM-Jugendinformationsbüro in der Neustadt. Die offizielle Jugendherberge, das Juniorhotel, liegt in der Neustadt. Es bietet einfache, aber saubere und preiswerte Unterkunft, Mitglieder erhalten Ermäßigung.

Camping

Die meisten Campingplätze in und um Prag sind von November bis April geschlossen. Sie sind einfach, billig und verkehrstechnisch gut angebunden. Der größte Platz ist bei Troja *(siehe S. 164f)*, 3 km nördlich des Zentrums; Aritma Džbán, 4 km westlich, ist das ganze Jahr über geöffnet; Kotva Braník liegt 6 km südlich der Stadt am Moldauufer. Nähere Informationen erteilt PIS *(siehe Übersicht S. 184)*.

Das schön renovierte Hotel Moráň ***(siehe S. 188)***

Zeichenerklärung

Detaillierte Hotelbeschreibungen finden Sie auf den Seiten 187 ff. Die Hotels sind nach Lage und Preiskategorie geordnet. Die Symbole hinter der jeweiligen Hoteladresse geben Auskunft über die Ausstattung.

Alle Zimmer mit Bad und/oder Dusche, falls nicht anders vermerkt
1 Einzelzimmer vorhanden
Mehrbettzimmer bzw. Extrabett möglich
24 24-Stunden-Zimmerservice
TV Fernseher in allen Zimmern
Nichtraucherzimmer vorhanden
Zimmer mit Aussicht
Alle Zimmer mit Klimaanlage
Fitneßanlage
Schwimmbad im Hotel
Für Geschäftsleute: Auftragsdienst, Faxgerät, Schreibtisch und Telefon in jedem Zimmer, Konferenzraum
Kinderfreundlich: Kinderbetten und Babysitting-Service
Für Rollstuhlfahrer geeignet
Aufzug
P Hotelparkplatz
Garten/Terrasse
Bar
Restaurant
Auskunft
Kreditkarten:
AE American Express
DC Diners Club
EC Eurocard/Mastercard
V Visa
JCB Japanese Credit Bureau

Preiskategorien für ein Doppelzimmer pro Nacht inklusive Frühstück, Steuer und Service:
Kč 2000–3000 Kč
Kč Kč 3000–4000 Kč
Kč Kč Kč 4000–5000 Kč
Kč Kč Kč Kč 5000–6000 Kč
Kč Kč Kč Kč Kč über 6000 Kč

Hotelauswahl

Die Hotels auf den folgenden Seiten wurden alle für diesen Führer einzeln begutachtet und bewertet. Die Tabelle führt Kriterien auf, die Ihnen die Auswahl erleichtern. Weitere Informationen zu den einzelnen Hotels finden Sie auf den Seiten 187 ff.

		Anzahl der Zimmer	Geräumige Zimmer	Für Geschäftsleute	Kinderfreundlich	Gutes Restaurant	Geschäfte und Restaurants in der Nähe	Ruhige Lage	24-Stunden-Zimmerservice
Altstadt *(siehe S. 187)*									
Axa	Ⓚ	**132**		■					
Central	Ⓚ	**90**					●	■	
Atlantic	ⓀⓀ	**60**					●		
Harmony	ⓀⓀ	**60**		■			●		
Meteor	ⓀⓀ	**80**					●		
Praha Penta	ⓀⓀⓀⓀⓀ	**309**	●	■	●		●		
Ungelt	ⓀⓀⓀⓀⓀ	**10**	●	■			●	■	●
Jüdisches Viertel *(siehe S. 187)*									
Intercontinental	ⓀⓀⓀⓀⓀ	**394**	●	■			●		●
President	ⓀⓀⓀⓀⓀ	**97**		■			●		
Kleinseite *(siehe S. 187f)*									
Kampa	Ⓚ	**85**	●				●	■	
U páva	ⓀⓀⓀ	**11**	●	■			●	■	
U tří pštrosu	ⓀⓀⓀ	**18**	●			■	●		
Neustadt *(siehe S. 188f)*									
Evropa	Ⓚ	**30**	●	■			●	■	
Luník	Ⓚ	**35**					●		
Adria	ⓀⓀ	**66**	●				●		●
Interhotel Ambassador und Zlatá husa	ⓀⓀⓀ	**172**		■			●		
Pension Páv	ⓀⓀⓀ	**10**	●	■				■	●
City Hotel Moran	ⓀⓀⓀⓀ	**57**						■	
Esplanade	ⓀⓀⓀⓀ	**64**	●	■			●	■	●
Paříž	ⓀⓀⓀⓀ	**98**	●	■	●		●		●
Jalta Praha	ⓀⓀⓀⓀⓀ	**89**	●	■	●		●		●
Palace	ⓀⓀⓀⓀⓀ	**125**	●	■			●		●
Ausserhalb des Zentrums *(siehe S. 189)*									
Belvedere	Ⓚ	**116**		■			●		
Carol	Ⓚ	**50**	●	■	●				●
Esprit	Ⓚ	**63**						■	
Atrium	ⓀⓀⓀ	**788**	●	■					●
Praha	ⓀⓀⓀ	**124**		■	●			■	●
Diplomat Praha	ⓀⓀⓀⓀⓀ	**387**	●	■	●				
Forum Praha	ⓀⓀⓀⓀⓀ	**531**	●	■					●

Preiskategorien für ein Doppelzimmer pro Nacht inkl. Frühstück, Steuer und Service:
Ⓚ 2000–3000 Kč
ⓀⓀ 3000–4000 Kč
ⓀⓀⓀ 4000–5000 Kč
ⓀⓀⓀⓀ 5000–6000 Kč
ⓀⓀⓀⓀⓀ über 6000 Kč

Geschäfte/Restaurants
Zu Fuß höchstens fünf Minuten zur nächsten Einkaufsstraße

Für Geschäftsleute
(siehe S. 185)

Kinderfreundlich
(siehe S. 185)

Altstadt

Axa

Na poříčí 40, 110 00 Praha 1. **Karte** 4 E3. *24 81 25 80.* *232 21 72.* ***Zimmer:** 132.* *109.* *AE, EC, V.*

Dieses alte Hotel gegenüber dem Hotel Harmony ist preisgünstig und liegt zentral. Hinter der etwas heruntergekommenen Fassade verbirgt sich eine große, saubere Hotelhalle. Nur etwa die Hälfte der Zimmer sind renoviert, und zwar die im Rückteil des Gebäudes; reservieren Sie also, falls möglich, ein solches. Obwohl die nicht renovierten Zimmer nur sehr einfach sind, sind die Preise gleich. Das Hotel hat im ersten Stock ein großes Restaurant und eine Bar, die, ebenso wie das Schwimmbad im Erdgeschoß, für die Öffentlichkeit zugänglich sind.

Central

Rybná 8, 110 00 Praha 1. **Karte** 3 C2. *24 81 20 41.* *232 84 04.* ***Zimmer:** 90.* *V.*

Der größte Vorteil des etwas älteren Hotels mit annehmbaren Preisen ist seine Lage in einer ruhigen Nebenstraße der Altstadt. Eingangshalle und Rezeption wurden renoviert, doch sobald Sie die Treppe hinaufgehen, verliert sich dieser Eindruck. Die Zimmer, zwar etwas abgewohnt, aber sauber, sind mit neuen und alten Möbeln ausgestattet. Die kleinen Badezimmer verfügen über schöne Handtücher und Badematten.

Atlantic

Na poříčí 9, 110 00 Praha 1. **Karte** 4 D3. *24 81 10 84.* *24 81 23 78.* ***Zimmer:** 60.* *AE, DC, EC, V, JCB.*

Wenige Minuten entfernt vom Náměstí Republiky, ist dieses Hotel in einer belebten Straße ein guter Ausgangspunkt für die Besichtigung der Innenstadt. 1988/89 renoviert, ist es modern ausgestattet und bietet eine Reihe von Annehmlichkeiten. Vom Restaurant blickt man auf die Hauptstraße, ein Bistro mit Bar serviert kleine Gerichte und Drinks.

Harmony

Na poříčí 31, 110 00 Praha 1. **Karte** 4 E3. *232 00 16, 232 07 20.* *231 00 09.* ***Zimmer:** 60.* *AE, DC, EC, V, JCB.*

Nahe dem Atlantic zeigt sich das Hotel nach einer Totalrenovierung im alten Glanz. Freundliche junge Leute betreiben das Haus. Zwei kleine Restaurants bieten tschechische und internationale Küche.

Meteor

Hybernská 6, 110 00 Praha 1. **Karte** 4 D3. *24 22 06 64.* *24 21 30 05.* ***Zimmer:** 80.* *AE, DC, EC, V.*

Obwohl Teil der internationalen Best Western Group, hat das Meteor doch ein angenehmes Ambiente. Einige Räume sind leicht abgewohnt, doch größtenteils ist es modernisiert und komfortabel ausgestattet. Die meisten Zimmer wie auch die in grauem Marmor gehaltenen Duschen liegen zur Schmalseite des Hauses hin. Im Keller befindet sich ein schönes Restaurant.

Praha Penta

V celnici, PO Box 726, 110 00 Praha 1. **Karte** 4 E3. *24 81 03 96.* *231 31 33.* ***Zimmer:** 309.* *AE, DC, V, JCB.*

Die Glasfront dieses neuen, teuren Hotels überragt den Náměstí Republiky. Junge Männer in Uniform kümmern sich um die Gäste, der Service ist freundlich und gut. Die luxuriösen Zimmer sind angenehm ausgestattet, unter anderem mit dicken Bettdecken und Bademänteln. Das Hotel hat mehrere Restaurants, eine Bierstube und ein Schwimmbad.

Ungelt

Štupartská 1, 110 00 Praha 1. **Karte** 3 C3. *24 81 13 30.* *231 95 05.* ***Zimmer:** 10.* *AE, V.*

Versteckt in einer ruhigen Seitenstraße direkt hinter dem Altstädter Ring, strahlt dieses ruhige, vornehme Hotel einen Hauch von Exklusivität aus. Kleine Apartments bieten einfache, aber helle Räume mit Kochecken. Einige Zimmer sind holzgetäfelt. Das Restaurant ist einfach, aber ordentlich, Holzstühle stehen hier auf Marmorboden; außerdem verfügt das Hotel über eine schattige Terrasse.

Jüdisches Viertel

Intercontinental

Náměstí Curieových 43/5, 110 00 Praha 1. **Karte** 3 B2. *24 88 11 11.* *24 81 00 71.* ***Zimmer:** 394.* *AE, EC, DC, V, JCB.*

Das 1970 am rechten Moldauufer errichtete imposante Hotel verfügt über ein Reihe von Fitneßräumen und ein Schwimmbad. Hier ist nichts typisch tschechisch, doch ist das Hotel ein gutes Beispiel für ein internationales Fünf-Sterne-Hotel. Viele Zimmer bieten einen schönen Blick über den Fluß; die Zimmer selbst sind ordentlich, das außergewöhnlichste an ihnen sind ihre in grauem Marmor gehaltenen Badezimmer.

President

Náměstí Curieových 100, 116 88 Praha 1. **Karte** 3 B2. *231 48 12.* *231 82 47.* ***Zimmer:** 97.* *AE, DC, EC, V, JCB.*

Die zentrale Lage des President macht sein wenig stilvolles Äußeres mehr als wett. Vor mehr als 20 Jahren für die Gewerkschaften erbaut, wurde es innen vollständig renoviert; es ist komfortabel, wenn auch einfach ausgestattet. In der großen Eingangshalle stehen Sessel und Sofas, an den Wänden hängen Originalgemälde. Man kann in zwei Restaurants zwischen tschechischer und internationaler Küche wählen. Von der Dachterrasse aus können Sie den Blick über die Moldau auf die Prager Burg genießen.

Kleinseite

Kampa

Všehrdova 16, 118 00 Praha 1. **Karte** 2 E5. *24 51 04 09.* *24 51 03 77.* ***Zimmer:** 85.* *AE, DC, EC, V.*

Zu Beginn des 17. Jahrhunderts eigentlich als Zeughaus errichtet, wurde das Kampa erst kürzlich, nach einer vollständigen Renovierung, wiedereröffnet. Fünf Minuten von der Karlsbrücke entfernt, liegt es versteckt in einer ruhigen Seitenstraße, umgeben von Bäumen und Gärten. Die barocke, holzgetäfelte Decke der großen Eingangshalle läßt die Rezeption nicht besonders gemütlich, sondern eher vornehm-elegant wirken. Hier befinden sich auch das Restaurant und eine Bar. Die Ausstattung des Hotels ist insgesamt einfach, die Zimmer jedoch sind sauber und mit dunklen Holzmöbeln eingerichtet.

U páva

U lužického semináře 32, 110 00 Praha 1. **Karte** 2 F3. *24 51 09 22, 53 22 51.* *53 33 79.* ***Zimmer:** 11.* *AE, EC, V.*

U páva bedeutet Zum Pfauen; das Hotel liegt nur wenige Gehminuten durch hübsche, ruhige Straßen

Zeichenerklärung *siehe S. 185*

der Kleinseite von der Karlsbrücke entfernt. Das 1991 vollständig renovierte Haus bietet eine sehr gediegene Atmosphäre, die durch das alte Mobiliar aus dunklem Holz, die Kristallampen und schönen Teppiche unterstrichen wird. Der persönliche Stil des Hauses besticht ebenso wie die großzügig und komfortabel eingerichteten Zimmer.

U tří pštrosů

Dražického náměstí 12, 118 00 Praha 1. **Karte** 2 F3. *24 51 07 79.* FAX *53 61 55.* ***Zimmer:*** *18.*
AE, V, EC. ⓚⓚⓚ

Direkt neben der Karlsbrücke gelegen, war das Hotel Zu den drei Straußen einst Wohnhaus von Jan Fux, einem Straußenfedernhändler *(siehe S. 134).* Heute ist es eines der bekanntesten Hotels und Restaurants in Prag. Der Familienbetrieb, der sich den großen Touristikunternehmen erfolgreich widersetzt, hat eine besondere, sehr private Atmosphäre. Im Restaurant müssen Sie auf jeden Fall reservieren. Die Zimmer, großzügig und komfortabel, sind in ihrer Einrichtung dem gesamten Stil des Hauses angepaßt.

NEUSTADT

Evropa

Václavské náměstí 25, 110 00 Praha 1. **Karte** 4 D5. *24 22 81 17.* FAX *24 22 45 44.* ***Zimmer:*** *30.* *58.* *AE, DC, EC, V.* ⓚ

Die Fassade des Europa übertrifft die aller anderen Häuser am Wenzelsplatz. Es ist das schönste Hotel in ganz Prag mit herausragenden Jugendstildekorationen. Der wunderschöne alte Speisesaal beherbergt einige atemberaubende Glasarbeiten; Bar und Café des Hotels sind die berühmtesten Prags *(siehe S. 146).* Als eines der wenigen Hotels, die noch nicht renoviert sind, hat es annehmbare Preise. Angesichts der hervorragenden Ausstattung des Hauses sind die Zimmer eher enttäuschend. Sie unterscheiden sich sehr in Größe, Stil und Ausstattung; die besten Zimmer, mit hohen Fenstern und Holzvertäfelungen, liegen im ersten und zweiten Stock. Aber auch diese Zimmer sind nicht besonders groß, das Mobiliar ist ein Mischmasch aus den 70er Jahren und früher, die Bäder, falls vorhanden, sind nur mit dem Notwendigsten ausgestattet.

Luník

Londýnská 50, 120 00 Praha 2. **Karte** 6 E2. *25 27 01.* FAX *25 66 17.* ***Zimmer:*** *35.* ⓚ

In einer ruhigen, von Bäumen gesäumten Straße etwa 15 Gehminuten oder zwei Metro-Stationen vom Wenzelsplatz entfernt, bietet dieses Hotel ein gutes Preis-Leistungs-Verhältnis. Nach einer Totalrenovierung besitzt es nun jeglichen Komfort. Die weißen Wände sind zurückhaltend, aber apart dekoriert, das Mobiliar ist aus Holz, die Zimmer nicht sehr groß und mit alten Möbeln ausgestattet, funktional und ohne jeglichen Schnickschnack.

Adria

Václavské náměstí 26, 110 00 Praha 1. **Karte** 4 D5. *24 21 65 43.* FAX *24 21 10 25.* ***Zimmer:*** *66.*
AE, DC, EC, V, JCB. ⓚⓚ

Das wiedereröffnete Adria gibt sich nach einer Rundumrenovierung mit einem strahlend gelben Sonnendach über seinem Eingang am Wenzelsplatz hell und elegant. Die Türen öffnen sich automatisch zu einer in Marmor gehaltenen Rezeption. Geschickt angeordnete Glas- und Spiegelkonstruktionen verleihen ihr zusätzliche Größe. Auch die Zimmer sind hell und freundlich, mit gelben Wänden und apart zusammengestelltem Mobiliar.

Interhotel Ambassador/ Zlatá husa

Václavské náměstí 5–7, 110 00 Praha 1. **Karte** 3 C5. *24 19 31 11, 12 22 37.* ***Zimmer:*** *172.*
AE, DC, V. ⓚⓚⓚ

Diese beiden Hotels am Wenzelsplatz gehören nun zusammen. Das Ergebnis ist zwar etwas chaotisch, bietet Ihnen aber die Wahl zwischen verschiedenen Bars und Restaurants, zum Teil bis Mitternacht oder später geöffnet. Die Eingangshalle wirkt leicht altmodisch, die anderen, der Allgemeinheit zugänglichen Räumlichkeiten sind jedoch angenehm und komfortabel eingerichtet. Obwohl die Zimmerpreise für alle Zimmer gleich sind, variiert der Standard sehr; verlangen Sie möglichst eines der moderneren, am besten, Sie lassen es sich zunächst zeigen.

Pension Páv

Křemencova 13, 110 00 Praha 1. **Karte** 5 B1. *24 91 32 86.* FAX *24 19 05 74.* ***Zimmer:*** *10.* ⓚⓚⓚ

Die Pension, in einer ruhigen Straße in einem der historischen Stadtteile Prags, wurde 1992 neu eröffnet. Sie bietet umfassenden Service, jedoch nur wenige Zimmer und Apartments. Diese sind einfach, aber hübsch ausgestattet und von angenehmer Größe. Die Pension hat eine eigene Bar und ein Restaurant, in denen Sie den Abend verbringen können, wenn Sie nicht mehr ausgehen.

City Hotel Moráň

Na Moráni 15, 120 00 Praha 2. **Karte** 5 A3. *24 91 52 08.* FAX *29 75 33.* TX *12 21 34.* ***Zimmer:*** *57.*
AE, DC, EC, V, JCB. ⓚⓚⓚⓚ

Das kürzlich wiedereröffnete Hotel ist eines jener Häuser, die einen höheren Standard bieten. Es wurde sehr elegant mit schönem Mobiliar und Dekor versehen. Helle Wände und zartgrüne Teppichen zieren einen Teil der Räume, bequeme Sessel und Sofas auf hellem Marmorfußboden einen anderen. Ein sehr angenehmes Café-Restaurant mit Bar bietet einen Blick auf die Straße. Obwohl die Zimmer in der Größe variieren, sind sie alle gleichermaßen hervorragend ausgestattet mit allem Komfort, den man in einem Hotel dieser Kategorie erwarten kann.

Esplanade

Washingtonova 19, 110 00 Praha 1. **Karte** 4 E5. *24 21 17 15.* FAX *24 22 93 06.* ***Zimmer:*** *64.*
AE, DC, EC, V, JCB. ⓚⓚⓚⓚ

Traditionelle Höflichkeit und Zuvorkommenheit charakterisieren dieses Haus nahe dem Wenzelsplatz. Die Lage des Hotels in einer großen, von Bäumen gesäumten Straße ist nicht ideal; im Inneren merkt man nichts mehr von der davorliegenden Schnellstraße. Es wurde Anfang des Jahrhunderts erbaut, ist mit Holzvertäfelungen und einigen schönen Jugendstilmöbeln ausgestattet und hat zwei Restaurants. Das im Erdgeschoß ist, sehr ungewöhnlich für Prag, bis zwei Uhr nachts geöffnet. Die Zimmer sind unterschiedlich eingerichtet, jedoch alle groß und komfortabel.

Paříž

U Obecního domu 1, 110 00 Praha 1. **Karte** 4 D3. *236 08 20.* FAX *24 22 54 75.* ***Zimmer:*** *98.*
AE, DC, EC, V, JCB. ⓚⓚⓚⓚ

Dieses Hotel aus der Zeit der Jahrhundertwende in der Nähe des Náměstí Republiky schuf der berühmte Architekt Jan Vejrych. Das im neugotischen Stil errichtete und mit Jugendstildekorationen versehene Haus wurde wegen der wunderschönen Beispiele herausragender Handwerkskunst 1984 unter Denkmalschutz gestellt. Besonders besticht das Restaurant mit beeindruckenden Türen und Holzvertäfelungen. Die Zimmer sind modernisiert, zwar wenig originell im Stil, aber äußerst komfortabel.

Jalta Praha

Václavské náměstí 45, 110 00 Praha 1. **Karte** 4 D5. *24 22 91 33.* FAX *24 21 38 66.* ***Zimmer:*** *89.* *AE, DC, EC, V, JCB.* ⓀⓀⓀⓀⓀ

Das Jalta Praha, eines der traditionellen Prager Hotels, liegt direkt am Wenzelsplatz. Die Eingangshalle, an deren einem Ende ein kleiner Empfangstisch die Rezeption bildet, wirkt wenig einladend. Die Fassade und auch verschiedene Räumlichkeiten des Hotels, wie das Restaurant, wurden neu gestaltet. Auch die Zimmer sind modernisiert, sie sind komfortabel, angenehm in ihrer Größe und Ausstattung und haben moderne Badezimmer.

Palace

Panská 12, 110 00 Praha 1. **Karte** 4 D4. *24 22 12 40.* FAX *235 93 73.* TX *12 33 37.* ***Zimmer:*** *125.* *AE, DC, EC, V, JCB.* ⓀⓀⓀⓀⓀ

Wenige Gehminuten vom Wenzelsplatz entfernt in einer ruhigen Nebenstraße, ist dies das teuerste Hotel Prags. Nach einer Totalrenovierung wurde es 1989 neu eröffnet. Die Mischung unterschiedlicher Stilrichtungen – modern, Jugendstil und traditionell –, das etwas übertriebene Dekor aus Messing, Spiegeln und künstlichen Blumen mag nicht jedermanns Geschmack sein, doch ist das Hotel in seinem Bemühen, seinen Gästen einen gewissen Luxus zu bieten, durchaus erfolgreich.

AUSSERHALB

Belvedere

Milady Horákové 19, 170 00 Praha 7. *37 47 41.* FAX *37 03 55.* ***Zimmer:*** *116.* *AE, DC, EC, V, EC, JCB.* Ⓚ

Nur eine Metro-Station nördlich von Florenc bietet diese Gegend jede Menge Läden, Restaurants und Cafés. Hier zeigt sich Prag von einer ganz anderen, intimeren Seite. Das Hotel ist sauber, ordentlich und hat annehmbare Preise; seine Café-Bar öffnet sich zur Straße hin. Die Zimmer sind einfach ausgestattet, aber komfortabel und bieten moderne Badezimmer mit Dusche.

Carol

Kurta Konráda 547/12, 190 00 Praha 9. *66 31 13 16.* FAX *684 42 76.* ***Zimmer:*** *50.* *DC, EC, V.* ⓀⓀⓀ

Das erst 1993 eröffnete Hotel hat eine elegante Hotelhalle aus Marmor und tüchtiges, junges Personal. Das schlichte, aber schicke Restaurant ist bis zu später Stunde geöffnet (23 Uhr), die Bar bis 15 Uhr. In den Schlafzimmern setzt sich die beinahe minimalistische, aber makellose und komfortable Einrichtung fort. Der Nachteil liegt, wie auch bei seinem Hotelnachbarn Esprit, in der dezentralen Lage.

Esprit

Lihovarská 1094–98, 190 00 Praha 9. *82 04 31.* FAX *684 59 17.* ***Zimmer:*** *63.* *AE, EC, V.* Ⓚ

Die Eigentümer dieses netten - Hotels sind gerade dabei, das Nachbarhaus mit weiteren zehn Zimmern umzubauen. Der Frühstücksraum, gleichzeitig Bar und Restaurant, ist hübsch gestaltet, die Zimmer sind einfach, aber adrett, mit hellen Wänden und hell bezogenen Betten. Der einzige Nachteil des Hotels ist seine Lage etwas weit entfernt vom Stadtzentrum: etwa 10 Gehminuten von der letzten Station der Metro-Linie B entfernt beziehungsweise 5 Gehminuten von der Buslinie zwischen einem der Vororte und dem Zentrum. Buchen Sie dieses Hotel nicht über eine Reiseagentur, da Sie dann den doppelten Preis für ein Zimmer zahlen.

Atrium

Pobřežní 1, 186 00 Praha 8. **Karte** 4 F2. *24 84 11 11.* FAX *24 81 18 96.* ***Zimmer:*** *788.* *AE, DC, V, JCB.* ⓀⓀⓀ

Dieses erste im Atriumstil erbaute und zudem größte Hotel der Tschechischen Republik steht wie ein Wahrzeichen der Moderne vor dem Hintergrund einer düsteren Wohnsiedlung. Es gehört einem französischen Unternehmen und wurde auch von französischen Architekten entworfen. Trotz seiner Größe besitzt es einen gewissen eigenen Stil. Machen Sie es sich in der hellen Eingangshalle des Hotels zwischen Blumen und Wasserspielen bequem, oder schauen Sie dem Lift in dem gläsernen Schacht zu. Die Zimmer sind geschmackvoll ausgestattet und bieten allen Komfort, den man von einem internationalen Hotel erwartet.

Praha

Sušická 20, 166 35 Praha 6. *24 34 11 11.* FAX *24 31 12 18.* ***Zimmer:*** *124.* *EC, V.* ⓀⓀⓀ

Wenn Ihnen der tosende Verkehrslärm und die Abgasschwaden der Stadt zuviel sind, gefällt Ihnen bestimmt die ruhige Gartenlage dieses großen, modernen Hotels. Ein Nachteil kann, abgesehen vom Preis, die Entfernung zum Zentrum sein. Weit jenseits der letzten Haltestelle der Metro-Linie B gelegen, ist auch die nächste Bushaltestelle 15 Gehminuten entfernt. Wer den Weg geschafft hat, wird mit jeglichem Komfort verwöhnt. Die Zimmer sind großzügig bemessen und bieten alle eine Aussicht auf die Stadt. Endlose Marmorflure mit kleinen Sitzgruppen beeinträchtigen etwas die Atmosphäre des gut geführten Hauses.

Diplomat Praha

Evropská 15, 160 00 Praha 6. *24 39 41 11.* FAX *34 17 31.* TX *12 32 80.* ***Zimmer:*** *387.* *AE, DC, EC, V, JCB.* ⓀⓀⓀⓀⓀ

Dieses Hotel liegt am Ende der Metro-Linie A: nur zwölf Minuten vom Stadtzentrum entfernt. Es wurde 1990 eröffnet, ausgestattet mit viel Marmor und Messing und riesigen, lichtdurchfluteten Räumen. Das von einem österreichischen Unternehmen geführte Haus bietet hervorragenden Service, dazu einen Nachtklub, mehrere Restaurants, Läden, einen Whirlpool und verschiedene Fitneßräume. Es ist sehr komfortabel, doch etwas anonym.

Forum Praha

Kongresová 1, 140 69 Praha 4. *61 19 12 18.* FAX *42 06 84.* TX *12 21 00.* ***Zimmer:*** *531.* *AE, DC, V, JCB.* ⓀⓀⓀⓀⓀ

Nahe der Metro-Station Vyšehrad gelegen, ist dieses Hotel nur wenige Minuten vom Stadtzentrum entfernt. Das 1988 errichtete moderne Haus mit viel Glas, Messing und Marmor besitzt ein Fitneßcenter und ein schönes Hallenbad mit herrlichem Blick über Prag. Von den Ledersofas der Hotelhalle aus können Sie die Wasserfontänen des Marmorbrunnens beobachten. Essen können Sie im französischen oder tschechischen Restaurant oder in der Snackbar. Die Zimmer mit makellosen Badezimmern sind von angenehmer Größe, hübsch ausgestattet und komfortabel.

Zeichenerklärung *siehe S. 185*

Restaurants, Cafés und Kneipen

Den Restaurants in Prag scheint es, wie der gesamten Wirtschaft, inzwischen besserzugehen. 40 Jahre essen und trinken unter Staatsaufsicht hemmten die Gastronomie. Der Touristenboom ließ jedoch viele neue, auch ausländische Restaurants entstehen, die eine immer größere Auswahl an Gerichten anbieten. Die Restaurants, die wir hier beschreiben, sind Zeuge dieses Wandels, wenn auch viele davon nur eine begrenzte Anzahl von Gerichten der internationalen oder tschechischen Küche offerieren. Die *Restaurantauswahl* auf den Seiten 198f gibt, nach Stadtgebieten aufgeführt, einen Überblick über Restaurants und Cafés; ausführlichere Informationen finden Sie auf den Seiten 200ff, Informationen über Kneipen und Bars auf Seite 205. Verglichen mit westlichen Preisen, ist das Essen in Prag immer noch sehr günstig.

Der brave Soldat Švejk am U kalicha ***(siehe S. 154)***

Tips zum Essengehen

Das Mittagessen wird wie eh und je sehr früh eingenommen – zwischen 11 und 13 Uhr. Für die meisten Tschechen liegt die normale Abendessenszeit etwa um 19 Uhr. Viele Restaurants haben jedoch bis spät geöffnet, und normalerweise bekommen Sie zwischen 10 Uhr morgens und zwei Uhr nachts jederzeit etwas zu essen.

Im Frühjahr und Sommer sind die beliebteren Restaurants in Prag voller Touristen. Um sicherzugehen, daß Sie einen Tisch bekommen, sollten Sie, besonders in den bekanntesten, zwei oder drei Tage im voraus reservieren. Obwohl die meisten Restaurants im Stadtzentrum liegen, also am Wenzelsplatz oder am Altstädter Ring, gibt es auch einige abseits der Touristenpfade, die allemal den Weg dorthin wert sind. Je weiter Sie sich vom Stadtzentrum entfernen, um so preisgünstiger werden die Restaurants.

Wegweiser zu den Gaststätten

Die Bedeutung eines gemütlichen Ambiente und eines kulinarisch inspirierten Essens wird auch in Prags besseren Restaurants langsam erkannt. Die Lokale, die diesem Leitspruch folgen, sind meist die besten.

Eine der einfachsten Möglichkeiten, etwas zu essen, ist die Würstchenbude, die tschechische Würste zum Vorortessen oder Mitnehmen verkaufen. Für eine späte Abendmahlzeit bietet sich eine Snackbar *(bufet)* an, doch schließt sie manchmal schon vor 24 Uhr, obwohl eine spätere Uhrzeit angezeigt ist.

Vinárna v zátiší ***(siehe S. 201)***

Größeren Komfort bieten Cafés *(kavárna)* an den belebten, großen Plätzen und Straßen oder die Kaffeehäuser in den ruhigeren Ecken Prags. Sie haben eine reiche Auswahl an Gerichten, angefangen von Sandwiches über kleinere Mahlzeiten bis zu kompletten Menüs. Ihre Öffnungszeiten sind unterschiedlich, meist bekommen Sie aber schon am frühen Morgen Kaffee oder Frühstück.

Restaurants heißen *restaurace* oder *vinárna* (Wein wird serviert). Restaurants, die sich an internationale Gäste richten, sind zwar, verglichen mit dem westlichen Preisniveau, billig, verglichen mit tschechischen Lokalen jedoch teuer. Oftmals bieten sie aber einen besseren Service.

Typisch tschechische Gerichte bekommen Sie in den ganz normalen Kneipen *(pivnice)*, die jedoch weniger Wert auf gute Küche legen.

Genüßliches Abendessen im U kalicha ***(siehe S. 203)***

Im Freien essen am Altstädter Ring

Speisekarten

Beurteilen Sie nie ein Restaurant nach der Übersetzung der Speisekarte – Fehler finden Sie hier überall. Viele Restaurants geben noch das Gewicht der Fleischportionen an (ein Relikt aus Kriegszeiten). Die meisten Hauptgerichte werden mit Kartoffeln, Reis oder Klößen gereicht; Salat oder andere Beilagen müssen extra bestellt werden *(siehe S. 194 f, Was ißt man in Prag).*

Vorsicht geboten

In teuren Restaurants kann es passieren, daß man Ihnen ein Schälchen Nüsse bringt – zum Preis eines Aperitifs oder höher. Scheuen Sie sich nicht, dem Kellner zu sagen, daß er sie wieder mitnehmen möge. Das gleiche gilt für Aperitifs, die er unaufgefordert an den Tisch bringt.

Es ist nicht unbedingt ratsam, das vom Kellner empfohlene Menü zu bestellen, oft ist es das teuerste, und wenn Sie vorher nicht in die Karte geschaut haben, wird es manchmal noch teurer.

Am U zelené žáby ***(siehe S. 200)***

Prüfen Sie ihre Rechnung genau, denn es ist üblich, zusätzliche Leistungen aufzuführen, von denen manche jedoch berechtigt sind. Kosten für das Gedeck betragen 10–25 Kč, Milch, Butter, Brot oder Ketchup werden extra berechnet. Auf die Gesamtrechnung wird eine Steuer von 23% erhoben, die aber meist schon im Menü inbegriffen ist.

Bleiglasfenster im Florianův dvůr ***(siehe S. 202)***

Verhaltenshinweise

In Snackbars und kleineren Lokalen setzt man sich hin, wo Platz ist. In den Restaurants gibt es keine Kleiderordnung, jedoch zieht man sich normalerweise etwas besser an, wenn man in eines der feineren Lokale geht.

Preise und Trinkgeld

Der übliche Preis für ein vollständiges Menü liegt bei 200 Kč. Der Kellner läßt die Rechnung meist auf Ihrem Tisch liegen. Sobald Sie zahlen wollen, kommt jemand zu Ihrem Tisch. Üblicherweise gibt man ein Trinkgeld von 10%, das Sie zum Rechnungsbetrag dazugeben, lassen Sie jedoch niemals Geld auf dem Tisch liegen.

Immer mehr Restaurants akzeptieren inzwischen die gängigsten Kreditkarten, fragen Sie jedoch immer vorsichtshalber, bevor Sie das Essen bestellen. Reise- und Euroschecks werden seltener angenommen.

Vegetarisches Essen

Für Vegetarier ist Prag nicht besonders geeignet. Früher war es schwierig, das ganze Jahr über frisches Gemüse zu bekommen, jedoch findet man nun auch im Winter Gemüse, wenn auch unterschiedlichster Qualität. Vegetarier und Leute, die eine spezielle Diät brauchen, haben Mühe, das Entsprechende zu finden.

Rollstühle

Behinderte Menschen werden es auch in Prag schwerhaben. Zwar sind die Menschen überall äußerst freundlich und hilfsbereit, aber Prags Treppen, Straßen und Gehwege tun das Ihrige.

Zeichenerklärung

zu den Symbolen auf den Seiten 200 ff.

- 🍴 Tagesmenü
- V Vegetarisches Essen
- Jackett und Krawatte
- Livemusik
- Garten/Terrasse
- Besonders gute Weinkarte
- ★ Sehr empfehlenswert
- Kreditkarten:
- *AE* American Express
- *DC* Diners Club
- *EC* Eurocard/Mastercard
- *V* Visa
- *JCB* Japanese Credit Bureau

Preiskategorien für ein Drei-Gänge-Menü inklusive einer halben Flasche Hauswein, Steuer und Service:

- Ⓚ unter 175 Kč
- ⓀⓀ 175–300 Kč
- ⓀⓀⓀ 300–500 Kč
- ⓀⓀⓀⓀ über 500 Kč

Highlights: Restaurants und Cafés

IN DEN LETZTEN JAHREN hat die Anzahl der Restaurants und Cafés enorm zugenommen. Doch trotz der steigenden Auswahl angebotener Gerichte enttäuschen manche Restaurants immer noch mit einer eher langweiligen Küche. Wir stellen eine kleine Auswahl von Restaurants vor, die aus der Liste auf den Seiten 200 ff wegen ihrer vielseitigen Speisekarte, der schmackhaften Gerichte, des guten Preis-Leistungs-Verhältnisses und der angenehmen Atmosphäre ausgesucht wurden.

U tří pštrosů
Das exklusive Restaurant bietet beste traditionelle tschechische Küche (siehe S. 202).

Peklo
Ein Bierkeller aus dem 12. Jahrhundert und ausgezeichnetes italienisches Essen machen den Reiz dieses Lokals aus (siehe S. 201).

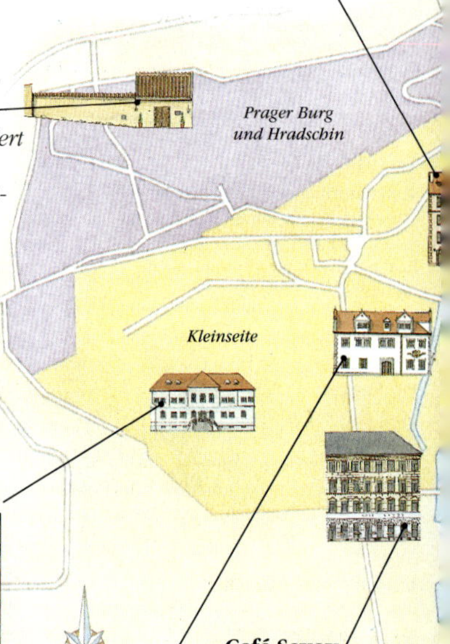

Nebozízek
Vor allem wegen seines herrlichen Blicks über Prag von der Terrasse aus ist dieses Restaurant beliebt (siehe S. 202).

Café Savoy
Das Café bietet eine kleine, aber köstliche Auwahl kleiner Gerichte (siehe S. 201).

U malířů
Dieses Restaurant in einem Haus aus dem 16. Jahrhundert ist berühmt für seine hervorragende französische Küche und seine romantische Atmosphäre in diskret-luxuriösem Ambiente mit Wandgemälden und Holzvertäfelungen (siehe S. 202).

U Golema
Diese ungewöhnliche, moderne Gestaltung der mythologischen Figur des Golem schmückt den Eingang des Restaurants, das vor allem Fleischgerichte zu annehmbaren Preisen serviert (siehe S. 201).

U červeného kola
Steaks und köstliche Desserts sind die Spezialitäten dieses ruhigen Lokals in einer Seitenstraße nahe dem St.-Agnes-Konvent (siehe S. 201).

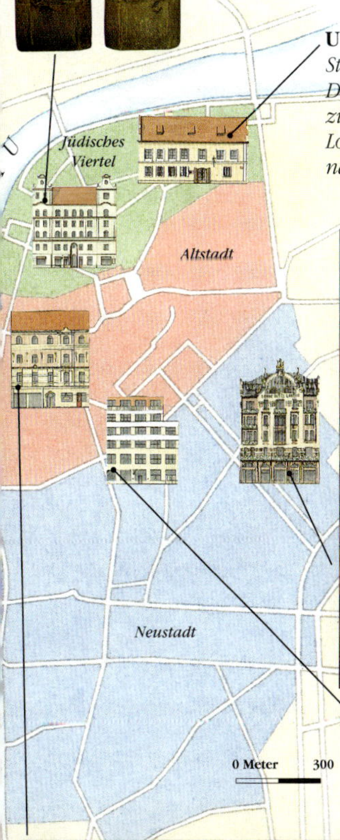

Hotel Evropa
In diesem bekannten, wunderschönen Jugendstilrestaurant aus der Zeit der Jahrhundertwende können Sie aus einem reichhaltigen Angebot herausragend guter Gerichte der internationalen Küche wählen (siehe S. 202).

Pod křídlem
Einheimische wie Touristen schätzen die internationale und tschechische Küche, die Live-Klaviermusik und langen Öffnungszeiten dieses Lokals (siehe S. 203).

Opera Grill
In exklusiver, intimer Atmosphäre wird französische Nouvelle cuisine serviert (siehe S. 200).

Was ißt man in Prag

Gefüllte Eier sind eine beliebte Vorspeise

DIE TSCHECHISCHE KÜCHE ist der Österreichs sehr ähnlich. Die meisten Fleischgerichte (in der Regel Schweine- oder Rindfleisch) werden in einer Soße und mit Kartoffeln, Reis oder Klößen serviert. Fleisch, Geflügel, Fisch, Gemüse oder Kartoffeln werden relativ einfach und ohne scharfe Gewürze zubereitet, Fleisch normalerweise in der Pfanne oder im Rohr gebraten oder vom Grill; bei besonderen Anlässen gibt es Wild. Die Standardgerichte werden meist in reichlichen Mengen serviert und bestehen hauptsächlich aus Fleisch. Das gängigste Gericht ist Schweinebraten mit Sauerkraut und Klößen *(vepřové, knedlíky a zelí)*. Letztere werden traditionell zu den meisten Essen gereicht, frisches Gemüse gibt es eher selten, wenngleich sich dies langsam ändert. Salate sind oft von unterschiedlicher Qualität. Suppen gehören zu jeder Mahlzeit: Gemüsesuppen mit Würsten oder klare Suppen mit Klößen.

Chléb und Pečivo (Brote)
Verschiedene Brotsorten, die zum Essen serviert werden.

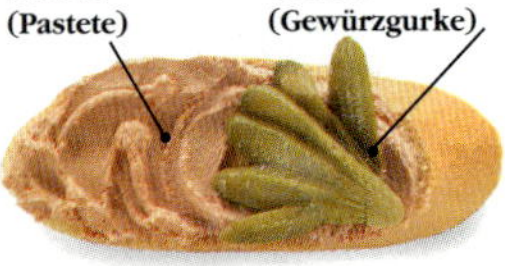

Chlebíčky
Diese Baguette-Sandwiches bekommt man in allen Lahůdky *(Delikateßgeschäften) und* Bufet *(Snackbars) in Prag. Sie sind auch beliebt als kleine Mahlzeiten zu Hause. Die Sandwiches werden mit Speck, Fisch, Salami, Roastbeef, Eiern oder Käse belegt und meist mit Mayonnaise oder einer Gurke* (nakládaná okurka) *garniert. Leider verdrängt westliches Fastfood-Essen immer mehr diese beliebten Snacks.*

Klobásy und Párky
Klobásy *(gegrillte Würste) und* párky *(heiße Frankfurter Würstchen) werden an Würstchenbuden und in speziellen Wurstläden mit Senf verkauft.*

Plněná šunka
Eine Vorspeise aus rohem Schinken, gefüllt mit geschlagener Sahne, auf die etwas geriebener Meerrettich kommt.

Polévka
Die Gemüsesuppe – Erbsen, Kartoffeln, Blumenkohl, Kohl oder Tomaten – ist eine beliebte Vorspeise.

Hovězí polévka s játrovými knedlíčky
Klare Suppen mit Klößen sind zu allen Jahreszeiten beliebt.

Pečená kachna
Gebratene Ente mit Speckknödeln (spekové knedlíky) *und Rotkohl ist ein beliebtes Hauptgericht.*

Uzené
Schweinebraten wird meist mit geschnittenen Kartoffelknödeln (bramborové knedlíky) *und Sauerkraut gereicht.*

Vepřový řízek
Wiener Schnitzel wird normalerweise mit Kartoffeln oder Kartoffelsalat gereicht, meist gibt es dazu Salat und eine Scheibe Zitrone.

Svíčková na smetaně
In der Pfanne gebratenes Rindfleisch (svíčková) *wird mit einer schweren, leicht süßen Sahnesoße gereicht, garniert mit Preiselbeeren oder geschlagener Sahne.*

Salát
Im Winter sind die Salate oft aus dem Glas, im Sommer meist eine einfache Mischung aus Blattsalat, Tomaten, Paprika und Salatgurken.

Jablkový strudel
Apfelstrudel aus dünnem Nudelteig; Variationen hierzu sind der Quark- oder Kirschstrudel.

Ovocné knedlíky
Knödel, in diesem Falle Zwetschgen (švestkové), *mit zerlassener Butter, Puderzucker und Mohn.*

Vdolek
Dieses runde Hefegebäck wird mit Johannisbeer- oder Zwetschgenmarmelade und Sahne angeboten.

Palačinky
Pfannkuchen, mit Eis und/oder heißen Fruchtsoßen oder Marmelade gefüllt, mit Zucker, Schokolade oder Mandeln bestreut.

Was trinkt man in Prag

„Goldener Tiger"-Bierdeckel

TSCHECHISCHES BIER ist in der ganzen Welt berühmt, doch wird es nirgendwo mit einer derartigen Wertschätzung getrunken wie in Prag. Die Tschechen sind sehr stolz auf ihr Bier *(pivo)*. Pils und seine zahlreichen Variationen kommen eigentlich aus Böhmen. Das beste Pils stammt aus Pilsen, dem Ursprungsort aller dieser Biere – die Spitzenbrauer sind alle nicht weit von Prag entfernt. Bier gibt es in der Dose, der Flasche und, am besten, vom Faß. Dosenbier ist normalerweise für den Export; kein echter Kenner würde es trinken. Die Tschechische Republik produziert aber auch ansehnliche Mengen von Rot- und Weißwein, hauptsächlich in Südmähren. Nur wenig gelangt davon in den Export. Mineralwasser wird in den meisten Restaurants angeboten; Mattoni und Dobrá voda (»Gutes Wasser«) sind die am meisten verkauften.

Gambrinus, legendärer König der Biere und Markenzeichen eines beliebten Pilsener Bieres

Kupferkessel in einer Brauerei in Plzeň

PILSNER UND BUDWEISER

DAS BEKANNTESTE TSCHECHISCHE BIER ist das Pilsner. Klar und golden, mit dem strengen Geruch von Hopfen, ist es nach der Lagermethode gebraut, obergärig und langsam, bei niedrigen Temperaturen gereift. Der Begriff »Pilsner« oder »Pils« (heute generelle Bezeichnung für derartige Biere) ist abgeleitet von Pilsen (Plzeň), der 80 km südwestlich von Prag gelegenen Stadt, in der dieses Bier zum ersten Mal 1842 gebraut wurde. Die Brauerei, die dieses Bier kreierte, braut noch heute Plzeňské pivo sowie das herbere Plzňský prazdroj, besser bekannt unter seinem deutschen Namen »Pilsener Urquell«. Ein etwas mildereres Bier, das Budweiser Budvar (das nichts mit dem gleichnamigen amerikanischen Bier zu tun hat), wird 150 km südlich von Prag in Budweis (České Budějovice) gebraut.

Budweiser-Logo

Pilsner-Urquell-Logo

Diese höhere Prozentzahl bezieht sich auf die ursprüngliche Schwere, nicht auf den Alkoholgehalt des Bieres

Světlé heißt leicht

Alkoholgehalt

Das Etikett

Die auffälligste Zahl auf den meisten Bieretiketten (meist 10 oder 12 %) bezieht sich nicht auf den Alkohol-, sondern auf den Malzanteil, der beim Brauen verwendet wurde. Der Alkoholanteil ist gewöhnlich in kleineren Schriftzeichen angezeigt. Dem Etikett können Sie auch entnehmen, ob es sich um ein dunkles oder ein helles Bier handelt.

Biere und Gaststätten

Staropramen

Plzeňské

Velkopopovický kozel

Budweiser Budvar

Plzňský prazdroj (Pilsner Urquell)

Der einzig wahre Ort, tschechisches Bier zu genießen, ist das Gasthaus *(pivnice)*. Jedes wird nur jeweils von einer Brauerei *(pivovar)* beliefert, so daß Sie immer nur Bier einer Marke bestellen können. Die verbreitetsten Sorten sind Plzňské und Gambrinus aus Pilsen, Staropramen aus Prag und Velkopopovické aus Velké Popovice, südlich von Prag. Normalerweise wird ein leichtes Bier vom Faß *(světlé)* getrunken, aber viele Gasthäuser, so auch U Fleků *(siehe S. 155)* und U kalicha *(siehe S. 154)*, bieten auch stärkere dunkle Lagerbiere *(tmávé)* an, auch *kozel*, ein herbes Bier, das dem deutschen Bockbier ähnelt.

Ein großes Bier, ein *velké*, hat 0,5, ein kleines Bier, *malé*, 0,33 Liter. Die Kellner bringen Ihnen Bier und Snacks und notieren alles, was Sie verzehren, auf Ihrem Bierdeckel. In einigen Kneipen *(siehe S. 205)* geht man selbstredend davon aus, daß die Gäste so lange bleiben, bis zugemacht wird. Sind Sie also nicht überrascht, wenn man Ihnen ein weiteres Bier bringt, ohne daß Sie es bestellt haben; wollen Sie es nicht, müssen Sie es auch nicht nehmen. Die Rechnung kommt, wenn Sie aufbrechen.

In Biergärten wie dem U Fleků gibt es dunkles Bier vom Faß

Wein

Weißer oder roter Rulandské

Das bedeutendste Weinanbaugebiet der Tschechischen Republik ist Mähren, woher die besten Weine kommen, die jedoch hauptsächlich im Land selbst getrunken werden. Ein wenig Wein wird auch in Böhmen angebaut, nahe Mělník, etwas nördlich von Prag. Die Weißweine, meist Riesling oder Müller-Thurgau, sind oft sehr süß, doch der Rulandské ist ein schöner trockener Wein. Rotweine sind meist besser, am verbreitetsten sind Frankovka und Vavřinecké. Der Herbst ist die Zeit des jungen Weins, *burčák*, der zwar, wie Federweißer, sehr süffig ist, jedoch auch schnell in den Kopf steigt.

Spirituosen und Liköre

In jedem Restaurant oder Gasthaus bekommen Sie Becherovka, einen gelben, bittersüßen Kräuterschnaps, der als Aperitif oder Likör serviert wird, teilweise verdünnt mit Wasser. Andere tschechische Spezialitäten sind Borovička, ein Wacholderschnaps, oder Slivovice, ein sehr kräftiges Zwetschgenwasser. Ausländische Erzeugnisse sind meist sehr teuer, Cocktails selten.

Becherovka

Restaurantauswahl

Die folgende Liste stellt Ihnen Restaurants vor, die ihrer hohen Qualität oder des hervorragenden Essens wegen ausgesucht wurden. Kriterien wie Tagesmenü, Terrasse, Öffnungszeiten sind vielleicht für Ihre Entscheidung hilfreich. Die Eintragungen erscheinen innerhalb der Preiskategorie in alphabetischer Reihenfolge, spezielle Ausstattungen werden angezeigt. Weitere Informationen zu den Restaurants finden Sie auf den Seiten 200 ff, zu Kneipen und Bars auf Seite 205.

		Tagesmenü	Angenehmer Rahmen	Garten/Terrasse	Tschechische Spezialitäten	Fisch und Meeresfrüchte	Abends lange geöffnet	Abends Livemusik
Altstadt *(siehe S. 200f)*								
Hogo Fogo	Ⓚ	●				●		
U zelené žáby	Ⓚ						■	
Café Nouveau ★	ⓀⓀ		■				■	●
Na poříčí	ⓀⓀ			●				
Na příkopě	ⓀⓀ			●				
Pivnice Skořepka	ⓀⓀ			●				
Red, Hot and Blues	ⓀⓀ		■			●	■	
U černé Dory	ⓀⓀ			●		●		
U zlate uličky	ⓀⓀ	●				●		
Café Four	ⓀⓀⓀ							
Opera Grill	ⓀⓀⓀ	●		●		●		
Parnas	ⓀⓀⓀⓀ	●						
Vinárna v zátiší	ⓀⓀⓀⓀ	●						
Jüdisches Viertel *(siehe S. 201)*								
Valentin	Ⓚ	●						
Mikulka's Pizzeria	ⓀⓀ							
Shalom	ⓀⓀⓀ	●	■					
U červeného kola	ⓀⓀⓀ	●	■					
U Golema	ⓀⓀⓀ	●	■		■	●		
U staré synagógy	ⓀⓀⓀⓀ	●			■		■	
Prager Burg und Hradschin *(siehe S. 201)*								
Peklo	ⓀⓀⓀⓀ	●				●		
U labutí	ⓀⓀⓀⓀ		■		■			
Kleinseite *(siehe S. 201f)*								
Café Savoy	ⓀⓀ	●				●		
U Schnellů	ⓀⓀ							
David	ⓀⓀⓀ	●						
Italia	ⓀⓀⓀ							
Nebozízek	ⓀⓀⓀ	●	■					
U modré kachničky ★	ⓀⓀⓀ	●						
U sv. Tomáše	ⓀⓀⓀ	●	■				■	
Valdštejnská hospoda	ⓀⓀⓀ	●		●				
Florianův dvůr	ⓀⓀⓀⓀ	●			■	●		
U malířů	ⓀⓀⓀⓀ	●						
U tří pštrosů	ⓀⓀⓀⓀ	●		●				

Preiskategorien
pro Person für ein Drei-Gänge-Menü mit einer halben Flasche Hauswein, inklusive aller unvermeidlichen Extras wie Gedeckkosten, Steuer und Bedienung:

Ⓚ unter 175 Kč
ⓀⓀ 175–300 Kč
ⓀⓀⓀ 300–500 Kč
ⓀⓀⓀⓀ über 500 Kč

★ Sehr empfehlenswert

Tagesmenü
Restaurant mit festem Menü: meist drei oder vier Gänge ohne Wein oder Kaffee.

Angenehmer Rahmen
Restaurant mit ungewöhnlicher oder historischer Einrichtung oder mit beeindruckendem Ausblick.

Garten/Terrasse
Ein Restaurant, in dem Sie in den warmen Monaten draußen essen können.

Tschechische Spezialitäten
Eine gute Auswahl traditioneller Gerichte.

Nachts geöffnet
Letzte Essensbestellung um 23.30 Uhr.

		Tagesmenü	Angenehmer Rahmen	Garten/Terrasse	Tschechische Spezialitäten	Fisch und Meeresfrüchte	Abends lange geöffnet	Abends Livemusik
Neustadt *(siehe S. 202 f)*								
Hotel Evropa Café	Ⓚ		■				■	
Kmotra	Ⓚ					●		
Kavárna Velryba	Ⓚ							
FX Café	ⓀⓀ							
Na rybárně	ⓀⓀ	●			■	●		
Vltava	ⓀⓀ		■	●		●		
Pod křídlem	ⓀⓀⓀ				■			●
U Čížků	ⓀⓀⓀ		■		■			
U kalicha	ⓀⓀⓀ				■			●
Hotel Evropa	ⓀⓀⓀⓀ	●	■		■			
Premiéra	ⓀⓀⓀⓀ	●	■			●	■	●
Ausserhalb des Zentrums *(siehe S. 203 f)*								
Akropolis	Ⓚ		■					
The Globe Bookstore Café	Ⓚ		■				■	
Na slamníku	Ⓚ				■		■	
U tří hrochů	Ⓚ			●				
Elite	ⓀⓀ		■		■			
U koleje	ⓀⓀ							
Quido	ⓀⓀ							
U Mikuláše Dačického	ⓀⓀ		■				■	
U cedru ★	ⓀⓀⓀ		■					
U sloupu	ⓀⓀⓀ	●			■			
U zlatého rožně	ⓀⓀⓀ		■			●	■	
Zlatý drak	ⓀⓀⓀ							
Principe	ⓀⓀⓀⓀ		■					
Schwaigerovy sady	ⓀⓀⓀⓀ	●		●				●

ALTSTADT

Hogo Fogo

Salvátorská 4. **Karte** 3 B3. *231 70 23.* *So–Do 12–24 Uhr; Fr, Sa 12–2 Uhr.* *AE.* ⓚ

Trotz seiner Nähe zum Altstädter Ring ist dieses Restaurant überraschend wenig von Touristen besucht. Doch die, die es kennen, und viele jüngere Tschechen kommen oft hierher. Die drei großen, hellen Räume mit Figurenschmuck an den weißen Wänden bilden einen angenehmen Hintergrund, um ein Bier zu trinken, zu essen, sich zu unterhalten oder auch zu lesen. Die Speisekarte bietet eine gute Auswahl an Pastagerichten und vegetarischen Speisen – besonders empfehlenswert ist der überbackene Käse –, und alles zu akzeptablen Preisen.

U zelené žáby
ZUM GRÜNEN FROSCH

U radnice 8. **Karte** 3 B3. *24 22 81 33.* *Mo–Do 10–24 Uhr; Fr, Sa 12–24 Uhr.* ⓚ

Dieses älteste noch erhaltene Weinrestaurant Prags steht an dem Ort, an dem sich vor 400 Jahren die Scharfrichter nach ihrem Tagwerk trafen. Angenehme, intime Atmosphäre und hervorragender Service schaffen ein freundliches Ambiente zum Essen und Trinken. Vor allem das Roastbeef mit Toast und Tartaresoße ist weithin bekannt, ebenso die Käseplatten oder die gemischte Schinken-Käse-Platte des Hauses.

Café Nouveau

Náměstí Republiky 5. **Karte** 4 D3. *tägl. 11–24 Uhr.* ★ ⓚⓚ

Dieses wunderschöne Café im Erdgeschoß des Gemeindehauses *(siehe S. 64)* bietet eine große Auswahl gut zubereiteter, kleinerer Gerichte, Sandwiches und Salate. Jeden Abend ist Jazzmusik live zu hören. Allein wegen seines großartigen Interieurs ist es einen Besuch wert.

Na poříčí

Na poříčí 20. **Karte** 4 E3. *24 81 13 63.* *Mo–Sa 11–23 Uhr, So 12–23 Uhr.* *V, DC, AE, EC.* ⓚⓚ

Dieses große Lokal ist zum Teil Bier-, zum Teil Weinstube, aber auch elegantes Restaurant mit berühmten Gemälden an den Wänden. Die Speisekarte bietet traditionelle tschechische Küche, aber auch etwas raffiniertere Gerichte wie Hummer oder Brandysuppe. Da es eines der wenigen guten und preiswerten Restaurants der Gegend ist, ist es mittags meist sehr voll.

Na příkopě

Na příkopě 17. **Karte** 3 C4. *24 21 06 61.* *tägl. 11–23 Uhr.* ⓚⓚ

In dem einst typisch böhmischen Lokal hat sich die Speisekarte geändert, aber nicht die Inneneinrichtung – grünbemalte Wände, rustikale Tische und Stühle. Die traditionell tschechischen Speisen sind ideal für ein schnelles Mittagessen und, trotz der zentralen Lage, erstaunlich preiswert.

Pivnice Skořepka

Skořepka 1. **Karte** 3 B4. *24 21 47 15.* *Mo–Sa 11.30–23 Uhr, So 12–23 Uhr.* *V, DC.* ⓚⓚ

Dieses Restaurant mit Holzdecken und -wänden bietet eine große Auswahl tschechischer Gerichte, doch kommen die meisten der Schweinshaxe wegen. Die Portionen gleichen denen eines königlichen Festbanketts. Mit Senf und Meerrettich bilden sie ein richtiges Mahl. Wer weniger Fleisch essen möchte, bestellt Hühnchenbein mit Schinken und Schimmelkäse, dazu ein helles oder dunkles Bier.

Red, Hot and Blues

Jakubská 12. **Karte** 3 C3. *231 46 39.* *Mo–Fr 11–24 Uhr; Sa, So 10.30–24 Uhr.* *AE, EC, V.* ⓚⓚ

Dieses Lokal in den ehemaligen königlichen Stallungen ist Treffpunkt für all jene aus Übersee, die ihre heimische kreolische Küche oder die von New Orleans genießen möchten: Chilis, Fisch, Hacksteaks in allen Variationen, Schmorfleischgerichte, Meeresfrüchte, Hühnchen und Salate werden hier ganz hervorragend zubereitet. Am Wochenende gibt es Brunch nach amerikanischer Art. Weitere Attraktionen sind der allabendliche Jazz oder Blues live und eine Happy Hour. Auf die Livemusik (Eintritt) müssen Sie bis 19.30 Uhr warten.

U černé Dory
ZUR SCHWARZEN DORA

Masná 8. **Karte** 3 C3. *231 77 42.* *tägl. 11.30–24 Uhr.* *AE, DC, EC, V.* ⓚⓚ

Rindfleisch, Hühnchen und eher traditionelle tschechische Gerichte finden sich auf der Karte dieses eleganten Restaurants. Da es in einer Nebenstraße liegt, wird es von Touristen wenig frequentiert. Doch es bietet alle Annehmlichkeiten eines guten Restaurants.

U zlaté uličky
AN DER GOLDENEN GASSE

Masná 9. **Karte** 3 C3. *232 08 84.* *tägl. 10–24 Uhr.* ⓚⓚ

Die Küche des Hauses ist auf jugoslawische Gerichte spezialisiert, vor allem Kalb-, aber auch Schweinefleisch und Steaks. Die Palatschinken *(palačinka,* mit Sahne gefüllt in Schokoladensoße) sind die besten in Prag. Das gemütliche Restaurant hat auch eine Bar.

Café Four

Ecke Revoluční/Soukenická. **Karte** 4 D2. *231 25 24.* *tägl. 10–23 Uhr.* *AE, DC, EC, V.* ⓚⓚⓚ

Dieses Café bietet sehr viele Tee- und Kaffeesorten und ein angenehmes, elegantes Ambiente, um dem Lärm und Gedränge der Innenstadt zu entkommen. Das Essen ist gut, die Preise sind akzeptabel.

Opera Grill

Karolíny Světlé 35. **Karte** 3 A4. *26 55 08.* *tägl. 19–1 Uhr.* *AE, DC, V.* ⓚⓚⓚ

Vor Jahren war dieses kleine, intime Lokal vor allem bei Prags Elite beliebt. Mit seinen nur sieben Tischen und dem sanft spielenden Pianisten hat es die Atmosphäre eines privaten Eßzimmers. Die Speisekarte bietet internationale Küche: Pasta, Lachs, Huhn, Lamm und Steaks. Die Preise sind niedrig, Wert auf besondere Kleidung wird nicht gelegt. Man sollte sich diese Restaurant leisten, bevor es zu exklusiv wird.

Parnas
PARNASS

Smetanovo nábřeží 2. **Karte** 3 A5. *24 22 76 14, 24 22 92 48.* *tägl. 12–15, 18–23 Uhr.* *AE, EC, V.* ⓚⓚⓚⓚ

Dieses Meisterwerk des Jugendstils bietet mehr als nur ein schönes Holz- und Marmorinterieur. Direkt am Fluß gelegen, eröffnet es einen traumhaften Blick auf die Prager Burg. Die Karte ist die gleiche wie die des Vinárna v zátiší *(siehe S. 201)*, da es demselben Besitzer gehört. Zwar gibt es einige tschechische Gerichte, die Küche ist jedoch international und bietet auch Nordseekrabben, Filet Wellington und norwegischen Lachs. Die Speisen sind sehr gut zubereitet, der Service ist hervorragend, und sonntags wird ein Brunchbuffet angeboten, an dem Sie sich frei bedienen können.

Vinárna v zátiší
IN ABGESCHIEDENHEIT

Liliová 1, Betlémské náměstí.
Karte 3 B4. *24 22 89 77.*
tägl. 12–15, 17.30–23 Uhr.
AE, EC, V.

Das Vinárna v zátiší nahe der Karlsbrücke und dem Altstädter Ring war das erste Restaurant Prags, das von einem westlichen Unternehmen gekauft wurde. Da man großen Wert auf die Qualität des Essens und den Service legte, war es bald bei ausländischen Geschäftsleuten bekannt und beliebt, so für sein köstliches Filet Wellington und seinen norwegischen Lachs. Die Atmosphäre des Restaurants ist angenehm, Sonntag mittags gibt es Essen vom Buffet.

JÜDISCHES VIERTEL

Valentin

Valentinská 9. **Karte** 3 B3.
26 02 94. *tägl. 10–22 Uhr.*

Dieses moderne Restaurant nennt sich selbst »Tagesbar«. Trotz seines großen Angebots an alkoholischen Getränken kommen die meisten Gäste zum Essen oder auf einen Kaffee. Das ultramoderne Interieur ist in schwarzen und weißen Dreiecken gehalten, inklusive Böden und Wände. Sie bekommen hier Pfeffersteak, Hühnchenbrust mit Pilzen und vegetarische Gerichte.

Mikulka's Pizzeria

Benediktská 16. **Karte** 4 D3.
231 57 27. *tägl. 11.30–23.30 Uhr.* *AE, V.*

Als erste Pizzeria nach der Revolution etablierte sie sich sehr schnell und verteidigte ihren Ruf tapfer. Pizze und riesige Pastaportionen machten das Restaurant zunächst zu einem Treffpunkt für Besucher aus dem Westen, heute essen hier Fremde wie Einheimische gleichermaßen – die beste Referenz für gute Küche und gute Preise. Es kann schwierig sein, einen Platz zu bekommen, doch man wartet meist nicht lange.

Shalom

Maiselova 18. **Karte** 3 B3.
24 81 09 29. *So–Fr 12–16, 18–21 Uhr.*

Das einzige koschere Restaurant Prags ist in der alten jüdischen Stadthalle. Der Raum ist wunderschön mit Holzvertäfelungen und Kristalleuchtern ausgestattet. Mittags und abends gibt es hier feste Menüs (Getränke müssen extra bestellt werden) mit einer Vorspeise nach Wahl, entweder Hühnchen, Fisch in Mandelsoße oder Rindfleisch, meist Roastbeef. An jüdischen Feiertagen finden Veranstaltungen statt. Tische müssen weit im voraus reserviert werden.

U červeného kola
ZUM ROTEN RAD

Anežská 2. **Karte** 3 C2. *24 81 11 18.* *tägl. 11–15, 17–23 Uhr.*
AE, DC, EC, V, JCB.

Dieses elegante Restaurant hinter dem St.-Agnes-Kloster *(siehe S. 92f)* ist schwer zu finden, doch es lohnt sich. Rote Teppiche und alte Uhren, gepolsterte Stühle und schön gedeckte Tische schaffen eine gepflegte Atmosphäre, zudem kann man auch im Garten speisen. Die Speisekarte bietet Steaks, als besondere Spezialität mit Knoblauch sowie Huhn- und Fischgerichte.

U Golema
ZUM GOLEM

Maiselova 8. **Karte** 3 B3. *232 81 65.* *Mo–Fr 11–22 Uhr.*
AE, DC, EC, V, JCB.

Benannt nach der von Rabbi Löw gestalteten mythischen Figur des Golems *(siehe S. 88)*, wird dieses Restaurant hauptsächlich von Touristen frequentiert. In zwei kleinen, gemütlichen Gaststuben und einem größeren, traditionell eingerichteten Raum werden Fischgerichte, Geflügel und tschechische Spezialitäten serviert. Wer mag, nimmt ein Tagesmenü.

U staré synagógy
AN DER ALTEN SYNAGOGE

Pařížská 17. **Karte** 3 B3.
231 85 52, 231 20 42. *tägl. 11.30–24 Uhr.* *AE, DC, EC, V, JCB.*

Obwohl man ein altes, elegantes Restaurant schaffen wollte, sieht es ganz neu aus. Essen und Service sind gut; die Küche ist traditionell tschechisch. *Svíčková*, Rindfleisch in Sahnesoße, und Gulasch sind ausgezeichnet, außerdem gibt es Tagesmenüs.

PRAGER BURG UND HRADSCHIN

Peklo
HÖLLE

Strahovské nádvoří 1. **Karte** 1 B4.
53 02 15, 53 32 77. *tägl. 19–4 Uhr.* *AE, V, EC.*

Das Peklo in den Katakomben von Kloster Strahov *(siehe S. 120f)* ist eines der ungewöhnlichsten Restaurants von Prag. Die zwei Räume des Lokals sind mit antiken Möbeln ausgestattet, die Küche ist tschechisch und italienisch; da der Besitzer Italiener ist, empfiehlt es sich, italienisch zu essen.

U labutí
ZUM SCHWAN

Hradčanské náměstí 11. **Karte** 1 C3.
53 94 76. *tägl. 12–15, 19–23 Uhr.*

Dieses Restaurant rühmt sich, eher ein Klub denn ein Restaurant zu sein, und hat eine angenehme Atmosphäre in antikem Mobiliar. Die Küche ist traditionell tschechisch mit einigen internationalen Gerichten wie Huhn oder Steak.

KLEINSEITE

Café Savoy

Vítězná 1. **Karte** 2 E5. *53 97 96.*
tägl. 9–23 Uhr. *AE, V.*

Dieses beliebte Café mit restaurierten Wandmalereien ist hübsch renoviert. Die Kellner sind freundlich, auch die Musik läßt die eher höheren Preise verschmerzen. Die Karte ist zwar klein, doch hervorragend, allein die Horsd'œuvres lohnen den Besuch.

U Schnellů
BEI SCHNELLS

Tomášská 2. **Karte** 2 E3.
53 20 04, 855 51 79.
tägl. 11–23 Uhr.

Hervorragender Service und gutes Essen lohnen den Besuch dieses Restaurants nahe der St.-Thomas-Kirche. Die Vorspeisen sind preisgünstig, das Pilsner Urquell ist gut gezapft.

David

Tržiště 21. **Karte** 2 D3.
53 93 25. *tägl. 12–15, 18–23 Uhr.* *AE, V.*

Wegen seine Nähe zur amerikanischen Botschaft finden sich hier viele Diplomaten und Geschäftsleute ein. Moderne Kunst und klassische Musik schaffen eine außergewönliche Atmosphäre. Gegrilltes Lamm ist eine Spezialität des Hauses, ebenso Huhn in Fruchtsoße.

Italia

Nerudova 17. **Karte** 2 D3. *53 03 86.* *tägl. 9–23 Uhr.*

Pizza, Pasta, italienische Desserts und italienischer Kaffee werden hier in lichtem Ambiente serviert. Ein idealer Platz, um sich nach der Besichtigung der Burg oder der Kleinseite auszuruhen.

Zeichenerklärung *siehe S. 191*

Nebozízek
KLEINER SCHNECKENBOHRER

Petřínské sady 411. **Karte** 2 D5. *53 79 05. tägl. 11–18, 19–23 Uhr. AE, DC, EC, V, JCB.* ⓚⓚⓚ

Der Blick auf Prag von diesem Restaurant aus, das seinen Namen von dem windungsreichen Pfad hat, der auf den Laurenziberg *(siehe S. 141)* führt, ist fantastisch. Im Frühjahr und Sommer ist das Gartenrestaurant sehr beliebt, im Inneren ist es ebenfalls gemütlich. Die Karte bietet Fischgerichte, chinesische und tschechische Küche, Steaks und anderes. Tischreservierungen sollten frühzeitig vorgenommen werden.

U modré kachničky
ZUM BLAUEN ENTLEIN

Nebovidská 6. **Karte** 2 E4. *53 97 51. tägl.12–16, 18.30–23.30 Uhr. ★ AE, DC, V.* ⓚⓚⓚ

Das Restaurant in einer ruhigen Seitenstraße der Kleinseite spiegelt die intime, romantisch reizvolle Atmosphäre dieses Stadtteils wider. Handbemalte Wände präsentieren Prags beste moderne Jugendstilkunst. Das Restaurant besteht aus drei Räumen, jeder mit seinen eigenen, typischen Wandmalereien, eine schöner als die andere. Zum Interieur gehört antikes Mobiliar, kombiniert mit gerahmten Drucken. Die Speisekarte bietet hauptsächlich Fleischgerichte. Wer Ente, Wild oder auch Lachs mag, wird sich bei dem stets frisch zubereiteten Essen wohl fühlen.

U Sv. Tomáše
ZUM HL. THOMAS

Letenská 12. **Karte** 2 F3. *53 16 32. tägl. 11.30–23 Uhr. AE.* ⓚⓚⓚ *(Siehe S. 125)*

Diese Mischung aus Gasthaus und Restaurant, typisch tschechischer Kneipe und Südseehafen bietet eine ganz besondere Atmosphäre. Abends gibt es hier Livemusik; Fleisch vom Grill ist eine der Spezialitäten des Hauses.

Valdštejnská hospoda
GASTHAUS WALDSTEIN

Tomášská 16. **Karte** 2 E3. *53 61 95. tägl. 11.30–16, 18–23 Uhr. AE, V.* ⓚⓚⓚ

Früher war diese typische Prager Kneipe besonders bei den Angestellten der britischen Botschaft beliebt. Sie wurde renoviert, um die Besonderheiten des Hauses aus dem 15. Jahrhundert hervorzuheben. Modernes Design und alte Architektur sind gelungen kombiniert und geben dem Haus eine ganz eigene Atmosphäre. Die Speisekarte bietet sowohl tschechische als auch internationale Gerichte.

Florianův dvůr
FLORIANSHOF

Újezd 16. **Karte** 2 E5. *53 05 02. tägl. 12–24 Uhr. AE, EC, V, DC, JCB.* ⓚⓚⓚⓚ

Das in Pastellfarben gehaltene Interieur dieses Fischrestaurants mit Art-deco-Motiven und modernen Bleiglasfenstern könnte man ebenso in Paris oder New York finden. Die Fischgerichte, meist der Nouvelle cuisine angepaßt, stillen nicht gerade den großen Hunger, sind jedoch stets frisch und geschmackvoll zubereitet. Manche behaupten, in den Toiletten verspüre man die Vibrationen des nahen Club Borát *(siehe S. 215)*.

U malířů
ZUM MALER

Maltézské náměstí 11. **Karte** 2 E4. *24 51 02 69. tägl. 19–24 Uhr. JCB, AE, DC, EC, V.* ⓚⓚⓚⓚ

Das teuerste Restaurant der Tschechischen Republik ist aber auch das einzige des Landes mit authentischer französischer Küche. Der französische Küchenchef Daniel Mutel kocht nur mit absolut frischen Zutaten, die zweimal die Woche aus Frankreich importiert werden, um die Gerichte wie Täubchen auf Pastete wirklich wie in Frankreich kreieren zu können. Weitere typisch französische Spezialitäten sind Gänseleberpastete und köstliche Sorbets. Sollten Sie besondere Wünsche an die Küche haben, werden diese jederzeit gerne erfüllt. Natürlich ist auch das Weißbrot bestes französisches Baguette. Das 1543 erbaute Haus ist äußerst angenehm, gleichzeitig historisch und romantisch.

U tří pštrosů
ZU DEN DREI STRAUSSEN

Dražického náměstí 12. **Karte** 2 E3. *24 51 07 79. tägl. 12–15, 18–22 Uhr.* ⓚⓚⓚⓚ

Pflanzen und Blumen schmücken die Wände der zwei kleinen, eleganten Speiseräume im Erdgeschoß des Hotels gleichen Namens *(siehe S. 134 und 188)*. Das Restaurant in den Gemäuern der Karlsbrücke bietet eine gute Auswahl an tschechischer und internationaler Küche, auch wenn vor allem Gerichte der tschechischen und westeuropäischen Küche dominieren, wie Gulasch, verschiedene Fleischgerichte oder auch Karpfen.

NEUSTADT

Hotel Evropa Café
HOTEL EUROPA CAFÉ

Václavské náměstí 25. **Karte** 4 D5. *24 22 81 17. tägl. 7–24 Uhr. AE, DC, EC, JCB.* ⓚ *(Siehe S. 146)*

Hier kann man wunderbar bei einer Tasse Kaffee den Leuten beim Flanieren auf dem Wenzelsplatz zuschauen. Das Café gehört zum Hotel-Restaurant Europa, einem großen, alten Gebäudekomplex, der schon bessere Tage gesehen hat. Die Preise spiegeln seine Beliebtheit bei den Touristen wider.

Kmotra
PATIN

V jirchářích 12. **Karte** 5 B1. *20 35 64. tägl. 11–1 Uhr.* ⓚ

Diese Pizzeria hatte mit einem einfachen Rezept über Nacht Erfolg: gute Pizze preisgünstig anzubieten. Tschechische Studenten, Touristen, junge Paare und Geschäftsleute drängen sich in den hellen Räumen des Restaurants.

Kavárna Velryba
CAFÉ WAL

Opatovická 24. **Karte** 5 B1. *24 91 23 91. tägl. 11–14 Uhr.* ⓚ

Die lebhafte, angenehme Atmosphäre und das gute, preiswerte Essen sind vor allem bei den jungen Leuten Prags beliebt. Seit neuestem gibt es hier auch Fernseher. Die Küche ist einfach: Sandwiches mit Hühnerbrust, Hacksteaks oder Pilzen, außerdem schöne Salate. Manchmal ist es hier sehr verraucht, doch wenn es zu eng wird, läßt man einfach die Türe auf. Immerhin rühmt sich dieses Café der größten Whiskybar in ganz Prag, außerdem hat es lange geöffnet, wenn die Küche auch um 23 Uhr schließt.

FX Café

Bělehradská 120. **Karte** 6 E2. *25 12 10. tägl. 11.30–17 Uhr.* ⓚⓚ

Dieses kleine vegetarische Café ist bei Einheimischen wie auch Touristen beliebt. Es gehört zum Nachtklub Radost FX *(siehe S. 215)*, und viele Leute essen hier vor oder nach einem Besuch im Klub. Somit kann es abends schwierig werden, hier einen Tisch zu bekommen. Die Speisekarte bietet Salate, frisch zubereitete Suppen, Sandwiches, auch marinierten Tofu auf Pizzabrot, vegetarische Pizze und hausgemachtes Gebäck.

Na rybárně
FISCHRESTAURANT

Gorazdova 17. **Karte** 5 A3. *29 97 95.* *tägl. 12–24 Uhr.* *AE, EC, JCB, DC.* ⓚⓚ

Schon das Dekor macht klar, daß es sich hier um ein Fischrestaurant handelt. Im vorderen Raum zeigt ein dramatisches Wandgemälde die tosende See, Fischernetze hängen von der Decke. Die Knoblauchsuppe ist hier derart gehaltvoll, daß man sie nur mit wirklich guten Freunden essen sollte. Karpfen vom Grill oder gebacken, Steaks, chinesische Gerichte und Forelle sind im Angebot; bestellt man letzteres, bringt der Kellner eine Auswahl von Fischen, so daß man seine Portion selbst bestimmen kann. Um die Ecke wohnte Václav Havel, der auch heute noch gerne hierherkommt.

Vltava
MOLDAU

Rašínovo nábřeží 2. **Karte** 5 A2. *29 49 64.* *tägl. 11–22 Uhr.* ⓚⓚ

Von diesem Gartenlokal am Ufer der Moldau haben Sie in den warmen Sommermonaten einen herrlichen Blick über den Fluß wie auch auf die Prager Burg. Ist es zu kalt, um draußen zu sitzen, gehen Sie in das gemütliche Restaurant im Haus. In erster Linie gibt es hier Fisch, als besondere Spezialität gebackene Forelle mit Knoblauch und eine wunderbare Fischsuppe. Darüber hinaus bietet die Küche aber auch Steaks, Hühnchen, Schweinefleisch und Chinesisches.

Pod křídlem
UNTER DEM FLÜGEL

Voršilská 10. **Karte** 3 B5. *24 91 23 77, 29 95 25.* *tägl. 11.30–14 Uhr.* *AE, EC, V, JCB, DC.* ⓚⓚⓚ

Die helle Einrichtung ähnelt eher der eines Bistros als eines typisch tschechischen Lokals. Das schöne Dekor und der Pianist schaffen eine sehr angenehme Atmosphäre. Versuchen Sie die Ente vom Rost oder Schweinebraten mit Sauerkraut und Klößen. Da es bis 2 Uhr nachts offen ist, kommen auch oft Besucher des nahe gelegenen Nationaltheaters *(siehe S. 156f).*

U Čížků

Karlovo náměstí 34. **Karte** 5 B2. *29 88 91.* *tägl. 12–15.30, 17–22 Uhr.* *AE, EC, V.* ⓚⓚⓚ

Dieses Restaurant im Stil eines typisch böhmischen Bauernhauses bietet wohl die größte Auswahl tschechischer Gerichte und vermittelt somit sowohl böhmische Wohn- als auch Eßkultur. Probieren Sie die Rotkohlsuppe mit Würsten oder, wenn Sie großen Hunger haben, den gemischten Fleischteller mit zwei Arten Schweinefleisch, Ente, Würsten, zwei verschiedenen Klößen und zwei Sorten Sauerkraut. Da dies alles zudem äußerst preiswert ist, ist das Lokal sehr beliebt.

U kalicha
ZUM KELCH

Na bojišti 12–14. **Karte** 6 D2. *29 07 01, 29 19 45.* *tägl. 11–15, 17–23 Uhr.* *AE, V, JCB, DC.* ⓚⓚⓚ *(Siehe S. 154)*

Angefangen vom Beefsteak à la Leutnant Lukáš bis hin zu den Bildergeschichten an den Wänden vermittelt alles den Eindruck, man sei mitten in der Erzählung *Der brave Soldat Švejk*, der für dieses Lokal sozusagen Pate gestanden hat. Die tschechischen Gerichte sind ebenso etwas überteuert wie der hauseigene Souvenirladen, der T-Shirts, Bierkrüge und Postkarten mit Švejk verkauft.

Hotel Evropa
HOTEL EUROPA

Václavské náměstí 25. **Karte** 4 D5. *24 22 81 17.* *tägl. 11–15, 18–23.30 Uhr.* ⓚⓚⓚⓚ *(Siehe S. 146)*

Der großartige Speisesaal des Hauses gibt Ihnen das Gefühl, in die Zeit der Jahrhundertwende zurückversetzt zu sein. Im Restaurant fällt der Blick zuerst auf einen großen Marmorkamin mit Uhr und ein großes Bleiglastableau mit einer Ansicht von Prag. Die Eingangshalle ist mit Holz getäfelt und mit vielen Spiegeln ausgestattet. Die Speisekarte bietet zwei Tagesmenüs, tschechische Küche wie Gulasch, Ente oder *svíčková* (Rindfleisch in Sahnesoße) und internationale Gerichte wie Steaks oder Huhn. Im Menüpreis inbegriffen sind Aperitif, Vorspeise, Suppe, Hauptgericht und Dessert.

Premiéra

V jirchářích 6. **Karte** 5 B1. *24 91 56 72.* *tägl. 18–24 Uhr.* *AE, EC, V.* ⓚⓚⓚⓚ

Antikes wie Art-deco-Mobiliar, moderne Kunst und ein Pianist geben diesem Fischrestaurant sein elegantes Ambiente. Hier können Sie à la carte essen oder unter drei verschiedenen Tagesmenüs wählen. Nur in diesem Prager Lokal können Sie Schwertfisch und Hai essen. Der Lachs mit Kapern ist genauso vorzüglich wie alles andere auf der Karte, sei es Hummer, Fleischgerichte oder kleine Vorspeisen.

AUSSERHALB

Akropolis

Kubelíkova 27. *27 21 84.* *tägl. 12–23 Uhr.* ⓚ

Dieses Café ist vor allem bei den jungen Intellektuellen von Prag beliebt. Trotz des Namens gibt es hier so gut wie nichts Griechisches. An der Decke hängt ein Boot, Bilder zieren die Wände. Die Gerichte sind hier in Auswahl und Menge besser als in vergleichbaren Lokalen. Probieren Sie die Suppe, den überbackenen Käse, Hühnchen oder ein chinesisches Gericht. Dazu gibt es Wein, Bier vom Faß und sogar Absinth.

The Globe Bookstore Café

Janovského 14. *tägl. 10–24 Uhr.* ⓚ

Das preiswerte, gute Essen, eine große Bibliothek englischer Bücher und die angenehme Atmosphäre machen dieses Lokal zu einem beliebten Treffpunkt vor allem der Briten und Amerikaner. Zwar gibt es keine große Auswahl an Speisen, doch liegen hier stets die neuesten Ausgaben vieler englischer und amerikanischer Zeitungen und Zeitschriften aus.

Na slamníku
AUF DER STROHMATRAZE

Na bojišti 12–14. **Karte** 6 D2. Wolkerova 12. *32 85 66.* *tägl.* ⓚ

Wenn auch die Zubereitung des Essens hier eher einfach ist, so strahlt die Ausstattung des Lokals doch die Atmosphäre einer 300 Jahre alten Prager Kneipe aus – und sie ist eine der besten. Außer dem Billiardtisch im »Salon« ist hier alles noch so wie früher, und die tschechischen Gerichte, wie in der Pfanne gebratenes Schwein, sind wahrhaft schmackhaft.

U tří hrochů
ZU DEN DREI NASHÖRNERN

Bubenečská 8. *32 52 56.* *Mo–Fr 11.30–22 Uhr; Sa, So 17–22 Uhr.* ⓚ

Obwohl die Atmosphäre nicht gerade umwerfend ist, bestechen der freundliche Service und die guten Pizze. Man trifft vor allem Einheimische, und da es unweit von Prags größtem Waschsalon liegt, kommen viele zwischen zwei Waschgängen vorbei, um etwas zu trinken oder eine Kleinigkeit zu essen, wie Linsen- und Bohnensalate und dazu köstliche Käseteilchen, die frisch und heiß aus dem Ofen auf den Tisch kommen.

Zeichenerklärung *siehe S. 191*

Elite

Korunní 1. **Karte** 6 F2. ☎ *25 46 32.*
tägl. 11–23 Uhr. ⓚⓚ

Lassen Sie sich von der Größe dieses Restaurants nicht abschrecken. Früher war es das Rathaus für den Stadtteil, in dem es liegt, aber in dem tiefliegenden Raum finden Sie heute sehr preiswerte und sehr gute Pizze und Pasta. Zwar sieht es nicht gerade wie ein italienisches Restaurant aus, doch macht die gute Küche den etwas eigenartigen Stil des Hauses mehr als wett. Sie bekommen hier auch tschechische Küche und Eis in riesiger Auswahl. Wollen Sie es etwas intimer, dann lassen Sie sich einen Tisch im Zwischengeschoß geben, wo es gemütlicher ist und nicht so leicht der Eindruck entsteht, als säßen Sie in einem Flugzeughangar.

U koleje
ZUM KOLLEG

Slavíkova 24. ☎ *627 41 63.*
tägl. 11–23 Uhr. ⓚⓚ

Dieses Restaurant, nach einem Schlafsaal für Studenten benannt, mit seiner ruhigen und intimen Atmosphäre ist zwar, was seine Speisekarte betrifft, nicht ganz so international wie seine Gäste, bezogen auf das Preis-Leistungs-Verhältnis allerdings eines der besten in Prag. Die Tagessuppen sind immer gut, von den Fleischgerichten sollten Sie Schweinefleisch in Kartoffelpfannkuchen probieren; außerdem gibt es einige Fischgerichte.

Quido

Kubelíkova 22. ☎ *27 09 50.*
tägl. 11.30–23 Uhr.
AE, V. ⓚⓚ

Die rustikalen Tische, die vielen Pflanzen und die schönen Gemäldereproduktionen an den Wänden geben diesem hervorragenden Restaurant die gemütliche Atmosphäre einer Küche im Landhausstil. Die reichhaltige Speisekarte bietet sowohl traditionelle tschechische als auch eine Reihe anderer Gerichte, wie Steak mit Schimmelkäse und Oliven in Knoblauchbutter oder Huhn mit Schinken und Pilzen in Sojasoße. Die Portionen sind angenehm, die Gerichte alle köstlich.

U Mikuláše Dačického

Viktora Huga 2. ☎ *54 93 12.*
Mo–Fr 12–1 Uhr; Sa 18–1 Uhr.
ⓚⓚ

Bühnenbildner der Barandov-Filmstudios gestalteten dieses Restaurant in den 30er Jahren zum Zeichen ihrer Wertschätzung. Sie wählten als Bildmotiv ein mittelalterliches, höfisches Szenario. Die Edelleute, Knechte und Höflinge, die von den Wandbildern herunterblicken, und die dunklen, holzvertäfelten Wände, die großen Holztische und rotgepolsterten Stühle geben dem Lokal seine einzigartige Atmosphäre. Die Gerichte, wenn auch ähnlich denen in anderen Lokalen, sind mit großer Sorgfalt bereitet, die Portionen groß. Die Spezialität des Hauses ist *shish kebab* aus verschiedenen Sorten Fleisch und Gemüse. Die Fischgerichte werden allgemein hoch gelobt, variieren jedoch bisweilen in ihrer Qualität.

U cedru
ZUR ZEDER

Na hutích 13. ☎ *312 29 74.*
tägl. 11–23 Uhr. V ★
AE, DC, V, JCB, EC. ⓚⓚⓚ

Das Restaurant außerhalb des Stadtzentrums ist leicht mit der Metro zu erreichen und lohnt allemal den Weg. *Humous* (Kichererbsenbrei), *felafel* (Kichererbsenbällchen), *baba ganuj* (Auberginenbrei), Weinblätter und andere libanesische Spezialitäten werden angeboten. Die meisten Gäste bestellen kein Hauptgericht, sondern viele kleine Vorspeisen und Pizzabrot. Dies ist äußerst köstlich und sättigend. Die hervorragende Qualität der Küche und die stets absolut frischen Zutaten haben dieses Lokal vor allem bei den Ausländern in Prag zu einem heißen Tip werden lassen. Da das Restaurant ziemlich klein und immer sehr gut besucht ist, sollten Sie rechtzeitig einen Tisch reservieren.

U sloupu
ZUM PFEILER

Lucemburská 11. ☎ *27 14 57.*
tägl. 11–15, 17–23 Uhr.
AE. ⓚⓚⓚ

Das Restaurant in einer ruhigen Straße außerhalb des Stadtzentrums bietet traditionelle tschechische Küche in einem eleganten Art-deco-Ambiente. Neben Spezialitäten wie Karpfen oder *svíčková* (Rindfleisch in Sahnesoße) gibt es für Gäste, die die tschechische Küche nicht kennen, Tagesmenüs.

U zlatého rožně
ZUM GOLDENEN SPIESS

Československé armády 22.
☎ *24 31 11 61.* *tägl. 11–24 Uhr.*
AE, V, EC. ⓚⓚⓚ

Eigentlich als Fischrestaurant bekannt, bietet das U zlatého rožně jedoch eine breite Auswahl verschiedenster kulinarischer Traditionen, inklusive chinesische und tschechische Gerichte, Steak, Huhn und andere internationale Gerichte. Sie bekommen hier alles von köstlichen chinesischen Hühnchen- und Krabbengerichten bis zu Scholle in Käsesoße. Die Ausstattung des exklusiven, neueröffneten Restaurants mitten im Botschaftsviertel besteht aus einer Mischung von Art deco, verschiedenen modernen Objekten und einem riesigen schottischen Lachs, der den Raum ziert.

Zlatý drak
GOLDENER DRACHEN

Anglická 6. **Karte** 6 E2. ☎ *24 21 81 54.* *tägl. 11.30–15, 18–22 Uhr.*
V *AE, DC, EC, V.* ⓚⓚⓚ

Im Gegensatz zu anderen chinesischen Restaurants in Prag betont das Zlatý drak nicht unbedingt chinesisches Ambiente; im Gegenteil, sein helles, klares Interieur wird noch von großen Wandspiegeln unterstrichen. Es ist das beste chinesische Restaurant der Stadt, wenn auch die Portionen so klein sind, daß man fast noch ein zweites Hauptgericht essen kann. Es gibt Ente, Tofu und eine große Auswahl vegetarischer Speisen.

Principe

Anglická 23. **Karte** 6 E2.
☎ *25 96 14.* *tägl. 12–15, 18–22 Uhr.* *AE.* ⓚⓚⓚⓚ

Ein Küchenchef aus Florenz und stets frisch importierte italienische Zutaten begründen den herausragenden Ruf dieses authentisch italienischen Restaurants vor allem bei ausländischen Geschäftsleuten, auch wenn die Preise hier allemal höher liegen als in anderen Lokalen. Das in zarten Pastellfarben gehaltene Interieur bildet ein perfektes Ambiente für die vielen köstlichen Spezialitäten des Hauses, und auch die Weinkarte ist hervorragend.

Schwaigerovy Sady
SCHWAIGEROV-PARK

Schwaigerova 3. ☎ *32 00 05.*
tägl. 7–22 Uhr.
AE, DC, EC, V. ⓚⓚⓚⓚ

In dem eindrucksvollen Restaurant bereiten französische Köche traditionelle französische Küche und opulente Menüs wie Steak, Hummer oder Huhn. Die Spezialität des Hauses ist Kaninchen auf flämische Art, in dunklem Bier gekocht, mit Kartoffeln und Apfelkompott gereicht. Obwohl das Interieur sehr elegant ist, ist die Atmosphäre sehr entspannt; Tagesmenüs sind ebenfalls auf der Speisekarte zu finden.

Kneipen und Bars

Bier trinkt man in Prag in einer Kneipe, in der es normalerweise auch etwas zu essen gibt, oder im traditionellen Bierkeller, der oft sehr groß ist und meist nur Bier anbietet. *Hostinec* und *hospoda* sind Gasthäuser, in denen man auch essen kann, wohingegen ein *pivnice* nur Bier serviert, auch wenn diese strikte Trennung immer seltener wird. Bars schenken normalerweise Wein, Bier und Spirituosen aus, die meisten haben von 10 bis 22 Uhr geöffnet. Suchen Sie sich einen Platz an einem der vielen Tische. Bringt der Kellner Ihnen ein weiteres Bier, ohne daß Sie es bestellt haben, brauchen Sie es nicht anzunehmen. Ausländische Spirituosen können sehr teuer sein.

Traditionelle Kneipen und Brauereien

In Prag gibt es eine Vielzahl von Kneipen, Gasthäusern und Bierkellern, für jeden Geschmack etwas. Nur für ganz Mutige zu empfehlen ist das **U zlatého tygra**, eine sehr laute Kneipe, in der sich die tschechischen Literaten treffen. **U Fleků** braut seit 1499 das dunkle Bier Flekovské. Authentizität und Budvar können Sie im **U medvíků** genießen, das nicht weit von Nationaltheater *(siehe S. 156f)* und Altstädter Ring liegt, oder im **Krušovická pivnice**, einem freundlichen Lokal, in dem Sie auch essen können. Das **U vejvodů** trägt die Spuren von vier Jahrhunderten, doch ist es im Inneren renoviert und bietet einen Raum für Nichtraucher. Das **Hospeda u goldexu,** Küche und Restaurant in einem, bietet gutes Essen. Obwohl hierher selten Touristen kommen, ist es doch sehr beliebt bei den in Prag wohnenden Ausländern. Nahe der Burg liegt das traditionelle **U kocoura**, das Prazdroj-Bier und gebackenen Käse serviert. Das **Vinárna u čerta** fällt etwas aus dem Rahmen. Das **U Betlémské kaple** bietet eine reichhaltige Auswahl tschechischer Gerichte und Bier der Marke Velké Popovice. Das gemütliche **U králova dvora**, nahe der Zeltnergasse, hat viele Sitzplätze.

Bars

Der im englischen Stil gehaltene **John Bull Pub** ist angenehm, die Preise sind erschwinglich. Zum Essen, Klöße und Fleisch, läßt sich gut ein *pint* John Bull bitter trinken. Da der Konzertsaal des Gemeindehauses nicht weit ist *(siehe S. 214)*, kann man hier vor einem Konzert kurz einen Drink nehmen. Das Geheimnis von **Jo's Bar** ist die amerikanische Kundschaft und das mexikanische Essen. Die Margaritas sind ausgezeichnet, der sonntägliche Brunch ist sehr beliebt. Wenn es voll ist, gibt es vielleicht noch Platz im Hinterzimmer. **Nike Sports Bar** ist für Sportenthusiasten: neueste Ergebnisse aus dem Fernseher, Schuhladen, außerdem sehr gute Salate und Snacks.

Cafés

Prag bietet alte Cafés, Cafés mit Buchläden, Boutiquen oder Billardräumen, Café-Restaurants oder solche, die vor allem Getränke offerieren (siehe Übersicht). Alle schenken Alkohol aus. **Lávka** ist das eleganteste Café Prags. An der Karlsbrükke gelegen, bietet es einen spektakulären Blick auf die Burg. Man kann hier auch essen, jedoch geht man eigentlich hierher, um zu sehen und gesehen zu werden. Ähnliches gilt für das **Dolce Vita**; nachts trifft sich die Szene im **Bunkr**. Im Teehaus **U zeleného čaje**, mit Anklängen an den Zen-Buddhismus, können Sie zwischen 80 Teesorten wählen.

Auf einen Blick

Bunkr Café
Ve smečkách 30.
Karte 6 D1.

Dolce Vita
Široká 15.
Karte 3 B3.
☎ 232 91 92.

Jo's Bar
Malostranské náměstí 7.
Karte 2 E3.

John Bull Pub
Senovážné náměstí 8.
Karte 4 E4.
☎ 26 92 55.

Krušovická pivnice
Široká 20.
Karte 3 B3.
☎ 42 64 16.

Lávka
Novotného lávka 1.
Karte 3 A4.
☎ 24 21 47 97.

Nike Sports Bar
Ve smečkách 30.
Karte 6 D1.
☎ 24 19 62 55.

Hospoda u goldexu
Vinohradská 25.
Karte 6 E1.
☎ 24 21 18 06.

U Betlémské kaple
Betlémské náměstí 2.
Karte 3 B4.
☎ 22 28 63.

U Fleků
Křemencova 11.
Karte 5 B1.
☎ 29 32 46.

U kocoura
Nerudova 24. **Karte** 2 D3.
☎ 53 89 62.

U králova dvora
U prašné 3. **Karte** 4 D3.
☎ 232 20 82, 282 11 71, 232 11 83.

U medvídků
Na Perštýně 7. **Karte** 3 B5.
☎ 24 21 19 16.

U Pinkasů
Jungmannovo náměstí 15. **Karte** 3 C5.
☎ 24 22 29 65.

U vejvodů
Jilská 4. **Karte** 3 B4.
☎ 24 21 05 91.

U zeleného čaje
Nerudova 19. **Karte** 2 D3. ☎ 53 26 83.

U zlatého tygra
Husova 17. **Karte** 3 B4.
☎ 24 22 90 20.

Vinárna u čerta
Nerudova 4. **Karte** 2 D3. ☎ 53 09 75.

Läden und Märkte

Im Zuge des Übergangs zur Marktwirtschaft und der Überwindung der Trennung zwischen Ost und West hat sich das Warenangebot in Prags Läden enorm verbessert. Zahlreiche westliche Firmen haben hier inzwischen Niederlassungen, und die Qualität der in der Tschechischen Republik gefertigten Waren hat sich deutlich verbessert. Die meisten der feineren Geschäfte Prags liegen in der Innenstadt, vornehmlich am und nahe dem Wenzelsplatz, der inzwischen Fußgängerzone ist. Dies macht den Einkaufsbummel angenehmer, auch wenn oft Menschenmassen unterwegs sind. Mehrere Kaufhäuser bieten sowohl tschechische als auch ausländische Produkte an. Ein ganz anderes Einkaufsgefühl vermitteln hingegen die Märkte der Stadt, die alles offerieren: von frischem Obst und Gemüse über russischen Kaviar, Spielzeug, Kleidung, Möbel bis zu tschechischem Kunsthandwerk und Second-hand-Ware.

Böhmisches Kristall

Öffnungszeiten

Die meisten Geschäfte in Prag haben von Montag bis Freitag von 8 bis 18 Uhr geöffnet, samstags von 8 bis 13 Uhr. Diese Zeiten variieren oft, da viele Läden sich mit ihrem Warenangebot fast ausschließlich an Touristen wenden. So öffnen viele der teureren Geschenkeläden nicht vor 10 Uhr morgens und schließen abends entsprechend später.

Lebensmittelgeschäfte öffnen früher, meist um 6 Uhr – unter Berücksichtigung, daß die Einheimischen schon früh zur Arbeit gehen – und schließen etwa um 19 Uhr. Die meisten Geschäfte sind in der Mittagszeit geschlossen, für ein oder zwei Stunden zwischen 12 und 15 Uhr. Auch die großen Kaufhäuser und Einkaufszentren öffnen sehr früh, schließen allerdings dennoch meist nicht vor 20 Uhr.

Samstags ist es in allen Läden und Geschäften der Stadt sehr voll, angenehmer ist das Einkaufen unter der Woche. Prags Märkte beginnen alle täglich sehr früh am Morgen, schließen jedoch zu ganz unterschiedlichen Zeiten.

Ein Satz russischer Puppen im Straßenverkauf

Einer der vielen Antiqitätenläden in der Kleinseitner Brückenstraße

Bezahlen

Die meisten Waren, inklusive Lebensmittel, sind in Prag wesentlich billiger als im Westen. Je mehr westliche Warenanbieter jedoch auftauchen, wie Benetton, um so mehr verteuert sich alles.

Gehen Sie nie davon aus, daß Sie mit Euroscheck zahlen können. Kreditkarten *(siehe S. 222)* werden oft nur in den großen, eher touristisch ausgerichteten Geschäften akzeptiert und in einigen Kaufhäusern. Die meisten Geschäfte nehmen ausschließlich tschechisches Geld. Lassen Sie sich niemals darauf ein, in DM zu bezahlen, dies ist inzwischen illegal. Der Preis sollte stets die Mehrwertsteuer enthalten (5% oder 23%, je nachdem, was Sie kaufen), Lebensmittel sind hiervon jedoch generell ausgenommen; Duty-free-Läden gibt es nicht.

Ausverkauf und Angebote

Dem Beispiel westlicher Geschäfte folgend, gibt es zunehmend Sonderangebote. So ist Kleidung am Ende der jeweiligen Saison wesentlich billiger als zu Beginn. Zudem steigt die Anzahl der Geschäfte, die nach Weihnachten die Preise reduzieren, vor allem die Geschäfte um den Wenzelsplatz, den Altstädter Ring, Na příkopě und 28. října.

Kaufen Sie frisches Obst, Gemüse und Fleisch zu Wochenbeginn, wenn noch Qualitätsware angeboten wird. Es hat keinen Zweck, mit dem Einkaufen zu warten in der Hoffnung, daß Frischware, ähnlich wie in westlichen Geschäften, abends billiger verkauft wird, um Platz für die Lieferung am nächsten Tag zu schaffen.

Kaufhäuser

Das grösste Warenangebot findet man in den großen, modernen Kaufhäusern. Im Moment gibt es etwa zehn, weitere sind geplant.

Das bekannteste und beliebteste Kaufhaus ist das **Kotva** (Anker) im Stadtzentrum. Es wurde 1975 gebaut und bietet auf vier Stockwerken eine große Auswahl westlicher Waren, vor allem Kleidung und elektronische Geräte, zudem hat es eine Tiefgarage. Verglichen mit westlichem Standard jedoch, hat das Kotva, wie auch seine Eigentümer bestätigen, weniger Ware im Angebot, als man gewohnt ist – mit Ausnahme von Lebensmitteln wie Rauchfleisch zum Beispiel. Die Preise von Luxusartikeln, wie berühmte Parfüms, können oftmals genauso hoch sein wie im Westen.

Ein anderes beliebtes Kaufhaus ist das amerikanische **K Mart.** Es wurde ebenfalls 1975 errichtet und hat den Ruf, jegliche Konsumware im Angebot zu haben. Das älteste Kaufhaus der Stadt ist das **Bílá labut'** (Der weiße Schwan) in Na poříčí. Es wurde kurz vor dem deutschen Einmarsch in die Tschechoslowakei im Jahre 1939 eröffnet und hatte als erstes Gebäude Prags einen Aufzug. Seither wurde es renoviert und umgestaltet und ist nun auf Möbel und Innenausstattung spezialisiert. **Dětský dům** (Haus der Kinder) ist ein relativ kleines Kaufhaus in Na příkopě, das, wie sein Name schon sagt, alles verkauft, was sich ein Kind nur wünschen kann. Auch **Krone** bietet in seinem relativ kleinen Geschäft eine gute Auswahl von Produkten an.

Figurenschmuck an einer Apotheke in der Altstadt

In den meisten Supermärkten dürfen Sie nicht herumgehen, ohne einen offiziellen Einkaufskorb oder -wagen bei sich zu haben. Diesen erhalten Sie an der Kasse. Damit wird verhindert, daß sich zu viele Leute auf einmal im Supermarkt aufhalten.

Märkte

Prags Märkte bieten in freundlicher Atmosphäre viele verschiedene Waren an. Selbstverständlich gehört Handeln dazu. Der größte Markt, der **Prager Markt**, findet in Holešovice statt. Auf dem früheren Schlachthof gibt es heute frisches Obst und Gemüse, alle Art Geflügel, Fisch, Kleidung, Blumen, elektronische Geräte und sogar Gebrauchtwagen und Ersatzteile. Verkauft wird in mehreren großen Hallen und an Marktständen unter freiem Himmel, und zwar Montag bis Freitag von 6 bis 17 Uhr. Auf der Havelská, direkt im Stadtzentrum, gibt es den kleinen **Havel-Markt** vor allem mit frischem Obst und Gemüse. **Der Vinohrady-Markt** wurde erst kürzlich, nach eingehender Modernisierung, wiedereröffnet. Andere bekannte Märkte in Prag sind der **Prager Flohmarkt**, der **Smíchov** und ein kleinerer Markt in der V-kotcích-Straße. Bedenken Sie aber, daß vieles, was auf den Märkten verkauft wird, vor allem Kleidung, oft schlechte Qualität ist.

Strassenstände

Unzählige Verkaufsstände und fliegende Händler finden sich im Sommer rund um die Karlsbrücke, die Stufen zur Burg, Na příkopě und den Altstädter Ring. Meist sind es junge Tschechen, die eine riesige Auswahl an handgearbeiteten Produkten wie Töpferware, Schmuck, Holzspielzeug, Puppen, Modellen von Prager Gebäuden und tschechischem Kunsthandwerk anbieten. Zu finden sind auch kommunistische oder sowjetische Memorabilia wie Medaillen, Uhren, Mützen oder Uniformen.

Buchantiquariat in der Karlsgasse

Was kauft man in Prag ein

DADURCH, DASS SICH das Warenangebot in den Prager Geschäften ständig verbessert, sind die Dinge des täglichen Lebens wie Lebensmittel, Bücher, Filme und Toilettenartikel leicht zu bekommen; importierte Ware ist hier zudem oft preisgünstiger als zu Hause. Die althergebrachten Produkte, die es in Prag zu kaufen gibt, wie böhmisches Kristall oder Porzellan, Holzspielzeug und Antiquitäten, sind sehr schöne Souvenirs, die Sie manchmal auch noch günstig bekommen. Immer beliebter werden auch die Souvenirs, die die Straßenhändler anbieten: russische Puppen, Uniformen und Medaillen, aber auch Töpferware oder Schmuck, der in der Regel wesentlich billiger ist als im Westen.

Glas und Porzellan

BÖHMISCHES GLAS und Porzellan gehören seit langem zum besten der Welt. Riesige Vasen, zierliche Glasfiguren – die Auswahl ist schier unermeßlich.

Kristall, Glas und Porzellan kann jedoch sehr unterschiedlicher Qualität sein, abhängig davon, wo es produziert wurde. Mit die beste Ware dieser Art stellen die Moser-Glaswerke in Karlsbad her. Verkauft werden sie bei **Karlovarský porcelán** und bei **Moser**. Die großen Glashütten in Nový Bor und Poděbrady fertigen mit das am schönsten dekorierte Glas, das bei **Crystal** verkauft wird. Weitere Geschäfte, die gutes Glas und Porzellan anbieten, sind **Český Křišťál**, **Dana-Bohemia**, **Sklo-Porcelán** und **Sklo**.

Diese Produkte werden immer beliebter, was natürlich auch die Preise steigen läßt. Und es wird immer schwieriger zu handeln. Viele der modern gestalteten Gläser sind auch sehr schön und dabei wesentlich billiger. Alle Geschäfte verpacken Ihre Ware sorgfältig, besonders teure Stücke sollten Sie jedoch nicht unversichert mit auf die Heimreise nehmen.

Antiquitätenläden

BISLANG KONNTE MAN IN PRAG immer sehr gut Antiquitäten kaufen, und auch heute sind die Preise immer noch niedriger als anderswo. Antiquitätenläden, die einen Besuch lohnen, sind **U zlatého kříže**, **U zlatého klasu**, **Bohemia Aventis** und **Galerie Lukas**. **Starožitnosti uhlíř** verkauft Uhren, und **Militaria** finden Sie in der Charvátova 11. Kaufen Sie Ware im Wert von über 1000 Kč, sollten Sie sich vorher erkundigen, ob Sie eine Ausfuhrgenehmigung brauchen. Und nehmen Sie sich in acht vor den vielen Fälschungen, die zunehmend auf den Märkten auftauchen.

Kunsthandwerk

DAS TRADITIONELLE Kunsthandwerk, allgemein von hoher Qualität, hat überlebt, und die große Vielfalt derartiger Produkte, die Sie kaufen können – handgewebte Teppiche, Holzspielzeug, Tischläufer, bemalte Ostereier, Mützen, Trachtenpuppen und Töpferware –, geht zurück auf die böhmische und tschechische Volkskunst, die heute mit modernen Motiven variiert wird. Sie bekommen all dies bei den Straßenhändlern von Prag und in den entsprechen den Läden.

Eines der besten Geschäfte ist **Krásná jizba**, das eine sehr gute und große Auswahl an Kunsthandwerk bietet. Trachtenpuppen findet man in der in der Železná-Straße 16, Holzspielzeug in der Karlova-Straße 23. Weitere Läden, die Volkskunst und Kunsthandwerk verkaufen, sind der Geschenkartikelladen in der Národní-Straße 37 und **Albatros**. Auch die Straßenverkäufer von Prag bieten diese Produkte an, außerdem Puppen, Holzornamente oder auch Schmuck, auf jeden Fall ist alles handgefertigt.

Bücher

ES GIBT ZAHLLOSE BUCHLÄDEN in Prag, die meisten Bücher sind allerdings in Tschechisch. Fremdsprachige Bücher sind zwar ebenfalls zu bekommen, allerdings nur in speziellen Buchhandlungen.

Einer der größten Buchläden ist **Zahraniční Literatura.** Hier finden Sie eine Reihe deutscher (inklusive tschechischer Werke, die ins Deutsche übersetzt sind), aber auch Bücher, die in englischer oder französischer Sprache geschrieben sind. Stadtpläne oder auch fremdsprachige Reiseführer kann man bei **Růžičkovo Knihkupectví** kaufen. Weitere Spezialbuchhandlungen sind **Orbis**, **Kniha Slovanský dům**, **Arbesovo Knihkupectví** und **Albatros**, letzteres ist eine Kinderbuchhandlung. Buchantiquariate finden Sie im Goldenen Gäßchen und der Karlsgasse. In allen diesen Läden kann man auf jeden Fall wunderbar stöbern.

Lebensmittel und Delikatessen

PRAGS SUPERMÄRKTE sind gut mit Grundnahrungsmitteln ausgestattet *(siehe S. 207)*. Darüber hinaus gibt es auch einige Delikateßläden. **Pronto Supermarkt** ist ein kleiner Laden mit Fisch und Fleischtheke. Tschechische Spezialitäten, wie geräucherte Würste oder besonderen Käse, bekommen Sie bei **Lahůdky**, **Lahůdky Delikatesy**, **Jan Paukert** und im **Milchspezialitätenladen**. Frisch gebackenes Brot verkaufen die Bäcker rund um den Wenzelsplatz oder in der Mostecká-Straße. **Bäckerei Bonal** bietet auch eine gute Kuchenauswahl.

Apotheken

DIE MEISTEN APOTHEKEN in Prag führen alle Medikamente, Sie brauchen aber das Rezept eines tschechischen Arztes *(siehe auch S. 221: rund um die Uhr geöffnete Apotheken)*. Toilettenartikel gibt es in Drogerien.

Auf einen Blick

Kaufhäuser

Kotva
Náměstí Republiky 8.
Karte 4 D3.
☎ *24 21 54 62.*

Dětský dům
Na příkopě 15.
Karte 3 C4.
☎ *24 21 60 73.*

K Mart
Národní 26. **Karte** 3 B5.
☎ *24 22 79 71.*

Krone
Václavské náměstí 21.
Karte 4 D5.
☎ *24 23 04 77.*

Bílá labuť
Na poříčí 23.
Karte 4 D3.
☎ *24 81 13 64.*

Märkte

Havel-Markt
Havelské náměstí.
Karte 3 C4.

Prager Flohmarkt
Pražska Burza
Výstaviště.
(Ausstellungsgelände).

Prager Markt
Bubenské nábřeží 306.
☎ *80 05 92.*

Smíchov-Markt
Náměstí 14. října 15.
Karte 3 C4.
☎ *24 51 14 46.*

Vinohrady-Markt
Vinohradská 50.
Karte 6 F1.
☎ *25 76 33.*

Glas und Porzellan

Český Křišťál
Národní 19. **Karte** 3 B5.
☎ *26 44 36.*
Eine von mehreren Filialen.

Dana-Bohemia
Národní 43. **Karte** 3 A5.
☎ *24 21 46 55.*
Eine von mehreren Filialen.

Crystal
Karlova 14.
Karte 3 A4.
☎ *26 64 25.*
Eine von mehreren Filialen.

Sklo
Malé náměstí 8–9.
Karte 3 B4.
☎ *24 22 84 59.*

Sklo-Porcelán
Staroměstské
náměstí 26–27.
Karte 3 C3.
☎ *24 22 97 55.*

Karlovarský porcelán
Pařížská 2. **Karte** 3 B2.
☎ *24 81 10 23.*

Moser
Na příkopě 12.
Karte 3 C4.
☎ *24 21 12 93,*
24 21 12 94.

Antiquitätenläden

Starožitnosti uhlíř
Mikulandská 8.
Karte 3 B5. ☎ *29 41 70.*

U zlatého kříže
Uhelný trh 6. **Karte** 3 B5.
☎ *24 21 34 39.*

Bohemia Aventis
Perlová 2. **Karte** 3 C5.
☎ *26 76 32.*

Galerie Lukas
Národní 21. **Karte** 3 B5.
☎ *24 21 33 38.*
Eine von mehreren Filialen.

Militaria
Charvátova 11.
Karte 3 C5.
☎ *24 22 74 34.*
Eine von mehreren Filialen.

U zlatého klasu
Na příkopě 23. **Karte** 4 D4.
☎ *24 21 27 64,*
24 22 89 74.

Geschenke und Mitbringsel

Albatros
Na Perštýně 1.
Karte 3 B5.
☎ *24 22 32 27.*

Volkstümliche Puppen
Železná 16.
Karte 3 C4.
☎ *24 22 65 90.*

Kunsthandwerk
Karlova 23.
Karte 3 A4.

Geschenkartikel
Národní 37.
Karte 3 B5.
☎ *24 21 26 83.*

Krásná Jizba
Národní 36.
Karte 3 B5.
☎ *26 56 83.*

Bücher

Albatros
Na Perštýně 1.
Karte 3 B5.
☎ *24 22 32 27.*

Arbesovo Knihkupectví
Štefánikova 41.
☎ *53 21 31, 54 28 96,*
54 03 01.

Fišerovo Knihkupectví
Kaprova 10.
Karte 3 B3.
☎ *232 07 33.*

Zahraniční Literatura
Na příkopě 27.
Karte 4 D4.
☎ *26 28 37.*

Melantrich
Václavské Náměstí 33.
Karte 4 D5.
☎ *24 22 72 58.*

Orbis
Václavské náměstí 42.
Karte 4 D5.
☎ *24 21 73 35.*

Růžičkovo Knihkupectví
Na příkopě 24.
Karte 4 D4.
☎ *24 21 30 37.*

Kniha Slovanský dům
Na příkopě 31.
Karte 4 D4.
☎ *24 22 82 04.*

Lebensmittel und Delikatessen

Bäckerei Bonal
Václavské Náměstí 57.
Karte 4 D5.
☎ *24 22 87 14.*

Jan Paukert
Národní 17.
Karte 3 B5.
☎ *24 23 00 31.*

Lahůdky
Jungmannovo náměstí 19.
Karte 3 C5.
☎ *24 09 86 32.*

Lahůdky Delikatesy
Na příkopě 24.
Karte 3 C4.
☎ *24 22 87 14.*

Milchspezialitätenladen
Mostecká 19–21.
Karte 2 E3.
☎ *53 36 89.*

Pronto Supermarkt
Rytířská 10.
Karte 3 C4.

Apotheken

*Apotheken haben normalerweise keine Namen, suchen Sie daher nach **Léky** oder **Lékárna** (Apotheke).*

Národní 35. **Karte** 3 B5.
☎ *240 81 73.*

Malé náměstí 13.
Karte 3 B4.
☎ *24 22 54 70.*

Na příkopě 7.
Karte 3 C4.
☎ *24 21 02 29.*

Václavské náměstí 64.
Karte 3 C5.
☎ *24 21 65 75.*

Lékárna na Starém Městě
Revoluční 19.
Karte 4 D2.
☎ *231 77 38.*

Unterhaltung in Prag

Seit der »Samtenen« Revolution« hat sich das Veranstaltungsangebot in Prag deutlich verbessert. Ob Oper oder Fußball – die Stadt hat eine ganze Menge zu bieten. Viele der neuesten Hollywood-Filme laufen in Prag, oft in Originalfassung mit Untertiteln. Auch die Musik- und Theateraufführungen sind vielfältiger und mutiger geworden. Prag hat eine große Musiktradition, Symphonieorchester, Oper, Musical, Jazz und Folk – Konzerte aller Art finden das ganze Jahr über statt, in Barockpalästen ebenso wie in Parkanlagen. Auch wenn Sie kein Tschechisch verstehen, können Sie viele der Angebote nutzen, manche Theaterstücke werden in deutscher Sprache aufgeführt. Für manche Musik-, Tanz- oder Sportveranstaltungen sind Sprachkenntnisse ja auch nicht so wichtig.

Straßenmusikanten in Prag

Theatertransparente in der Zeltnergasse

Praktische Hinweise

Will man wissen, was in Prag wo los ist, kann man sich in den Veranstaltungskalendern informieren, die bei den verschiedenen Informations- und Vorverkaufsstellen ausliegen: An den Kartenvorverkaufsschaltern, **Melantrich** oder **PIS** *(siehe S. 211)*, gibt es, neben tschechischsprachigen, auch deutsch- und englischsprachige Veranstaltungsprogramme. Verschiedene kostenlose Hefte in mehreren Sprachen liegen ebenfalls bei den PIS-Schaltern aus. Einen guten Überblick über die wöchentlichen Veranstaltungen gibt auch *PROgram*, der überwiegende Teil des Blattes ist es jedoch für alle, die nicht tschechisch sprechen, schwierig zu verstehen. *Prognosis* und *The Prague Post (siehe S. 219)* bieten außer Informationen über Land und Leute auch detaillierte Hinweise auf Veranstaltungen aller Art und sind eine gute Alternative für diejenigen, die die englische Sprache beherrschen.

Kartenvorverkauf

Karten im Vorverkauf sind an den Kassen der meisten Veranstaltungshäuser erhältlich. Dorthin können Sie auch schreiben oder anrufen, jedoch gibt es oftmals niemanden, der deutsch oder englisch spricht. Für besonders beliebte Veranstaltungen kann es schwierig werden, Karten zu bekommen, da diese oft an Touristengruppen oder Abonnenten vergeben sind. Jedoch ist es meist etwa eine Stunde vor Beginn einer Veranstaltung noch möglich, Karten zu bekommen. Ist Ihnen dies zu unsicher oder sind Sie auf einen ganz bestimmten Tag festgelegt, so sollten Sie rechtzeitig zu einer der vielen Vorverkaufsstellen in der Stadt gehen. Der Nachteil hierbei ist, daß die Vor-

Puppentheater

Das Puppenspiel hat in Prag eine lange Tradition. Die berühmteste Puppenbühne der Stadt ist das **Špejbl-und-Hurvínek-Theater** *(siehe S. 214)*. Die Geschichten hier drehen sich immer um Vater Spejbl und seinen mißratenen Sohn Hurvínek. Andere Puppentheater sind das **Nationale Marionettentheater** *(siehe S. 214)*, das nur mit Marionettenpuppen arbeitet, und das **Kindertheater** *(siehe S. 214)*, das fast täglich spielt. Das **Theater in der Altstadt** *(siehe S. 214)* und der Kinderklub **Kleine Sonne** *(siehe S. 214)* spielen nur gelegentlich. Achten Sie auf Vorankündigungen *(siehe S. 218)*.

Marionetten

verkaufsgebühr sehr hoch sein kann, manchmal verdoppelt sich dadurch der Preis. Fragen Sie auch bei der Rezeption Ihres Hotels nach, ob man Ihnen dort Karten besorgen kann.

EINTRITTSPREISE

DIE EINTRITTSPREISE sind, verglichen mit denen im Westen, eher niedrig, mit Ausnahme ganz bestimmter Veranstaltungen, vor allem während des Festivals »Prager Frühling« *(siehe S. 50)*. Die Preise variieren zwischen 20 Kč für weniger Ausgefallenes wie das Puppentheater und 600 Kč für Konzerte eines berühmten internationalen Orchesters. Ihre Eintrittskarte können Sie meist nicht mit Kreditkarte oder Euroscheck bezahlen.

SCHWARZHANDEL

IMMER ÖFTER werden gefälschte Eintrittskarten auf den Schwarzmärkten verkauft. Um sicherzugehen, daß Sie eine gültige Eintrittskarte haben, sollten Sie diese immer bei den offiziellen Stellen kaufen.

NACHTS UNTERWEGS

PRAGS METRO *(siehe S. 234)* fährt nur bis kurz nach Mitternacht, der normale Bus- und Straßenbahnverkehr wird gegen 23.30 Uhr eingestellt. Danach fahren Nachtbusse und -straßenbahnen, deren

Blick in den Zuschauerraum des Rudolfinum *(siehe S. 214)*

Così fan tutte* in einer Aufführung der Mozart-Oper *(siehe S. 214)

reguläres Liniennetz sehr gut ist. Mit dem Taxi zu fahren ist die sicherste Art, nachts unterwegs zu sein, doch achten Sie darauf, daß man Sie nicht übervorteilt *(siehe S. 237)*. Gehen Sie zuerst ein kleines Stück zu Fuß vom

Das Sparta-Stadion *(siehe S. 215)*

Theater oder Kino weg, bevor Sie ein Taxi nehmen, so wird Ihre Fahrt billiger. Erkundigen Sie sich auch im Hotel, wie Sie nachts am besten nach Hause kommen.

MUSIKFESTIVALS

DAS BERÜHMTESTE aller Musikfestivals ist der »Prager Frühling« *(siehe S. 50)*, der alljährlich zwischen Mai und Juni stattfindet. Hunderte international renommierter Musiker nehmen daran teil. Darüber hinaus gibt es noch das Mozart-Festival *(siehe S. 51)*, das in Prag in den Sommermonaten stattfindet, und im Herbst dann das Internationale Jazzfestival *(siehe S. 52)*.

VORVERKAUFSSTELLEN

Bohemia Ticket International
Salvátorská 6. **Karte** 3 B3.
☎ *24 22 78 32.*

CK Wolff
Na příkopě 24. **Karte** 3 C4.
☎ *24 21 37 18, 24 21 19 64.*

IFB – Bohemia
Václavské náměstí 25.
Karte 3 C5.
☎ *24 22 72 53.*

Linda
Rytířská 31. **Karte** 3 C4.

Lucerna
Štěpánská 61.
Karte 5 C1.
☎ *24 22 55 85.*

Melantrich
Václavské náměstí 38.
Karte 4 D5.
☎ *24 21 50 18.*

Pragotour
U Obecního domu.
Karte 4 D3.
☎ *231 72 00.*

Prager Fremdenverkehrsamt
Rytířská 12. **Karte** 3 C4.
☎ *24 21 22 09.*

Prager Informationsdienst (PIS)
Staroměstské náměstí 22.
Karte 3 C3.
☎ *24 21 28 44.*
Na příkopě 20.
Karte 3 C4.

Top Theatre Tickets
Celetná 13. **Karte** 3 C3.
☎ *24 81 18 70.*

Veranstaltungsvielfalt

PRAG IST BEKANNT für seine Theater- und Musiktradition. Das Theater hat in der Kulturgeschichte der Stadt immer eine große Rolle gespielt. In letzter Zeit hat das Angebot an Veranstaltungen wieder enorm zugenommen. Viele neue Theatergruppen haben sich gebildet, vor allem auch experimentelle Ensembles. Die Theatersaison dauert von September bis Juni, und im Sommer finden in den Parkanlagen Prags verschiedene Festivals statt. Im Musikleben der Stadt haben Mozart, Smetana und Dvořák eine große Rolle gespielt. Aber auch wer Jazz bevorzugt, bis zum Morgengrauen tanzen möchte oder ins Kino gehen will – Prag bietet hier ebenfalls eine Vielzahl preiswerter Möglichkeiten.

Bedeutende Theater

PRAGS ERSTES reguläres Theater wurde 1738 gebaut, doch die Theatertradition der Stadt reicht bis in die Zeit des Barock und der Renaissance zurück.

Das **Nationaltheater** *(siehe S. 156f)* ist Prags herausragendstes Haus für Oper, Ballet und Schauspiel. Die benachbarte Neue Bühne ist ebenfalls sehr bedeutend, hier tritt meist die Multimedia-Theatergruppe **Laterna Magica** auf, eine der bekanntesten Prager Theatergruppen, die auch international als ein Vorreiter des europäischen Improvisationstheaters gilt.

Weitere bedeutende Theater der Stadt sind die »Stein-Theater«, die schon im 18. Jahrhundert Berühmtheit erlangten; zu ihnen zählen das **Vinohrady-Theater**, das **Ständetheater** *(siehe S. 65)* – eines der renommiertesten Theater Prags – und das **Städtische Theater Prag**, eine Schauspielgruppe, deren Stücke abwechselnd im **ABC-Theater**, im **K-Theater** und im **Drama-Rokoko-Studio** aufgeführt werden. Das **Kolowrat-Theater** ist im Palais Kolowrat zu finden.

Off-Theater

DIE OFF-THEATER sind in Prag im Laufe der 60er Jahre entstanden und im Kampf gegen den Status quo berühmt geworden. Diese Gruppen arbeiten alle immer noch sehr experimentell und sind dabei äußerst innovativ. Sie spielen in kleinen Theatern, und viele von Prags bekanntesten Schauspielern und Schauspielerinnen sind aus diesen Gruppen hervorgegangen.

Zu den Off-Theatern gehören: der **Dramatische Club**, bekannt für sein engagiertes Ensemble; das **Ypsilon-Studio**, eine der herausragendsten Gruppen der Stadt; das **Labyrinth-Theater**, das vor allem moderne Stücke inszeniert; das **Wundertheater der barocken Welt**, das vor allem historische Stücke spielt; das große **Theater unter Palmovka**, bekannt für seine Mischung aus Klassik und Moderne, und das **Theater in der Zeltnergasse**. Einer der spektakulärsten Aufführungsorte für Theater und Musikereignisse ist der **Křižík-Brunnen** *(siehe S. 176)*.

Pantomime, Posse und »Schwarzes Theater«

SEHR BELIEBT in Prag sind Aufführungen des Schwarzen Theaters (schwarz gekleidete Schauspieler bewegen, ohne daß man sie sieht, Gegenstände vor einem dunklen Bühnenhintergrund). Großen Zuspruch finden auch Possen und Pantomimen. Alle drei Theaterkategorien erfordern keinerlei Kenntnisse der tschechischen Sprache und sind häufig in Prag zu finden. Die bekannteste Possenbühne ist **Boris Hybners GAG-Studio**, ebenso ist die **Bomiel-Pantomime** einen Besuch wert. **Jiří Srnec' Schwarzes Theater** ist einer der bedeutendsten Aufführungsorte des Schwarzen Theaters in Prag.

Tanz

OPERN- UND BALLETTaufführungen finden traditionell im **Nationaltheater** statt, in dem auch das Prager Ballett zu Hause ist. Ballettvorstellungen werden aber auch im **Ständetheater** sowie in der **Prager Staatsoper** geboten. Auch Musicals, aufgeführt von modernen Tanzgruppen, werden immer beliebter.

Klassische Musik

DIE BEDEUTENDSTEN Konzertsäle für klassische Musik sind das **Rudolfinum** *(siehe S. 84)* und der **Smetana-Saal** *(siehe S. 64)*. Konzerte finden auch im **Atrium** in **Žižkov**, einer ehemaligen Kirche, im **Klementinum** und im **Kulturpalast** statt. In **Bertramka**, einem weiteren Aufführungsort, lebte Mozart während seines Pragaufenthalts.

Musik in Kirchen und Palais

DIE KONZERTE in den zahlreichen Kirchen und Palais in und um Prag sind sehr beliebt. Meist sind diese Gebäude der Öffentlichkeit nicht zugänglich, Konzerte bieten also die einzige Möglichkeit, sie zu sehen. Zu den wichtigsten Kirchen, in denen Konzerte stattfinden, zählen: die **St.-Jakobs-Kirche** *(siehe S. 65)*, die Kleinseitner **Nikolauskirche** *(siehe S. 128f)*; die **Nikolauskirche** *(siehe S. 70f)* in der Altstadt; die **St.-Franziskus-Kirche** *(siehe S. 79)* am Kreuzherrenplatz; der **Veitsdom** *(siehe S. 100ff)* und die **St.-Georgs-Basilika** *(siehe S. 98f)*. Unter den Palais sind die wichtigsten: das **Palais Waldstein** *(siehe S. 126)*, das **Palais Lobkowitz** *(siehe S. 99)* und das **Palais Sternberg** *(siehe S. 112ff)*. Nähere Informationen über Daten und Zeiten finden Sie in den entsprechenden Publikationen *(siehe S. 219)*.

Oper

Seit Beginn dieses Jahrhunderts gewann die Oper in Prag an Beliebtheit; heute gibt es zwei feste Opernhäuser mit eigenem Ensemble, und zwar das **Nationaltheater** *(siehe S. 156f)* und die **Staatsoper.** Letztere spielt alle Opern in ihrer Originalsprache, meist Italienisch, während das Nationaltheater überwiegend tschechische Übersetzungen im Repertoire hat. **Das Musiktheater in Karlín** zeigt ausschließlich klassische Operetten und Musicals; eher modern angehauchte Aufführungen bringt die **Lyra Pragensis**, und die **Mozart-Oper** bietet auch moderne Musikprogramme.

Nachtklubs

Obwohl das Nachtleben in Prag, besonders im Vergleich mit anderen europäischen Metropolen, bislang nicht sehr aufregend war, ändert sich dies jedoch rapide. Seit 1989 entstehen immer mehr Nachtklubs, Diskotheken und Kabaretts, zwischen denen man sich entscheiden kann.

Der **Video Disco Club** ist schon sehr lange beliebt. Der größte Klub der Stadt ist die **Lucerna Bar**, der wechselnde Programme bietet, ebenso das **Bibita**. **Carioca**, **Little Horse** und der **Music Park** spielen jede Nacht Diskomusik, die größte Diskothek Prags ist aber der **Eden-Palladium Dance Club**. In der **Tatran Bar** gibt es ab 23 Uhr Livemusik und Striptease. Das **Varieté**, eine der beliebteren Nachtbars, bietet Musik und Revueprogramme; im Trend liegen auch **Radost FX**, **Barklub-Reggae**, **Obvodní Kulturní dům Vltavská** und **Euroclub**.

Rock- und Popklubs

Liebhaber der Rockmusik werden in Prag nicht enttäuscht. In einer Vielzahl beliebter Rockkneipen, meist kleine Klubs und Cafés, treten eine ganze Reihe unterschiedlicher Gruppen auf. Prager Rockgruppen spielen neben eigenen Kompositionen auch viele bekannte Songs, meist in englischer Sprache. Gelegentlich treten auch größere, bekannte Gruppen aus dem Westen auf. Eine der beliebtesten Rockkneipen ist der **Bunker,** in dem auch oft ausländische Bands zu hören sind. Das **Rock Café** bietet Rockkonzerte und anschließend Disko.

Andere Kneipen, in denen Rockmusik zu hören ist, sind: **Futurum Rock Club**, bis frühmorgens geöffnet, und der **Junior Club na Chmelnici**, in dem die Bands ab 19.30 Uhr spielen. Das **U Zoufalců** hat nicht nur Konzerte, sondern auch Ausstellungen, Theateraufführungen, Filme, Lesungen und Disko im Programm. Im **Repre Rock Club**, in der **Uzi rockbar** und im **Rock Club Borát** ist nach Konzerten ebenfalls Diskobetrieb. **Classic Club** spielt immer eine Stunde lang Songs aus den 60er Jahren.

Jazz

Die Wurzeln des Jazz gehen in Prag nicht nur auf den amerikanischen Jazz zurück, sondern auch auf die Vorkriegszeit und berühmte Jazzer wie Jaroslav Ježek. Die meisten Prager Jazzklubs bieten alle Arten des Jazz, von Dixieland bis Swing.

Einer der bedeutendsten Klubs der Stadt ist der **Jazz Club Reduta**, der täglich ab etwa 21 Uhr Konzerte bringt. Im beliebten **Metropolitan Club** dauern Nachtkonzerte bis 3 oder 4 Uhr morgens. Im **Agartha Jazz Centrum** kann man während des Abendessens im Café gehobenen Jazz hören. Das **Café de Paris** hat donnerstags Jazz, der **120 Dní** bietet eine Mischung aus Jazz, Blues, Rock und Folk, **Malostranská beseda** eher traditionellen Jazz. Wirkliche Enthusiasten kommen im Oktober zum Internationalen Jazzfestival *(siehe S. 52)*, auf dem Jazzer aus der ganzen Welt zu sehen sind.

Musik aus aller Welt

Nur wenige Klubs und Bars in Prag bietet Ethnomusik. **LA Klub** im Slawischen Haus *(siehe S. 147)* spielt alles, was es an internationaler Musik gibt. Das **Haus der Kultur** bringt eine Vielzahl von Bands. Im **Club Exodus** kann man bei afrikanischer und asiatischer Musik essen.

Lesben und Schwule

Die wenigen Kneipen richten sich an männliches Publikum; *PROgram (siehe S. 210)* gibt genauere Informationen. **David Club**, **America Club** und **Mercury Club** haben Diskos. Beliebter Treffpunkt für Schwule sind **Barberina**, **U Holanů** und die Bierkneipen **Tom's Bar** und **U dubu**.

Kino

Obwohl nicht immer die neuesten Hollywood-Produktionen zu sehen sind, sind doch 80% der gezeigten Filme US-Produktionen jüngeren Datums, etwa ein Drittel mit tschechischen Untertiteln. Die Kinoprogramme *(siehe S. 219)* informieren, welche Filme in welcher Sprache zu sehen sind. Die meisten Kinos findet man um den Wenzelsplatz herum, so **Alfa**, **Hvězda**, **Lucerna** und **Blaník;** weitere sind in der Übersicht *(siehe S. 215)* aufgeführt. **Illusion** und **Ponrepo** zeigen alte Filme, das **Jalta-DIF Centrum** ist ein Kino-Café.

Sport

Um Sport zu treiben, müssen Sie ein Stück fahren. Golf, Minigolf und Tennis spielen können Sie im **Motol**, auf dem **Ausstellungsgelände** *(siehe S. 162)* und auf der **Štvanice-Insel**.

Schwimmbäder liegen auch weiter draußen, wie die beiden in **Divoká Šárka** und **Kobylisy**. Bei **Lhotka** und **Šeberák** gibt es natürliche Seen. Wassersportmöglichkeiten werden auch am **Hostivař-Reservoir** und in den **Kaiserlichen Auen** geboten.

Die beliebtesten Sportarten sind Fußball und Eishockey. Sparta Praha, eine Spitzen-Fußballmannschaft, spielt im **Sparta-Stadion** in Letná, Eishockeyspiele finden auf dem Ausstellungsgelände statt.

Auf einen Blick

Theater

Bomiel-Pantomime
Lávka-Theater,
Novotného lávka 1.
Karte 3 A4.
24 21 47 97.

Boris Hybners GAG-Studio
STUDIO GAG BORISE HYBNERA
Národní 25.
Karte 3 B5.
24 22 90 95.

Dramaklub
ČINOHERNÍ KLUB
Ve Smečkách 26.
Karte 6 D1.
24 21 68 12.

Jiří Srnec' Schwarzes Theater
ČERNÉ DIVADLO JIŘÍHO SRNCE
Národní 40.
Karte 3 B5.
24 22 96 04.

Kinderklub Kleine Sonne
DĚTSKÝ KLUB SLUNÍČKO
Vojtíškova 1783,
Prag 4.
790 20 74.

Kolowrat-Theater
DIVADLO KOLOWRAT
Ovocný trh.
Karte 3 C3.
24 21 43 39.

Křižík-Brunnen
KŘIŽÍKOVA FONTÁNA
Výstaviště, Prag 7.
38 22 22.

Labyrinth-Theater
LABYRINT
Štefánikova 57.
24 51 17 37.

Laterna Magica
Národní 4.
Karte 3 A5.
24 91 41 29.

Nationales Marionettentheater
NÁRODNÍ DIVADLO MARIONET
Žatecká 1.
Karte 3 B3.
232 34 29.

Nationaltheater
NÁRODNÍ DIVADLO
Národní 2.
Karte 3 A5.
24 91 34 37.

Redutentheater
DIVADLO REDUTA
Národní 20.
Karte 3 B5.
24 91 22 46.

Špejbl-und-Hurvínek-Theater
DIVADLO ŠPEJBLA A HURVÍNKA
Římská 45.
Karte 6 F2.
25 15 74 / 25 10 57.

Städtisches Theater Prag, ABC-Theater
MĚSTSKA DIVADLA PRAŽSKÁ DIVADLO ABC
Vodičkova 28.
Karte 3 C5.
24 21 25 85.

Städtisches Theater Prag, Drama-Rokoko-Studio
MĚSTSKA DIVADLA PRAŽSKÁ ČINOHERNÍ STUDIO-ROKOKO
Václavské náměstí 31.
Karte 4 D5.
24 21 70 84.

Städtisches Theater Prag, K-Theater
MĚSTSKA DIVADLA PRAŽSKÁ DIVADLO K
Jungmannova 1.
Karte 3 C5.
24 22 24 84.

Ständetheater
STAVOVSKÉ DIVADLO
Ovocný trh.
Karte 3 C3.
24 22 85 03.

Theater in der Zeltnergasse
DIVADLO V CELETNÉ
Celetná 17.
Karte 3 C3.
232 88 24.

Theater in der Altstadt
DIVADLO NA STARÉM MĚSTĚ
Dlouhá 39.
Karte 3 C3.
24 81 02 70.

Theater unter Palmovka
DIVADLO POD PALMOVKOU
Zenklova 34, Prag 8.
66 31 17 08.

Vinohrady-Theater
DIVADLO NA VINOHRADECH
Náměstí Míru 7.
Karte 6 F2.
25 24 52.

Wundertheater der barocken Welt
ZÁZRAČNÉ DIVADLO BAROKNÍHO SVĚTA
Celetná 13.
Karte 3 C3.

Ypsilon-Studio
STUDIO YPSILON
Spálená 16.
Karte 3 B5.
29 22 55.

Musik

Atrium in Žižkov
ATRIUM NA ŽIŽKOVĚ
Čajkovského 12,
Prag 3.
627 04 53.

Bertramka
BERTRAMKA MUZEUM W. A. MOZARTA
Mozartova 169,
Prag 5.
54 38 93.

Jakobskirche
KOSTEL SV. JAKUBA
Malá štupartská.
Karte 3 C3.

Klementinum
ZRCADLOVÁ SÍŇ KLEMENTINA
Mariánské náměstí 10.
Karte 3 B3.

Kulturpalast
PALÁC KULTURY
5. května 65.
61 17 27 21.

Lyra Pragensis
Dlouhá 22.
Karte 3 C3.
232 63 27.

Mozart-Oper
OPERA MOZART
Pohořelec 25.
Karte 1 B3.
232 34 29.

Musiktheater in Karlín
HUDEBNÍ DIVADLO V KARLÍNĚ
Křižíkova 10.
Karte 4 F3.
22 08 95.

Nikolauskirche (Altstadt)
KOSTEL SV. MIKULÁŠE
Staroměstské náměstí.
Karte 3 B3.

Nikolauskirche
KOSTEL SV. MIKULÁŠE
Malostranské náměstí.
Karte 2 E3.

Palais Lobkowitz
LOBKOVICKÝ PALÁC
Jiřská 1,
Prager Burg.
Karte 2 E2.

Palais Sternberg
ŠTERNBERSKÝ PALAC
Hradčanské náměstí 15.
Karte 1 C3.
35 24 41.

Palais Waldstein
VALDŠTEJNSKÝ PALÁC
Valdštejnské náměstí.
Karte 2 E3.

Rudolfinum
RUDOLFINUM – DVOŘÁKOVA SÍŇ
Náměstí Jana Palacha.
Karte 3 A3.
24 89 33 52.

Smetana-Saal
OBECNÍ DŮM
Smetanova síň,
Náměstí Republiky 5.
Karte 4 D3.
231 83 15.

Staatsoper
STÁTNÍ OPERA
Wilsonova 8.
Karte 6 E1.
26 53 53.

St.-Franziskus-Kirche
KOSTEL SV. FRANTIŠKA
Křižovnické náměstí.
Karte 3 A4.

St.-Georgs-Basilika
BAZILIKA SV. JIŘÍ
Jiřské náměstí,
Prager Burg.
Karte 2 E2.

St.-Veits-Dom
CHRÁM SV. VÍTA
Prager Burg.
Karte 2 D2.

Nachtklubs

Barklub-Reggae
Hybernská 10.
Karte 4 E3.
26 35 46.

Bibita
V jámě 8.
Karte 5 C1.
24 22 71 70.

Carioca
Václavské náměstí 4.
Karte 6 D1.
24 21 92 24.

Eden-Palladium Dance Club
U Slavie 1.

Euroclub
Národní 25.
Karte 3 B5.
242 126 18.

Lucerna Bar
Štěpánská 61.
Karte 5 C1.
24 21 71 08.

Music Park
Francouská 2.
Karte 6 F2.

Obvodní Kulturní dům Vltavská
Bubenská 1.
87 96 83.

Pferdchen
KONIČEK
Staroměstské náměstí 200.
Karte 3 C3.
235 89 27.

Prager Varieté
VATIETĚ PRAGA
Vodičkova 30.
Karte 3 C5.
24 22 20 99.

Radost FX
Bělehradská 120.
Karte 6 E2.
25 12 10.

Tatran Bar
Hotel Juliš,
Václavské náměstí.
Karte 4 D5.
24 21 70 92.

Video Disco Club
Hotel Ambassador,
Václavské náměstí 5–7.
Karte 3 C5.
24 19 31 11.

Rock- und Pop-Klubs

Bunker
BUNKR
Lodecká 2.
Karte 4 E2.
231 79 22.

Classic Club
Pařížská 4.
Karte 3 B3

Futurum Rock Club
Zborovská 7.
Karte 2 F5.
54 44 75.

Junior Club na Chmelnici
Koněvova 219.
82 85 98.

Repre Rock Club
Gemeindehaus,
Náměstí Republiky 1.
Karte 4 D3.
24 81 10 60.

Rock Café
Národní 20.
Karte 3 B5.
249 144 14.

Rock Club Borát
Újezd 18.
Karte 2 E5.
53 63 62.

U Zoufalců
Celetná 12.
Karte 3 C3.

Uzi rock-bar
Legerova 44.
Karte 6 D2.
24 91 32 01.

Jazz

Agharta Jazz Centrum
Krakovská 5.
Karte 6 D1.
24 21 29 14.

Café de Paris
Hotel Paříž,
U Obecního domu 1.
Karte 4 D3.
24 22 21 51.

Jazz Club Reduta
Národní 20.
Karte 3 B5.
249 122 46.

Malostranská Beseda
Malostranské náměstí 21.
Karte 2 E3. *53 90 24.*

Metropolitan Club
Jungmannova 14.
Karte 3 C5.
24 21 60 25.

120 Dní
Národní 11.
Karte 3 B5.
22 57 90.

Musik aus aller Welt

Exodus Club
Národní 25.
Karte 3 B5. *26 20 85.*

Haus der Kulturen
OBVODNÍ KULTURNÍ DŮM VLTAVSKÁ
Bubenská 1.
87 96 83.

LA Klub
Na příkopě 22.
Karte 4 D4.

Lesben und Schwule

America
Petřínská 5.
53 49 09.

U Holanů
Londýnská 10.
Karte 6 E2.
25 48 45.

U dubu
Záhřebská 15.
Karte 6 F3.

Barberina
Melantrichova 10.
Karte 3 B4.
26 10 84.

David Club
Sokolovská 77.
Karte 4 F2.
231 78 82.

Mercury Club
Kolínská 11,
Prag 2.

Tom's Bar
Pernerova 4.
232 11 70.

Kinos

Alfa
Václavské náměstí 12.
Karte 3 C5.
26 30 63.

Blaník
Václavské náměstí 56.
Karte 6 D1.
24 21 66 98.

Hvězda
Václavské náměstí 38.
Karte 4 D5.
26 45 45.

Illusion
Vinohradská 48.
Karte 6 F1.
25 02 60.

Jalta DIF-Centrum
Václavské náměstí 43.
Karte 4 D5.
24 22 88 14.

Lucerna
Vodičkova 36.
Karte 3 C5.
24 21 69 72.

Pasáž
Václavské náměstí 5.
Karte 3 C5.
26 73 89.

Ponrepo
Národní 40.
Karte 3 B5.

Praha
Václavské náměstí 17.
Karte 4 D5.
26 20 35.

Sevastapol
Na příkopě 31.
Karte 4 D4.
26 43 28.

64 U hradeb
Mostecká 21.
Karte 2 E3.
53 50 06.

Světozor
Vodičkova 39.
Karte 3 C5.
26 36 16.

Sport

Divoká Šárka
Prag 6.

Ausstellungsgelände
VÝSTAVIŠTĚ
Prag 7.

Hostivař-Reservoir
Prag 10.

Kaiserliche Auen
CÍSAŘSKÁ LOUKA
Prag 5.

Kobylisy
Prag 8.

Lhotka
Prag 4.

Motol
V Úvalu 84,
Prag 5.

Šeberák
Prag 4.

Sparta-Stadion
Milady Horákové,
Prag 7.

Štvanice-Insel
Ostrov Štvanice 1125,
Prag 7.

Grund-informationen

Praktische Hinweise

Mit den politischen Veränderungen der letzten Jahre ist Prag offener geworden und schuf viele Institutionen, um dem Touristenstrom gerecht zu werden; das Angebot an Hotels, Banken, Restaurants und Informationsbüros hat sich zusehends verbessert. Dennoch ist es immer von Vorteil, sich im voraus über Sehenswürdigkeiten zu informieren, auch darüber, wann was geöffnet hat und wie man am besten hinkommt. Prags Verkehrsnetz ist gut ausgebaut, doch sind die meisten Sehenswürdigkeiten zu Fuß zu erreichen. Im allgemeinen sind die Preise niedriger als im Westen, wenn auch einige der gehobeneren Hotels und Restaurants Westpreise verlangen. Trotz eines leichten Anstiegs der Kriminalität, vor allem des Taschendiebstahls, ist Prag immer noch sicherer als die meisten westlichen Städte.

Besichtigungsbus von Martin Tours

Auskunft

Neben dem staatlichen Fremdenverkehrsbüro **Čedok** gibt es auch Auskunftsstellen, die sich auf Informationen über bestimmte Bereiche spezialisieren: Hotels, Restaurants, organisierte Stadtbesichtigungen oder das Verkehrsnetz. In vielen dieser Büros wird deutsch gesprochen. Der **Prager Informationsdienst (PIS)** ist das beste Büro; er hat drei Niederlassungen im Stadtzentrum und versorgt Touristen mit Stadtplänen, Tips und Informationsbroschüren *(siehe S. 210f)* jeglicher Art auch auf deutsch. Eine breite Auswahl an englischsprachigen Informationen ist bei **Kiwi** zu erhalten.

Schild der Čedok

Beste Reisezeit

Sehr viele Leute in Prag sprechen deutsch, manche auch etwas englisch.

Die beste Zeit, Prag zu besuchen, ist im Sommer, auch wenn es dann in der Stadt sehr voll sein kann. Ostern ist Prag ebenso bevölkert wie an anderen bedeutenden Feiertagen *(siehe S. 53)*. Die Hauptsehenswürdigkeiten, wie beispielsweise der Altstädter Ring, sind dann vollkommen übervölkert, aber diese Menschenmengen geben Prag auch eine karnevaleske Atmosphäre. Straßenmusiker, fliegende Händler und kleine Verkaufsstände füllen die Straßen nahe der wichtigsten Sehenswürdigkeiten. Wenn Ihnen all diese Menschen zu viel werden, dann gehen Sie in eine ruhigere Seitenstraße, die Ihnen vielleicht Ruhe und Beschaulichkeit bietet. Im Sommer empfiehlt es sich, einen leichten Regenmantel mitzunehmen, im restlichen Jahr auch einige warme Kleidungsstücke.

Öffnungszeiten

Dieser Reiseführer gibt bei der jeweiligen Beschreibung der Sehenswürdigkeiten auch deren Öffnungszeiten an. Die meisten Sehenswürdigkeiten der Stadt können das ganze Jahr über besichtigt werden, doch viele Parks und die Schlösser außerhalb der Stadt nur zwischen dem 1. April und dem 31. Oktober. Die Öffnungszeiten liegen meist täglich zwischen 9 und 17 Uhr, jedoch ist es oft so, daß nach 16 Uhr kein Zugang mehr gewährt wird. Viele Museen und Schlösser haben montags geschlossen, erkundigen Sie sich also immer, bevor Sie Ihren Besuch planen. Das Nationalmuseum hat dienstags geschlossen, das Staatliche Jüdische Museum Freitag nachmittags und samstags.

Die Öffnungszeiten der Prager Geschäfte variieren. Einige Läden haben montags bis freitags von 7 bis 18 Uhr und samstags von 8 bis 12 Uhr geöffnet. Einige Kaufhäuser *(sie-*

Eintrittskarten zu einigen Prager Sehenswürdigkeiten

Hauptbüro des Prager Informationsdienstes in der Na-příkopě

Pferdekutsche am Altstädter Ring

he S. 207) sind samstags bis 16 Uhr geöffnet und an einigen Sonntagen vor Weihnachten. In Prag gibt es keine festen Tage, an denen Sie abends einkaufen können, jedoch haben einige der gehobeneren Touristenläden bis etwa 22 Uhr geöffnet. Banken öffnen von Montag bis Freitag von 8 bis 16 Uhr, doch arbeiten sie meist so lange, bis alle Kunden gegangen sind.

Programmzeitschriften und Karten

Über die Stadt verteilt gibt es etwa 160 Galerien und 40 Museen. Was wo geboten wird, erklären die Programmhefte. **PIS** verteilt kostenlos monatliche Informationsbroschüren auch in deutscher Sprache. Die Prager Zeitungen informieren detailliert über Veranstaltungen und Ausstellungen; unter ihnen befinden sich auch die englischsprachigen *The Prague Post* und *Prognosis,* die zudem informative Artikel über Prag bieten. Als Beilage zur Tageszeitung *Telegraf* erscheint dienstags die deutschsprachige *Prager Zeitung.*

Eintrittspreise für Museen sind unterschiedlich, sie liegen zwischen 2 Kč und 100 Kč. Die meisten Kirchen sind frei zugänglich. Eintrittskarten für Veranstaltungen bekommen Sie an den Vorverkaufsstellen oder direkt beim Veranstalter. Einige Prager Hotels können ebenfalls Karten besorgen.

Stadtrundfahrten

Eine gute Möglichkeit, Prag zu besichtigen, ist eine Stadtrundfahrt. Viele Unternehmen bieten solche Fahrten zu den wichtigsten Sehenswürdigkeiten und den Schlössern außerhalb Prags an, etwa nach Karlstein und Konopiště *(siehe S. 166f).* Diese Touren starten normalerweise am Náměstí Republiky oder vom oberen Teil des Wenzelsplatzes aus. Die Preise variieren sehr, erkundigen Sie sich also vorher. **Wittmann Tours** organisiert Besichtigungen des jüdischen Viertels und von Terezín. Mit die billigsten Stadtrundfahrten hat **PIS**.

Eine Fahrt mit der Straßenbahn Nr. 91, organisiert vom Museum der Städtischen Verkehrsbetriebe, ist eine der besten und billigsten Stadtbesichtigungen. Sie beginnt am Ausstellungsgelände *(siehe S. 176f)* und fährt durch Altstadt, Neustadt und jüdisches Viertel (zwischen Ostern und Ende Oktober jedes Wochenende und an Feiertagen). Fahrkarten können in der Bahn gelöst werden.

Stadtrundfahrten in Pferdekutschen starten am Altstädter Ring, und im Sommer fährt ein »Vergnügungszug« von der Mostecká-Straße aus vorbei an den schönsten Teilen von Hradschin und Kleinseite.

Ein Schild informiert über die Angebote von Pragotur

Nützliche Adressen

Deutsche Bank
Jungmannova 34.
Karte 3 C5.
☎ *24 21 28 53, 24 21 33 03.*

Banque Nationale de Paris – Dresdner Bank
Opletalova 25.
Karte 4 D5.
☎ *26 40 24–27.*

American Express
Václavské náměstí 56.
Karte 6 D1.
☎ *24 03 23 08.*

Čedok
Na příkopě 18.
Karte 3 C4.
☎ *24 19 71 11.*
Bílkova 6. **Karte** 3 B2.
☎ *231 91 37.*
Rytířská 16. **Karte** 3 C4.
☎ *26 27 90.*

Informationsbüro

Fischer Reisen
Celetná 9.
Karte 3 C3.
☎ *231 77 27.*

Austropa
Revoluční 13.
Karte 4 D2.
☎ *24 30 34 00, 231 16 61.*

Pragotur
U Obecního domu 2.
Karte 4 D3.
☎ *232 511 28.*

Prager Informationsdienst – PIS
Na příkopě 20.
Karte 3 C4.
☎ *54 44 44.*
Staroměstské náměstí 22.
Karte 3 C3.
☎ *24 21 28 45.*

Thomas Cook
Václavksé náměstí 47.
Karte 4 D5.
☎ *24 22 86 58.*

Wittmann Tours
Uruguayská 7. **Karte** 6 F3.
☎ *439 62 93.*

Sicherheit und Notfälle

Prag hat zu wenige Polizisten. Ihre Identifikation mit dem ehemaligen kommunistischen System hat ihrem Ruf sehr geschadet; daher sind sie nach wie vor eher unbeliebt bei der Bevölkerung. Aus diesem Grunde stieg auch die Kriminalität, doch verglichen mit vielen Städten im Westen ist Prag immer noch relativ sicher. Sollten Sie in Prag notärztliche Versorgung benötigen, brauchen Sie dafür nicht zu bezahlen. Es gibt eine Reihe von Gesundheitszentren, medizinischen Diensten und Zahnärzten, die auch deutsch sprechen.

Tips für Touristen

Prag ist sicher, Sie können unbehelligt durch die Stadt laufen, Angriffe gegen Touristen sind äußerst selten. Manchmal wird aus dem Hotelzimmer oder dem Auto etwas gestohlen, jedoch höchst selten in Zusammenhang mit Gewalt. Benutzen Sie den gesunden Menschenverstand, kann Ihnen in Prag eigentlich nichts passieren – mit einer einzigen Ausnahme: daß Ihre Handtasche geraubt wird. Prag ist im Sommer voller Touristen und damit ein Eldorado für Diebe, vor allem bei den vielbesuchten Sehenswürdigkeiten. Achten Sie also auf Ihre Tasche, auf Paß, Geld oder Schecks. Es passiert selten, daß etwas Gestohlenes wieder zu seinem Besitzer zurückkommt. Lassen Sie nichts Wertvolles in Ihrem Auto. Autoalarmanlagen haben sich als nicht besonders wirksam erwiesen. Stellen Sie Ihr Auto möglichst in einer Tiefgarage ab, vor allem, wenn es sich um ein ausländisches Fabrikat handelt. Schließen Sie vor Ihrem Urlaub eine entsprechende Versicherung ab, es ist schwierig, dies vor Ort zu tun. Melden Sie jeden Diebstahl der Polizei, um Ansprüche gegenüber Ihrer Versicherung geltend machen zu können. Lassen Sie sich auf der Straße nicht in ein Kartenspiel hineinziehen, man will Sie damit nur hereinlegen.

Abzeichen der Städt. Polizei

Abzeichen der Staatspolizei

Frauen sollten damit rechnen, daß ihnen dumme Sprüche hinterhergerufen werden. Als Frau sollten Sie nachts nicht ohne Begleitung auf den Wenzelsplatz gehen.

Männlicher Staatspolizist

Städtischer Polizist

Weibliche Staatspolizistin

Schwarzer Sheriff

Polizeischild

Die meisten Männer würden davon ausgehen, daß Sie zu der sich seit 1989 ständig vermehrenden Gruppe von Prostituierten gehören. Obwohl Prostitution illegal ist, verhält sich die Polizei auf diesem Auge ziemlich blind.

Sie sollten immer Ihren Paß bei sich haben, auch wenn Sie kaum danach gefragt werden. Sollten Sie ihn tatsächlich einmal nicht vorweisen können, könnten Sie Probleme bekommen. Machen Sie von allen wichtigen Dokumenten vor Ihrer Reise Fotokopien; sie bei einem Verlust zu ersetzen ist schwierig und kostet Zeit.

Polizei und Sicherheitsdienste

In Prag werden Sie unterschiedlichen Polizisten und Polizistinnen begegnen sowie verschiedenen Sicherheitsdiensten. Anzeigen müssen Sie auf der Polizeistation erstatten, die wichtigsten Reviere sind im Kartenteil *(siehe S. 238ff)* vermerkt. Die Staatspolizei trägt Waffen und kann Verdächtige festnehmen. Sie patrouilliert zu Fuß oder in grünweißen Autos. Die städtische Polizei ist der andere Ordnungshüter; sie hat mehr Befugnisse und ist in verschiedene Sektionen unterteilt.

Die Verkehrspolizei kontrolliert Verkehr und Fahrzeuge und ahndet Parkdelikte *(siehe S. 232f)*. Die Strafen für Falschparken oder Geschwindigkeitsüberschreitungen sind sehr hoch, und es gilt absolutes Alkoholverbot. Hin und wieder werden Alkoholkontrollen im großen Stil durchgeführt. Wer erwischt wird, muß mit drastischen Strafen rechnen. Sind Sie in einen Verkehrsunfall verwickelt,

Wagen der Staatspolizei

Ambulanz

müssen Sie unverzüglich die **Unfallpolizei** benachrichtigen. Am Unfallort darf nichts verändert werden, bevor die Polizei kommt.

Es gibt auch eine Reihe privater Sicherheitsdienste. Deren Angehörige werden oft »Schwarze Sheriffs« genannt (viele von ihnen tragen tatsächlich schwarze Uniformen). Sie bewachen meist Banken oder sind für die Sicherheit bei Sportveranstaltungen zuständig. Sie sind ebenfalls bewaffnet, dürfen ihre Waffe allerdings nur in Notfällen verwenden. Viele von ihnen waren früher beim kommunistischen Geheimdienst, und so wollen die meisten Tschechen möglichst nichts mit ihnen zu tun haben – Sie sollten es ebenso halten.

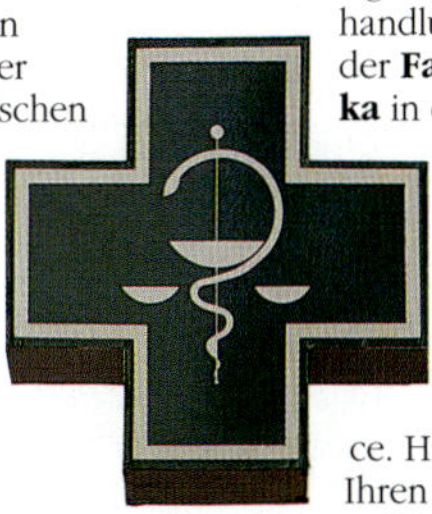

Apothekenschild

Gesundheit

Die Gesundheitsversorgung ist in eine staatliche und eine private getrennt. Notfälle werden kostenlos versorgt, jegliche andere Behandlung muß vor Ort sofort bezahlt werden. Schließen Sie also eine entsprechende Versicherung ab, bevor Sie nach Prag fahren. Nehmen Sie genügend Reise- oder Euroschecks oder eine Kreditkarte mit, und vergessen Sie nicht, eine Quittung für Ihren Versicherungsträger zu verlangen.

Ihr Hotel sollte Ihnen medizinische Versorgung vermitteln können; brauchen Sie jedoch dringend medizinische Hilfe, rufen Sie den Notfalldienst an, der rund um die Uhr im Einsatz ist. Krankenhäuser sind im Kartenteil vermerkt *(siehe S. 238ff)*.

Auch Apotheken *(lékárna)* haben einen 24-Stunden-Notdienst *(siehe S. 209)*, außerdem gibt es ein **Erste-Hilfe-Zentrum**, das medizinische Beratung und einfache Behandlungen anbietet. In der **Fakultní Poliklinika** in der Neustadt sprechen einige Ärzte deutsch, ebenfalls im **Diplomatic Health Centre** für Ausländer bei Na homolce. Hier brauchen Sie Ihren Paß sowie Bargeld.

Menschen mit Atemproblemen sollten wissen, daß zwischen Oktober und März in Prag der Schwefeldioxyd-Anteil in der Luft die Normwerte der Weltgesundheitsorganisation regelmäßig übersteigt. Da es in Prag immer mehr Autos gibt, sich gleichzeitig aber die Qualität des Benzins nicht verbessert, wird sich dieses Problem in Zukunft wahrscheinlich noch verschärfen.

Auf einen Blick

Notrufnummern

Ambulanz
Rychlá lékařská pomoc
☎ *155.*

Polizei
Tísňové volání policie
☎ *158.*

Krankenwagen
☎ *333.*

Feuerwehr
Tísňové volání hasičů
☎ *150.*

Krankenhäuser

Diplomatic Health Centre
Nemocnice na homolce
Roentgenova 2.
☎ *52 92 11 11.*

Zahnärztlicher Notdienst
První pomoc zubní
Vladislavova 22. **Karte** 5 C1.
☎ *24 22 76 63.*

Fakultní Poliklinika
U nemocnice 2. **Karte** 5 B3.
☎ *24 96 11 11.*

Erste-Hilfe-Zentrum
Služba první pomoci
Palackého 5. **Karte** 3 C5.
☎ *24 22 25 21.*

Apotheken mit 24-Stunden-Dienst
Na příkopě 7. **Karte** 3 C4.
☎ *24 21 02 29.*
Ječná 1. **Karte** 5 C2.
☎ *29 29 40.*

Allgemeine Hilfe

Auto-Notdienst
Havarijní služba pro motoristy
☎ *123.*

Fundbüro
Ztráty a nálezy
Karoliny Světlé. **Karte** 3 A5.
☎ *24 22 61 33.*

Unfallpolizei
Dopravní nehody
☎ *42 41 41.*

Samariter
Linka důvěry
☎ *29 79 00.*

Währung und Geldwechsel

Schild einer Wechselstube

PRAG IST RELATIV BILLIG. Inzwischen gibt es viele Banken und Wechselstuben, von denen einige die ganze Nacht geöffnet haben. Den besten Wechselkurs bieten Banken, allerdings auch die längsten Warteschlangen. Kreditkarten werden zunehmend akzeptiert, das heißt jedoch nicht, daß Sie schon überall damit zahlen können. Reiseschecks können Sie nur in Banken wechseln.

BANKEN

SEIT 1989 haben sich Hunderte von Privatbanken und Wechselstuben in Prag niedergelassen. Die großen Banken, alle außerhalb des Stadtzentrums gelegen, haben Montag bis Samstag von 8 bis 16 Uhr geöffnet. Die Banken schließen nicht in der Mittagszeit, doch viele der Wechselstuben. Da es immer lange Warteschlangen beim Wechseln gibt, sollten Sie rechtzeitig anstehen, bevor die Geldinstitute schließen. Wechselstuben findet man in kleinen Läden in der gesamten Innenstadt verteilt, jedoch sind die Wechselgebühren dort enorm hoch, auch wenn sie meist bessere Wechselkurse anbieten. Sie betragen bis zu 12% gegenüber 1% bei der Bank. Der größte Vorteil, den sie bieten, ist allerdings, daß sie zum Teil bis 24 Uhr geöffnet haben und Sie dort nicht lange warten müssen.

Die meisten großen Hotels wechseln ebenfalls Ihr Geld, aber auch hier sind die Wechselgebühren meist sehr hoch. Haben Sie noch tschechisches Geld übrig, wenn Sie Prag verlassen wollen, so denken Sie daran, daß Sie das nur dann umtauschen können, wenn Sie eine offizielle Quittung für den urspünglichen Gelderwerb vorlegen können. Die Komerční-Bank in Na příkopě und die Flughafenbank tauschen Ihr Geld gegen eine geringe Gebühr zurück. Wechseln Sie niemals auf dem Schwarzmarkt. Abgesehen davon, daß es illegal ist, gewinnen Sie kaum dabei.

Bargeldautomat

KREDITKARTEN

NOCH IMMER sind es vor allem größere Hotels, Restaurants, Autovermietungen und einige wenige der teureren Geschäfte, die Kreditkarten akzeptieren. Doch auch wenn ein Restaurant oder ein Laden an der Türe ein Kreditkartenschild hängen hat, bedeutet das nicht, daß Sie dort auch mit einer Kreditkarte bezahlen können; erkundigen Sie sich sicherheitshalber also immer vorher. Die gängigsten Karten sind American Express, VISA, Eurocard und Access. Bei den meisten Banken bekommen Sie mit der Karte Bargeld bis zu einer bestimmten Grenze.

Fassade der Handelsbank

AUF EINEN BLICK

BANKEN

Agrobanka
Opletalova 4. **Karte** 4 D5.
☎ *24 22 92 39.*
Eine von mehreren Filialen.

Tschechische Bank
ČESKÁ BANKA
Spálená 51. **Karte** 3 B5.
☎ *24 91 52 21.*
Eine von mehreren Filialen.

Investment-Bank
INVESTIČNÍ BANKA
Senovážné náměstí 32.
Karte 4 E4.
☎ *24 07 11 11.*
Eine von mehreren Filialen.

Tschechische Handelsbank
ČESKÁ OBCHODNÍ BANKA
Na příkopě 14. **Karte** 3 C4.
☎ *24 24 35 06.*

Kommerzbank
KOMERČNI BANKA
Na příkopě 28. **Karte** 3 C4.
☎ *24 02 11 11.*
Eine von mehreren Filialen.

Pragobanka
Vinohradská 230. **Karte** 6 E1.
☎ *77 68 42.*
Eine von mehreren Filialen.

WECHSELSTUBEN

American Express
Václavské náměstí 56.
Karte 3 C5.
☎ *24 22 46 06.*
Eine von mehreren Filialen.

City Exclusive
Václavské náměstí 47.
Karte 3 C5.
☎ *26 56 87.*
Eine von mehreren Filialen.

Contrans
Spálená 31. **Karte** 3 B5.
☎ *29 98 26*
Eine von mehreren Filialen.

Čekobanka Chequepoint
28. října 13.
Karte 3 C5.
☎ *24 22 82 65* (24 Stunden).
Eine von mehreren Filialen.

Exact Change
Václavské náměstí 21.
Karte 3 C5.
☎ *24 21 44 14.*
Eine von mehreren Filialen.

Bargeld und Reiseschecks

Die tschechische Währung wird in Krone und Heller bemessen, 100 Heller sind eine tschechische Krone. Es ist nicht erlaubt, tschechisches Geld ein- oder auszuführen.

Die sicherste Alternative zu Bargeld sind Reiseschecks, die gängigsten Unternehmen American Express und Thomas Cook. Reiseschecks werden allerdings nirgendwo als Zahlungsmittel akzeptiert, sie müssen stets bei einer Bank eingetauscht werden. Lassen Sie sich immer eine Quittung geben, damit Sie die Kronen auch wieder zurücktauschen können. Im Büro von American Express *(siehe S. 225)* können Sie Schecks kaufen und einlösen; dort wird beim Tausch bankeigener Schecks keine Gebühr erhoben.

Banknoten
Es gibt Banknoten im Wert von 100 Kč, 200 Kč, 500 Kč und 1000 Kč; dazu kommen in Zukunft 20 Kč, 50 Kč, 200 Kč und 5000 Kč.

1000-Kč-Schein

500-Kč-Schein

200-Kč-Schein

100-Kč-Schein

Münzen
Münzen gibt es im Wert von 10 und 20 Heller sowie 1 Kč, 2 Kč, 5 Kč, 10 Kč, 20 Kč und 50 Kč. Sie zeigen auf einer Seite das techechische Wappentier, einen wilden Löwen.

10 Heller

20 Heller

1 Krone (1 Kč)

2 Kronen (2 Kč)

Neue Scheine und Münzen

Nach der Teilung mußte auch die Währung umgestellt werden. Neue Scheine und Münzen kommen langsam in Umlauf, zukünftig soll es auch 20-Kč-, 50-Kč-, 2000-Kč- und 5000-Kč-Geldscheine und eine 50-Heller-Münze geben.

So soll künftig der 5000-Kč-Schein aussehen

5 Kronen (5 Kč)

10 Kronen (10 Kč)

20 Kronen (20 Kč)

50 Kronen (50 Kč)

Telefon und Post

Das tschechische Telefon- und Postwesen wird derzeit modernisiert. Moderne Digitaltelefone ersetzen nach und nach die alten Münztelefone, und der Postdienst insgesamt soll effizienter gestaltet werden. Doch gibt es Probleme bei der Umsetzung dieser Neuerungen, hin und wieder braucht man also Geduld.

Schild am Hauptpostamt in der Jindřišská-Straße

Telefonzellen

Grundsätzlich gibt es sehr viele öffentliche Telefonzellen in Prag, doch werden immer wieder welche zerstört. Es kommt auch häufig vor, daß Sie falsch verbunden werden, dies liegt an den laufenden Arbeiten am System. Oft ist es am besten, man telefoniert in der Post.

Von hier können Sie auch Gespräche ins Ausland wesentlich bequemer führen, ebenso von Privattelefonen aus oder vom Hotel. In den meisten Postämtern müssen Sie im voraus Geld hinterlegen, dann telefonieren Sie und rechnen anschließend das Gespräch ab. Von Hotels aus kann man oft direkt telefonieren, doch sind die Gebühren meist extrem hoch. Gespräche ins Ausland sind zu jeder Tages- und Nachtzeit sehr teuer.

Die Anzahl der Kartentelefone steigt ständig; Sie können Telefonkarten *(telefonní karta)* an den meisten Zeitungsständen und in vielen Tabakläden kaufen.

Das Freizeichen ist ein kurzer Ton, gefolgt von einem langen; das Rufzeichen besteht aus langen, das Besetztzeichen aus kurzen Tonfolgen. Denken Sie daran, daß sich in Prag noch immer mehrere Parteien einen Anschluß teilen, so daß die Leitung oft lange belegt sein kann.

Problemfälle

Haben Sie Schwierigkeiten, einen Teilnehmer unter der Nummer, die Sie wählen, zu erreichen, kann es sein, daß sie sich im Zuge der Modernisierung des Netzes geändert hat. Rufen Sie bei der Auskunft an, die auch deutsch spricht.

Münzfernsprecher

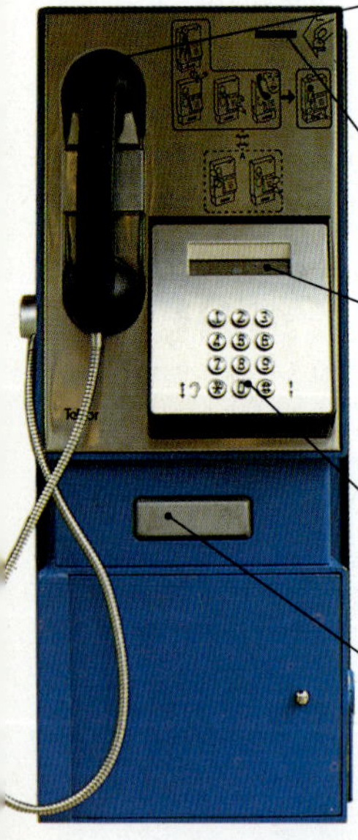

1 Nehmen Sie den Hörer ab, und warten Sie auf das Freizeichen.

2 Werfen Sie eine 1-, 2- oder 5-Kč-Münze ein (die alten Apparate nehmen nur 1-Kč-Münzen).

3 Die Digitalanzeige zeigt an, wieviel Guthaben Sie noch haben; ist es aufgebraucht, erscheint *Vložte mince.*

4 Erscheint *Volte číslo*, wählen Sie, und warten Sie, bis Sie verbunden werden.

5 Haben Sie das Gespräch beendet, hängen Sie den Hörer wieder ein; Restgeld – kein Wechselgeld – wird zurückgegeben.

1 Kč 2 Kč 5 Kč

Münzen, die in die neuen Münzapparate eingeworfen werden können

Kartentelefone

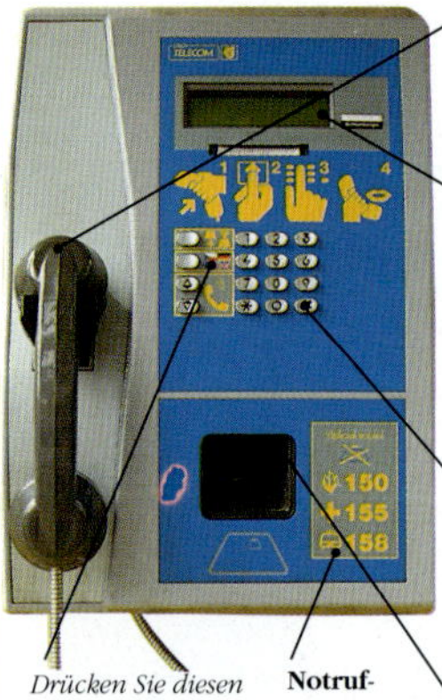

1 Nehmen Sie den Hörer ab und warten Sie auf das Freizeichen.

2 *Vložte telefonní kartu* fordert Sie auf Ihre Telefonkarte einzuschieben. Es wird dann auch das Guthaben Ihrer Karte angezeigt.

3 Erscheint *Volte číslo*, können Sie die gewünschte Nummer wählen.

4 Die Karte kommt automatisch zurück, sobald sie leer ist.

Drücken Sie diesen Knopf, bekommen Sie eine englischsprachige Bedienungsanleitung für das Telefon.

Notrufnummern

Telefonkarten sind mit 80, 100 und 150 Einheiten erhältlich

Postämter

In Prag gibt es eine ganze Reihe von Postämtern *(siehe Kartenteil S. 238 ff)*. Das beste und größte ist das **Hauptpostamt** in der Jindřišská-Straße nahe dem Wenzelsplatz. Es bietet viele Serviceleistungen an, einige davon, wie den Telegrammdienst, 24 Stunden. In einem riesigen Saal können Sie zwischen 7 und 23 Uhr auch Gespräche ins Ausland führen.

Die Schalterhalle ist auf den ersten Blick etwas verwirrend, da es 53 Schalter gibt, jedoch keine fremdsprachigen Orientierungshilfen. Entsprechende Auskunft erhalten Sie normalerweise am Schalter 30; Schalter 20 bis 24 verkaufen Briefmarken, Schalter 20 Telefonkarten, Päckchen werden an den Schaltern 10,

Schild am Postamt

11 und 12 angenommen. Diese Zuordnungen ändern sich hin und wieder, erkundigen Sie sich also genau, an welchem Schalter Sie was bekommen, damit Sie nicht umsonst warten.

Nützliche Adressen

Hauptpostamt
Jindřišská 14. **Karte** 4 D5.
24 22 88 56.

American Express
Václavské náměstí 56.
Karte 4 D5.
24 22 46 06.

DHL
Běžecká 1.
35 42 42.

So kommen Sie zum Ziel

	Wählen Sie
• Inlandsauskunft	121
• Prager Auskunft und Vermittlung	120
• Auslandsauskunft *(hier wird auch deutsch gesprochen)*	0132
• Vorwahl für Prag von anderen Orten in der Tschechischen Republik	02
• Vorwahlnummer für das Ausland	00
• Allgemeine Hilfe	0135
• **Im Notfall**	**158**

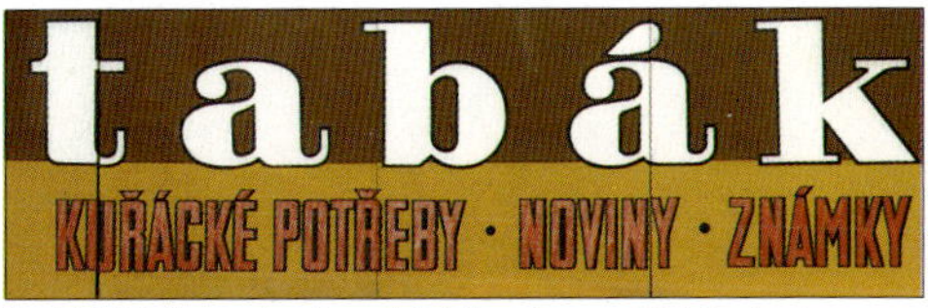

Ein Tabakladen verkauft auch Briefmarken und Telefonkarten

Briefe und Postkarten

Post und Telefon werden von der Telecom betrieben. Der Postdienst ist schnell und billig, obwohl man auch hier davon ausgehen kann, daß alles mit der Zeit teurer werden wird.

Es gibt für Briefe keine unterschiedlichen Beförderungsarten, die Zustellung dauert in der Regel nur wenige Tage.

Wollen Sie einen Wertbrief schicken, tun Sie dies per Einschreiben, auch dieser Service der tschechischen Post verläuft reibungslos.

In ganz Prag finden Sie orangerote Postkästen, in die Sie ihre Briefe und Postkarten einwerfen können. Ein Brief oder eine Postkarte nach Deutschland, Österreich oder in die Schweiz benötigt ein paar Tage. Briefmarken bekommen Sie bei allen Postämtern, in Tabakläden und an den Zeitungsständen. Dort kann man Ihnen auch sagen, wieviel Porto Sie brauchen. Päckchen oder Einschreiben werden nur bei den Postämtern angenommen. Für Eilsendungen können Sie den internationalen Kurierdienst **DHL** in Anspruch nehmen.

Postlagernde Sendungen

Postlagernde Briefe werden auf dem Hauptpostamt in der Jindřišská-Straße aufbewahrt. An Schalter 28 (geöffnet von Montag bis Freitag von 6.30 bis 20 Uhr, samstags von 6.30 bis 13 Uhr) händigt man Ihnen gegen Vorlage Ihres Passes Ihre Post aus. Diesen Service bietet auch das Büro von American Express seinen Kunden an.

Schlitz am Briefkasten

Alter Briefkasten an einer Wand

Werfen Sie Ihre Briefe in den oberen Schlitz

Leerungszeiten

Ein neuer Briefkasten

Eine Auswahl von Briefmarken für Briefe und Postkarten

Zusätzliche Informationen

Touristen am Jan-Hus-Denkmal auf dem Altstädter Ring

Behinderte Reisende

Einrichtungen für Behinderte gibt es nur wenige in Prag. Hin und wieder findet man an Eingängen zu öffentlichen Gebäuden eine Rampe für Rollstuhlfahrer, doch ist dies eher die Ausnahme denn die Regel. Es gibt einige wenige Organisationen, die sich für Behinderte einsetzen, in der Regel stoßen sie auf kein großes Interesse, außerdem haben sie nur wenig Geld. Doch langsam ändert sich auch dies, und inzwischen gibt es auch Gruppen, die Ihnen Informationen geben können im Hinblick auf Verkehrsmittel, Hotels oder auch bestimmte Vergünstigungen. Die zwei besten Organisationen dieser Art sind der **Tschechische Verband für Behinderte** und die **Föderation für Menschen mit Behinderungen**.

Tschechischer Verband für Behinderte
Karlínské náměstí 12.
Karte 5 B2.
24 21 59 15.

Föderation für Menschen mit Behinderungen
Konviktská 6. **Karte** 3 A5.
24 22 72 03.

Zoll und Einreise

Zur Einreise in die Tschechische Republik benötigen Sie einen gültigen Paß oder Personalausweis, ein Visum ist nicht mehr nötig mehr.

Bei der Einreise bekommen Sie meist ein Informationsblatt über Zollvorschriften. Sie dürfen zwei Liter Wein, ein Liter Spirituosen, 250 Zigaretten oder die entsprechende Menge anderer Tabakwaren zollfrei einführen. Güter im Wert von unter 3000 Kč können ebenfalls zollfrei eingeführt werden.

Internationaler Studentenausweis

Ausländische Währung können Sie in unbegrenzter Höhe einführen. Wollen Sie jedoch tschechische Kronen in die Währung Ihres Landes eintauschen, so brauchen Sie die Quittungen für den Umtausch der Währung Ihres Landes in tschechische Kronen. Es ist nicht erlaubt, tschechisches Geld im Wert von über 100 Kronen auszuführen. Wollen Sie echte Antiquitäten aus dem Land mit nach Hause nehmen, so brauchen Sie hierfür eine spezielle Genehmigung (*siehe* Läden und Märkte *S. 206f*).

Hinweise für Studenten

Für Studenten lohnt es sich, vor der Abreise einen internationalen Studentenausweis (International Student Identity Card, ISIC) zu besorgen. Wenn Sie diesen vorzeigen können, erhalten Sie bei den meisten Sehenswürdigkeiten von Prag eine Ermäßigung. Studenten erhalten auch Verbilligungen bei Busfahrten sowie bei Fahrten mit dem Zug. Im Stadtzentrum von Prag gibt es einige Jugendherbergen (*siehe* Übernachten *S. 182ff*). Weitere und aktuelle Informationen über das Angebot für Studenten erhalten Sie bei den folgenden Stellen: **Internationaler Studentenverband, Nationaler Studentenverband** sowie dem Reiseunternehmen **Universitas Tour**.

Internationaler Studentenverband
Pařížská 25.
Karte 3 B3.
24 81 04 38.

Botschaften und Konsulate

Deutschland
Prag 1,
Vlašská 19
Karte 1 C4.
53 23 51.

Österreich
Prag 5,
Viktora Huga 10.
54 65 57, 54 65 50.

Schweiz
Prag 5,
Pevnostní 7.
32 83 19.
Karte 1 B1.

(*siehe auch* Auf einen Blick *S. 184*)

Nationaler Studentenverband
17. listopadu. **Karte** 3 B2.
24 81 04 38.

Universitas Tours
Jugendherberge Jednota, Opletalova 38. **Karte** 4 D5.
24 21 17 73.

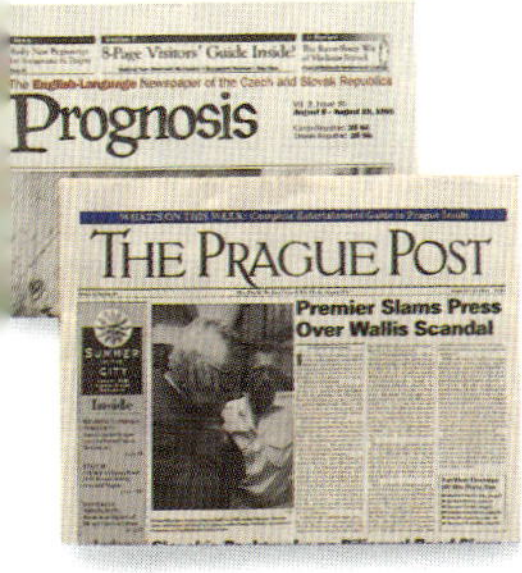

Die zwei englischsprachigen Zeitungen, die in Prag erscheinen

Zeitungen, Fernsehen, Radio

In Prag gibt es eine ganze Reihe von Zeitschriften, darunter auch englisch- oder deutschsprachige Zeitungen. Sie werden von hier lebenden Amerikanern oder Deutschen herausgegeben und sind nicht nur gut gemacht, sondern beinhalten immer auch nützliche Tips für Touristen, darüber hinaus informative Artikel über die aktuelle politische Situation sowie über das Leben in Prag *(siehe S. 219)*. Die meisten Zeitungsstände in Prag, die man rund um den Wenzelsplatz und in der Nähe anderer wichtiger Sehenswürdigkeiten findet, verkaufen alle großen europäischen Tageszeitungen, wie *Frankfurter Allgemeine, Neue Zürcher Zeitung, Le Monde*, aber auch die *International Herald Tribune*. Manchmal kann es allerdings vorkommen, daß diese Tageszeitungen noch vom Vortag sind.

Heute gibt es in Prag eine größere Auswahl an Fernsehprogrammen als jemals zuvor. Man kann nun Western genauso sehen wie interessante Naturfilme oder alte, klassische tschechische Filme, aber auch die üblichen amerikanischen Seifenopern.

Über den tschechischen Sender Premiéra senden zu bestimmten Zeiten Super Channel und ITN Programme in englischer Sprache (vor allem *business news*).

In Prag gibt es derzeit über 80 private und drei öffentlich-rechtliche Sender, außerdem kann man Bayern 3 und Österreich 1 empfangen. Einer der beliebtesten Sender ist Evropa II auf 88,2 MHz, der eine hervorragende Mischung aktueller Popmusik spielt. Club VOX auf 95,0 und 101,5 MHz hat ein ähnliches Programm und sendet zwischendurch Nachrichten in englischer Sprache. Darüber hinaus gibt es beispielsweise noch Radio I auf 94,6 MHz und Radio Bonton auf 99,7 MHz. Radio ALFA übernimmt via Satellit die Deutsche Welle (96,6 MHz). Der Radioempfang außerhalb Prags kann allerdings sehr schlecht sein.

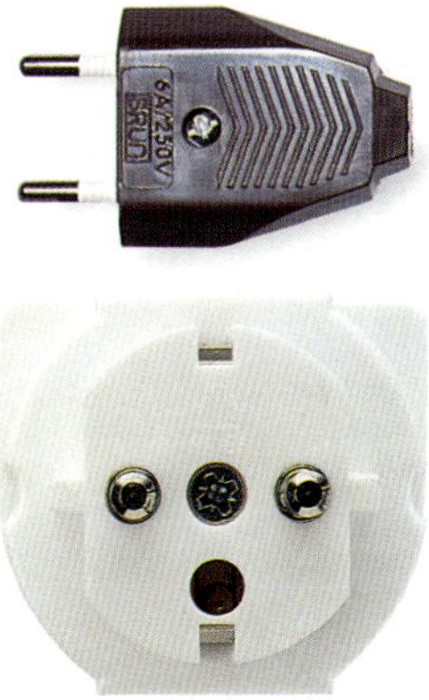

In Prag gebräuchliche Stecker und Steckdose

Strom

Die Stromspannung in Prag beträgt 220 Volt. Die Steckdosen sind die gleichen wie auch in Deutschland, Österreich und der Schweiz. Ein Adapter ist somit unnötig.

Zeit

In Prag gilt die mitteleuropäische Zeit. Zwischen Ende März und Ende September gilt auch hier die Sommerzeit, das heißt, daß die Uhren Ende März um eine Stunde vorgestellt werden.

Gottesdienste

Hussitische Kirche
Nikolauskirche
Staroměstské náměstí.
Karte 3 C3.
Mi 17 Uhr, So 12.30 Uhr.

Interkonfessionell
Internationale Kirche
Vrázova 4.
311 53 91.
So 11.15 Uhr, auch Sonntagsschule und Bibelgruppen.

Jüdisch
Altneusynagoge *(siehe S. 88 f).*
Pařížka und Červená
Karte 3 B2.
(in Tschechisch) Mo–Fr 8 Uhr, Sa 9 Uhr.

Jerusalemsynagoge
Jeruzalémská 7.
Karte 4 E4.
(in Tschechisch) Sa 20.45 Uhr, Fr bei Sonnenuntergang.

Römisch-katholisch
Viele Kirchen halten Gottesdienste ab. Einige von diesen sind:

Dominikanische Priorei
Husova 8.
Karte 3 B4.
24 21 84 39.
Tägl. 18.30 Uhr, So 8.30, 10.30 und 18.30 Uhr.

St.-Josefs-Kirche
Josefská 4.
Karte 2 E3.
311 54 74.
So 10.30 Uhr .

Katholischer Gottesdienst

ANREISE

Prag liegt im Herzen Europas und hat – mit Ausnahme des schlecht ausgebauten Straßennetzes in der Tschechischen Republik selbst – eine gute Verkehrsanbindung innerhalb des Kontinents. Es gibt fast täglich Direktflüge nach Prag von allen großen Städten Europas aus. Auch die internationalen Busverbindungen nach Prag sind gut und billig, allerdings, verglichen mit einem Flug, wesentlich zeitaufwendiger. Beliebt sind auch Zugreisen nach Prag, doch sind die Züge im Sommer oft ausgebucht, so daß sehr früh reserviert werden muß. Prags Hauptbahnhof liegt nahe dem Wenzelsplatz und somit im Stadtzentrum, wie auch alle anderen Ankunftsorte, mit Ausnahme des Flughafens, im Innenstadtbereich liegen.

Flugzeug der ČSA

Mit dem Flugzeug

Insgesamt fliegen 40 internationale Fluggesellschaften Prag an, darunter **Lufthansa**, **British Airways**, **Air France**, **KLM,** aber auch **Air Canada** und natürlich **Czechoslovak Airlines (ČSA)**. Bei den meisten Interkontinentalflügen ist es jedoch üblich, daß Sie Prag nicht direkt anfliegen, sondern auf einem anderen europäischen Flughafen zwischenlanden. Je nachdem, von welchem Flughafen in Deutschland aus Sie nach Prag fliegen, beträgt die Flugzeit etwa ein bis eineinhalb Stunden, von der Schweiz aus zum Teil entsprechend länger, von Österreich aus entsprechend kürzer.

Günstige Flüge

Da Prag immer beliebter wird, fliegen auch immer mehr Fluggesellschaften die Stadt an. So sind, entsprechend der größeren Konkurrenz, die Flugpreise gefallen.

Einige Reiseagenturen bieten inzwischen Charterflüge an, trotz der Unwägbarkeiten, die Charter nun einmal mit sich bringt. So kann es bei Charter immer passieren, daß es noch in letzter Minute zu Änderungen beim Abflug kommt oder daß die Flüge ganz gestrichen werden.

APEX-Tickets können sich als günstig erweisen, doch gilt auch hier: Die Bedingungen sind zu bedenken, da sie sehr rigoros sein können. Sie müssen Ihren Flug mindestens einen Monat im voraus buchen, und sollten Sie Ihren Flug stornieren, müssen Sie mit hohen Gebühren rechnen.

Normalerweise gilt, daß Flüge um so billiger werden, je kürzer sie vor dem Abreisetermin gebucht werden, jedoch empfiehlt sich dies für Flüge nach Prag während des gesamten Sommers nicht. Studenten, Rentner und Geschäftsleute können verschiedene Rabatte bekommen;

Gepäckträger am Ruzyně

Kinder unter zwei Jahren zahlen 10% des normalen Preises. Im Juli und August sind die Flugpreise am höchsten.

Das kürzlich renovierte Innere des Flughafens Ruzyně

Fluggesellschaften

Lufthansa
Pařížská 28. **Karte** 3 B2.
24 81 10 07.

Swissair
Pařížská 11. **Karte** 3 B2.
231 47 07.

AUA
Pařížská 1, **Karte** 3 B2.
231 27 95.

Czechoslovak Airlines (ČSA)
Revoluční 1. **Karte** 4 D2.
24 21 01 32.

Air France
Václavské náměstí 10. **Karte** 3 C5.
24 22 71 64.

KLM
Václavské náměstí 37. **Karte** 4 D5.
24 22 86 78.

Aeroflot
Na příkopě. **Karte** 3 C4.
26 06 62.

Flughafen Ruzyně

Prags internationaler Flughafen, Ruzyně, liegt etwa 15 Kilometer nordwestlich des Stadtzentrums. Wenngleich klein, ist dieser Flughafen modern, sauber und funktional. Er wurde 1936 erbaut, in den 60er Jahren modernisiert und bietet heute alle Annehmlichkeiten, die man von einem internationalen Flughafen erwartet: Autovermietung, ein kleiner Duty-free-Shop, Restaurants, Postamt und Gepäckaufbewahrung.

1992 kaufte die Air France den Flughafen und modernisiert ihn seither; so wird es eine Business-class-Lounge und ein Lebensmittelgeschäft geben. Der Standard des Flughafenrestaurants und des Essens, das die Fluglinie ČSA bietet, hat sich sehr verbessert, da nun auch ein neuer Küchenchef sowohl für die Fluglinie als auch das Flughafenrestaurant zuständig ist.

Schild der Paßkontrolle

Vor dem Flughafen, wo Busse und Taxis halten

Vom Flughafen in die Stadt

Zwischen Flughafen und Innenstadt gibt es eine regelmäßige Busverbindung, die von ČSA betrieben wird. Die Busse fahren direkt vor dem Flughafengebäude ab. Fahrpläne sind im Informationsbüro des Flughafens erhältlich, normalerweise fahren die Busse jede Stunde, meist jedoch alle halbe Stunde. Die Abfahrtszeiten richten sich oft nach den Ankunftszeiten der Flugzeuge. Sie bezahlen beim Fahrer, und etwa eine halbe Stunde später erreichen Sie den ČSA-Busbahnhof in der Revoluční-Straße *(siehe Kartenteil, Karte 4)*. Der Bus Nr. 119 ist zwar billiger, doch mit ihm sind Sie länger in die Innenstadt unterwegs, da er öfter hält und bereits bei der Metro-Station Dejvická *(siehe Umschlaginnenseiten hinten)* endet. Sie können auch mit dem Taxi fahren, Taxis finden Sie direkt am Flughafen; fragen Sie bei der Information nach, wieviel die Fahrt kosten wird.

Zwei der Mietwagenfirmen am Flughafen Ruzyně

Stop des Flughafen-Busses (*letiště* heißt Flughafen)

Innereuropäische Flugverbindungen nach Prag

Prag, im Zentrum Europas gelegen, hat gute Flugverbindungen zu den meisten europäischen Großstädten. In weniger als zweieinhalb Stunden ist es von allen aufgeführten Flughäfen aus zu erreichen.

Die lichte Bahnhofshalle von Prags Hauptbahnhof, Hlavní nádraží

Mit dem Zug

Zugverbindungen bestehen zwischen Prag und allen wichtigen Städten Europas. Internationale Züge verfügen über Speise- und Schlafwagen, und Fahrkarten sind billiger als Flugtickets. In der Tschechischen Republik wird die Bahn vom Staat betrieben (České Dráhy – ČSD). An den Informationsschaltern in den

Die Fassade von Hlavní nádraží

Bahnhöfen wird nur tschechisch gesprochen, aber PIS und Čedok *(siehe S. 219)* geben Auskunft über Fahrpläne und -preise.

Es gibt zwei Arten von Zügen. Der schnellste ist der *rychlík* (Eilzug). Er hält nur in den größeren Städten und ist zuschlagspflichtig. Sehr viel langsamer ist der *osobní* (Regionalzug), der an jeder Station hält und oft nicht schneller als 30 km/h fährt. Am schnellsten sind die internationalen Züge, die jedoch durch Grenzaufenthalte oft Verspätung haben. Fahrkarten können Sie an den Bahnhöfen im voraus oder auch am Tag der Reise kaufen, doch sind die Züge häufig ausgebucht. Außerdem gibt es meist lange Warteschlangen an den Schaltern. Wenn Sie die Fahrkarte kaufen, geben Sie genau an, wohin Sie reisen, ob Sie Hin- und Rückfahrt und mit welcher Klasse Sie fahren möchten. Erste-Klasse-Abteile gibt es in allen Zügen, sie haben immer Sitzplätze frei. Ein umrandetes »R« neben einer Zugangabe auf dem Fahrplan bedeutet, daß Sie für diesen Zug einen Platz reservieren müssen; ist das »R« nicht umrandet, ist eine Reservierung empfohlen. Sitzen Sie in der falschen Klasse, müssen Sie sofort eine Strafe zahlen.

Ein uniformierter ČSD-Gepäckträger

Bahnhöfe

Der grösste Bahnhof in Prag ist Hlavní nádraží *(siehe S. 34)* (eher als Wilsonova-Bahnhof bekannt), der nur fünf Minuten vom Stadtzentrum entfernt ist. In den 70er Jahren wurde das ursprünglich im Jugendstil errichtete Gebäude durch eine moderne Halle ersetzt, die heute den gesamten Bahnhof überragt. Der Bahnhof ist sehr groß und sauber. Es gibt kleine Gepäckwagen, eine 24-Stunden-Gepäckaufbewahrung, Verkaufsstände für Essen, eine Wechselstube und mehrere Reservierungs- und Informationsschalter, letztere in der Abfahrtshalle.

Weitere Bahnhöfe in der Stadt sind Masarykovo nádraží, Prags ältester Bahnhof, der neuerrichtete, moderne Holešovice und der kleinste Bahnhof Prags, der Smíchov.

Mit dem Bus

Busverbindungen zwischen Prag und vielen europäischen Städten sind eher selten und meist völlig ausgebucht. Doch sind sie wesentlich billiger und oft schneller als manche der langsamen Züge. Der größte Busbahnhof der Stadt ist Florenc, im Osten der Neustadt gelegen. Die meisten Buslinien werden von der staatlichen Busgesellschaft (Česká automobilová doprava – ČSAD) betrieben. Während der Sommermonate werden von Prag aus Hunderte von Busreisen zu allen Küstenstädten des südlichen Europa angeboten. Diese Fahrten sind sehr schnell ausgebucht, also kaufen Sie Ihr Ticket sehr früh, und reservieren Sie einen Platz. Die internationalen Busfahrpläne sind meist verwirrend, wenden Sie sich daher besser an PIS *(siehe S. 218)*. Die Busreisen sind zwar sehr billig, doch unbequemer und zeitraubender als Zug- oder Flugreisen.

Passagiere beim Einstieg in einen Überlandbus

Prags wichtigste Bahnhöfe

Die wichtigsten Zug- und Busbahnhöfe liegen ziemlich zentral und sind gut mit der Metro zu erreichen – die jeweils nächste Metro-Station und Reiseinformationsstellen sind in den Kästchen aufgeführt.

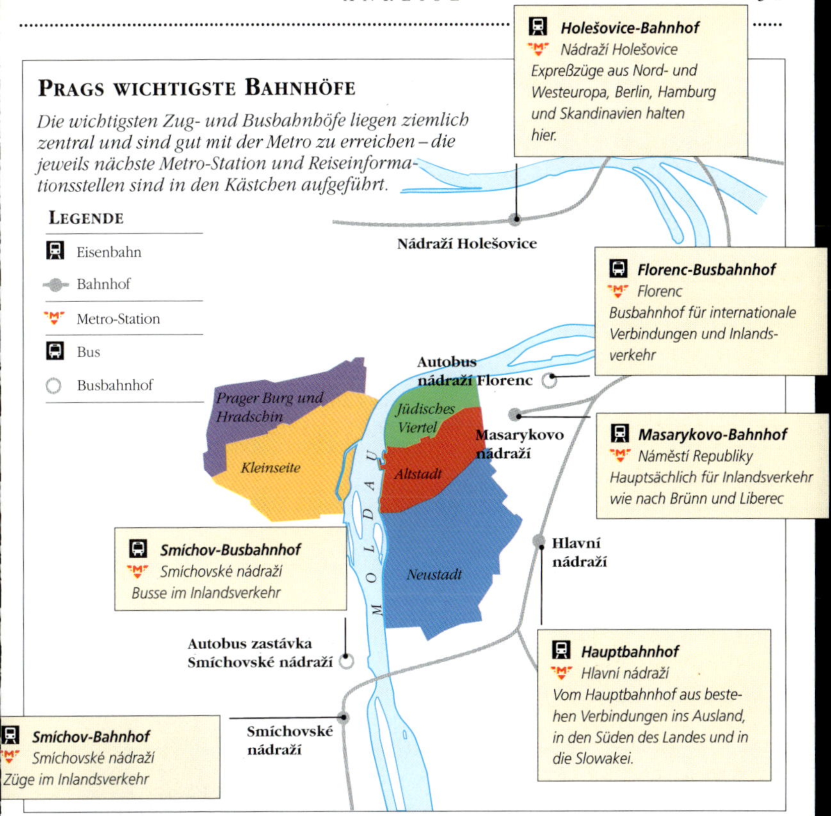

Tschechische Verkehrsschilder

Mit dem Auto

Um in der Tschechischen Republik ein Auto zu fahren, müssen Sie mindestens 18 Jahre alt sein. Die meisten ausländischen Führerscheine werden hier akzeptiert. Kommen Sie mit Ihrem eigenen Auto nach Prag, müssen Sie, gemäß gesetzlicher Vorschrift, immer die folgenden Papiere mit sich führen: einen gültigen Führerschein, den Fahrzeugschein, eine Bescheinigung der Leihwagenfirma, oder, falls Sie das Auto privat geliehen haben, eine Erlaubnis von seiten des Fahrzeughalters, die außerdem offiziell bestätigt sein muß, und die Grüne Versicherungskarte. Darüber hinaus müssen Sie folgende Utensilien bei sich haben: einen Satz Birnen zum Auswechseln, ein rotes Warndreieck sowie einen Erste-Hilfe-Kasten. Außerdem müssen Sie einen Aufkleber an Ihrem Auto anbringen mit dem Nationalitätenzeichen Ihres Landes. Sicherheitsgurte, sofern vorhanden, müssen angelegt werden; Kinder unter 12 Jahren dürfen nicht auf dem Vordersitz mitgenommen werden. Sie dürfen überhaupt keinen Alkohol vor oder während der Fahrt trinken. Sollten Sie erwischt werden, müssen Sie drastische Strafen zahlen. Es gibt nur sehr wenige Autobahnen in der Tschechischen Republik, dennoch sind die Verbindungen nach Bratislava und Brünn sehr gut; zudem werden immer mehr Straßen gebaut.

Die Verkehrszeichen sind leicht zu lesen. Auf Autobahnen beträgt die Höchstgeschwindigkeit 110 km/h, auf normalen Straßen 90 km/h und in der Stadt 60 km/h. Die Verkehrskontrollen sind sehr streng, jeglicher Verstoß wird streng geahndet, Ausländer müssen eventuelle Strafen immer sofort zahlen, gelegentlich werden auch Alkoholkontrollen durchgeführt.

Der beliebte tschechische Skoda

In Prag unterwegs

Zu Fuß unterwegs

Durch die überschaubare Größe der Prager Innenstadt erreichen Sie die meisten Sehenswürdigkeiten bequem zu Fuß. Für Eilige oder für entferntere Ziele bietet sich das gutausgebaute, saubere und billige öffentliche Transportnetz an, das die Busse, Metro und Straßenbahnen des Prager Verkehrsverbundes (Dopravní-podnik) knüpfen. Unser Reiseführer vermerkt bei den beschriebenen Sehenswürdigkeiten die jeweils günstigste Verbindung. Metro und Straßenbahn verkehren im Zentrum, Busse auch in den Vororten. Sie sind einfach zu nutzen – die Fahrkarten für die drei Verkehrsmittel unterscheiden sich nicht. Sie finden ihre Routen auf Stadtplänen, die fast alle Buch-, Zeitschriften- und Tabakläden im Zentrum führen, und auf der Übersichtskarte auf der inneren Umschlagrückseite des Buches.

Prag mit dem Auto

In der Innenstadt sollten Besucher wegen des Gewirrs von Einbahnstraßen, der vielen Fußgängerzonen um den historischen Kern und des großen Parkplatzmangels auf das Auto verzichten. Mit öffentlichen Verkehrsmitteln kommen Sie weit besser voran.

Sollten Sie trotzdem nicht auf das Auto verzichten wollen, beachten Sie folgende Warnungen: Verkehrssünden werden meist unverzüglich bestraft – vor allem unerlaubtes Autofahren in gesperrten Zonen wie dem Wenzelsplatz. Die schwindende Disziplin der motorisierten Prager macht Vorsicht zum obersten Gebot. Anschnallen ist Pflicht für Fahrer und Beifahrer auf Vorder- wie Rücksitzen, wenn Gurtvorrichtungen vorhanden sind. Die Höchstgeschwindigkeit in der Stadt beträgt – sofern nicht anders vorgeschrieben – 60 km/h. Die Verkehrsschilder ähneln denen Westeuropas. Für Besichtigungen außerhalb Prags empfiehlt sich mitunter ein Auto, doch sind Mietwagen teuer. Zudem ist das auswärtige öffentliche Verkehrsnetz fast ebenso gut wie das städtische.

Einbahnstraße und Halteverbot – außer für Lieferwagen

Parken

Parkplätze sind in der Stadt knapp, und die Strafen für unerlaubtes Parken hoch. Viele Parkzonen haben begrenztes Fassungsvermögen. Freies Parken ist nur vor dem Neuen Rathaus auf dem Karlovo

Fußgängerzone

Zebrastreifen

Prag zu Fuss

Am angenehmsten läßt sich Prag zu Fuß erkunden. Vollkommen gefahrlos ist dies nicht: Es heißt, nur ausländische Fahrer hielten an Fußgängerüberwegen. Diese sind zuweilen mit Ampeln gesichert; überqueren Sie die Straße erst, wenn das grüne Fußgängersymbol aufblinkt und Sie sich freier Bahn versichert haben. Ampellose Überwege werden von Autofahrern meist ignoriert. Achten Sie auch auf Straßenbahnen, die in der Straßenmitte in beiden Richtungen verkehren und oft unvermutet und gefährlich schnell auftauchen. Wegen des unebenen Pflasters, der steilen Hügel und zahlreichen Straßenbahngleise ist flaches, bequemes Schuhwerk dringend anzuraten.

Straßen- oder Platzname und Stadtviertel

Hausnummer

Städtische Meldenummer

Fußgängerampel

náměstí, in der Na Florenci und beim Hauptbahnhof erlaubt. Leider treiben Autodiebe ihr Unwesen; teure westliche Modelle sind ihre begehrteste Beute. Gewissen Schutz bietet das Parken auf ausgewiesenen Plätzen oder in Tiefgaragen *(siehe Kartenteil, S. 244 ff)*. Diese erheben jedoch hohe Gebühren und sind meist schon frühmorgens belegt. Viele Plätze sind für Angestellte und Behinderte reserviert. Zentral gelegene Hotels haben nur selten Parkplätze. Lassen Sie Ihren Wagen besser auf einem bewachten Parkplatz am Stadtrand, und benutzen Sie öffentliche Verkehrsmittel. Parkuhren sind rar – nicht aber Verkehrshüter.

Parkschild

Abschleppen und Radklemmen

Ortsansässige parken oft auf Bürgersteigen. Doch: Bei Verstößen gegen Parkverbote könnte Ihr Auto abgeschleppt oder mit Radklemmen versehen werden. Die mit Argusaugen patrouillierenden städtischen wie privaten Firmen kennen, besonders gegenüber Ortsfremden, kein Erbarmen. Vermissen Sie Ihren Wagen, fragen Sie unter der Telefonnummer 158 nach, ob er abgeschleppt oder gestohlen wurde. Abgeschleppte Fahrzeuge bekommen Sie an dem von der Polizei genannten Parkplatz – gegen eine deftige Geldbuße. Radklemmen werden Sie los,

Prags bunte Radklemmen, auch Denver-Stiefel genannt

wenn Sie bei einer Polizeistation (Adresse auf dem Strafzettel an der Windschutzscheibe) mehrere hundert Kronen berappen. Kehren Sie dann zum Auto zurück, und harren Sie dort der Polizei.

Öffentliches Verkehrssystem

In der Stadt bewegen Sie sich am bequemsten und schnellsten mit Metro oder Straßenbahn. Zu den Stoßzeiten – Montag bis Freitag von 6 bis 8 Uhr und 15 bis 17 Uhr – beugt der erhöhte Einsatz von Transportmitteln Überfüllung vor. Vom 1. Juli bis 31. August gilt ein eingeschränkter Sommerfahrplan: Weniger Busse, Metros und Straßenbahnen fahren, doch läßt sich auch so immer noch gut – und billig – reisen. Werden Sie ohne gültigen Fahrschein erwischt, wird eine Strafe fällig.

Einer der vielen Zeitungsstände am Wenzelsplatz

Fahrscheine

Die Betreiber der öffentlichen Verkehrsmittel setzen auf das Motto: Vertrauen ist gut, Kontrolle besser. Kontrolleure in Zivil führen Stichproben durch. Wer keinen gültigen Fahrschein hat, muß auf der Stelle eine saftige Strafe zahlen. Metro, Straßenbahn und Bus verwenden dasselbe Ticket. Kaufen Sie es vor Fahrtantritt; gültig wird es erst durch Entwerten (Stempeln oder Lochen) am Automaten. Die preiswerten Fahrkarten erhalten Sie überall in der Stadt, Einzelfahrscheine etwa in Tabakläden und Metro-Stationen, wo Sie auch Fahrscheinautomaten vorfinden *(siehe S. 234)*. Kinder unter 10 Jahren fahren gratis, 10- bis 16jährige zum halben Preis. Mit Tages- oder Mehrtageskarten *(denní jízdenka)* können Sie für einen Zeitraum von ein bis fünf Tagen Bus, Metro und Straßenbahn beliebig nutzen, ohne immer wieder entwerten zu müssen.

Prags Touristenkarten erlauben zu bestimmten Zeiten unbegrenztes Fahren

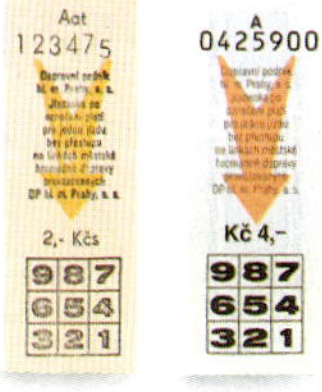

Erwachsenen- und Kinderkarte

Mit der Metro unterwegs

Die Metro, deren Bau 1967 begann, ist Prags schnellstes, bequemstes und meistgenutztes öffentliches Verkehrsmittel. Der Prager Verkehrsverbund *(siehe S. 232)* betreibt sie mit den drei Linien A, B und C, die sich an drei Knotenpunkten kreuzen und 41 Stationen anfahren. Das geradlinige Netz und die eindeutige Ausschilderung gewähren eine mühelose Orientierung.

Schild der Metro-Station Můstek

Wegweiser zum Metro-Netz

Die nicht immer leicht zu findenden Metro-Eingänge sind durch Schilder gekennzeichnet, die ein »M« in einem auf die Spitze gestellten Dreieck *(siehe rechts)* zeigen. Von der Straße führt meist eine Treppe hinab. Auf manche Eingänge macht ein Blindensignal, ein hoher Piepton, aufmerksam. Hinter den Schranken bringen Sie Rolltreppen zügig zu einem langen Mittelgang hinunter, an dessen Seiten die Bahngleise für die in entgegengesetzten Richtungen verkehrenden Züge entlanglaufen. Von der Decke hängende Schilder zeigen die Fahrtrichtung an *(siehe gegenüberliegende Seite)*. Die weiße, durchbrochene Linie am Bahnsteigrand sollte man erst nach Halt des Zuges übertreten. Die Zugtüren öffnen und schließen – nach Warnung vom Band – automatisch. Während der Fahrt wird die jeweils nächste Station auf tschechisch angesagt.

Über jeder Tür hängen Metro-Pläne. Bei der in Gelb gehaltenen Linie B mag das Entziffern Mühe bereiten. Bevor sie diese Linie benutzen, können Sie auf der Karte am Ende dieses Buches nachsehen, wie viele Stationen Sie fahren müssen.

Besonders nützlich für Touristen ist die Linie A. Sie führt zu fast allen sehenswerten Vierteln des Stadtzentrums – Prager Burg, Kleinseite, Altstadt und Neustadt – sowie dem Haupteinkaufsviertel um den Wenzelsplatz.

Schilder über den Sitzen markieren Behindertenplätze. Für Ältere, Behinderte und Fahrgäste mit kleinen Kindern sind sie frei zu machen.

Das geräumige Innere der Můstek-Metro-Station

Fahrkartenautomaten

Fahrkarten erhalten Sie an ausgewiesenen Verkaufsstellen *(siehe S. 233)* oder an Automaten in der Metro. Fahrkarten aus den Automaten gelten, obwohl von unterschiedlicher Form und Farbe, für alle Verkehrsmittel. Beachten Sie, daß es zweierlei Automaten gibt, einen für Kinder-, einen für Erwachsenenkarten. Fahrscheine sind ab dem Zeitpunkt des Entwertens eine Stunde lang gültig.

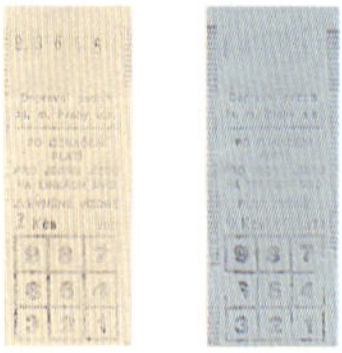

Kinder- und Erwachsenenfahrkarte vom Automaten

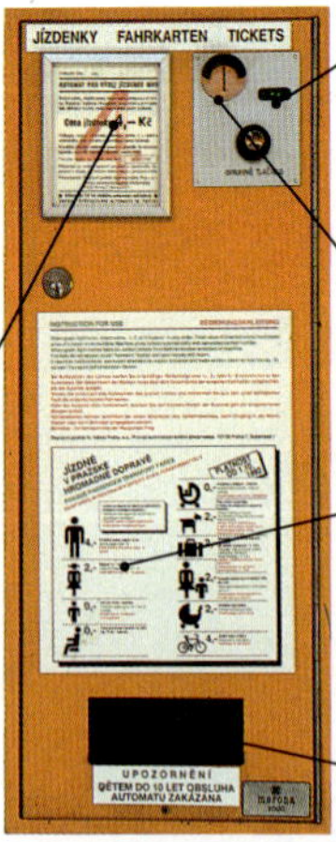

1 In der oberen linken Ecke ist der Preis für die Kinder- beziehungsweise Erwachsenenkarte angezeigt. Vergewissern Sie sich, ob Sie am richtigen Automaten sind.

2 Warten Sie auf das grüne Licht, ehe Sie Geld einwerfen.

3 Werfen Sie den angezeigten Geldbetrag in den Schlitz für die gewünschte Fahrkarte.

4 Hier erfahren Sie die Tarife für Rollstuhlfahrer, das Befördern von Hunden und großen Gepäckstücken.

5 Entnehmen Sie diesem Schlitz Ihre Fahrkarte.

Eine Fahrt mit der Metro

1 Jeweils andersfarbige Buchstaben benennen die drei Metro-Linien. Die Zahlen darüber geben die Fahrzeit für die Gesamtstrecke der jeweiligen Linie an.

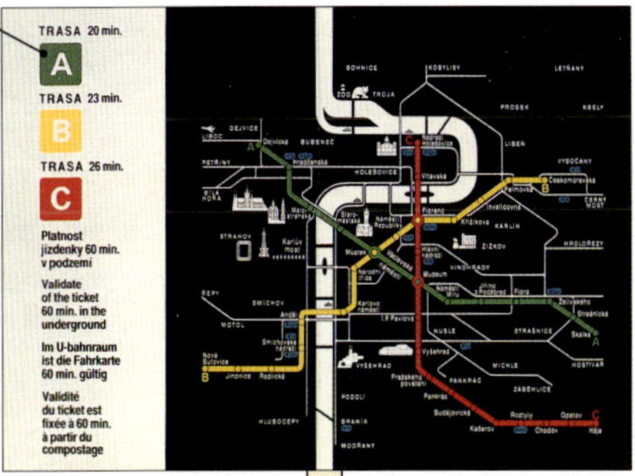

Diesen Metro-Plan können Sie an fast allen Metro-Stationen, in Tabak- und Zeitschriftenläden kaufen. Einen Metro-Plan finden Sie auch am Ende dieses Buches.

2 Suchen Sie Ihr Ziel im Kartenteil *(siehe S. 244ff)*, die geeignete Linie und die nächste Metro-Station und dann Ihre Route anhand eines Metro-Plans.

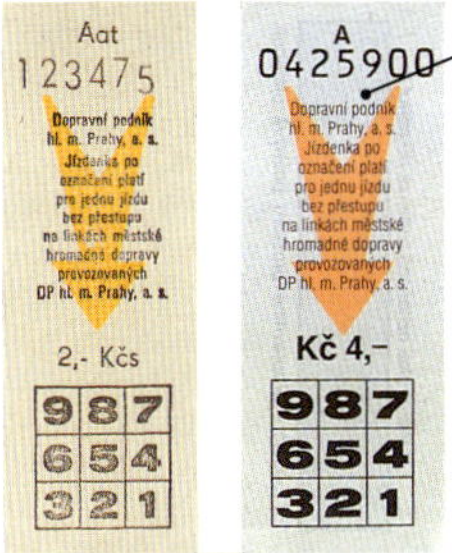

3 Für die Metro können Sie Einzelfahrscheine *(links)*, die Sie entwerten müssen, oder Touristenkarten *(unten)* lösen, die ein Entwerten erübrigen *(siehe S. 233)*. Die Tarife werden bisweilen angehoben, ohne daß sich das Aussehen der Fahrkarten ändert. Kinder fahren zum halben Preis.

Der Mittelgang mit Bahnsteigen zu beiden Seiten und die Schilder, die die Zugrichtung anzeigen

Auf diesem Entwerter ist die Anleitung auch auf deutsch angezeigt

4 Ehe Sie die Rolltreppe hinabfahren, müssen Sie Einzelfahrkarten an einem solchen Automaten entwerten. Nicht entwertete Fahrkarten sind ungültig und schützen bei Kontrollen nicht vor Bußgeld. Bei Touristenfahrkarten entfällt das Entwerten.

5 Von der Decke hängende Schilder zeigen, wenn Sie mit der Rolltreppe unten ankommen, für jeden Bahnsteig die Fahrtrichtung an. Diesem Schild zufolge fährt der links haltende Zug bis zur Endstation *(stanice)* Nové Butovice – und somit, wie Sie aus dem Metro-Plan ersehen, nach Westen.

»Stanice« heißt Haltestelle

»Směr« bedeutet Richtung

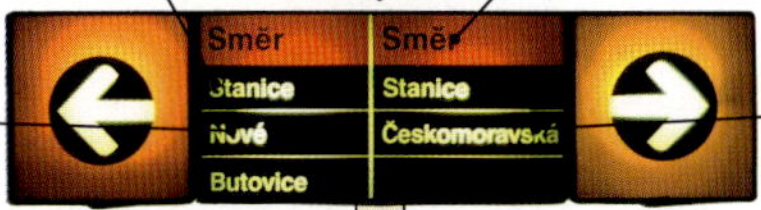

Name der Haltstelle

6 In der Bahnsteigmitte zeigt dieses Schild, an welcher Haltestelle der Linie A Sie sind (weißer Kreis) und wo Sie in die anderen Linien (B und C) umsteigen können. Für Ziele links des weißen Kreises folgen Sie dem Linkspfeil und umgekehrt bei den rechts aufgeführten Stationen.

Der weiße Kreis zeigt die Haltestelle an, an der Sie gerade sind

7 Am Ziel weisen Ihnen diese Schilder den Weg zum Ausgang *(výstup)* aus der Metro.

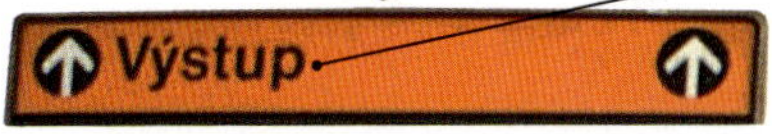

Mit der Straßenbahn unterwegs

PRAGS ÄLTESTES ÖFFENTLICHES VERKEHRSMITTEL ist die Straßenbahn. Pferde zogen 1879 die frühesten Oldtimer durch die Stadt. 1891 trat die erste elektrische Bahn den Dienst an. Die Straßenbahn ist nach der Metro Prags schnellstes und bestausgebautes Transportmittel. Manche Linien verkehren nur zu Stoßzeiten und einige auch nachts, alle durchqueren die Neustädter Lazarská.

STRASSENBAHNKARTEN

DIE VOM PRAGER Verkehrsverbund *(siehe S. 232)* betriebene Straßenbahn verwendet dieselben Fahrkarten wie Metro und Busse *(siehe S. 233)*.

Fahrkarten sind vor Fahrtantritt zu lösen. Beim Einsteigen finden Sie nahe der Tür zwei oder drei kleine Lochautomaten an Metallpfosten. Schieben Sie Ihre Fahrkarte ein, und ziehen Sie dann den Hebel auf sich zu. Entwerten Sie Ihren Fahrschein nicht, ist er ungültig, und bei Kontrollen wird Bußgeld fällig *(siehe S. 233)*. Ein Einzelfahrschein gilt nur für eine – doch beliebig lange – Fahrt *(siehe S. 233)*.

An jeder Haltestelle hängt ein Fahrplan. Ihr Standort ist unterstrichen. Unter dieser Linie sind die weiteren Stationen aufgelistet.

Straßenbahnen verkehren im Abstand von 10 bis 20 Minuten. Türen öffnen und schließen automatisch, die Stationen werden auf tschechisch angesagt. Wenn die Metro ihren Betrieb einstellt, verkehren nachts etwa alle 40 Minuten noch einige Straßenbahnen. Diese Linien (51 und 58) sind an den Straßenbahnhaltestellen mit blauen Zahlen ausgewiesen.

Straßenbahnschilder
An jeder Straßenbahnstation verweisen solche Schilder auf die hier haltenden Linien und deren Fahrtrichtung.

Eine der alten Tatra-Straßenbahnen aus den 50er Jahren

NÜTZLICHE STRASSENBAHNLINIEN

Die das Stadtzentrum durchquerenden drei wichtigsten Linien bringen Sie zu vielen Sehenswürdigkeiten beiderseits der Moldau und gewähren billige, unterhaltsame Stadtrundfahrten.

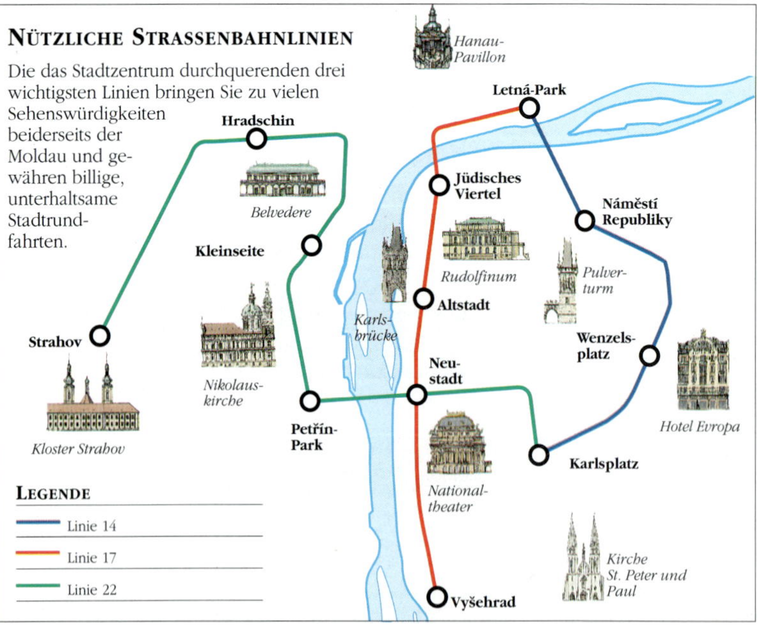

Mit dem Bus unterwegs

Busse werden Sie allenfalls für Fahrten in die Vororte benutzen. Sie sind wegen ihrer giftigen Abgase und der engen Straßen im Stadtzentrum verboten. Sie dürfen nur von den Vororten zu den Straßenbahn- und Metro-Stationen außerhalb des Zentrums verkehren.

Busfahrkarten

Ein typischer Prager Bus

Auch für Busfahrten müssen Sie vor Fahrtantritt Fahrkarten bei den üblichen Verkaufsstellen *(siehe S. 233)* erwerben. Sie entwerten sie im Bus durch Lochen am Automaten. Einzelfahrscheine gelten nur für eine Fahrt. Sie benötigen also – außer bei Touristenkarten *(siehe S. 233)* – für das Umsteigen in einen anderen Bus eine neue Fahrkarte. Die Türen öffnen und schließen (nach unangenehm hohem Warnsignal) automatisch. Man erwartet selbstverständlich, daß Sie Ihren Sitzplatz Älteren und Behinderten überlassen.

An jeder Station geben Fahrpläne Auskunft über die hier haltenden Buslinien und ihre Abfahrtzeiten. Anders als in vielen Großstädten verkehren hier die Busse meist pünktlich, jedoch mit stark schwankender Häufigkeit. So mögen zu Stoßzeiten stündlich 12 bis 15 Busse eingesetzt sein, zu anderen Zeiten nur drei.

Nachts fahren zwölf Busse die Außenbezirke an, die weder von Straßenbahn noch Metro bedient werden.

Schild einer Bushaltestelle

Mit dem Taxi unterwegs

Pragbesuchern bieten sich Taxis als nützliches, wenngleich oft frustrierendes Fortbewegungsmittel an. Bis 1989 waren sie dem Prager Verkehrsverbund unterstellt, doch heute werden sie alle von Privatpersonen betrieben. Aus diesem Grunde stößt man unglücklicherweise immer häufiger auf skrupellose Taxifahrer, die den Fahrpreis an der Schmerzgrenze ihres Opfers ausrichten. Seien Sie daher also nicht zu blauäugig, wenn Sie ein Taxi benutzen wollen.

Taxipreise

Einer der vielen Taxistände im Stadtzentrum

Mit dem Einstieg in ein Taxi fällt bereits eine Grundgebühr an. Danach erhöht sich der Preis nach gesetzlich festgelegtem Kilometertarif. Diese Regelung wird jedoch nur selten angewandt, so daß sich Taxifahren in der Stadt als sehr kostspielig erweisen kann. Taxameter dürfen auf vier Tarife eingestellt werden, in der Stadt nur auf den billigsten. Statt sich auf den – häufig manipulierten – Taxameter zu verlassen, sollten Sie vor dem Einsteigen einen Ihnen angemessen erscheinenden Preis aushandeln. Hartnäckiges Feilschen senkt häufig die Forderung. Allerdings sprechen nur wenige Taxifahrer deutsch oder englisch. Ist Ihre tschechische Aussprache mangelhaft, schreiben Sie Ihr Ziel in Tschechisch auf. Nachts steigen die Tarife um bis zu 200 oder gar 300%. Vergewissern Sie sich, ob der ausgehandelte Preis etwaige Aufschläge enthält. Tauchen bei Fahrtende Unstimmigkeiten auf, verlangen Sie vor Bezahlen eine Quittung. Dies schreckt Fahrer meist von überhöhten Forderungen ab. Winken Sie bei den touristischen Hauptsehenswürdigkeiten wartende Taxifahrer ab – sie sind oft die übelsten Missetäter. Trotz gelegentlicher Unannehmlichkeiten stellen Taxis ein – auch für alleinreisende Frauen – sicheres Verkehrsmittel dar.

Quittungen müssen per Gesetz auf Verlangen ausgestellt werden

Erleuchtetes Taxizeichen

Der Taxameter zeigt Preis und etwaige Extragebühren

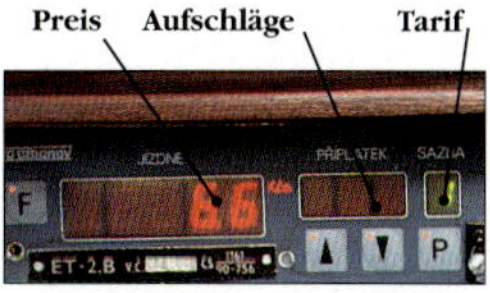

Kartenregister / Kartenteil

Alle Sehenswürdigkeiten, Hotels, Restaurants, Bars und Geschäfte in den besprochenen Stadtteilen sind mit Koordinaten für den Kartenteil versehen und außerdem im Kartenregister aufgeführt. Diese Koordinaten erlauben ein rasches Auffinden der Sehenswürdigkeiten im Kartenteil. Die Übersichtskarte (rechts) zeigt das Stadtgebiet Prags, das vom Kartenteil abgedeckt wird. Diese Karte schließt sehenswerte Viertel ebenso ein wie Gebiete, in denen Hotels, Restaurants, Kneipen und andere Unterhaltungsstätten angesiedelt sind.

Wie bei tschechischen Karten üblich, verzichten auch Index und Karten dieses Buches auf den tschechischen Begriff für Straße (genauer: Gasse), *ulice,* obwohl manche Straßenschilder ihn nennen. So verkürzen Index wie Karten die Celetná ulice zu Celetná (Zeltnergasse). Die einigen Straßennamen vorangestellten Zahlen bedeuten Daten. Wir haben im Index die Zahlen gestrichen: Die 17. listopadu (17. November) finden Sie demnach unter »L«.

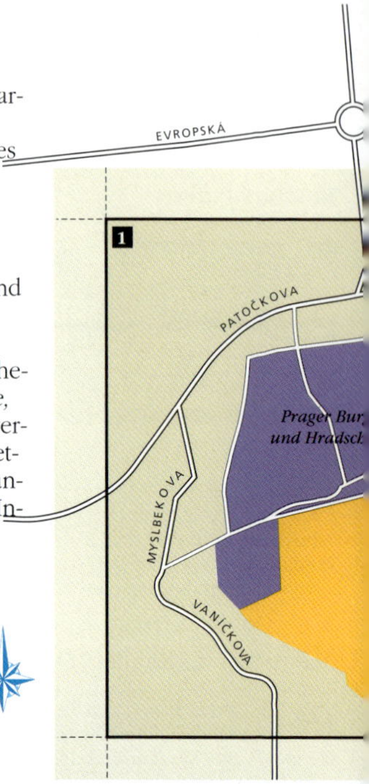

Legende

- Bedeutende Sehenswürdigkeit
- Sehenswürdigkeiten
- Gebäude
- Metro-Station
- Bahnhof
- Bushaltestelle
- Straßenbahnhaltestelle
- Seilbahn
- Bootsanlegestelle
- Taxistand
- Parken
- Fremdenverkehrsbüro
- Krankenhaus mit Ambulanz
- Polizeirevier
- Kirche
- Synagoge
- Post
- Eisenbahnlinie
- Einbahnstraße
- Stadtmauer
- Fußgängerzone

Maßstab

0 Meter 200 **1:10 000**

Ansicht der Kleinseite, des Hradschins und der Prager Burg vom Altstädter Brückenturm

Barockkirche St. Nikolaus am Altstädter Ring, aufgenommen vom Turm des Altstädter Rathauses

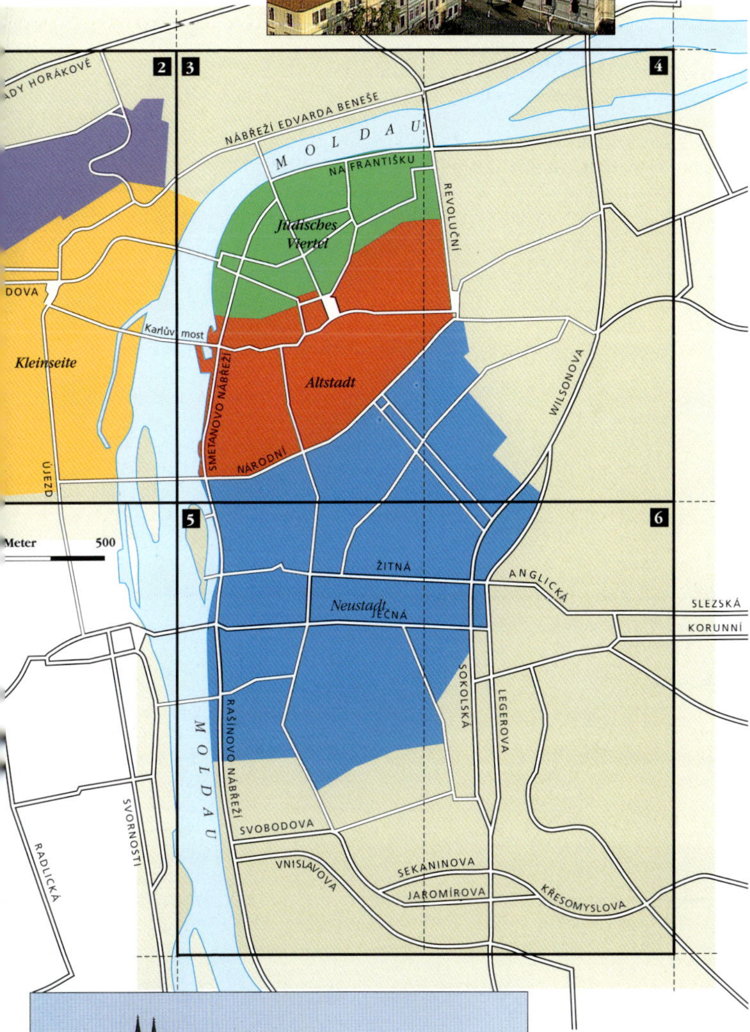

Eindrucksvolle Wahrzeichen des Vyšehrad-Felsens: die Zwillingstürme der Kirche St. Peter und Paul

Kartenregister/Kartenteil

Die Reihenfolge der Namen im Kartenregister berücksichtigt auch den Hatschek, den charakteristischen tschechischen Akzent (*háček* bedeutet »kleiner Haken«). Im tschechischen Alphabet werden **č**, **ř**, **š** und **ž** als eigenständige Buchstaben behandelt. Straßennamen, die beispielsweise mit einem **ř** beginnen, werden nach denen aufgelistet, die mit einem **r** ohne Akzent beginnen.

Kirchen, Gebäude, Museen und Denkmäler sind auf den Karten in Deutsch und Tschechisch benannt. Im Register werden beide Namen aufgezählt. Deutsche namen wie »Wenzelsplatz« erscheinen nicht auf den Karten. Im Register steht in solchen Fällen der tschechische Name in Klammern dahinter.

Nützliche Worte

dům	Haus
hrad	Burg
kostel	Kirche
klášter	Kloster, Abtei
most	Brücke
nábřeží	Ufer
nádraží	Bahnhof
náměstí	Platz
sady	Park
schody	Stufen
třída	Boulevard
ulice	Straße
ulička	Weg
zahrada	Garten

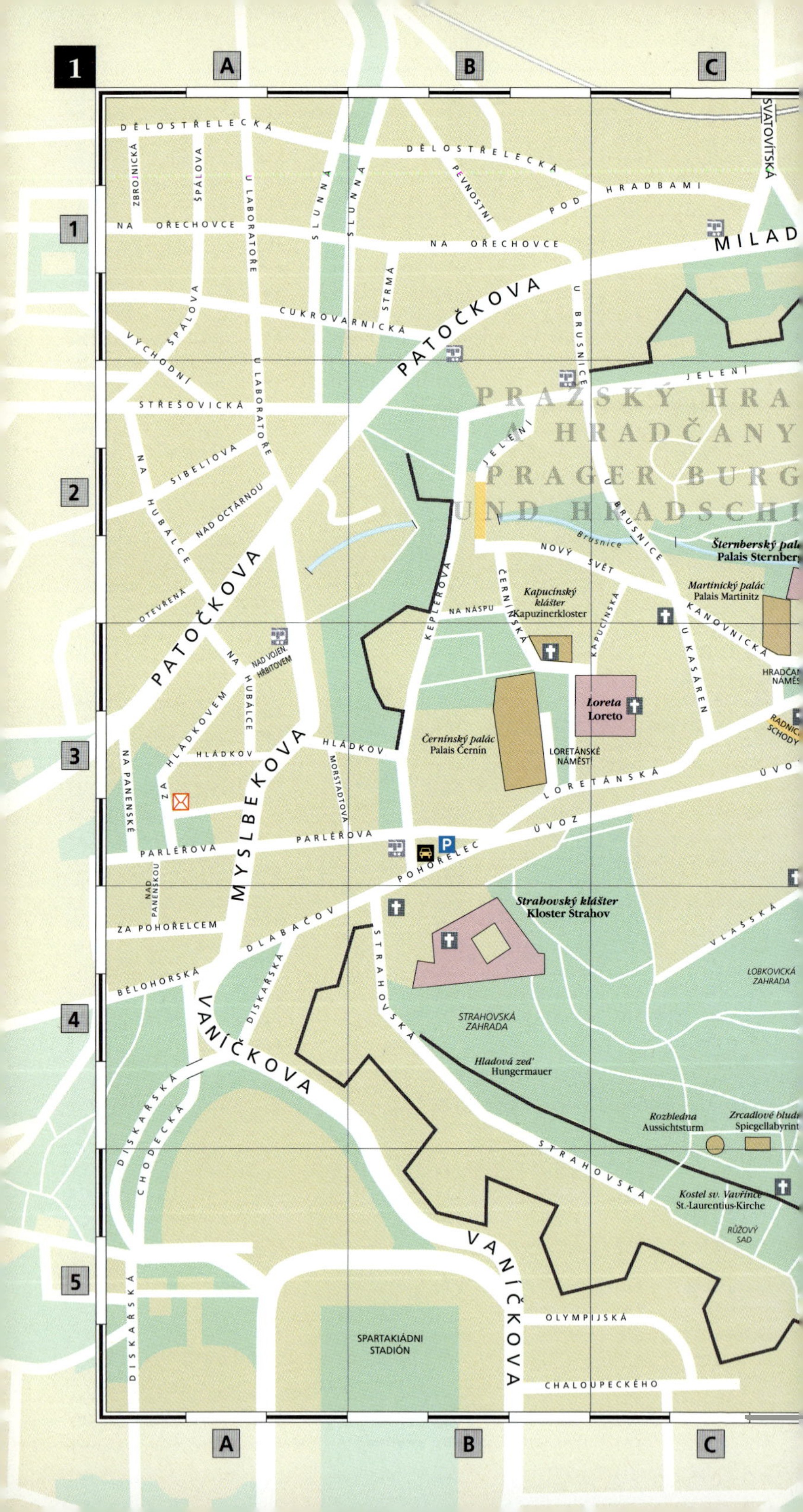
1
A
B
C
1
2
3
4
5
DĚLOSTŘELECKÁ
ZBROJNICKÁ
ŠPÁLOVA
U LABORATOŘE
SLUNNÁ
PEVNOSTNÍ
POD HRADBAMI
SVATOVÍTSKÁ
NA OŘECHOVCE
MILAD
STRMÁ
CUKROVARNICKÁ
PATOČKOVA
U BRUSNICE
VÝCHODNÍ
STŘEŠOVICKÁ
JELENÍ
PRAŽSKÝ HRAD
A HRADČANY
PRAGER BURG
UND HRADSCHIN
NA HUBÁLCE
SIBELIOVA
NAD OČTÁRNOU
Brusnice
NOVÝ SVĚT
Šternberský palác
Palais Sternberg
OTEVŘENÁ
KEPLEROVA
NA NÁSPU
ČERNÍNSKÁ
Kapucínský klášter
Kapuzinerkloster
KAPUCÍNSKÁ
Martinický palác
Palais Martinitz
KANOVNICKÁ
NAD VOJEN. HŘBITOVEM
U KASÁREN
Loreta
Loreto
HRADČAN
NÁMĚS
HLÁDKOVEM
Černínský palác
Palais Černín
LORETÁNSKÉ NÁMĚSTÍ
RADNIC. SCHODY
HLÁDKOV
MORSTADTOVA
MYSLBEKOVA
NA PANENSKÉ
ZA HLÁDKOVEM
LORETÁNSKÁ
ÚVOZ
PARLÉŘOVA
POHOŘELEC
NAD PANENSKOU
ZA POHOŘELCEM
DLABAČOV
Strahovský klášter
Kloster Strahov
VLAŠSKÁ
BĚLOHORSKÁ
DISKAŘSKÁ
STRAHOVSKÁ
LOBKOVICKÁ ZAHRADA
VANÍČKOVA
STRAHOVSKÁ ZAHRADA
Hladová zeď
Hungermauer
CHODECKÁ
Rozhledna
Aussichtsturm
Zrcadlové bludi
Spiegellabyrint
Kostel sv. Vavřince
St.-Laurentius-Kirche
RŮŽOVÝ SAD
OLYMPIJSKÁ
SPARTAKIÁDNÍ STADIÓN
CHALOUPECKÉHO

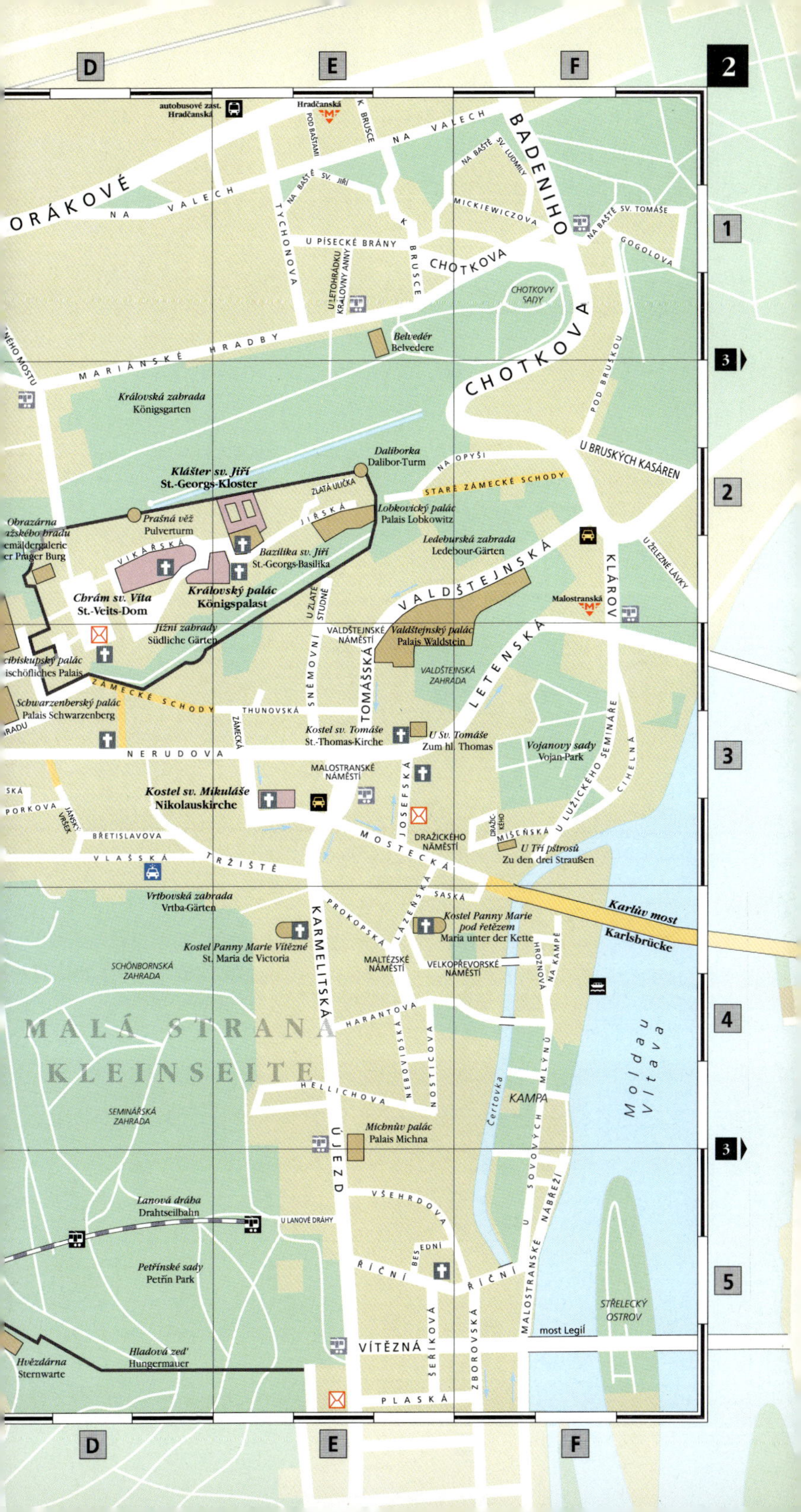
D
E
F
2
1
2
3
4
5
3
3
autobusové zast.
Hradčanská
Hradčanská
POD BAŠTAMI
K BRUSCE
NA VALECH
BADENIHO
NA BAŠTĚ
SV. LUDMILY
HRADČANSKÉ NÁMĚSTÍ
ORÁKOVÉ
NA VALECH
NA BAŠTĚ
SV. JIŘÍ
MICKIEWICZOVA
NA BAŠTĚ
SV. TOMÁŠE
GOGOLOVA
TYCHONOVA
U PÍSECKÉ BRÁNY
U LETOHRÁDKU KRÁLOVNY ANNY
K BRUSCE
CHOTKOVA
CHOTKOVY SADY
Belvedér
Belvedere
MARIÁNSKÉ HRADBY
CHOTKOVA
POD BRUSKOU
Královská zahrada
Königsgarten
Daliborka
Dalibor-Turm
NA OPYŠI
U BRUSKÝCH KASÁREN
Klášter sv. Jiří
St.-Georgs-Kloster
ZLATÁ ULIČKA
STARÉ ZÁMECKÉ SCHODY
JIŘSKÁ
Lobkovický palác
Palais Lobkowitz
Obrazárna
Pražského hradu
Gemäldegalerie
der Prager Burg
Prašná věž
Pulverturm
VIKÁŘSKÁ
Bazilika sv. Jiří
St.-Georgs-Basilika
Ledeburská zahrada
Ledebour-Gärten
U ŽELEZNÉ LÁVKY
VALDŠTEJNSKÁ
KLÁROV
Chrám sv. Víta
St.-Veits-Dom
Královský palác
Königspalast
U ZLATÉ STUDNĚ
Malostranská
Jižní zahrady
Südliche Gärten
VALDŠTEJNSKÉ NÁMĚSTÍ
Valdštejnský palác
Palais Waldstein
Arcibiskupský palác
Erzbischöfliches Palais
SNĚMOVNÍ
TOMÁŠSKÁ
VALDŠTEJNSKÁ ZAHRADA
LETENSKÁ
ZÁMECKÉ SCHODY
Schwarzenberský palác
Palais Schwarzenberg
THUNOVSKÁ
ZÁMECKÁ
Kostel sv. Tomáše
St.-Thomas-Kirche
U Sv. Tomáše
Zum hl. Thomas
Vojanovy sady
Vojan-Park
U LUŽICKÉHO SEMINÁŘE
CIHELNÁ
NERUDOVA
MALOSTRANSKÉ NÁMĚSTÍ
Kostel sv. Mikuláše
Nikolauskirche
JOSEFSKÁ
OSTRUHOVÁ
JÁNSKÝ VŘŠEK
BŘETISLAVOVA
MOSTECKÁ
DRAŽICKÉHO NÁMĚSTÍ
DRAŽICKÉHO
MIŠEŇSKÁ
U Tří pštrosů
Zu den drei Straußen
VLAŠSKÁ
TRŽIŠTĚ
SASKÁ
Karlův most
Karlsbrücke
Vrtbovská zahrada
Vrtba-Gärten
PROKOPSKÁ
LÁZEŇSKÁ
Kostel Panny Marie pod řetězem
Maria unter der Kette
KARMELITSKÁ
Kostel Panny Marie Vítězné
St. Maria de Victoria
MALTÉZSKÉ NÁMĚSTÍ
VELKOPŘEVORSKÉ NÁMĚSTÍ
HROZNOVÁ
NA KAMPĚ
SCHÖNBORNSKÁ ZAHRADA
MALÁ STRANA
KLEINSEITE
HARANTOVA
NEBOVIDSKÁ
NOSTICOVA
Moldau
Vltava
HELLICHOVA
Čertovka
KAMPA
MLÝNŮ
SEMINÁŘSKÁ ZAHRADA
Michnův palác
Palais Michna
ÚJEZD
U SOVOVÝCH MLÝNŮ
VŠEHRDOVA
NÁBŘEŽÍ
Lanová dráha
Drahtseilbahn
U LANOVÉ DRÁHY
BESEDNÍ
ŘÍČNÍ
ŘÍČNÍ
Petřínské sady
Petřín Park
MALOSTRANSKÉ
STŘELECKÝ OSTROV
most Legií
VÍTĚZNÁ
ŠEŘÍKOVÁ
ZBOROVSKÁ
Hladová zeď
Hungermauer
Hvězdárna
Sternwarte
PLASKÁ

3
A
B
C
1
2
3
4
5
Letenské sady
Letná-Park
NÁBŘEŽÍ EDVARDA BENEŠE
Čechův most
NA FRANTIŠKU
Klášter sv. Anežky
St.-Agnes-Kloster
MALÁ KLÁŠTERSKÁ
KLÁŠTERSKÁ
Kostel sv. Šimona a Judy
Kirche St. Simon und Judas
U MILOSRDNÝCH
NÁMĚSTÍ CURIEOVÝCH
DUŠNÍ
ELIŠKY KRÁSNOHORSKÉ
PAŘÍŽSKÁ
U PLOVÁRNY
Moldau
Vltava
DVOŘÁKOVO NÁBŘEŽÍ
KOSÁRKOVO NÁBŘEŽÍ
BŘEHOVÁ
17. LISTOPADU
JOSEFOV
JÜDISCHES VIERTEL
Kubistické domy
Kubistische Häuser
BÍLKOVA
KOZÍ
OBECNÍHO DVORA
ANEŽSKÁ
HAŠTALSKÉ NÁMĚSTÍ
ZA HAŠTALEM
HAŠTALSKÁ
Kostel sv. Haštala
St.-Kastullus-Kirche
Starý židovský hřbitov
Alter jüdischer Friedhof
Klausova synagóga
Klausensynagoge
U STARÉHO HŘBITOVA
Staronová synagóga
Altneusynagoge
U STARÉ ŠKOLY
VĚZEŇSKÁ
RÁMOVÁ
NA REJDIŠTI
Uměleckoprůmyslové muzeum
Kunstgewerbemuseum
Španělská synagóga
Spanische Synagoge
Mánesův most
Rudolfinum
ČERVENÁ
MAISELOVA
Kostel sv. Ducha
Heilig-Geist-Kirche
DLOUHÁ
Vysoká synagóga
Hohe Synagoge
Židovská radnice
Jüdisches Rathaus
NÁMĚSTÍ JANA PALACHA
MASNÁ
Pinkasova synagóga
Pinkassynagoge
ŠIROKÁ
KOSTEČNÁ
NA SALVÁTORSKÁ
Kostel sv. Jakuba
St.-Jakobs-Kirche
Maiselova synagóga
Maiselsynagoge
Pomník Jana Husa
Jan-Hus-Denkmal
Palác Golz-Kinských
Palais Golz-Kinský
TÝNSKÁ
TÝNSKÁ ULIČKA
MALÁ ŠTUPARTSKÁ
JAKUBSKÁ
ALŠOVO NÁBŘEŽÍ
JÁCHYMOVA
KAPROVA
VALENTINSKÁ
ŽATECKÁ
Staroměstská
VELESLAVÍNOVA
Kostel Panny Marie před Týnem
Jungfrau Maria vor dem Týn
ŠTUPARTSKÁ
Kostel sv. Mikuláše
Nikolauskirche
STAROMĚSTSKÉ NÁMĚSTÍ
CELETNÁ
Staroměstská radnice
Altstädter Rathaus
PLATNÉŘSKÁ
MARIÁNSKÉ NÁMĚSTÍ
KŘIŽOVNICKÁ
Klementinum
LINHARTSKÁ
U RADNICE
MALÉ NÁMĚSTÍ
MELANTRICHOVA
ŽELEZNÁ
KAMZÍKOVA
OVOCNÝ TRH
Karolinum
Karlův most
HUSOVA
SEMINÁRSKÁ
Clam-Gallasův palác
Palais Clam-Gallas
KŘIŽOVNICKÉ NÁMĚSTÍ
KARLOVA
Stavovské divadlo
Ständetheater
Muzeum Bedřicha Smetany
Smetana-Museum
Dům pánů z Kunštátu
Palast der Herren von Kunštát
HLAVSOVA
Dům U Dvou zlatých medvědů
Haus Zu den zwei goldenen Bären
KOŽNÁ
HAVELSKÁ ULIČKA
Kostel sv. Havla
St.-Gallus-Kirche
HAVÍŘSKÁ
NOVOTNÉHO LÁVKA
ANENSKÁ
ANENSKÉ NÁMĚSTÍ
ŘETĚZOVÁ
JALOVCOVÁ
Kostel sv. Jiljí
St.-Julius-Kirche
JILSKÁ
NA ZÁBRADLÍ
STŘÍBRNÁ
LILIOVÁ
ZLATÁ
Betlémská kaple
Bethlehemskapelle
HAVELSKÁ
V KOTCÍCH
RYTÍŘSKÁ
PROVAZNICKÁ
NA MŮSTKU
NA PŘÍKOPĚ
NÁPRSTKOVA
BETLÉMSKÉ NÁMĚSTÍ
VEJVODOVA
MICHALSKÁ
STARÉ MĚSTO
ALTSTADT
Můstek
KAROLINY SVĚTLÉ
BORŠOV
U DOBRENSKÝCH
Náprstkovo muzeum
Náprstek-Museum
SKOŘEPKA
PERLOVÁ
28. ŘÍJNA
BETLÉMSKÁ
KONVIKTSKÁ
UHELNÝ TRH
MARTINSKÁ
Kostel sv. Martina ve zdi
St. Martin in der Mauer
JUNGMANNOVO NÁMĚSTÍ
VÁCLAVSKÉ NÁMĚSTÍ
Kostel Panny Marie Sněžné
Kirche Maria Schnee
BARTOLOMĚJSKÁ
NA PERŠTÝNĚ
Františkánská zahrada
Franziskanergarten
SMETANOVO NÁBŘEŽÍ
DIVADELNÍ
KROCÍNOVA
SVĚTLÉ
NÁRODNÍ
NOVÉ MĚSTO
NEUSTADT
Národní třída
JUNGMANNOVA
MIKULANDSKÁ
CHARVÁTOVA
most Legií
VORŠILSKÁ
SPÁLENÁ
PURKYŇOVA
VLADISLAVOVA
PALACKÉHO
VODIČKOVA
Národní divadlo
Nationaltheater
Kostel sv. Voršily
St.-Ursula-Kirche
OSTROVNÍ

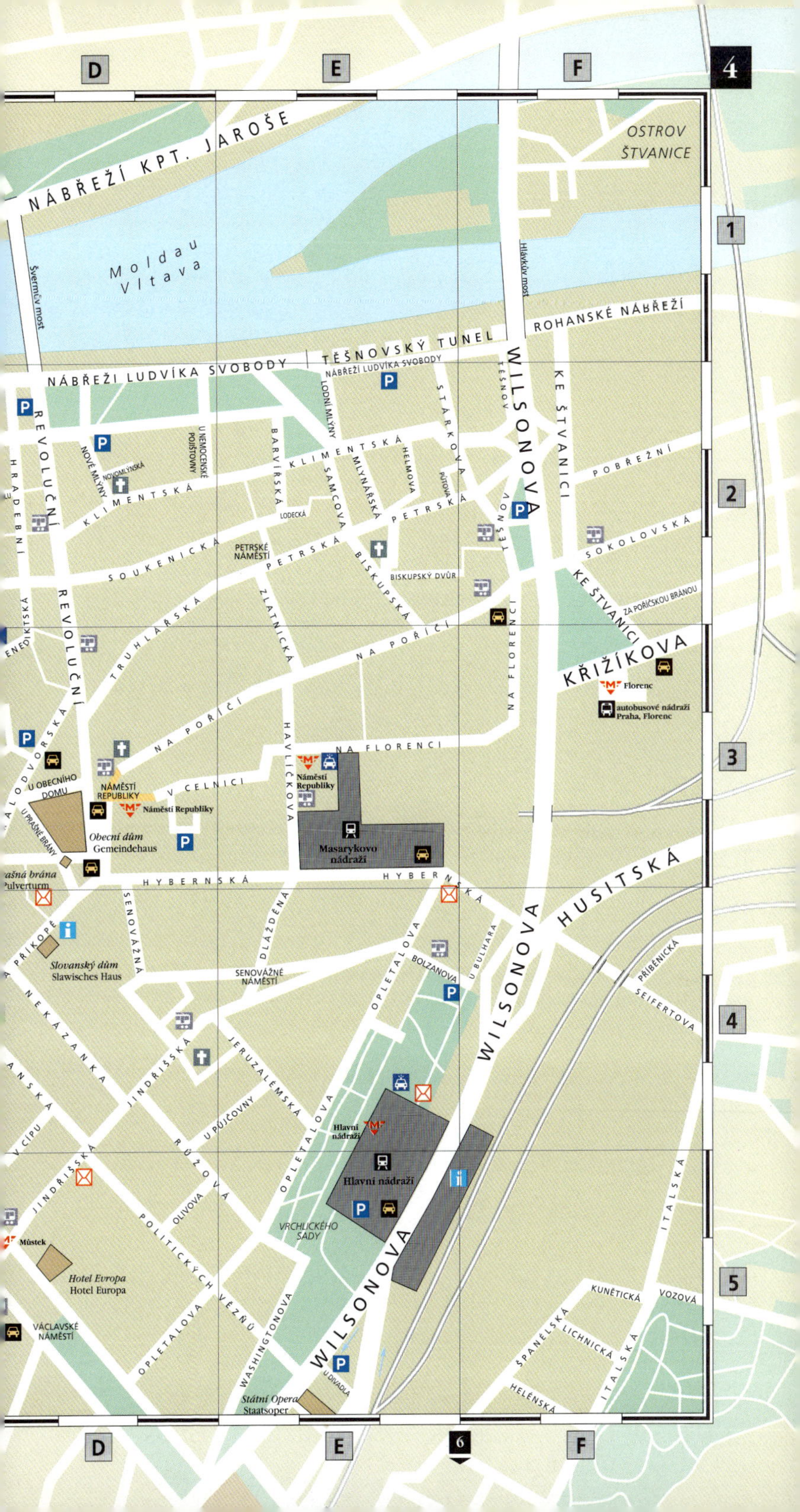

4
D
E
F
1
2
3
4
5
6
NÁBŘEŽÍ KPT. JAROŠE
OSTROV ŠTVANICE
Moldau
Vltava
Šverm̊uv most
Hlávkův most
ROHANSKÉ NÁBŘEŽÍ
TĚŠNOVSKÝ TUNEL
NÁBŘEŽÍ LUDVÍKA SVOBODY
WILSONOVA
KE ŠTVANICI
REVOLUČNÍ
HRADEBNÍ
NOVÉ MLÝNY
NOVOMLÝNSKÁ
U NEMOCENSKÉ POJIŠŤOVNY
BARVÍŘSKÁ
LODNÍ MLÝNY
KLIMENTSKÁ
MLYNÁŘSKÁ
SAMCOVA
HELMOVA
STÁRKOVA
TĚŠNOV
PÚTOVA
POBŘEŽNÍ
LODECKÁ
PETRSKÉ NÁMĚSTÍ
PETRSKÁ
SOUKENICKÁ
BISKUPSKÁ
BISKUPSKÝ DVŮR
SOKOLOVSKÁ
ZA POŘÍČSKOU BRÁNOU
TRUHLÁŘSKÁ
ZLATNICKÁ
NA POŘÍČÍ
NA FLORENCI
KŘIŽÍKOVA
Florenc
autobusové nádraží Praha, Florenc
HAVLÍČKOVA
Náměstí Republiky
U OBECNÍHO DOMU
NÁMĚSTÍ REPUBLIKY
V CELNICI
U PRAŠNÉ BRÁNY
Obecní dům
Gemeindehaus
Masarykovo nádraží
HYBERNSKÁ
Prašná brána
Pulverturm
SENOVÁŽNÁ
DLÁŽDĚNÁ
NA PŘÍKOPĚ
Slovanský dům
Slawisches Haus
SENOVÁŽNÉ NÁMĚSTÍ
BOLZANOVA
U BULHARA
HUSITSKÁ
PŘIBENICKÁ
SEIFERTOVA
OPLETALOVA
NEKÁZANKA
JINDŘIŠSKÁ
JERUZALÉMSKÁ
U PŮJČOVNY
RŮŽOVÁ
Hlavní nádraží
V CÍPU
OLIVOVA
POLITICKÝCH VĚZŇŮ
VRCHLICKÉHO SADY
Můstek
Hotel Europa
Hotel Europa
VÁCLAVSKÉ NÁMĚSTÍ
WASHINGTONOVA
U DIVADLA
Státní Opera
Staatsoper
ITALSKÁ
KUNĚTICKÁ
VOZOVÁ
ŠPANĚLSKÁ
LICHNICKÁ
HELÉNSKÁ

5
A
B
C
3
1
2
3
4
5
Národní divadlo
Nationaltheater
OSTROVNÍ
NA STRUZE
V JIRCHÁŘÍCH
PŠTROSSOVA
OPATOVICKÁ
KŘEMENCOVA
ČERNÁ
SPÁLENÁ
MAGDALÉNY RETTIGOVÉ
VLADISLAVOVA
JUNGMANNOVA
LAZARSKÁ
VODIČKOVA
ŠKOLSKÁ
SLOVANSKÝ OSTROV
ŠÍTKOVA
VOJTĚŠSKÁ
U Fleků
Novoměstská radnice
Neustädter Rathaus
NAVRÁTILOVA
PŘÍČNÁ
ŘEZNICKÁ
ŠTĚPÁNSKÁ
MYSLÍKOVA
ODBORŮ
ŽITNÁ
MASARYKOVO NÁBŘEŽÍ
NÁPLAVNÍ
NA ZDERAZE
NA ZBOŘENCI
ZÁHOŘANSKÉHO
KARLOVO NÁMĚSTÍ
MALÁ ŠTĚPÁNSKÁ
NA RYBNÍČKU
Kostel sv. Štěpána
St.-Stephans-Kirche
JIRÁSKOVO NÁMĚSTÍ
Kostel sv. Cyrila a Metoděje
St. Kyrill und St. Methodius
Jiráskův most
RESSLOVA
JEČNÁ
DITTRICHOVA
Karlovo náměstí
Kostel sv. Ignáce
St.-Ignatius-Kirche
RAŠÍNOVO
JENŠTEJNSKÁ
VÁCLAVSKÁ
KARLOVO NÁMĚSTÍ
Jezuitská kolej
Jesuitenkolleg
LÍPOVÁ
GORAZDOVA
TROJANOVA
SALMOVSKÁ
VYŠEHRADSKÁ
Kostel sv. Kateřiny
St.-Katharina-Kirche
NA MORÁNI
U NEMOCNICE
PODE SLOVANY
POD VĚTROVEM
KATEŘINSKÁ
Palackého most
Karlovo náměstí
PALACKÉHO NÁMĚSTÍ
Faustův dům
Fausthaus
NÁBŘEŽÍ
NA SLOVANECH
Kostel sv. Jana na Skalce
St. Johannes von Nepomuk am Felsen
NÁMĚSTÍ POD EMAUZY
VINIČNÁ
ŽITKOVY SADY
DŘEVNÁ
PODSKALSKÁ
NA POŘÍČNÍM PRÁVU
Na Slovanech
Emmauskloster
NA HRÁDKU
BENÁTSKÁ
Moldau
Vltava
TROJICKÁ
Botanická zahrada
Botanical Gardens
POD SLOVANY
APOLINÁŘSKÁ
NA SLUPI
LADOVA
NOVÉ MĚSTO
NEUSTADT
PLAVECKÁ
VYŠEHRADSKÁ
NA VÝTONI
BOTIČSKÁ
STUDNIČKOVA
NA DEKANCE
VINAŘICKÉHO
ALBERTOV
NA HROBCI
VOTOČKOVA
HLAVOVA
SVOBODOVA
Železniční most
HORSKÁ
VNISLAVOVA
LIBUŠINA
NEKLANOVA
VRATISLAVOVA
NA LIBUŠINCE
VYŠEHRAD
PŘEMYSLOVA
OSTRČILOVO NÁMĚSTÍ
VYŠEHRADSKÝ HŘBITOV
V PEVNOSTI
SLAVOJOVA
K ROTUNDĚ

6
D
E
4
F
1
2
3
4
5
Václavské náměstí
Muzeum
Washingtonova
Wilsonova
Státní opera
Staatsoper
Národní muzeum
Nationalmuseum
Mezibranská
Čelakovského sady
Riegrovy sady
Vinohrady
Španělská
Na Smetance
Italská
Mánesova
Polská
Vinohradská
Anny Letenské
Římská
Balbínova
Rubešova
Škrétova
Krakovská
Ve Smečkách
Žitná
Anglická
Londýnská
Římská
Ibsenova
Šubertova
Blanická
Slezská
V Tůních
Hálkova
Mikovcova
Sokolská
Legerova
Bělehradská
Vocelova
Ječná
Náměstí I. P. Pavlova
I.P. Pavlova
Jugoslávská
Náměstí Míru
Náměstí Míru
Korunní
Melounová
Lublaňská
Tylovo náměstí
Muzeum Antonína Dvořáka
Dvořák-Museum
Rumunská
Francouzská
Americká
Blanická
Na Bojišti
Ke Karlovu
Restaurace U kalicha
Restaurant Zum Kelch
Tyršova
Londýnská
Belgická
Uruguayská
Varšavská
Bruselská
Koubkova
Fügnerovo náměstí
Apolinářská
Americká
Záhřebská
Šafaříkova
Masarykova
Máchova
Koperníkova
Jana
Wenzigova
U Zvonařky
Na Kleovce
Nad Petruskou
Boženy Němcové
Pod Nuselskými schody
Pod Zvonařkou
Horská
Perucká
Pod Karlovem
Sarajevská
Botič
Rejskova
Na Folimance
Bělehradská
Na Ostrůvku
Ekaninova
Svatoplukova
Nuselský most
Spytihněvova
Oldřichova
Jaromírova
Závišova
Botič
Křesomyslova
Křesomyslova
Náměstí Bratří Synků

Textregister

Die Reihenfolge der Namen im Kartenregister berücksichtigt auch den Hatschek, den charakteristischen tschechischen Akzent (*háček* bedeutet »kleiner Haken«). Im tschechischen Alphabet werden **č**, **ř**, **š** und **ž** als eigenständige Buchstaben behandelt. Straßennamen, die beispielsweise mit einem **ř** beginnen, werden nach denen aufgelistet, die mit einem **r** ohne Akzent beginnen.

A

B

L

M

Danksagung/Bildnachweis

Der Verlag bedankt sich im folgenden bei allen, die bei der Herstellung dieses Buches tatkräftig mitgewirkt haben.

Die Hauptautoren
Vladimír Soukup wurde 1949 in Prag geboren. Er arbeitet seit zwanzig Jahren – inzwischen als Chefredakteur – für eine Prager Tageszeitung und ist Autor mehrerer Pragführer.

Weitere Autoren
Ben Sullivan, Lynn Reich

Weitere Redakteure und Illustratoren
Alistair Gunn, Elaine Harries, Charlie Hawkings, Jan Kaplan, Susannah Marriott, Robert Purnell, Helen Townsend, Daphne Trotter, Christopher Vinz.

Ergänzende Fotografie
DK Studio/Steve Gorton, Clive Streeter.

Bildnachweis
Wir haben uns bemüht, alle Urheber ausfindig zu machen und zu nennen. Sollte dies in einzelnen Fällen nicht gelungen sein, so bitten wir, dies zu entschuldigen. In der nächsten Auflage dieses Buches werden wir die versäumten Nennungen selbstverständlich nachholen.

o = oben; ol = oben links; om = oben Mitte; or = oben rechts; mlo = Mitte links oben; mo = Mitte oben; mro = Mitte rechts oben; ml = Mitte links; m = Mitte; mr = Mitte rechts; mlu = Mitte links unten; mu = Mitte unten; mru = Mitte rechts unten; ul = unten links; u = unten; um = unten Mitte; ur = unten rechts; (D) = Detail.

Kunstwerke wurden mit freundlicher Genehmigung folgender Copyright-Inhaber reproduziert: ©ADAGP, Paris und DACS, London 1994: 115o; DACS 1994: 112ol, 113ur.

Gustav Makarius Tauc (An der Aulenkaut 31, 65197 Wiesbaden), im Auftrag des Minoriten-Ordens in Rom: 35ur.

Der Verlag dankt zudem folgenden Personen, Institutionen und Bildbibliotheken für die freundliche Genehmigung zur Reproduktionen ihrer Fotografien:

ARCHEOLOGICKÝ ÚSTAV ČESKÉ AKADEMIE VĚD: 20o; ARCHIV FÜR KUNST UND GESCHICHTE, BERLIN: 17u, 18ol (D), 18or, 18um(D), 18ur(D), 19ol(D), 19om(D), 19or(D), 19m(D), 19um(D), 20mr, 20ul, 23mu(D), 29ml(D), 32o(D), 32ul, 34mo(D), 35mo(D), 35ul, 43ol, 50u(D), 105mr, 118o, Erich Lessing 28mo(D), 31ul(D), 88m, 89mu, 106m; ARCHÍV HLAVNIHO MESTA. PRAHY (CLAM-GALLASŮV PALÁC): 23ml, 24ul, 28ul, 28ur, 30u, 33mlu, 33mu, 72o, 136ur, 137ur(D), 138mo, 168m.

BILDARCHIV PREUSSISCHER KULTURBESITZ: 4o(D), 19ul(D), 29ur, 34mu, 68or, 104ul(D); BRIDGEMAN ART LIBRARY, London: Prado, Madrid 29o; Rosengarten Museum, Konstanz 26mo.

ČESKÁ TISKOVÁ KANCELÁR: 19ur, 35mur, 195mr; ČSA: 228o; JEAN-LOUP CHARMET: 18ul(D), 21m, 31ur, 33o, 33ul, 33ur(D), 34or(D), 34ul, 62m, 69mo; COMSTOCK: Georg Gerster: 10; JOE CORNISH: 58/59, 60, 148ur.

MARY EVANS PICTURE LIBRARY: 9, 59, 138mu, 181, 217.

GRAFOPRINT NEUBERT: 31mlu, 38mlu, 116m.

ROBERT HARDING PICTURE LIBRARY: Michael Jenner 128ol; Christopher Rennie 24mo, 103or; Peter Scholey 30o, 129ol; HUTCHISON LIBRARY: Libuše Taylor 50m, 51u, 52o, 175ol, 197m.

Mit freundlicher Genehmigung von ISIC, UK: 226m.

KANCELÁŘ PREZIDENTA REPUBLIKY: 20/21, 21or, 21ul, 21ur, 22m; KARLŠTEJN: 25ol; Vladimír Hyhlík 24/25, KAREL KESTNER: 35mul; KLEMENTINUM: 23ol; Prokop Paul 22o; THE KOBAL COLLECTION: 35ol; DALIBOR KUSÁK: 164ul, 166/67 alle, 16–19 alle.

IVAN MALÝ: 210o, 211o; MUZEUM HLAVNÍHO MĚSTA PRAHY 32/33; MUZEUM POŠTOVNÍ ZNÁMKY: 149ml;

NÁRODNÍ FILMOVÝ ARCHIV: 34ur; NÁRODNÍ GALERIE V PRAZE: 24ur, 40u; Grafická sbírka 26o, 27ul, 31o, 67u, 69m, 100o, 102u, 121o, 125mu, 129ur, 138u, 157mu, 173u, 178u; Klášter sv. Anežky 39or, 83o, 92/93 alle, 133u; Klášter sv. Jiří 16, 37ur, 38o, 97ur, 106/07 alle außer 106m, 108/09 alle, Šternberský palác 38mo, 112/13 alle, 114/15 alle, Zbraslav 40u; NÁRODNÍ MUZEUM V PRAZE: Vlasta Dvořáková 20mlu, 26/27, 26ul, 26um, 26ur, 27o, 27ml, 27mr, 27ur, 29ul, 39mu, 75u, 72u, Jarmila Kutová 20m, 22ul, Dagmar Landová 28um, 126m, Muzeum Antonína Dvořáka 39u, Muzeum Bedřicha Smetany 32mo, Prokop Paul 75u, Tyršovo muzeum; 34mu, 149ul; NÁRODNÍ TECHNICKÉ MUZEUM: Gabriel Urbánek 41o.

OBRAZÁRNA PRAŽSKÉHO HRADU: 98u; ÖSTERREICHISCHE NATIONALBIBLIOTHEK, WIEN: 25mlu, 26mu.

PIVOVARSKÉ MUZEUM: 196or, 196m; BOHUMÍR PROKŮPEK: 25ul, 30o, 120m, 121m, 121ul, 163u.

REX FEATURES LTD: Alfred 35or, Richard Gardener 232o.

SCIENCE PHOTO LIBRARY: Geospace 11, 38mru; SOTHEBY'S/ THAMES AND HUDSON: 104m; STÁTNÍ ÚSTREDNI ARCHIV: 23u; STÁTNÍ ÚSTAV PAMÁTKOVÉ PÉČE: 23mo; STÁTNÍ ŽIDOVSKÉ MUZEUM: 39mo, 85o, 85m, 90o; SVATOVITSKÝ POKLAD, PRAŽSKÝ HRAD: 14o, 21ol, 24o, 24mu, 28o, 40or.

UMĚLECKOPRŮMYSLOVÉ MUZEUM V PRAZE: 39ol, 40ol, 149m, 149ur, Gabriel Urbánek 28mlu, 41u; UNIVERZITA KARLOVA: 25or.

PETER WILSON: 4u, 191o, 216/17, 238.

ZEFA: 33mro.

Umschlag vorne: alle Fotografien außer (Mitte) JOE CORNISH.

Sprachführer

Notfälle

Hilfe!	**Pomoc!**
Halt!	**Zastavte!**
Rufen Sie einen Arzt!	**Zavolejte doktora!**
Rufen Sie einen Krankenwagen!	**Zavolejte sanitku!**
Rufen Sie die Polizei!	**Zavolejte policii!**
Rufen Sie die Feuerwehr!	**Zavolejte hasiče**
Wo ist das Telefon?	**Kde je telefón?**
das nächste Krankenhaus?	**nejbližší nemocnice?**

Grundwortschatz

Ja/Nein	**Ano/Ne**
Bitte	**Prosím**
Danke	**Děkuji vám**
Entschuldigung	**Prosím vás**
Guten Tag	**Dobrý den**
Auf Wiedersehen	**Na shledanou**
Guten Abend	**Dobrý večer**
Morgen (Tageszeit)	**ráno**
Nachmittag	**odpoledne**
Abend	**večer**
gestern	**včera**
heute	**dnes**
morgen	**zítra**
hier	**tady**
dort	**tam**
Was?	**Co?**
Wann?	**Kdy?**
Warum?	**Proč?**
Wo?	**Kde?**

Nützliche Redewendungen

Wie geht es?	**Jak se máte?**
Danke, sehr gut.	**Velmi dobře děkuji.**
Sehr erfreut.	**Těší mě.**
Bis bald.	**Uvidíme se brzy.**
In Ordnung.	**To je vpořádku.**
Wo ist/sind ...?	**Kde je/jsou ...?**
Wie lange braucht man bis ...?	**Jak dlouho to trvá se dostat do ...?**
Wie komme ich nach ...?	**Jak se dostanu k ...?**
Sprechen Sie Deutsch?	**Mluvíte německy?**
Ich verstehe nicht.	**Nerozumím.**
Können Sie bitte etwas langsamer sprechen?	**Mohl(a)* byste mluvit trochu pomaleji?**
Wie bitte?	**Prosím?**
Ich habe mich verlaufen.	**Ztratil(a)* jsem se.**

Nützliche Wörter

groß	**velký**
klein	**malý**
heiß	**horký**
kalt	**studený**
gut (Adjektiv)	**dobrý**
schlecht	**špatný**
gut (Adverb)	**dobře**
offen	**otevřeno**
geschlossen	**zavřeno**
links	**do leva**
rechts	**do prava**
geradeaus	**rovně**
nah	**blízko**
weit	**daleko**
oben	**nahoru**
unten	**dolů**
früh	**brzy**
spät	**pozdě**
Eingang	**vchod**
Ausgang	**východ**
Toilette	**toalety**
frei, nicht besetzt	**volný**
gratis, kein Eintritt	**zdarma**

Telefonieren

Ich möchte ein Ferngespräch anmelden.	**Chtěl(a)* bych volat meziměstsky.**
Ich versuche es später wieder.	**Zkusím to později.**
Kann ich eine Nachricht hinterlassen?	**Mohu nechat zprávu?**
Bleiben Sie bitte am Apparat.	**Počkejte.**
Könnten Sie bitte lauter sprechen?	**Mohl(a)* byste mluvit hlasitěji?**
Ortsgespräch	**místní hovor**

Sehenswürdigkeiten

Bahnhof	**nádraží**
Bibliothek	**knihovna**
Bushaltestelle	**autobusová zastávka**
Garten	**zahrada**
Galerie	**galerie**
Kirche	**kostel**
Museum	**muzeum**
Touristeninformation	**turistické informace**
geschlossen an Feiertagen	**státní svátek**

Einkaufen

Wieviel kostet das?	**Co to stojí?**
Ich hätte gerne ...	**Chtěl(a)* bych ...**
Haben Sie ...?	**Máte ...?**
Ich schaue mich nur um.	**Jenom se dívám.**
Nehmen Sie Kreditkarten?	**Berete kreditní karty?**
Wann öffnen Sie?	**Kdy otevíráte/**
Wann schließen Sie?	**Kdy zavíráte?**
dies hier	**tento**
das da	**tamten**
teuer	**drahý**
billig	**levný**
Größe	**velikost**
weiß	**bílý**
schwarz	**černý**
rot	**červený**
gelb	**žlutý**
grün	**zelený**
blau	**modrý**
braun	**hnědý**

Läden und Geschäfte

Antiquitätengeschäft	**starožitnictví**
Bank	**banka**
Bäckerei	**pekárna**
Buchhandlung	**knihkupectví**
Metzgerei	**řeznictví**
Fotoladen	**obchod s fotoaparaty**
Apotheke	**lékárna**
Drogerie	**drogerie**
Feinkostgeschäft	**lahůdky**
Kaufhaus	**obchodní dům**
Lebensmittelgeschäft	**potraviny**
Glaswaren	**sklo**
Damenfriseur	**kadeřnictví**
Herrenfriseur	**holič**
Markt	**trh**
Zeitungsstand	**novinový stánek**
Postamt	**pošta**
Supermarkt	**samoobsluha**
Tabakladen	**tabák**
Reisebüro	**cestovní kancelář**

Im Hotel

Haben Sie ein freies Einzelzimmer?	**Máte volný pokoj?**
Doppelzimmer	**dvoulůžkový pokoj**

** Die weibliche Form ist in Klammern angegeben.*

mit Doppelbett	**s dvojitou postelí**
mit zwei Betten	**pokoj s dvěma postelemi**
Zimmer mit Bad	**pokoj s koupelnou**
Gepäckträger	**vrátný**
Portier	**nosič**
Schlüssel	**klíč**
Ich habe reserviert.	**Mám reservaci.**

Essengehen

Haben Sie einen Tisch für ...?	**Máte stůl pro ...?**
Ich möchte einen Tisch reservieren.	**Chtěl(a)* bych rezervovat stůl.**
Frühstück	**snídaně**
Mittagessen	**oběd**
Abendessen	**večeře**
Die Rechnung bitte.	**Prosím, účet.**
Ich bin Vegetarier.	**Jsem vegetarián(ka)*.**
Kellnerin!	**slečno**
Ober!	**pane vrchní!**
Menü	**standartní menu**
Tagesgericht	**nabídka dne**
Vorspeise	**předkrm**
Hauptgericht	**hlavní jídlo**
Gemüse	**zelenina**
Nachspeise	**zákusek**
Gedeck	**menu**
Weinkarte	**nápojový lístek**
blutig (Steak)	**krvavý**
halbdurch (Steak)	**středně udělaný**
durch (Steak)	**dobře udělaný**
Glas	**sklenice**
Flasche	**láhev**
Messer	**nůž**
Gabel	**vidlička**
Löffel	**lžíce**

Auf der Speisekarte

biftek	Steak
bílé víno	Weißwein
bramborové knedlíky	Kartoffelknödel
brambory	Kartoffeln
chléb	Brot
cibule	Zwiebel
citrónový džus	Zitronensaft
cukr	Zucker
čaj	Tee
čerstvé ovoce	Obst
červené víno	Rotwein
česnek	Knoblauch
dort	Kuchen
fazole	Bohnen
grilované	gegrillte
houby	Pilze
houska	Semmel
houskové knedlíky	Semmelknödel
hovězí	Rind
hranolky	Pommes frites
husa	Gans
jablko	Apfel
jahody	Erdbeere
jehněčí	Lamm
kachna	Ente
kapr	Karpfen
káva	Kaffee
krevety	Krabben
kuře	Huhn
kyselé zelí	Sauerkraut
maso	Fleisch
máslo	Butter
minerálka šumivá/ nešumivá	Mineralwasser mit Kohlensäure/ ohne Kohlensäure
mléko	Milch
mořská jídla	Meeresgerichte
ocet	Essig
okurka	Gurke
olej	Öl
párek	Würstchen
pečené	gebacken
pečené	geröstet
pepř	Pfeffer
polévka	Suppe
pomeranč	Orange
pomerančový džús	Orangensaft
pivo	Bier
rajské	Tomate
ryba	Fisch
rýže	Reis
salát	Salat
sůl	Salz
sýr	Käse
šunka	Schinken
vařená/ uzená	gekocht geräuchert
telecí	Kalbfleisch
tuňák	Thunfisch
vajíčko vařené	Ei gekocht
vepřové	Schweinefleisch
voda	Wasser
vývar	Brühe, Suppe
zelí	Kohl
zelenina	Gemüse
zmrzlina	Eiskrem

Zahlen

1	**jedna**
2	**dvě**
3	**tři**
4	**čtyři**
5	**pět**
6	**šest**
7	**sedm**
8	**osm**
9	**devět**
10	**deset**
11	**jedenáct**
12	**dvanáct**
13	**třináct**
14	**čtrnáct**
15	**patnáct**
16	**šestnáct**
17	**sedmnáct**
18	**osmnáct**
19	**devatenáct**
20	**dvacet**
21	**dvacet jedna**
22	**dvacet dva**
23	**dvacet tři**
24	**dvacet čtyři**
25	**dvacet pět**
30	**třicet**
40	**čtyřicet**
50	**padesát**
60	**šedesát**
70	**sedmdesát**
80	**osmdesát**
90	**devadesát**
100	**sto**
1 000	**tisíc**
2 000	**dva tisíce**
5 000	**pět tisíc**
1 000 000	**milión**

Zeit

eine Minute	**jedna minuta**
eine Stunde	**jedna hodina**
halbe Stunde	**půl hodiny**
Tag	**den**
Woche	**týden**
Montag	**pondělí**
Dienstag	**úterý**
Mittwoch	**středa**
Donnerstag	**čtvrtek**
Freitag	**pátek**
Samstag	**sobota**
Sonntag	**neděle**

* *Die weibliche Form ist in Klammern angegeben.*

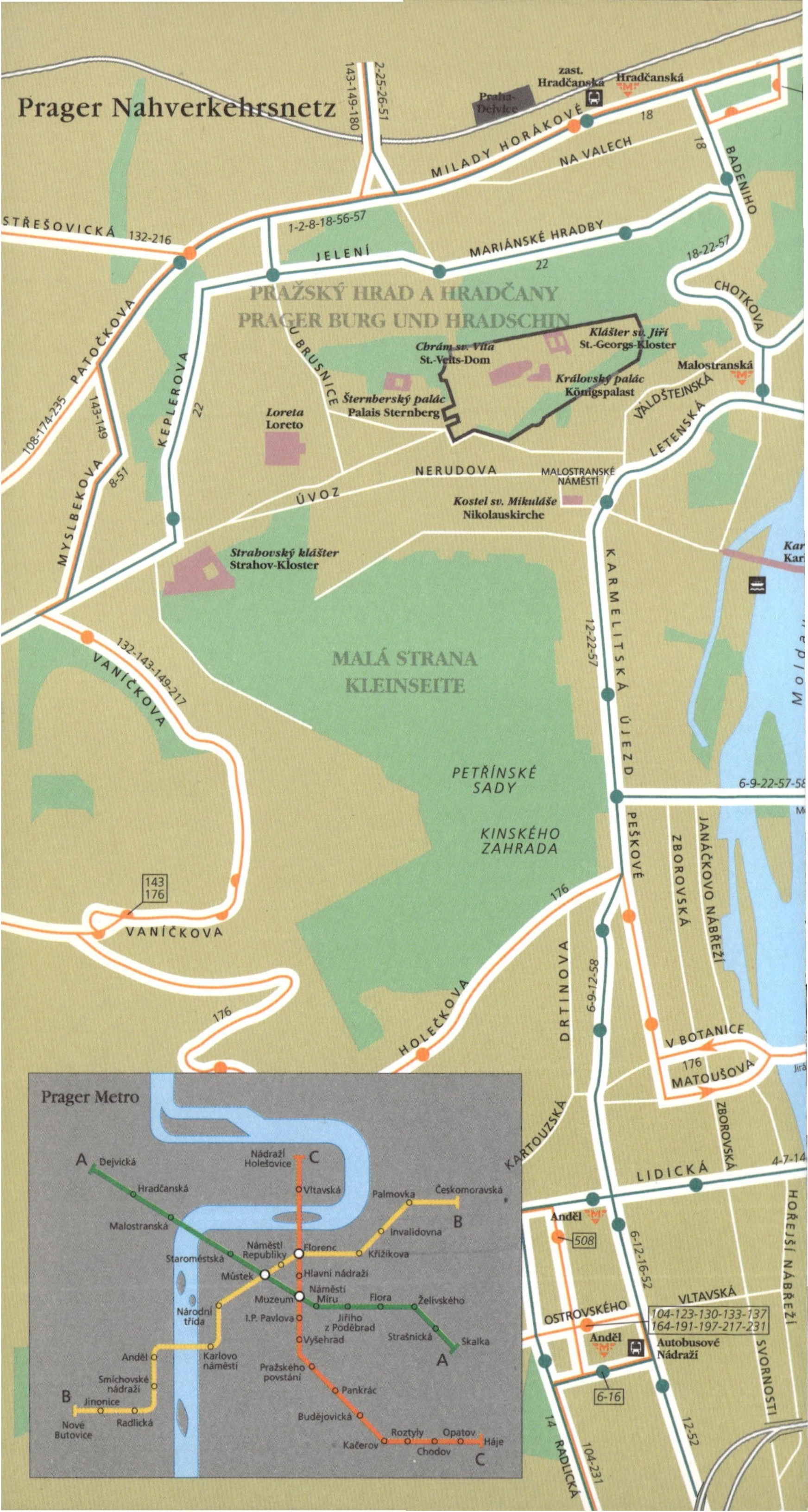
Prager Nahverkehrsnetz
143-149-180
2-25-26-51
zast. Hradčanská
Hradčanská
Praha-Dejvice
MILADY HORÁKOVÉ
18
NA VALECH
BADENIHO
STŘEŠOVICKÁ
132-216
1-2-8-18-56-57
JELENÍ
MARIÁNSKÉ HRADBY
22
18-22-57
CHOTKOVA
PRAŽSKÝ HRAD A HRADČANY
PRAGER BURG UND HRADSCHIN
Chrám sv. Víta
St.-Veits-Dom
Klášter sv. Jiří
St.-Georgs-Kloster
Malostranská
Královský palác
Königspalast
U BRUSNICE
Šternberský palác
Palais Sternberg
Loreta
Loreto
VALDŠTEJNSKÁ
LETENSKÁ
PATOČKOVA
108-174-235
143-149
8-57
KEPLEROVA
MYSLBEKOVA
NERUDOVA
MALOSTRANSKÉ NÁMĚSTÍ
ÚVOZ
Kostel sv. Mikuláše
Nikolauskirche
Strahovský klášter
Strahov-Kloster
KARMELITSKÁ
12-22-57
ÚJEZD
132-143-149-217
VANÍČKOVA
MALÁ STRANA
KLEINSEITE
PETŘÍNSKÉ SADY
KINSKÉHO ZAHRADA
6-9-22-57-58
PEŠKOVÉ
ZBOROVSKÁ
JANÁČKOVO NÁBŘEŽÍ
143
176
VANÍČKOVA
176
DRTINOVA
6-9-12-58
HOLEČKOVA
176
V BOTANICE
176
MATOUŠOVA
KARTOUZSKÁ
ZBOROVSKÁ
LIDICKÁ
4-7-14
Anděl
508
6-12-16-52
HOŘEJŠÍ NÁBŘEŽÍ
VLTAVSKÁ
OSTROVSKÉHO
104-123-130-133-137
164-191-197-217-231
Anděl
Autobusové Nádraží
SVORNOSTI
6-16
14
RADLICKÁ
104-231
12-52
Prager Metro
A Dejvická
Hradčanská
Malostranská
Staroměstská
Můstek
Náměstí Republiky
Florenc
Hlavní nádraží
Muzeum
Náměstí Míru
Flora
Želivského
Jiřího z Poděbrad
Strašnická
Skalka
A
Nádraží Holešovice
C
Vltavská
Palmovka
Českomoravská
B
Invalidovna
Křižíkova
Národní třída
I.P. Pavlova
Vyšehrad
Anděl
Karlovo náměstí
Smíchovské nádraží
B
Jinonice
Nové Butovice
Radlická
Pražského povstání
Pankrác
Budějovická
Kačerov
Roztyly
Chodov
Opatov
Háje
C